辽/宁/大/学/公/共/管/理/系/列/丛/书

丛书主编：边恕

国家自然科学基金（71573112）研究报告

机关事业单位"并轨"养老保险缴费适度水平及资金总供需平衡研究

A RESEARCH ON THE MODERATE LEVEL OF THE MERGENCE OF
PUBLIC INSTITUTION'S PENSION CONTRIBUTION AND
THE TOTAL BALANCE BETWEEN THE SUPPLY AND DEMAND OF THE FUND

穆怀中　陈　洋◎著

经济管理出版社
ECONOMY & MANAGEMENT PUBLISHING HOUSE

图书在版编目（CIP）数据

机关事业单位"并轨"养老保险缴费适度水平及资金总供需平衡研究／穆怀中，陈洋著. —北京：经济管理出版社，2021. 1

ISBN 978-7-5096-7738-4

Ⅰ.①机…　Ⅱ.①穆…　②陈…　Ⅲ.①养老保险制度—研究—中国　Ⅳ.①F842. 67

中国版本图书馆 CIP 数据核字（2021）第 025445 号

组稿编辑：赵亚荣

责任编辑：赵亚荣

责任印制：黄章平

责任校对：董杉珊

出版发行：经济管理出版社
　　　　　（北京市海淀区北蜂窝 8 号中雅大厦 A 座 11 层　　100038）

网址：www. E-mp. com. cn

电话：（010）51915602

印刷：唐山昊达印刷有限公司

经销：新华书店

开本：710mm×1000mm /16

印张：20. 5

字数：380 千字

版次：2021 年 5 月第 1 版　　2021 年 5 月第 1 次印刷

书号：ISBN 978-7-5096-7738-4

定价：79. 00 元

序

《机关事业单位"并轨"养老保险缴费适度水平及资金总供需平衡研究》是国家自然科学基金课题"机关事业单位'并轨'养老保险缴费适度水平及资金总供需平衡研究"（2016.01-2019.12）（项目批准号：71573112）的成果，是辽宁大学经济学一流学科建设科研成果。

2015年，国家提出机关事业单位养老保险制度与城镇企业职工养老保险制度"并轨"，这是现实养老保险体制建设中的重大调整和决策。

这一制度上的重要调整引起了社会的广泛关注，也提出了一系列值得研究和破解的课题。2015年1月15日，国家有关部门领导在解答机关事业单位养老保险"并轨"有关问题时指出，"当下，先集中解决机关事业单位与企业职工养老保险制度不统一的问题，迈出制度'并轨'的决定性一步，缓解突出矛盾，再结合顶层设计，逐步完善相关政策，理顺各方面关系，实现养老保险制度的可持续发展"。这里逐步完善"并轨"方案需要进一步研究的问题和相关政策之一，就是机关事业单位"并轨"养老保险缴费适度水平及资金总平衡问题与政策建议。其中主要有：国家提出降低城镇企业职工养老保险缴费率，机关事业单位养老保险"并轨"后，机关和事业单位职工养老保险缴费水平多少为适度？随着"并轨"深入改革和现实条件的不断变化，缴费适度水平会发生什么变化？如何确立合理的职业年金缴费制度？这些人缴费后对机关事业单位内部养老保险资金的总供需平衡会产生什么影响？机关事业单位养老保险如何与企业养老保险对接？如何与外部经济条件协调联动？如何充分发挥机关事业单位在全国统筹中的示范引领作用？这些现实问题，都涉及机关事业单位"并轨"养老保险缴费适度水平及对养老保险资金总供需平衡的影响等理论和现实问题，因此本书具有必要性、战略性和重要的现实意义，也具有重要的理论价值和应用价值。

本书的理论研究目标：研究探索机关事业单位和城镇企业职工全口径一元化养老保险缴费率适度水平理论和数理模型，同时研究机关事业单位养老保险资金供需总平衡的理论和数理模型。

机关事业单位"并轨"养老保险缴费适度水平及资金总供需平衡研究

本书的政策研究目标：为机关事业单位养老保险"并轨"的实施，在缴费率、外部协调、整体供需平衡方面，提供定性与定量相结合的较完整、有预测的政策制定依据。

本书的理论研究框架：在研究思路中，贯穿着理论假设研究框架，这一研究框架概括为"一个核心""两个'并轨'""三个联动""四个层次""一个总平衡"。以养老保险缴费率适度水平为主线，以养老保险可持续发展为目标，完善机关事业单位养老保险适度缴费体系。

一个核心：机关事业单位养老保险缴费率适度水平。

两个"并轨"：根据形式"并轨"和本质"并轨"这两个"并轨"方法论，分别从机关事业单位养老保险内部和城镇职工整体出发，研究两个"并轨"条件下机关事业单位养老保险形式"并轨"和本质"并轨"的缴费适度水平。

三个联动：研究机关事业单位本质"并轨"养老保险适度水平与企业养老保险适度水平联动、与劳动生产要素分配系数联动和与老年人口比重系数及恩格尔系数联动，这"三个联动"的有机协调是实现机关事业单位养老保险"并轨"目标的重要保证。

四个层次：从基本养老保险、职业年金、财政补贴和个人储蓄这四个层次出发，研究各个层次资金的供需平衡，实现这四个层次的协调发展、相互补充。

一个总平衡：实现机关事业单位养老保险"并轨"的资金供需总平衡。

本书的主要研究内容与创新如下：①创新提出机关事业单位养老保险"并轨"缴费适度水平相关理论。②以养老保险形式"并轨"和本质"并轨"统一的研究方法论，构建缴费适度水平相关数理模型。③结合现实条件测算出机关事业单位基础养老保险长期均衡适度缴费率约为15%。形式"并轨"视角下个人账户理论和现实适度缴费率分别为12.2%和10.64%，本质"并轨"视角下分别为6.73%和4.77%。④从国民财富人口结构均衡分配和教育成本职业年金生命周期补偿的视角切入，测定职业年金养老保险理论缴费率为3.2%~7.5%，现实缴费率为3.2%~5.92%，并通过研究职业年金与原有制度和企业年金对接来验证缴费水平的适度性。⑤以国民财富人口结构均衡分配理论为基本原理，提炼养老保险替代率剩余财政补贴模型，确定机关事业单位财政补贴适度水平，并根据实际补贴需求超过适度水平部分与机关事业单位职工工资总额确定个人养老储蓄率适度水平。⑥依据养老保险缴费率适度水平和给付替代率适度水平数理模型，研究机关事业单位养老保险资金总供需平衡。⑦以养老保险收入再分配理论为基础，提出以机关事业单位为先导进行养老保险全国统筹改革，设计6种全国统筹方案，通过分析不同方案的收入再分配系数并结合相关检验得出最合理的方案。

⑧提出机关事业单位养老保险"并轨"的"三个联动",构建四维联动数理模型,分析了与企业养老保险适度水平、GDP 及劳动生产要素分配系数、老年人口比重系数及恩格尔系数的联动效应。⑨以机关事业单位"并轨"改革的宗旨、"并轨"缴费适度水平和资金总供需平衡的现实意义为对策导向,结合当前机关事业单位"并轨"面临的十大现实问题,结合本书的研究结论,提出相关对策建议。

课题研究和本书的撰写由穆怀中教授和陈洋副研究员主笔,课题研究成员还包括王玥副研究员、宋丽敏副研究员、陈曦副教授、杨傲博士、姚文博士、唐璐博士。

感谢经济管理出版社的编辑对课题成果出版的帮助。

我们的这些研究只是一些思考,期待同行、同事共研究、多建议。不妥之处,望大家指教。

穆怀中

2020 年 12 月 26 日

前　言

机关事业单位"并轨"养老保险缴费适度水平及资金总供需平衡研究具有两大现实意义：一是研究机关事业单位基本养老保险和职业年金缴费率适度水平，为降费提供依据和推进"并轨"改革。基本养老保险由基础养老金和个人账户养老金组成。由于机关事业单位和城镇企业职工的养老保险基金分别独立运营，因此需要了解各自内部的缴费适度水平。"并轨"后两者的缴费水平要求一致，因此需要测算整体的缴费适度水平。通过测算适度的缴费水平为调整缴费率提供依据。此外，职业年金是"并轨"改革的关键，确立职业年金适度水平的依据和测算职业年金缴费率适度水平对当前"并轨"改革的实施意义重大。二是实现资金供需总平衡，并发挥机关事业单位养老保险全国统筹示范效应和相关联动效应。机关事业单位"并轨"后面临的主要问题是资金供求平衡，需要对基础养老保险、个人账户、职业年金、财政补贴四部分的供需进行测算，研究养老金过渡系数的适度水平，保证资金的供需总平衡。同时，资金供求平衡的重要机制是基础养老金的全国统筹，与企业相比，机关事业单位更具备全国统筹的优势，应该发挥全国统筹的示范效应。此外，实现养老保险体系运行的公平性和可持续性。除了涉及资金供需总平衡和全国统筹，还受诸多因素的制约，只有与这些因素协调联动才能顺利实现机关事业单位养老保险制度"并轨"后的公平性和可持续性。

本书的基本研究框架如下：本书主要围绕机关事业单位"并轨"养老保险缴费适度水平及资金总供需平衡理论框架，以缴费适度水平为核心，对机关事业单位"并轨"后的基础养老保险缴费适度水平、个人账户缴费适度水平、职业年金缴费适度水平、财政补贴适度水平、内部资金供需总平衡、全国统筹的实现机制、外部因素联动进行深入研究。主要研究内容包括理论框架，历史沿革及改革动因，基础养老保险、个人账户和职业年金三大类型的缴费适度水平，财政补贴适度水平，资金供需平衡，全国统筹，联动效应，以及对策建议八大部分，研究内容概括为"一个核心""两个并轨""三个联动""四个层次""一个总平衡"。依据国民财富人口结构分配原理和生存劳动公平等理论，提炼出机关事业单位"并轨"养老保险缴费适度水平核心模型。根据形式"并轨"和本质"并轨"这两个"并轨"方法论，分别从机关事业单位养老保险内部和城镇职工整体出发，研究两个"并轨"条件下机关事业单位养老保险形式"并轨"和本质"并轨"缴费适度水平。同时，研究机关事业单位本质"并轨"养老保险适度水平与企业养老保险适度水平联动、与劳动生产要素分配系数联动和与老年人口比重系数及恩格尔系数联动，这三个联动有机协调是实现机关事业单位养老保险"并轨"目标的重要保证。此外，从基本养老保险、职业年金、财政补贴和个人储蓄这四个层次出发，研究各个层次资金的供需平衡，通过这四个层次的协调发展、相互补充，最终实现机关事业单位养老保险"并轨"的资金供需的总平衡。同时，围绕这一总平衡的重要实现条件，结合机关事业单位养老保险缴费覆盖面高、遵缴率高、便于管理的特点，提出以机关事业单位为先导渐近实现全国统筹的目标，在全国范围内率先实现统筹。最后，依据研究结论结合当前实际提出相关对策建议。

本书具体围绕以下内容展开研究：

（一）以机关事业单位养老保险"并轨"缴费适度水平为主线，构建了机关事业单位"并轨"养老保险缴费适度水平及资金总供需平衡理论框架

1. 国民财富人口结构分配理论

国民财富人口结构分配原理是确定机关事业单位养老保险"并轨"缴费适度水平的核心依据，是养老保险缴费理论的起点。国民财富初次分配以生产要素价值贡献为依据，其中按资本价值贡献进行资本报酬分配，按劳动价值贡献进行劳动报酬分配。在初次分配基础上，将劳动报酬按代际交叠人口结构进行再分配，以劳动年龄人口比重为核心指标确定劳动年龄人口报酬分配水平，以老年人口比重为核心指标确定老年人口报酬分配水平。劳动年龄人口在初次报酬分配之后缴纳一定比例税收，获得最终可支配收入。老年人口报酬分配以养老金为主要形式，按照合意替代率确定养老给付水平，替代率剩余部分可通过财政补贴老年人口养老和医疗福利等形式进行补偿。

2. 生存公平和劳动公平理论

生存公平是一种人的基本的需求，是保证人吃穿住的基本生存需求的公平。机关事业单位养老保险"并轨"缴费水平的确定，首先要考虑的就是缴费水平要满足退休人员基本生存水平的需求，要实现基本的生存公平，保证退休人员吃穿住的基本生活水平。基本原理来自于代际转移的纵向生存公平、机关事业单位

与企业养老保险制度之间的横向生存公平和政府责任与个人责任之间的第三维生存公平。

　　劳动公平是一种人的能力公平和机会公平的需求，是人的就业和多劳多得的公平需求。机关事业单位养老保险"并轨"缴费水平的确定，在考虑到缴费水平要满足退休人员基本生存公平需求的同时，还要考虑到劳动水平的需求，要实现人的就业和多劳多得的公平需求，实现退休人员的多缴费多获得的保障与激励统一的劳动公平需求。基本原理来自于个人生命周期的缴费与给付纵向劳动公平、机关事业单位与企业养老保险制度之间的横向劳动公平和政府责任与个人责任之间的第三维劳动公平。

　　3. 养老保险适度水平理论

　　养老保险"保障适度"的具体表现形式就是缴费与给付的"适度水平"。机关事业单位养老保险缴费的适度水平，就是养老保险适度性的人口系数和国民财富系数标准的具体量化表现方式。这种适度水平，在理论上就是保障水平既不能太低，不能保障老年人口的基本生活水平，也不能太高，超出劳动年龄人口的工资水平和缴费承受能力；既有适度的养老保险的保障功能，又有适度的养老保险的激励功能。这种适度水平，在数量上就表现为养老保险适度缴费率和适度给付替代率及其数量水平。

　　4. 养老金替代率剩余财政补贴适度水平理论

　　根据国民财富人口结构分配原理，在工资总额中按老年人口比重划分出相应比例分配给老年人，而为了保证劳动力人口工作积极性和养老金缴费处于适度区间，需要将老年人口财富分配按替代率指标进行剥离。在按老年人口比重确定财富分配总量基础上，进一步以劳动年龄人口比重作为综合养老金替代率核心指标确定老年人口养老金，财富分配总量与老年人口养老金之差可称为养老金替代率剩余。养老金替代率剩余是在老年人口财富分配基础上的收入剥离，应以财政补贴形式返还老年人口。养老金替代率剩余财政补贴可以通过养老保险、医疗保险和社会福利等社会保障制度财政补贴方式实现。

　　5. 养老保险缴费率与劳动生产要素分配系数联动理论

　　现存企业养老保险缴费率较高，与现实劳动生产要素分配系数较低有关，当劳动者初次分配比重系数提高后，按同等缴费率收缴的养老保险金总量就会提高，或者按同等养老金总量需求其缴费率就会随之降低。我们研究总结这种内在的联动规律，并发现中国老年人口比重系数提高与劳动生产要素分配系数提高近期有高度的同步相关性，以此提炼机关事业单位"并轨"养老保险缴费率中老年人口系数与劳动生产要素分配系数联动模型。

6. 机关事业单位缴费与给付总平衡理论

机关事业单位养老保险缴费与给付的总平衡，核心点是在"并轨"过渡期向适度养老保险缴费水平趋近过程中的各种联动因素之间的均衡，其中均衡的目标就是实现缴费适度水平，围绕着缴费适度水平实现内部因素的协调和各因素间的均衡发展。机关事业单位养老保险缴费与给付的总平衡，其重要的调节机制是"替代率过渡系数"，动态的"替代率过渡系数"是实现机关事业单位养老保险改革过程中与原机关事业单位养老保障制度和企业养老保险制度"双对接"的关键制度节点和资金总平衡测算的核心变量。

机关事业单位养老保险缴费的总均衡和联动，实质是围绕社会养老保险缴费适度水平的均衡，因为养老保险缴费适度水平会构成机关事业单位养老保险缴费的外部均衡点。不管是机关事业单位养老保险缴费，还是企业单位养老保险缴费，或是养老保险全国统筹及养老保险收入再分配，都会在养老保险缴费的适度水平点上聚焦，都会以缴费适度水平点作为均衡的尺度。养老保险缴费的适度水平是各种养老保险缴费的共同点、汇集点，也是机关事业单位养老保险"并轨"目标的聚焦点。

（二）以养老保险形式"并轨"和本质"并轨"统一的研究方法论，构建了"并轨"养老保险缴费适度水平和资金总供需平衡模型和研究方法

1. 养老保险形式"并轨"和本质"并轨"统一的研究方法论

机关事业单位养老保险缴费形式的"并轨"，是依据"统账结合"模式，机关事业单位养老模式向企业养老模式"并轨"，采取现收现付的基础养老保险缴费和个人缴费积累的个人账户缴费结合，同时采取职业年金和个人储蓄养老的多层次养老模式。机关事业单位养老保险模式向企业养老保险模式"并轨"，除了缴费形式的"并轨"以外，还存在着缴费适度性本质"并轨"。现实的养老保险制度改革中，企业养老保险缴费水平正面临着降费和向适度水平区间趋近的问题，机关事业单位养老保险制度向企业养老保险制度"并轨"，应该是在缴费形式"并轨"的同时，两者统一向缴费适度水平趋近"并轨"的过程。从形式"并轨"到本质"并轨"的结合，实现两者的有机统一，是我们研究机关事业单位养老保险"并轨"的方法论。

形式与本质"并轨"统一的研究方法论具体表现为：一是研究的初始点是研究发现两者统一的缴费适度水平；二是研究两者在形式"并轨"基础上向适度区间趋近的本质"并轨"的理论和数理模型；三是实现两者本质"并轨"的养老保险缴费水平的测算及定量分析；四是实现两者本质"并轨"的对策和制

度设计。

2. 基础养老保险理论与现实缴费适度水平模型

传统基础养老保险缴费模型是通过以支定收确定的收支平衡缴费需求。本书依据国民财富人口结构分配原理确定基础养老保险缴费适度水平新模型。基础养老保险缴费适度水平模型以"劳动年龄人口比重"和"老年人口比重"为核心要素，具体为"劳动年龄人口比重×老年人口比重"。相应的基础养老保险给付适度替代率模型为"劳动年龄人口比重×劳动年龄人口比重"，基础养老保险缴费与给付适度均衡。根据形式"并轨"和本质"并轨"视角下对应的人口结构，确定形式"并轨"和本质"并轨"视角下基础养老保险理论缴费率适度水平模型。

理论缴费率是在理想状态下的缴费率，现实中会有很多因素对影响缴费率的参数进行修正，如养老保险覆盖率、遵缴率等会让缴费人口低于劳动年龄人口，使缴费率发生膨胀，同样如生育政策和预期的退休政策调整也会使缴费的劳动年龄人口增加和老年人口减少，使缴费率发生减缩。在膨胀和减缩效应的作用下，现实缴费率会偏离理论缴费率，据此我们根据膨胀和减缩因素构建形式"并轨"和本质"并轨"视角下基础养老保险现实缴费率适度水平模型。

3. 个人账户理论与现实缴费适度水平模型

从国民财富养老人口结构均衡分配和养老责任合理分担的视角出发，基本养老金由基础养老金和个人账户养老金组成。国民财富养老人口结构的合理分配是将国民财富按照劳动生产要素划分出来后，再按老年人口比重分离出来，由不同的责任主体实现缴费。基础养老金由当前的劳动者承担缴费责任，因此缴费率是在老年人口比重的基础上乘以劳动年龄人口比重。而个人账户则是老年人口自己承担养老缴费责任，应该在老年人口比重的基础上乘以老年人口比重。

根据形式"并轨"和本质"并轨"视角下对应的人口结构，确定形式"并轨"和本质"并轨"视角下个人账户理论缴费率适度水平模型。同样，理论缴费率在现实中会有很多因素对影响缴费率的参数进行修正，据此构建形式"并轨"和本质"并轨"视角下个人账户现实缴费率适度水平模型。

4. 职业年金缴费率适度水平模型

从国民财富人口结构均衡分配和教育成本职业年金生命周期补偿的视角切入，职业年金是个人受教育成本生命周期补偿在养老保障中的体现。个人青少年期受教育是对未来工作的人力资本投资，其效益体现在劳动期的产出成效中。从生命周期交叠收入再分配角度看，由用人单位补偿教育年限人口生命周期养老保障给付替代具有收入再分配的合理性。鉴于此，我们在职业年金养老保险替代率模型构建中,把受教育年限折合成人口比重系数并作为模型构建的主要元素。同样,根据国民财富养老人口结构均衡分配的原理,机关事业单位职业年金缴费率适度水平模型为受教育年限折合成人口比重系数和老年人口比重系数的乘积。

5. 养老金替代率剩余财政补贴适度水平模型

按照国民财富养老金替代率剩余理论分析,国民财富中按照劳动生产要素分配系数,理论上老年人口按照老年人口比重获得相应的份额,但实际上老年人口获得的养老金与老年人口比重有一定的差额,养老金收入实际上是按照一定的替代率折合后的可支配收入养老金。那么,替代率剩余实际就是老年人应得的劳动生产要素分配系数(通常是工资总额/国民财富按劳动生产要素分配系数分配额)与养老金替代率之间的差值。我们以养老金替代率剩余为核心指标,确定养老金替代率财政补贴适度水平,合理界定机关事业单位养老保险财政补贴责任。

6. 机关事业单位缴费给付总均衡模型

依据人口结构数据测算机关事业单位综合替代率适度水平模型,研究机关事业单位"并轨"替代率对接过程,以此为依据,确定养老保险"并轨"资金需求适度水平。结合养老保险"并轨"适度缴费水平研究,建立养老保险资金供需模型。在本质"并轨"与形式"并轨"的不同条件下,对养老保险资金供需模型进行了细化,分为基础养老保险、个人账户、职业年金、财政补贴和个人储蓄五个部分的资金供需模型。并根据资金总供需平衡的缺口,个人账户、职业年金完全积累的性质,以及"中人"的缺失,在实际发放过程中需要通过过渡性养老金进行补充。目前没有统一的关于过渡系数选择的规定,在过渡系数的选择上,本书创新性地提出了将原本动态的"视同缴费年限"固定为"职业生涯年数",等同于基础养老金替代率,进而选取动态的过渡系数,建立过渡系数适度水平模型进行测算,这种方法能够更有效地起到补充性养老金的作用。

7. 机关事业单位全国统筹收入再分配模型

研究机关事业单位养老保险全国统筹阶段性方案设计,提炼养老保险统筹层次收入再分配四序列模型:全国平均工资模式、(全国平均工资+个人指数化缴费工资)/2模式、(全国平均工资+省平均工资+个人指数化缴费工资)/3模式、个人指数化缴费工资模式。再进一步将分系数模型Ⅲ发展变形,按照一定比例分配全国、省、个人缴费指数养老金给付水平,一部分拿到中央统收统支(1/2、1/3),另一部分留在地方实行省级统筹模式。这两种变形叫作分比例统筹模式,与四序列模型构成"两类型、四模式、六方案",根据六种全国统筹方案测算不同程度劳动公平与生存公平的收入再分配系数(SR)。

8. 机关事业单位养老保险联动效应模型

从机关事业单位养老保险"并轨"缴费适度水平下养老金给付公平性和可

持续性的制约因素出发，围绕"三个联动"构建了机关事业单位养老保险本质"并轨"现实适度给付替代率模型、现行制度下机关事业单位与企业养老金给付替代率仿真测度模型、GDP与劳动生产要素同本质"并轨"缴费给付适度水平联动模型、老年人口比重与恩格尔系数同本质"并轨"现实适度缴费率联动模型，确立了机关事业单位养老保险本质"并轨"的联动机制。

（三）依据基础养老保险缴费适度水平核心模型，测算得到形式"并轨"和本质"并轨"视角下机关事业单位"并轨"基础养老保险理论缴费适度水平分别为17.18%和14.59%。结合现实因素的修正，确定形式"并轨"和本质"并轨"视角下机关事业单位基础养老保险现实缴费率适度水平分别为16.2%和14.74%。本书根据测算结果结合相关现实条件认为，机关事业单位基础养老保险长期均衡适度缴费率水平约为15%

1. 机关事业单位养老保险"并轨"理论缴费适度水平

按照机关事业单位形式"并轨"视角下基础养老保险缴费率新模型，结合相关参数，测算出动态的适度缴费水平。由于缴费率在一段时间内应该具有一定的相对稳定性，从均衡缴费率来分析，近期内（2015~2024年）的机关事业单位基础养老保险均衡适度缴费率约为15.81%。从中长期（2015~2050年）来看，机关事业单位基础养老保险均衡适度缴费率水平约为17.18%。随着当前供给侧结构性改革、降低养老保险缴费率等措施的不断推行，城镇企业职工基础养老保险缴费率从20%降低到16%，低于长期均衡适度缴费率。因此，短期来看能够适应当前的降费需求，长期来看仍然会有缺口的存在，机关事业单位养老保险基金池仍然需要相应的补贴。

本质"并轨"视角下，在近期来看，机关事业单位基础养老保险缴费适度水平持续提高，基础养老保险理论适度缴费率区间为11%~13.1%；从2035~2050年的数据来看，机关事业单位基础养老保险理论缴费适度水平趋于稳定，基础养老保险适度缴费率稳定在16%左右。测算期内，机关事业单位长期均衡适度缴费率水平为14.59%。

2. 机关事业单位养老保险"并轨"现实缴费适度水平

从形式"并轨"的视角来看，由于机关事业单位的特殊属性，机关事业单位基础养老保险缴费率不受覆盖率和遵缴率膨胀系数的影响，只受到延迟退休政策和生育政策调整的减缩系数的影响，且延迟退休政策只对基础养老保险缴费率起到单重减缩效应。修正后机关事业单位基础养老保险现实适度缴费率呈现平稳上升趋势，到2040年左右到达峰值后下降。从短期（2015~2024年）来看，动态的适度缴费率区间为 15.51%~15.85%, 相对稳定的均衡缴费率为 15.65%。长期来看, 动态适度缴费率区间为 15.6%~16.77%, 相对稳定的均衡缴费率为 16.2%。

本质"并轨"视角下, 修正后的最终现实动态缴费率如下。根据动态缴费率我们测算出本质"并轨"视角下长期稳定的现实适度缴费率约为 14.74%。本书根据测算结合相关现实条件认为, 机关事业单位基础养老保险长期均衡适度缴费率水平约为 15%。

(四) 依据国民养老财富人口结构均衡分配和养老责任合理分担原理, 以个人账户缴费适度水平模型为核心, 测算出机关事业单位养老保险形式"并轨"个人账户理论和现实适度缴费率分别为 12.2% 和 10.64%; 本质"并轨"视角下机关事业单位养老保险本质"并轨"个人账户理论和现实适度缴费率分别为 6.73% 和 4.77%; 并根据机关事业单位职工个人养老责任的承担能力分析政策启示

1. 形式"并轨"视角下养老保险个人账户理论与现实缴费适度水平

由于全面二孩政策已经实施, 而延迟退休政策尚在酝酿, 因此, 本书对不同情形下的人口结构所产生的个人账户适度缴费率水平分别进行测算。

纵向分析来看, 全面二孩政策实施前, 机关事业单位"并轨"个人账户长期均衡理论缴费率约为 12.2%。全面二孩政策实施后, 测算期内个人账户长期均衡现实缴费率约为 11.47%。在全面二孩政策的基础上, 延迟退休政策实施后个人账户长期均衡现实缴费率约为 10.64%。

横向比较来看, 全面二孩政策实施后, 长期均衡个人账户现实适度缴费率也降低了 0.73%。在全面二孩政策的基础上加入延迟退休政策的影响后, 个人账户长期均衡现实缴费率下降 1.56%。不难发现, 全面二孩和延迟退休两项政策对养老保险人口结构的变动具有重要的影响, 对形式"并轨"视角下机关事业单位内部个人账户缴费率降低具有重要的意义。

2. 本质"并轨"视角下养老保险个人账户理论与现实缴费适度水平

随着机关事业单位"并轨"改革的不断深入, 机关事业单位养老保险的缴费率应该与城镇企业职工保持一致。因此, 将城镇职工作为一个整体统一进行测算。

由于人口老龄化的不断加剧, 养老保险个人账户理论适度缴费率从 2016 年到 2050 年增长约 7.33%。长期均衡理论适度缴费率为 6.73%。全面二孩政策实施后, 个人账户长期均衡现实适度缴费率约为 6.26%。延迟退休政策实施后,测算期内长期均衡现实适度缴费率约为 4.77%，缴费率水平进一步降低。

横向比较来看，全面二孩政策实施后，个人账户长期均衡现实适度缴费率降低了 0.47%。加入延迟退休政策后，个人账户长期均衡现实适度缴费率分别低于二孩政策实施前的 1.96%，二孩政策推行后的 1.49%。

（五）从国民财富人口结构均衡分配和教育成本职业年金生命周期补偿的视角切入，依据职业年金缴费适度水平模型，选择职业年金与企业年金等养老保险政策对接作为依据，以老年人口比重系数作为综合缴费率参数，以劳动年龄人口比重系数作为目标替代率参数，根据机关事业单位职业年金缴费适度水平模型结合相关参数，测定职业年金养老保险理论缴费率为 3.2%～7.5%。考虑延迟退休和生育政策调整后，测定职业年金养老保险现实缴费率为 3.2%～5.92%。并通过研究职业年金与原有制度对接和企业年金来验证缴费水平的适度性

1. 机关事业单位职业年金理论与现实适度缴费水平

如果选择职业年金与企业年金等养老保险政策对接作为依据，以老年人口比重系数作为综合缴费率参数，以劳动年龄人口比重系数作为目标替代率参数[①]，根据机关事业单位职业年金缴费适度水平模型测定结果显示，职业年金养老保险缴费率下限为 3.2%、上限为 7.5%。对应的职业年金养老保险替代率上限为 16%，下限为 9%。如果选择职业年金与机关事业单位原有政策作为对接依据，以原有退休金替代率 80%～85% 为目标替代率参数，测定结果显示：职业年金养老保险替代率上限为 21.3%，下限为 14.4%。加入延迟退休和生育政策等相关政策因素调整后，职业年金养老保险现实缴费率下限为 3.2%，上限为 5.92%。对应的职业年金养老保险替代率上限为 16%，下限为 10%。

2. 机关事业单位职业年金缴费适度性检验

由前文职业年金适度水平模型得出，与机关事业单位原有退休金对接，替代率适度水平区间为 0.144～0.213。将测算值与适度水平值对比来看，职业年金实际缴费率为 12%，较之适度缴费水平上限 0.075，缴费系数高出 0.045，这里高出的缴费系数正好与个人缴费 4% 水平接近，所以减去 4% 的个人缴费率，职业年金缴费率，处于适度区间。所以，较适合的政策选择是，如果未来收益率按照下

---

① 以劳动年龄人口比重系数作为养老保险综合替代率参数，由人口结构养老保险缴费与给付平衡模型推导得出。给付人口系数×替代率=缴费人口系数×缴费率，即老年人口比重系数×劳动年龄人口比重系数=劳动年龄人口比重系数×老年人口比重系数。劳动年龄人口比重系数即为给付替代率。参见穆怀中主持的国家自然科学基金项目"养老保险缴费一元化及适度水平研究"结题报告，2016 年。

限，缴费率12%是较好的选择，如果未来的收益率按照上限，可以将个人缴费率4%作为职工自主选择项目，而不是必须缴费项目。

在与企业年金对接的过程中分析职业年金适度水平，如果职业年金中单位缴纳费率设计为8%，具有适度保障合理性。个人在职业年金中缴纳的4%，是锦上添花，可以由职工自己选择缴费，有些职工不选择缴纳4%也不影响总给付替代率水平进入养老保障适度水平区间，因此个人缴费可视为个人养老储蓄。

（六）以国民财富人口结构分配理论为基本原理，提炼养老保险替代率剩余财政补贴模型，并以机关事业单位人口结构确定机关事业单位财政补贴适度水平。结合不"并轨"和"并轨"后机关事业单位实际财政补贴需求，比较实际财政补贴与适度水平之间的差异。并根据实际补贴需求超过适度水平部分与机关事业单位职工工资总额确定机关事业单位个人养老储蓄率适度水平

1. 养老保险替代率剩余财政补贴适度水平

基础养老保险缴费率适度一元化过程中政府需要承担多少财政补贴责任是实现缴费率一元化目标的关键问题。依据国民财富人口结构分配原理，在劳动报酬总额中按老年人口比重划分出相应部分作为老年人口财富分配总量，进一步按劳动年龄人口比重分配给劳动年龄人口缴费负担，劳动年龄人口比重即为养老保险综合适度替代率。养老保险替代率剩余部分是对老年人口财富分配总量的剥离，这是对劳动年龄人口工作积极性和养老保险可持续性的保障，但也应该通过财政补贴方式返还老年人口，其中按养老保险所占比例确定养老保险替代率剩余财政补贴适度水平。测算得到，机关事业单位财政补贴适度水平2016年为964亿元，到2050年达到5359亿元。

2. 养老金支出适度水平与实际支出水平比较

如果机关事业单位养老保险不进行"并轨"改革，养老金将全部由财政补贴来支付。2013年机关事业单位职工退休金财政补贴需求为5671亿元，超过适度水平约4766亿元，到2050年养老金财政补贴需求达到38269亿元，约为适度水平的10倍。"并轨"改革后，在2013年财政补贴的实际需求水平约为1468亿元[1]，高出适度水平约811亿元，到2050年，养老金财政补贴需求仅为5787亿元，仅高于财政补贴适度水平约428亿元。"并轨"改革降低财政负担的成效逐步显现。

3. 机关事业单位养老个人储蓄适度水平

尽管机关事业单位"并轨"改革在很大程度上降低了财政对养老金的补贴

---

[1] 机关事业单位"并轨"在2015年开始实施，由于2015年以后的数据发布还不完整，2013年的数据是已经发布的现实数据，准确度高，且不影响本书研究的重点问题，因此测算期从2013年开始。

水平，降低了财政负担，但是在未来几十年，财政对机关事业单位的补贴需求仍然高于适度水平。若想在不降低未来机关事业单位养老金替代率水平的前提下，进一步降低养老金财政补贴水平，使之逐步向适度水平收敛，需要有新的养老金筹资渠道。我们认为，超出财政补贴适度水平的上限部分应该由机关事业单位个人来进行养老储蓄，那么个人养老储蓄部分占机关事业单位职工工资总额的比重可以作为个人养老储蓄率适度水平。测算发现，个人长期均衡适度养老储蓄率水平约为8%。

（七）依据养老保险缴费率适度水平和给付替代率适度水平数理模型，研究机关事业单位养老保险资金总供需平衡

依据人口结构数据测算机关事业单位综合替代率适度水平模型，研究机关事业单位"并轨"替代率对接过程，以此为依据，确定养老保险"并轨"资金需求适度水平。结合养老保险"并轨"适度缴费水平研究，建立养老保险资金供需模型。在本质"并轨"与形式"并轨"的不同条件下，对养老保险资金供需模型进行了细化，分别对基础养老保险、个人账户、职业年金、财政补贴和个人储蓄五个部分的资金供需展开实证分析。

在研究的过程中发现，个人账户和职业年金因为其完全积累的性质，存在一种表面上的供需平衡，但实际上由于"中人"积累年份的缺失，在实际发放过程中需要通过过渡性养老金进行补充，在过渡系数的选择上，本书创新性地提出了"动态过渡系数"及其计算方法，这样的过渡系数能够更清楚地反映过渡性养老金的补充作用。在分别研究了养老保险五个部分在两种情况下的资金结构之后，我们发现"并轨"后基础养老保险、个人账户、职业年金的综合替代率低于适度水平，采用动态过渡系数的过渡性养老金补充之后，可以达到适度水平，同时也出现了资金供需缺口，这一缺口需要依靠财政补贴及个人储蓄来弥补，从而实现资金供需平衡。在研究过程中也发现，未来养老保险资金供需将主要受到全面二孩、延迟退休、全国统筹等因素的影响。

（八）以养老保险收入再分配理论为基础，提出以机关事业为先导进行养老保险全国统筹改革。分析了机关事业单位养老保险全国统筹必要性及制度优势，提出了机关事业单位养老保险全国统筹阶段性方案设计，提炼了养老保险统筹层次收入再分配论四序列模型。根据六种全国统筹方案测算不同程度劳动公平与生存公平的收入再分配系数（SR），并选取卡尔多-希克斯检验法、生存公平检验和劳动公平检验三种方法对机关事业单位养老保险全国统筹收入再分配效率进行检验，得出方案 5 为最合理方案

为应对中国人口老龄化带来的基金支付压力，提高养老保险基金的抗风险能力，我们提出以机关事业单位"并轨"改革为契机，率先实现机关事业单位基础养老金的全国统筹，再推进企业单位的基础养老保险全国统筹改革，从而实现总体的全国统筹。

首先，阐述了机关事业单位养老保险全国统筹必要性及制度优势，目前我国养老保险制度存在各地区基金结余不平衡、中央财政补贴占比失调、各省工资水平差距等问题，需要全国统筹改革来解决。在全国统筹改革对象上，企业显示出极大的基金结余的不稳定特征，机关事业单位在基金各项的标准差及变异系数相对企业较小，基金收支和结余具有稳定收敛的优势，显示出了机关事业单位的制度优势。

其次，介绍机关事业单位养老保险全国统筹阶段性方案设计，提出养老保险统筹层次收入再分配论四序列模型：全国平均工资模式、（全国平均工资＋个人指数化缴费工资）/2 模式、（全国平均工资＋省平均工资＋个人指数化缴费工资）/3 模式、个人指数化缴费工资模式。再进一步将分系数模型 Ⅲ 发展变形，按照一定比例分配全国、省、个人缴费指数养老金给付水平，一部分拿到中央统收统支（1/2、1/3），另一部分留在地方实行省级统筹模式。这两种变形叫作分比例统筹模式，与四序列模型构成"两类型、四模式、六方案"，根据六种全国统筹方案测算不同程度劳动公平与生存公平的收入再分配系数（SR）。计算并整理得出在全国统筹收入再分配各方案下 2017 年各省的 SR 值，分析全国统筹前后不同地区基础养老金待遇存在着贡献与获得关系，统筹层次提升带来的基础养老金待遇变动是由于新老统筹范围内的地区社会平均工资及增长率的差异造成的。测算 2018~2025 年收入再分配平均离差系数，在横向上呈现各地区工资分配差距逐渐缩小的趋势，从纵向分配来看，方案 1 实现 100% 的收入再分配效果，体现了生存公平最大化。其他方案生存公平兼顾劳动公平，方案 2 在 93% 左右，方案 3 在 86% 左右，方案 4 在 51% 左右，方案 5 在 32% 左右。

最后，进行机关事业单位养老保险全国统筹收入再分配效率检验，选择了卡尔多-希克斯检验法、生存公平检验和劳动公平检验三种方法检验，方案 1、方案 4 和方案 5 均通过检验，在劳动公平检验中方案 5 优于其他，因此养老保险全国统筹方案 5 是现阶段机关事业单位实施全国统筹比较合理并且可行的方案，这一方案满足了三个检验且转制成本较低。在机关事业单位与企业"并轨"的现实条件下，率先实现机关事业单位的全国统筹，以方案 5 为起点方案，分阶段、分步骤地调整缴费贡献，实现省级统筹到全国统筹的平稳过渡。再将企业划归至全国统筹资金池内，最终实现养老保险全国范围内的统筹。

（九）提出机关事业单位养老保险"并轨"的"三个联动"，构建四维联动数理模型，根据相关参数测算并分析了机关事业单位养老保险本质"并轨"适度水平与企业养老保险适度水平联动效应、机关事业单位"并轨"养老保险缴费适度水平与 GDP 及劳动生产要素分配系数联动效应、机关事业单位本质"并轨"基础养老保险缴费适度水平与老年人口比重系数及恩格尔系数联动效应

1. 机关事业单位养老保险本质"并轨"适度水平与企业养老保险适度水平联动

机关事业单位与企业养老金给付水平差距是制约养老保险本质"并轨"适度缴费水平公平性目标的关键因素。本书提出，机关事业单位与企业养老保险在缴费适度水平下的给付公平是指两者都向本质"并轨"给付适度水平"并轨"，且养老保险"并轨"的公平性集中体现在基础养老保险的内核当中。通过测算发现，基础养老保险本质"并轨"长期均衡现实适度给付替代率为 39%，现行制度下的机关事业单位和企业基础养老保险替代率水平均为 35%，略低于适度水平。个人账户本质"并轨"长期均衡现实适度给付替代率为 12.55%，现行制度下缴费 35 年的企业个人账户替代率长期均值为 13.37%，略高于适度水平。制约企业与机关事业单位养老保险本质"并轨"的关键还在于企业年金，本书提出，为鼓励企业缴费，可将企业年金缴费率分为三档。

2. 机关事业单位"并轨"养老保险缴费适度水平与 GDP 及劳动生产要素分配系数联动

在适度缴费率和给付替代率不变的情况下，养老保险的缴费和给付绝对水平受到 GDP 总量和劳动生产要素分配系数的制约。在经济新常态下，缴费率和给付替代率取长期均衡适度水平，当劳动生产要素分配系数达到一定值时，养老金的缴费和给付额达到由恩格尔系数确定的"警戒线"。

3. 机关事业单位本质"并轨"基础养老保险缴费适度水平与老年人口比重系数及恩格尔系数联动

在养老保险缴费给付总平衡新模型中，"老年人口比重"是养老保险综合缴费率适度水平上限，"老年人口比重×老年人口比重"就是基础养老保险适度水平上限，经测算，长期均衡的适度上限水平为 15%。基础养老保险适度缴费水平下限是当给付替代率为恩格尔系数时的缴费适度水平，经测算，长期均衡值为 9.36%。

（十）以机关事业单位"并轨"改革为宗旨、"并轨"缴费适度水平和资金总供需平衡的现实意义为对策导向，结合当前机关事业单位"并轨"面临的 10 个现实问题，结合本书的研究结论，提出机关事业单位养老保险缴费阶段化实施方案、机关事业单位职业年金优化方案、机关事业单位养老保险缴费供需平衡、机关事业单位养老保险财政补贴、机关事业单位养老保险缴费全国统筹等对策建议

1. 机关事业单位"并轨"面临的 10 个现实问题

（1）机关事业单位过渡性养老金的厘定和发放问题。

（2）机关事业单位"并轨"养老保险财政补贴的水平和资金来源问题。

（3）机关事业单位"并轨"养老保险地区间差别及平衡问题。

（4）机关事业单位养老保险"并轨"期间的"老人""中人"和"新人"替代率对接问题。

（5）机关事业单位"并轨"基础养老保险、个人账户、职业年金、储蓄养老保险之间的互补和整体构建问题。

（6）机关事业单位与企业养老保险"并轨"后的本质对接问题。

（7）机关事业单位养老保险"并轨"后的资金总平衡问题。

（8）机关事业单位养老保险"并轨"后的配套改革问题。

（9）机关事业单位"并轨"养老保险调整指数问题。

（10）机关事业单位"并轨"养老保险全国统筹对接问题。

2. 机关事业单位养老保险缴费适度水平及资金供需总平衡的对策建议

从时间来看，机关事业单位养老保险"并轨"缴费逐渐向缴费适度水平趋近，这个趋近过程可以分阶段实施。实施的阶段化可以保证机关事业单位养老保险"并轨"的平稳进行，既保证机关事业单位新老制度的合理对接，也保证机关事业单位与企业养老保险制度的合理对接。

（1）近期初始阶段机关事业单位养老保险"中人"与"老人"的对接实施方案，转轨过渡期（2015~2025 年）。这个时期的实质是解决"老人"和"中人"的养老金待遇对接问题，保证养老金"并轨"后的利益均衡过渡，保证"并轨"的平稳进行。

（2）中期机关事业单位养老保险"新人"与"中人"的对接实施方案，转轨趋近适度水平期（2025~2035 年）。这个时期，机关事业单位养老保险"并轨"过程中"中人"和"新人"逐渐开始对接，注意解决这两个群体待遇的利益均衡，主要是解决"中人"的过渡养老金系数与"新人"的合理对接理论和

方法。实现在适度水平基础上的机关事业单位养老保险本质"并轨",即进入养老保险缴费一元化发展的新时期。

（3）远期养老保险缴费给付一元化发展期实施方案（2035～2050年）。这个时期,基础养老保险、个人账户养老保险制度已经完善,职业年金和个人储蓄养老保险的养老保险支柱逐步完善,形成一个多层次的可持续的养老保险制度体系。

从实施的具体方案来看,首先,职业年金是机关事业单位养老保险"并轨"中的重要元素,"并轨"过程中,既要重视职业年金水平与原有制度的对接,同时又要重视与企业年金水平的对接,这是保证机关事业单位养老保险制度顺利"并轨"的重要政策保障。机关事业单位"并轨"中职业年金缴费率和替代率适度水平的原理和测量模型等是一个有益的尝试,可以作为机关事业单位职业年金制度优化设计的理论参考,优化职业年金制度设计、完善激励机制,提高制度的可信性和可操作性。其次,实现机关事业单位养老保险缴费供需平衡。依据近期资金平衡和远期资金平衡相统一原则,同时依据机关事业单位养老保险缴费内部平衡和外部平衡原理,提出机关事业单位养老保险替代率对接,"老人""中人"和"新人"缴费与给付近期、中远期均衡及政策衔接、机关事业单位"并轨"养老保险适度水平与企业及其他经济因素的契合的对策建议。再次,财政养老保险"替代率剩余"与机关事业单位养老保险缴费财政补贴适度水平政策建议。根据机关事业单位财政补贴适度水平研究结论,提出机关事业单位养老保险缴费财政补贴下降趋势与财政补贴供需均衡政策建议和机关事业单位养老保险缴费财政补贴的中央与地方财政分担结构政策建议。最后,提出机关事业单位养老保险缴费全国统筹实施对策,包括机关事业单位养老保险全国统筹方案设计、机关事业单位养老保险全国统筹步骤、机关事业单位养老保险全国统筹收入再分配政策。

目　录

第一章　机关事业单位"并轨"养老保险缴费适度水平及资金总供需平衡理论框架

机关事业单位"并轨"养老保险缴费适度水平及资金总供需平衡理论框架包括国民财富人口结构分配理论、机关事业单位"并轨"养老保险缴费生存公平与劳动公平理论、机关事业单位"并轨"养老保险缴费适度水平理论、机关事业单位"并轨"养老保险财政补贴适度水平理论、机关事业单位养老保险缴费率与工资水平及劳动生产要素分配系数联动理论、机关事业单位养老保险缴费率与老年人口系数及恩格尔系数联动理论、机关事业单位养老保险"并轨"缴费总体均衡理论。

第一节　"并轨"养老保险缴费适度水平及资金总供需平衡理论框架

机关事业单位养老保险缴费适度水平等理论框架，依据人口养老结构设计养老保险缴费数理模型，研究机关事业养老保险缴费适度水平、机关事业养老保险资金供需总平衡及与其联动效应，依据养老保险"替代率剩余"和全国统筹收入再分配等理论进一步研究机关事业养老金资金来源结构和可持续发展。

一、"并轨"养老保险缴费适度水平及资金供需平衡研究框架

2015 年，国家提出机关事业单位养老保险制度与城镇企业职工养老保险制度"并轨"，这是现实养老保险体制建设中的重大调整和决策。

这一制度上的重要调整引起了社会的广泛关注，也提出了一系列值得研究和

破解的研究课题。2015 年 1 月 15 日,国家有关部门领导在解答机关事业单位养老保险"并轨"有关问题时指出,"当下,先集中解决机关事业单位与企业职工养老保险制度不统一的问题,迈出制度'并轨'的决定性一步,缓解突出矛盾,再结合顶层设计,逐步完善相关政策,理顺各方面关系,实现养老保险制度的可持续发展"。这里逐步完善"并轨"方案需要进一步研究的问题和相关政策之一,就是机关事业单位"并轨"养老保险缴费适度水平及资金总平衡问题与政策建议,其中主要有:国家提出择机降低城镇企业职工养老保险缴费率,机关事业单位养老保险"并轨"后,公务员和事业单位职工养老保险缴费水平多少为适度?随着"并轨"深入改革和现实条件的不断变化,缴费适度水平会发生什么变化?如何确立合理的职业年金缴费制度?这些人缴费后对机关事业单位内部养老保险资金的总供需平衡会产生什么影响,是增加了养老保险给付负担,加大了养老金负债,还是减少了养老保险整体缴费水平,缩小了养老金负债?机关事业单位养老保险如何与企业养老保险对接?如何与外部经济条件协调联动?如何充分发挥机关事业单位在全国统筹中的示范引领作用?这些现实问题,都涉及机关事业单位"并轨"养老保险缴费适度水平及对养老保险资金总供需平衡的影响等理论和现实问题,因此本书的研究具有必要性、战略性和重要的现实意义,也具有重要的理论价值和应用价值。

理论研究目标:研究探索机关事业单位和城镇企业职工全口径一元化养老保险缴费率适度水平理论和数理模型,同时研究机关事业单位养老保险资金供需总平衡的理论和数理模型。

政策研究目标:为机关事业单位养老保险"并轨"实施,在缴费率、外部协调、整体供需平衡方面,提供定性定量结合的较完整的有预测的政策制定依据。

理论研究框架:在研究思路中,贯穿着理论假设研究框架,这一研究框架概括为"一个核心""两个'并轨'""三个联动""四个层次""一个总平衡"。以养老保险缴费率适度水平为主线,以养老保险可持续发展为目标,完善机关事业单位养老保险适度缴费体系。

一个核心:机关事业单位养老保险缴费率适度水平。

两个"并轨":根据形式"并轨"和本质"并轨"这两个"并轨"方法论,分别从机关事业单位养老保险内部和城镇职工整体出发,研究两个"并轨"条件下机关事业单位养老保险形式"并轨"和本质"并轨"缴费适度水平。

三个联动:研究机关事业单位本质"并轨"养老保险适度水平与企业养老保险适度水平联动与劳动生产要素分配系数联动和与老年人口比重系数及恩格尔

系数联动,这三个联动有机协调是实现机关事业单位养老保险"并轨"目标的重要保证。

四个层次:从基本养老保险、职业年金、财政补贴和个人储蓄这四个层次出发,研究各个层次资金的供需平衡,实现这四个层次的协调发展、相互补充。

一个总平衡:实现机关事业单位养老保险"并轨"的资金供需的总平衡。

本书研究基本框架:本书主要围绕机关事业单位"并轨"养老保险缴费适度水平及资金总供需平衡理论框架,以缴费适度水平为核心,对机关事业单位"并轨"后的基础养老保险缴费适度水平、个人账户缴费适度水平、职业年金缴费适度水平、财政补贴适度水平、内部资金供需总平衡、全国统筹的实现机制、外部因素联动进行深入研究。主要研究内容包括理论框架,历史沿革及改革动因,基础养老保险、个人账户和职业年金三大类型的缴费适度水平,财政补贴适度水平,资金供需均衡,全国统筹,联动效应,以及对策建议八大部分(见图1-1)。

二、"并轨"养老保险缴费适度水平研究拟解决关键科学问题

本书拟解决的关键问题涉及养老保险缴费适度水平、资金供需平衡、数理模型与方法、全国统筹方案设计四个方面的问题。

一是机关事业单位养老保险缴费适度水平确定问题。目前,我国基础养老保险统筹模式受劳动生产要素分配系数低和养老金替代率处于转轨时期较高等特定因素影响,企业养老保险缴费率在20%左右,个体户为12%,农民暂时不缴费,农民工依据就业性质选择缴费。养老保险个人账户缴费率为8%。机关事业单位职工缴费率是参照企业养老保险缴费率执行,还是研究设定新的动态缴费率,需要研究确定机关事业单位职工缴费水平多少是适度的、不同缴费群体的缴费能力如何,这是本书拟解决的关键问题。

二是机关事业单位养老保险缴费资金供需平衡方案设计问题。机关事业单位养老保险缴费和给付能否内部平衡、资金来源渠道和缴费能力如何、是否会挤用企业职工养老保险缴费,需要进一步研究解决机关事业单位养老保险制度转轨时期的资金供求平衡及方案设计问题。

三是机关事业单位养老保险缴费"并轨"定量研究数理模型构建问题。为了实现机关事业单位养老保险制度顺利"并轨",需要保证好"三大衔接":一是新老制度养老保险给付水平的衔接;二是新老制度职工工资水平的衔接;三是机关事业单位与企业养老保险水平的衔接。本书要解决这三个衔接,就需要建立机关事业单位养老保险缴费给付平衡"四个数理模型":一是机关事业单位养老

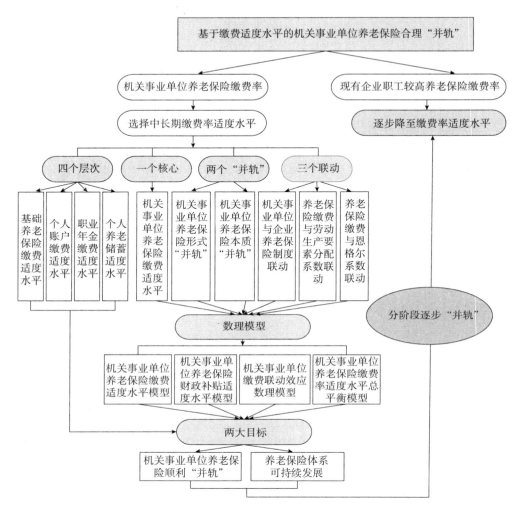

图1-1　机关事业单位"并轨"养老金缴费适度水平研究思维逻辑框架

保险缴费适度水平数理模型;二是机关事业单位养老保险财政补贴适度水平数理模型;三是机关事业单位养老保险资金总平衡数理模型;四是机关事业单位养老保险缴费率与外部因素联动效应模型。这些与养老保险缴费等相关的定量研究数理模型的构建是本书研究解决的关键科学问题。

　　四是机关事业单位养老保险缴费对接方案设计及可操作对策建议问题。机关事业单位养老保险缴费如何实施,初始阶段、过渡阶段和目标阶段的具体指标和具体实施方案设计,以及相关的可操作性对策建议等也是本书拟研究解决的关键问题。

第二节　"并轨"养老保险缴费适度水平研究方法

一、养老保险"并轨"的研究方法论

养老保险缴费"并轨"选择缴费形式上的"并轨"和缴费适度性本质"并轨"统一的研究方法论。

机关事业单位养老保险缴费形式的"并轨"是依据"统账结合"模式，机关事业单位养老模式向企业养老模式"并轨"，采取现收现付的基础养老保险缴费和个人缴费积累的个人账户缴费结合，同时采取职业年金和个人储蓄养老的多层次养老模式。

机关事业单位养老保险模式向企业养老保险模式"并轨"，除了缴费形式的"并轨"以外，还存在着缴费适度性本质"并轨"。现实的养老保险制度改革中，企业养老保险缴费水平正面临着降费和向适度水平区间趋近的问题，机关事业单位养老保险制度向企业养老保险制度"并轨"，应该是在缴费形式"并轨"的同时，两者统一向缴费适度水平趋近"并轨"的过程，如图1-2所示。从形式"并轨"到本质"并轨"的结合，实现两者的有机统一，是我们研究机关事业单位养老保险"并轨"的方法论。

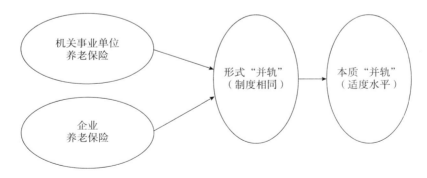

图1-2　机关事业单位养老保险形式"并轨"与本质"并轨"逻辑关系

形式与本质"并轨"统一的研究方法论具体表现为：一是研究的初始点是研究发现两者统一的缴费适度水平；二是研究两者在形式"并轨"基础上向适

度区间趋近的本质"并轨"的理论和数理模型；三是实现两者本质"并轨"的养老保险缴费水平的测算及定量分析；四是实现两者本质"并轨"的对策和制度设计。

这种研究方法论可以避免养老保险"并轨"研究中的两种思维误区：一是避免认为养老保险"并轨"就是机关事业单位跟在企业养老保险制度的后面，完全仿照企业养老保险缴费制度和缴费水平实施，而是明确企业和全社会养老保险制度和缴费水平未来发展的趋势和缴费适度水平，在形式"并轨"的同时更重要的是向缴费适度水平趋近和"并轨"。二是避免认为养老保险"并轨"就是缴费水平的完全一致，而是明确养老保险"并轨"的核心是代际转移现收现付基础养老保险缴费水平的"并轨"，同时存在着个人生命周期养老保险缴费水平的差异，如职业年金和个人储蓄养老的缴费水平的差异。这里，代际转移现收现付基础养老保险缴费的统一代表着养老保险制度的公平，代表着养老保险制度的收入再分配；个人生命周期养老保险缴费水平的差异代表着养老保险制度的激励和效率。这种同一性与差异性的结合、实质是公平与效率的结合、保障和激励的结合。

二、养老保险"并轨"研究数理模型

在以往用老年抚养比与替代率乘积确定养老保险缴费率的基础上，适应人口老龄化逐渐提高、劳动生产要素分配系数逐渐上升、恩格尔系数降低等变化，以机关事业单位养老保险"并轨"为契机，研究提炼出以老年人口系数为主因素的养老保险缴费率适度水平等数理模型，丰富和发展养老保险缴费研究模型和方法。

（一）缴费适度水平数理模型

目前，我国基础养老保险统筹模式受劳动生产要素分配系数低和养老金替代率处于转轨时期较高等特定因素影响，企业养老保险缴费率在20%左右，个体户为12%，农民暂时不缴费，农民工依据就业性质选择缴费。养老保险个人账户缴费率为8%。机关事业单位职工缴费率是参照企业养老保险缴费率执行，还是研究设定新的动态缴费率，需要研究确定机关事业单位职工缴费水平多少是适度的。

传统养老保险缴费模型是在确定给付水平条件下，以收支平衡为原则推导得出的缴费需求。本书依据国民财富人口结构分配和养老责任合理分担的原理，确定基础养老保险缴费适度水平模型。在国民财富总量中按劳动生产要素系数确定劳动报酬总额，在劳动报酬总额中首先按老年人口比重划分出相应部分分配给老年人口作为养老金。那么这部分养老金由谁来承担呢？基础养老金部分是按照代际交叠的现收现付形式，养老金将由代际的劳动年龄人口承担，因此需要按劳动年龄人口比重分配给劳动年龄人口缴费负担。"老年人口比重"为养老保险综合适度缴费率，"劳动年龄人口比重"为养老保险综合适度替代率。基础养老保险缴费适度水平模型以"劳动年龄人口比重"和"老年人口比重"为核心要素，具体为"劳动年龄人口比重×老年人口比重"。相应的基础养老保险给付适度替代率模型为"劳动年龄人口比重×劳动年龄人口比重"，基础养老保险缴费与给付适度均衡。

由于当前机关事业单位"并轨"采取的是机关事业单位和城镇企业职工的养老保险基金分别管理，不能相互挤占，所以短期来看，机关事业单位养老保险"并轨"还需要实现财富在机关事业单位内部的合理分配和机关事业单位养老金内部供求平衡。根据形式"并轨"的方法论思维，机关事业单位形式"并轨"基础养老保险理论缴费率适度水平模型为：

$$\theta_{G,i}^{b}=\frac{N_{L,i}^{G}}{N_{T,i}^{G}}\times\frac{N_{O,i}^{G}}{N_{T,i}^{G}} \tag{1-1}$$

其中，$\theta_{G,i}^{b}$表示机关事业单位基础养老保险理论适度缴费率，$N_{L,i}^{G}$表示机关事业单位内部劳动年龄人口数，$N_{O,i}^{G}$表示机关事业单位内部老年人口数，$N_{T,i}^{G}$表示机关事业单位总人口数。

养老保险理论缴费率可以研究确定其适度水平，但现实缴费率受诸多因素影响可能会高出理论缴费率适度水平，这种现象就是养老保险理论缴费率与现实缴费率的错位。理论缴费率是按照现实合理性条件研究确定的合乎理论逻辑的缴费率，它是一种合乎总体发展趋势的理论表达，现实缴费率是理论缴费率在不同现实条件下的具体呈现。考虑到机关事业单位就业性质的特殊性，本书构建以延迟退休为核心要素的理论缴费率现实因素仿真修正模型为：

$$\theta_{P,i}=\begin{cases}\dfrac{N_{O,i}^{G}}{N_{L,i}^{G}}\times H_{L,i}^{2} & (2015\leqslant i\leqslant2022,\ i\in N_{+})\\[3mm]\dfrac{N_{O,i}^{G}-\beta_{i}}{N_{L,i}^{G}}\times H_{L,i}^{2} & (2023\leqslant i\leqslant2050,\ i\in N_{+})\end{cases} \tag{1-2}$$

其中，$\theta_{P,i}$表示机关事业单位基础养老金第i年的现实缴费率和基础养老保险缴费率膨减系数，β_{i}表示第i年的机关事业单位内部因延迟退休政策的实施而减少的老年人口数，$H_{L,i}$为第i年机关事业单位内部的劳动年龄人口比重。

　　机关事业单位基础养老保险可以将机关事业单位职工、城镇企业职工和城镇灵活就业人员看作一个整体（我们称之为城镇职工），从整个城镇职工群体的劳动年龄人口比重和老年人口比重来确定适度缴费水平，这个适度缴费水平是机关事业单位职工和城镇企业职工一样的基础养老金缴费率水平，这是未来我国养老保险体系发展的目标和必然趋势。按照这一逻辑，机关事业单位本质"并轨"基础养老保险理论适度缴费率模型为：

$$\theta_{b,i}^{B} = \frac{N_{L,i}^{C}}{N_{T,i}^{C}} \times \frac{N_{O,i}^{C}}{N_{T,i}^{C}} \tag{1-3}$$

　　其中，$\theta_{b,i}^{B}$ 表示第 i 年机关事业单位本质"并轨"基础养老保险理论适度缴费率，$N_{L,i}^{C}$ 表示城镇职工群体中劳动年龄人口数，$N_{T,i}^{C}$ 表示城镇职工总人口数。

　　本书以覆盖率、遵缴率、全面二孩政策和延迟退休政策为核心元素确定现实缴费率适度水平。机关事业单位本质"并轨"基础养老金现实缴费率适度水平模型为：

$$\theta_{P,i}^{B} = \begin{cases} \dfrac{N_{O,i} + \omega_i}{(N_{L,i} - \omega_i) \times \delta_i \times \varphi_i} \times H_{l,i}^2 & (2015 \leqslant i \leqslant 2022, \ i \in N_+) \\[3mm] \dfrac{N_{O,i} - \beta_i + \omega_i}{(N_{L,i} + \beta_i - \omega_i) \times \delta_i \times \varphi_i} \times H_{l,i}^2 & (2023 \leqslant i \leqslant 2036, \ i \in N_+) \\[3mm] \dfrac{N_{O,i} - \beta_i + \omega_i}{(N_{L,i} + \beta_i + \lambda_i - \omega_i) \times \delta_i \times \varphi_i} \times H_{l,i}^2 & (2037 \leqslant i \leqslant 2050, \ i \in N_+) \end{cases} \tag{1-4}$$

　　其中，$\theta_{P,i}^{B}$ 表示第 i 年的机关事业单位基础养老保险现实适度缴费率，δ_i、φ_i 和 ω_i 分别表示第 i 年的养老保险制度覆盖率、遵缴率和提前退休的人口数，β_i 和 λ_i 分别表示第 i 年因延迟退休政策和全面二孩政策实施而增加的劳动年龄人口数，$H_{l,i}$ 为第 i 年的劳动年龄人口比重。

　　个人账户实际是个人生命周期的收入再分配，由老年人口自己来承担，因此需要按老年人口比重分配给劳动年龄人口缴费负担。养老保险个人账户缴费适度水平模型以"老年人口比重"为核心要素，具体为"老年人口比重×老年人口比重"。

　　同样，形式"并轨"视角下，机关事业单位个人账户缴费率从机关事业单位内部养老责任的合理分担为出发，按照机关事业单位内部的人口结构，将劳动报酬按照老年人口比重分配给老年人口作为养老金，再由老年人口按照自身比重承担相应的养老责任。那么，机关事业单位形式"并轨"个人账户理论适度缴费率模型为：

$$\theta_{g,i}^{X} = \frac{N_{O,i}^{G}}{N_{T,i}^{G}} \times \frac{N_{O,i}^{G}}{N_{T,i}^{G}} \qquad (1-5)$$

受延迟退休政策的影响，本书以此构建延迟退休为核心要素的现实因素修正模型，修正后的机关事业单位形式"并轨"个人账户现实适度缴费率模型为：

$$\theta_{g,i}^{X} = \begin{cases} \dfrac{N_{O,i}^{G}}{N_{T,i}^{G}+N_{C,i}^{G}} \times \dfrac{N_{O,i}^{G}}{N_{T,i}^{G}+N_{C,i}^{G}} & (2015 \leqslant i \leqslant 2022) \\[3ex] \dfrac{N_{O,i}^{G}-N_{O,i}^{Y,G}}{N_{T,i}^{G}+N_{C,i}^{G}} \times \dfrac{N_{O,i}^{G}-N_{O,i}^{Y,G}}{N_{T,i}^{G}+N_{C,i}^{G}} & (2022 \leqslant i \leqslant 2050) \end{cases} \qquad (1-6)$$

其中，$\theta_{g,i}^{X}$ 表示第 i 年形式"并轨"视角下机关事业单位养老保险个人账户现实适度缴费率。$N_{O,i}^{G}$ 表示机关事业单位的老年人口数。$N_{C,i}^{G}$ 表示机关事业单位职工中受全面二孩政策影响新增少儿人口数。$N_{O,i}^{Y,G}$ 表示机关事业单位中受延迟退休政策影响而减少的老年人口数。$N_{T,i}^{G}$ 表示机关事业单位养老保险总人口数。

同时，本书进一步以本质"并轨"为思路，以延迟退休和全面二孩政策为核心要素，构建机关事业单位本质"并轨"个人账户现实适度缴费率模型为：

$$\theta_{g,i}^{X} = \begin{cases} \dfrac{N_{O,i}^{CE}+N_{O,i}^{G}}{N_{T,i}^{CE}+N_{C,i}^{CE}+N_{T,i}^{G}+N_{C,i}^{G}} \times \dfrac{N_{O,i}^{CE}+N_{O,i}^{G}}{N_{T,i}^{CE}+N_{C,i}^{CE}+N_{T,i}^{G}+N_{C,i}^{G}} & (2015 \leqslant i \leqslant 2022) \\[3ex] \dfrac{N_{O,i}^{CE}-N_{O,i}^{Y,CE}+N_{O,i}^{G}-N_{O,i}^{Y,G}}{N_{T,i}^{CE}+N_{C,i}^{CE}+N_{T,i}^{G}+N_{C,i}^{G}} \times \dfrac{N_{O,i}^{CE}-N_{O,i}^{Y,CE}+N_{O,i}^{G}-N_{O,i}^{Y,G}}{N_{T,i}^{CE}+N_{C,i}^{CE}+N_{T,i}^{G}+N_{C,i}^{G}} & (2022 \leqslant i \leqslant 2050) \end{cases} \qquad (1-7)$$

其中，$\theta_{g,i}^{X}$ 表示第 i 年机关事业单位养老保险本质"并轨"个人账户现实适度缴费率。$N_{O,i}^{CE}$ 和 $N_{O,i}^{G}$ 分别表示城镇企业（包含个体灵活就业人员）、机关事业单位的老年人口数。$N_{C,i}^{CE}$ 和 $N_{C,i}^{G}$ 分别表示城镇企业职工和机关事业单位职工中受全面二孩政策影响新增少儿人口数。$N_{O,i}^{Y,CE}$ 和 $N_{O,i}^{Y,G}$ 分别表示城镇企业职工和机关事业单位中受延迟退休政策影响而减少的老年人口数。$N_{T,i}^{CE}$ 和 $N_{T,i}^{G}$ 分别表示城镇企业和机关事业单位养老保险总人口数。

依据国民财富养老保险人口结构均衡分配原理，职业年金是个人受教育成本生命周期补偿在养老保障中的体现。个人青少年期受教育是对未来工作的人力资本投资，其效益体现在劳动期的产出成效中。从生命周期交叠收入再分配角度看，由用人单位补偿教育年限人口生命周期养老保障给付替代，具有收入再分配的合理性。鉴于此，我们在职业年金养老保险替代率模型构建中，把受教育年限折合成人口比重系数并作为模型构建的主要元素，具体的测算模型为：

$$\sigma_{z,i} = \frac{T_{edu,i}}{T_{pre-life,i}} \times \frac{N_{L,i}}{N_{T,i}} \qquad (1-8)$$

$$\theta_{z,i} = \frac{T_{edu,i}}{T_{pre-life,i}} \times \frac{N_{O,i}}{N_{T,i}} \qquad (1-9)$$

其中，$\sigma_{z,i}$表示第 i 年职业年金的适度替代率，$\theta_{z,i}$表示第 i 年职业年金的适度缴费率，$T_{edu,i}$表示第 i 年机关事业单位职工的受教育年限，$T_{pre-life,i}$表示人口的预期寿命，$N_{L,i}$表示第 i 年城镇职工劳动年龄人口数（包含机关事业单位），$N_{T,i}$表示第 i 年城镇职工总人口数。如此，$N_{O,i}/N_{T,i}$表示老年人口比重系数转换成养老保险目标缴费率；$N_{L,i}/N_{T,i}$表示劳动年龄人口比重系数转换成养老金替代率（与机关事业单位原有养老保险制度对接时选择 L＝80%～85%）；$T_{edu,i}/T_{pre-life,i}$表示受教育年限转换成的人口比重系数。

同样，职业年金适度缴费率水平也会受到人口结构变动的影响，我们以假设延迟退休政策实施后老年人口比重系数变动为主要元素对模型进行修正，修正后的职业年金适度缴费率水平为：

$$\theta_{z,i} = \frac{T_{edu,i}}{T_{pre-life,i}} \times \frac{N_{O,i}-N_{O,i}^Y}{N_{T,i}+N_{C,i}} \qquad (1-10)$$

其中，$\theta_{z,i}$表示第 i 年职业年金适度缴费率；$N_{C,i}$表示全面二孩政策实施后家庭新增少儿人口；$N_{O,i}^Y$表示受延迟退休政策影响而减少的老年人口数量。其余指标同式（1-9）。

（二）财政支出适度水平模型

以养老金替代率为核心指标，以（1-替代率）为模型核心元素，确定养老金替代率财政补贴适度水平，合理界定基础养老保险缴费率一元化财政补贴责任。

$$G_{\sigma,i}^P = T_{GDP,i} \times \varphi_{pro,i} \times \left(\frac{W_{T,i}}{T_{GDP,i} \times \varphi_{pro,i}} - \frac{N_{L,i}}{N_{Y,i}+N_{L,i}+N_{O,i}} \right) \times 50\% \times (1+r)^{2015-i}$$

$$(1-11)$$

其中，$G_{\sigma,i}^P$表示替代率剩余财政补贴适度水平，$W_{T,i}$表示工资总额，$T_{GDP,i}$表示国民财富（GDP）总量，$\varphi_{pro,i}$表示劳动生产要素分配系数，$N_{L,i}$表示劳动年龄人口数，$N_{O,i}$表示老年人口数，$N_{Y,i}$表示少儿人口数。考虑到机关事业单位"并轨"2015 年开始正式实施，本书选择 2015 年为测算基期，并以 2015 年为现值进行折现。

（三）机关事业单位养老保险资金供需总平衡数理模型

依据人口养老结构设计出养老保险给付替代率模型，分别测算机关事业单位

"并轨"后的基础养老保险、个人账户、职业年金给付替代率，并依据养老保险"替代率剩余"理论，测算机关事业单位养老保险财政补贴适度水平，进而预测个人储蓄适度水平及如何实现机关事业单位养老保险资金供需总平衡。

1. 机关事业单位资金供给与需求模型

$$S = P_w \times W \times \theta \tag{1-12}$$

$$D = P_r \times W \times \theta \tag{1-13}$$

其中，S 表示机关事业单位养老保险资金供给，D 表示机关事业单位养老保险资金需求，P_w 表示机关事业单位在岗职工人数，P_r 表示机关事业单位退休职工人数，W 表示机关事业单位上一年在岗职工平均工资，θ 表示养老保险缴费率。

2. 机关事业单位养老保险资金供需总平衡模型

$$N_O^G \times \sigma_{tr} \times W = N_L^C \times \theta_{tr} \times W \tag{1-14}$$

其中，σ_{tr} 表示机关事业单位养老保险综合替代率，θ_{tr} 表示机关事业单位养老保险总合缴费率，N_O^G 表示机关事业单位老年人口数，N_L^C 表示机关事业单位劳动年龄人口数，W 表示社会平均工资。通过对机关事业单位养老保险资金供需测算，"并轨"初期的养老保险资金缺口可以凭借现行政策下的高缴费率及财政补贴来弥补，在未来人口老龄化程度加深的情况下，全面二孩及延迟退休政策的实施会使缴费率适度水平下降，现行的缴费率水平有所下调，在这种情况下，需要加入个人储蓄等方式实现养老保险资金供需平衡。

3. 全国统筹收入再分配效应数理模型

养老保险全国统筹是养老金未来发展的趋势和目标，为了顺利实施全国统筹，研究提出机关事业单位可以提前实施养老保险全国统筹试点并提出具体实施方案。

根据基础养老金的计发办法和约束因素，提出"基础养老金收入再分配系数模型"，综合反映本人缴费与统筹工资计发之间的收入再分配效果：

$$SR = \frac{w_0 - w_1}{w_0} = 1 - \frac{w_1}{w_0}, \quad -1 < SR < 1 \tag{1-15}$$

其中，SR 表示基础养老金收入再分配系数；w_0 表示 0 期的初始值，w_1 表示 1 期的分配结果。如果 SR 值为正，即为收入再分配贡献系数，表示 0 期初始值大于 1 期分配结果，为收入再分配做出贡献；如果 SR 值为负，即为收入再分配获得系数，表示 0 期初始值小于 1 期分配结果，获得了高收入群体（或地区）的福利转移。收入再分配必然带来高低收入群体之间的福利转移，因此 $-1 < SR < 1$。

依据分层法则和逻辑演进关系，提出养老保险统筹层次四序列分系数模型，重点分析收入差距和全国统筹模式联动下的收入再分配系数收敛趋势，在此基础上验证得出机关事业单位全国统筹最优方案。

$$SR = \frac{W_{个人} - \dfrac{\overline{W_{全国}} + \overline{W_{省}} + W_{个人}}{3}}{W_{个人}} \qquad (1-16)$$

收入再分配系数模型三采用中央、省和个人三者工资加总除以3的给付标准，这种模式实现了劳动公平兼顾生存公平。其中，$W_{个人}$、$\overline{W_{全国}}$和$\overline{W_{省}}$分别表示个人工资水平和全国、省的统筹工资水平。以以上模型为基础，按照一定比例分配养老金，一部分拿到中央统收统支（全国统一比例为1/3），另一部分留在地方实行省级统筹模式。

$$SR = 1 - \frac{\frac{1}{3}W_{e-1}^{国} + \frac{2}{3} \times \frac{1}{2}W_{e-1}^{省}\left[1 + \sum_{n=x}^{e-1}\left(\frac{w_n}{W_n^{省}}\right)/(e-x)\right]}{w_{e-1}}, \quad e-x>15 \qquad (1-17)$$

其中，e 表示退休年龄；x 表示参保年龄；W_n 表示 n 岁时的社会（全国、省）平均工资；w_n 表示职工 n 岁时缴费工资。

4. 机关事业单位养老保险本质"并轨"现实适度给付替代率模型

基础养老保险是劳动力人口与老年退休人口之间的代际转移收入再分配，是劳动年龄人口的养老责任，所以在这里把劳动年龄人口比重系数作为构建基础养老保险缴费率与给付替代率适度水平模型的核心元素。

$$\sigma_{j,i}^C = \begin{cases} \dfrac{N_{L,i}^C}{N_{T,i}^C} \times \dfrac{N_{L,i}^C}{N_{T,i}^C} & (2015 \leq i \leq 2022, \ i \in N_+) \\[3mm] \dfrac{N_{L,i}^C + \beta_i}{N_{T,i}^C + \beta_i} \times \dfrac{N_{L,i}^C + \beta_i}{N_{T,i}^C + \beta_i} & (2023 \leq i \leq 2036, \ i \in N_+) \\[3mm] \dfrac{N_{L,i}^C + \beta_i + \lambda_i}{N_{T,i}^C + \beta_i + \lambda_i} \times \dfrac{N_{L,i}^C + \beta_i + \lambda_i}{N_{T,i}^C + \beta_i + \lambda_i} & (2037 \leq i \leq 2050, \ i \in N_+) \end{cases} \qquad (1-18)$$

其中，$\sigma_{j,i}^C$表示第i年基础养老保险本质"并轨"现实适度给付替代率水平，$N_{T,i}^C$和$N_{L,i}^C$分别表示第i年的城镇职工总人口数和劳动年龄人口数，β_i和λ_i分别表示第i年因延迟退休政策和全面二孩政策实施而增加的劳动年龄人口数。延迟退休政策根据人社部最新消息最早将于2022年实施。根据测算，2036年之后全面二孩政策开始对给付适度水平产生影响。

个人账户是个人生命周期转移再分配，属于老年人自己的养老责任，因此老年人口比重系数是个人养老的核心指标。在这里将老年人口比重系数和劳动年龄人口比重系数作为个人账户养老保险替代率模型构建的核心元素。

$$\sigma_{g,i}^{C} = \begin{cases} \dfrac{N_{O,i}^{C}}{N_{T,i}^{C}} \times \dfrac{N_{L,i}^{C}}{N_{T,i}^{C}} & (2015 \leqslant i \leqslant 2022,\ i \in N_{+}) \\[3mm] \dfrac{N_{O,i}^{C}-\beta_{i}}{N_{T,i}^{C}} \times \dfrac{N_{L,i}^{C}+\beta_{i}}{N_{T,i}^{C}} & (2023 \leqslant i \leqslant 2036,\ i \in N_{+}) \\[3mm] \dfrac{N_{O,i}^{C}-\beta_{i}+\lambda_{i}}{N_{T,i}^{C}+\lambda_{i}} \times \dfrac{N_{L,i}^{C}+\beta_{i}+\lambda_{i}}{N_{T,i}^{C}+\lambda_{i}} & (2037 \leqslant i \leqslant 2050,\ i \in N_{+}) \end{cases} \quad (1-19)$$

其中，$\sigma_{g,i}^{C}$ 表示第 i 年个人账户本质"并轨"现实适度给付替代率水平，$N_{O,i}^{C}$ 表示第 i 年的城镇职工老年人口数。

根据"教育成本职业年金生命周期补偿理论"，职业年金是个人受教育成本生命周期补偿养老保险。个人青少年期受教育成本是对未来劳动期的人力资本投资，其效益体现在劳动期的产出成效中。从生命周期交叠收入再分配角度看，由用人单位补偿本单位劳动者教育年限人口生命周期养老保障给付替代，具有收入再分配的合理性。因此，我们在职业年金养老保险给付替代率模型构建中，把受教育年限折合成人口比重系数并作为模型构建的主要元素。

$$\sigma_{z,i}^{C} = \begin{cases} \dfrac{T_{edu,i}^{C}}{T_{pre-life,i}^{C}} \times \dfrac{N_{L,i}^{C}}{N_{T,i}^{C}} & (2015 \leqslant i \leqslant 2022,\ i \in N_{+}) \\[3mm] \dfrac{T_{edu,i}^{C}}{T_{pre-life,i}^{C}} \times \dfrac{N_{L,i}^{C}+\beta_{i}}{N_{T,i}^{C}} & (2023 \leqslant i \leqslant 2036,\ i \in N_{+}) \\[3mm] \dfrac{T_{edu,i}^{C}}{T_{pre-life,i}^{C}} \times \dfrac{N_{L,i}^{C}+\beta_{i}+\lambda_{i}}{N_{T,i}^{C}+\lambda_{i}} & (2037 \leqslant i \leqslant 2050,\ i \in N_{+}) \end{cases} \quad (1-20)$$

其中，$\sigma_{z,i}^{C}$ 表示第 i 年职业年金的适度替代率，$T_{edu,i}^{C}$ 表示第 i 年机关事业单位职工的受教育年限，$T_{pre-life,i}^{C}$ 表示人口的预期寿命，$N_{L,i}^{C}$ 表示第 i 年城镇职工劳动年龄人口数（包含机关事业单位），$N_{T,i}^{C}$ 表示第 i 年城镇职工总人口数。$N_{L,i}^{C}/N_{T,i}^{C}$ 表示劳动年龄人口比重系数转换成养老金替代率（与机关事业单位原有养老保险制度对接时选择 L=80%~85%）；$T_{edu,i}^{C}/T_{pre-life,i}^{C}$ 表示受教育年限转换成的人口比重系数。小学到大学约 15 年，折合人口系数 0.18 为下限；到研究生约 20 年，折合人口系数 0.25 为下限。考虑到城镇企业职工学历的现实情况，我们选择受教育年限为 15 年的本科学历，按照预期寿命为 80 岁，将受教育年限折合成人口比重 0.18，再用折合成的人口比重乘以劳动年龄人口比重来计算职业年金的本质"并轨"现实适度给付替代率水平。计算中所涉及的人口预期寿命，采用辽宁大学人口研究所的预测数据。

5. 现行制度下机关事业单位与企业养老金给付替代率仿真测度模型

2015 年国家发布机关事业单位养老保险"并轨"方案，提出了养老保险给付水平的计算方法，如表 1-1 所示。在此基础上，我们整理出养老保险给付替代率仿真测度模型，见式（1-21）至式（1-22）。

表 1-1　现行制度下养老保险计发办法

	养老金月给付标准
基础养老金	（当地上年度在岗职工月均工资+本人指数化月均缴费工资）／2 ×缴费年限 n
个人账户	个人账户储蓄额／（人口平均寿命-退休年龄）× 12
职业年金	职业年金个人账户储蓄额／（人口平均寿命-退休年龄）× 12
企业年金	由企业年金方案自主决定
过渡性养老金	指数化平均缴费工资× 视同缴费年限 × 过渡系数（1.4%）

注：根据 2018 年最新的《企业年金办法》，企业年金待遇计发和支付方式由企业年金方案自主决定，没有统一的计发方式，为了方便比较，下文假设企业年金计发方式与职业年金相同。过渡性养老金的计发企业"中人"为 1997 年之前参加工作的职工，机关事业单位"中人"为 2015 年之前参加工作的职工。

"并轨"后养老保险计发办法的最新规定用公式表示为：

$$P_j = \frac{(1+k) \times \overline{w}_{ij}}{2} \times (1+g)^N \times N\% \qquad (1-21)$$

$$P_g = \frac{12 \times \overline{w}_{ij} \times 8\% \times \left[(1+r_g)^N - (1+g)^N\right]}{M\ (r-g)} \qquad (1-22)$$

$$P_{z/q} = \frac{12 \times \overline{w}_{ij} \times \alpha_{z/q} \times \left[(1+r_z)^N - (1+g)^N\right]}{M\ (r-g)} - tax \qquad (1-23)$$

$$P_{gd} = k \times \overline{w}_{ij} \times n \times R_{gd} \qquad (1-24)$$

$$\sigma_{new/mid} = \frac{p_j}{w_{is}} + \frac{p_g}{w_{is}} + \frac{p_z}{w_{is}} \qquad (1-25)$$

其中，P_j 表示基础养老金，P_g 表示个人账户养老金，P_z 表示职业年金，P_q 表示企业年金，P_{gd} 表示过渡性养老金，σ_{new} 表示"新人"的总合养老金替代率，

σ_{mid}表示"中人"的总合养老金替代率。k 表示平均缴费工资指数，$\overline{w}_{i,s}$ 表示第 i 年的社会平均工资，α_z 表示职业年金缴费率，α_q 表示企业年金缴费率，g 表示社会平均工资增长率，r_g 表示个人账户记账利率，r_z 表示职业年金收益率，N 表示实际缴费年限，n 表示视同缴费年限，M 表示计发月数，R_{gd} 表示过渡系数，tax 表示领取年金时需要缴纳的个人所得税。

6. 老年人口比重与恩格尔系数同本质"并轨"现实适度缴费率联动模型

机关事业单位本质"并轨"基础养老保险现实缴费适度水平的下限由社会基本生活水平决定，具体的理论标准和定量参数是社会恩格尔系数。

$$\begin{cases} N_{O,i}^C \times \sigma_{L,i}^C \times \overline{W_i} = N_{L,i}^C \times \theta_{L,i}^C \times \overline{W_i} \\ \sigma_{L,i}^C = EC_i^C \end{cases} \qquad (1-26)$$

其中，$N_{O,i}^C$ 和 $N_{L,i}^C$ 分别表示第 i 年的城镇职工老年人口数和劳动年龄人口数，$\sigma_{L,i}^C$ 和 $\theta_{L,i}^C$ 分别表示基础养老保险本质"并轨"现实适度替代率和缴费率下限，EC_i^C 表示第 i 年的城镇居民恩格尔系数。

根据式（1-26）推导出基础养老保险本质"并轨"现实适度缴费率与恩格尔系数联动的动态数理模型：

$$\theta_{L,i}^C = \frac{N_{O,i}^C}{N_{L,i}^C} \times EC_i^C \qquad (1-27)$$

其中，$N_{O,i}^C$ 和 $N_{L,i}^C$ 分别表示第 i 年的城镇职工老年人口数和劳动年龄人口数，$\theta_{L,i}^C$ 表示基础养老保险本质"并轨"缴费率下限，EC_i^C 表示第 i 年的城镇居民恩格尔系数。

三、养老保险"并轨"研究技术路线

在人口老龄化条件下，养老保险缴费率制约因素发生了很大变化，本书以机关事业单位养老保险"并轨"为案例，把诸多相关因素综合成一个整体框架，研究构建一个新的养老保险缴费研究思维路线和技术路线。

本书研究思维路线和技术路线概括为：沿着现实"问题"指向，提炼出"理论假设"研究框架，依据研究假设提炼数理分析模型，针对数理模型设计具体研究指标，依据研究指标获得的相关数据进行定量分析，在定量分析基础上进行定性分析并得出相关结论，在研究结论基础上依据机关事业单位养老保险"并轨"实际和中国经济社会实际条件提出相关政策建议，如图1-3所示。

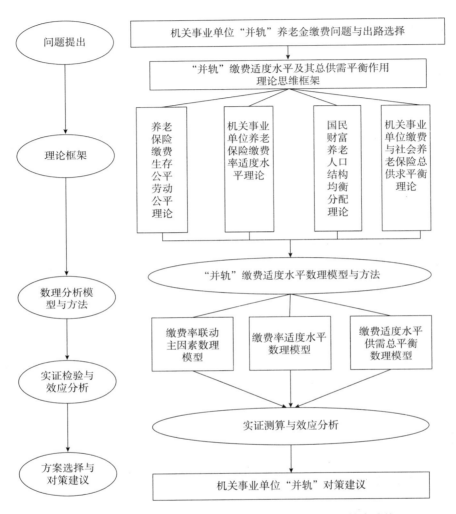

图1-3　机关事业单位养老保险缴费率适度水平研究技术路线

第三节　养老保险国民财富人口结构均衡分配理论

现实问题：按照现行缴费率模型（抚养比×替代率）预测，在人口老龄化高峰期2030年左右，不借助外力实现养老金供需平衡，基础养老保险缴费率会高达 30% 左右，远超当前制度规定的缴费率。

尝试创新：从国民财富人口结构均衡分配和养老保险代际交叠的新特征出发，研究破解这一难题存在的主要变量和内在变化规律，找出养老保险缴费与人口结构变化的逻辑关系和变化轨迹，构建一个与现实和未来人口结构变化相协调的养老保险缴费率模型，解决基础养老保险缴费的可承受性和可持续性问题。

一、养老保险国民财富人口结构分配理论内涵

国民财富是代际交叠人口结构共同创造的价值总量。国民财富应以代际交叠人口结构为核心指标进行合理分配。

代际交叠人口结构主要包括当期劳动力人口和当期老年人口，国民财富既包括了当期劳动力创造的新增价值，同时也涵盖了老年人口在劳动期的价值贡献。代际交叠人口结构对国民财富创造贡献是时间上继起、空间上并存的关系。

国民财富初次分配以生产要素价值贡献为依据，其中按资本价值贡献进行资本报酬分配，按劳动价值贡献进行劳动报酬分配。在初次分配基础上，将劳动报酬按代际交叠人口结构进行再分配，以劳动人口比重为核心指标确定劳动人口报酬分配水平，以老年人口比重为核心指标确定老年人口报酬分配。劳动人口在初次报酬分配之后缴纳一定比例税收，获得最终可支配收入。老年人口报酬分配以养老金为主要形式，按照合意替代率确定养老给付水平，替代率剩余部分可通过财政补贴老年人口养老和医疗福利等形式进行补偿。

国民财富在按生产要素价值进行劳动报酬分配之后，按劳动人口比重和老年人口比重进行劳动报酬总额划分，确定与代际交叠人口结构相契合的合意收入分配水平。

二、养老保险国民财富人口结构分配理论要素

国民财富人口结构分配以确定合意的代际交叠财富分配为目标，为收入再分配提供合理依据。国民财富按代际交叠人口结构劳动贡献进行分配是核心原理，这一原理可进一步演化为养老保险缴费适度水平原理、养老保险给付适度水平原理和代际交叠人口结构收入均衡原理等理论要素。

（一）养老保险缴费适度水平原理

根据国民财富人口结构分配基本原理，在经济总量中按劳动生产要素分配系

数确定劳动报酬分配总额,并依据老年人口比重划分出相应部分,再按劳动人口比重分担给劳动人口缴费。因此,"老年人口比重"实际是按人口结构合理转化成的劳动人口养老保险"缴费率"。按照代际交叠原理,在老年人口比重基础上乘以劳动人口比重,确定代际交叠现收现付适度缴费率,即劳动人口合理负担的代际交叠缴费需求。养老保险综合适度缴费率为"老年人口比重",基础养老保险现收现付适度缴费率为"老年人口比重×劳动人口比重"。

以"老年人口比重"作为养老保险综合缴费率核心指标是对老年人口养老给付需求的合理满足,以"老年人口比重×劳动人口比重"作为基础养老保险适度缴费率核心指标反映了劳动人口可承受的现收现付养老保险缴费合理负担。

(二)养老保险给付适度水平原理

养老保险给付适度水平是在劳动报酬总额中按劳动人口比重分担相应的养老给付,进一步按老年人口比重分配给老年人口。老年人口以"劳动人口比重"为上限获得劳动报酬总额部分,再按老年人口比重确定养老金给付水平。因此,"劳动人口比重"为养老保险综合适度替代率指标,进一步按照代际交叠原理,加入劳动人口比重变量,劳动人口比重再乘以劳动人口比重,综合适度替代率就转化为基础养老保险代际交叠现收现付适度替代率。

(三)代际交叠人口结构收入均衡原理

代际交叠人口结构收入均衡是指既能够保证老年人口养老金收入处于合理区间,也能够实现劳动人口可支配收入高于老年人口养老金,从而保证劳动人口工作积极性和养老保险制度可持续发展。

在经济总量中按劳动生产要素分配系数确定劳动报酬总额,进一步按老年人口比重划分出相应比重,以"劳动人口比重"为替代率核心指标确定老年人口养老金收入;按劳动人口比重确定劳动人口报酬分配总额,在初次分配基础上按一定税率(约30%)缴税,劳动人口可支配收入为劳动报酬总额的70%。在总量层面,由于劳动人口比重显著高于老年人口比重,劳动人口可支配收入总额高于老年人口养老金总额;在个体层面,由于劳动人口比重低于70%,老年人口人均养老金收入低于劳动人口人均可支配收入。

三、养老保险国民财富人口结构分配研究价值

依据国民财富人口结构分配养老保险缴费适度水平原理,可以确定基础养老

保险缴费率适度一元化标准。利用基础养老保险缴费适度水平模型，结合城镇职工养老保险和城乡居民养老保险人口结构指标，确定城镇职工和城乡居民基础养老保险适度缴费率。测算得到城镇职工和城乡居民基础养老保险缴费适度水平较为接近，这是基础养老保险缴费率适度一元化的合理条件。基础养老保险缴费率适度一元化也是城镇职工和城乡居民基础养老保险趋近适度标准的必然结果。

依据代际交叠人口结构收入均衡原理，可以建立基础养老保险缴费率适度一元化合理性检验机制。在基础养老保险缴费率适度一元化实现路径下，劳动人口可支配收入是否高于老年人口人均养老金是检验路径设定是否合理的重要依据。

依据国民财富人口结构分配原理和养老保险给付适度水平原理，可以确定政府需要承担的养老保险合理财政补贴责任。以老年人口养老金替代率剩余为核心指标，确定养老保险财政补贴适度水平。

第四节　"并轨"养老保险缴费生存公平与劳动公平理论

现实问题：机关事业单位现收现付模式下的基础养老保险缴费主体是现有劳动者，领取主体是退休老年人，缴费过高，现有劳动者承受压力大，缴费过低，退休老年人生活需求满足不了，这就需要研究制定缴费的最低标准和最高标准。

尝试创新：机关事业单位养老保险缴费与给付联动并与企业养老保险制度统一的生存公平劳动公平观点，就是研究提出"并轨"养老保险缴费的最低标准和最高标准。养老保险缴费最低标准是保证"并轨"退休老年人退休前后生命周期生存公平，最高标准是实现"并轨"退休老年人与在职劳动者代际转移中的劳动公平，同时实现机关事业单位和企业退休老年人横向劳动公平。

一、"并轨"养老保险缴费与给付的生存公平

机关事业单位养老保险制度"并轨"是一个复杂的系统工程，这种复杂性一是来自历史的惯性，二是来自在职时工资水平与企业职工工资水平的差异性，三是来自机关事业单位职工缴费和给付之间的平衡性。

这些现实的复杂性集结在养老保险"并轨"制度设计中，就会聚焦为养老保险制度"并轨"的公平性问题，其中主要表现为生存公平和劳动公平问题。

生存公平是一种人的基本的需求，是保证人吃穿住的基本生存需求的公平。机关事业单位养老保险"并轨"缴费水平的确定，首先要考虑的就是缴费水平要满足退休人员基本生存水平的需求，要实现基本的生存公平，实现保证退休人员吃穿住的基本生活水平。

这里的生存公平，基本原理来自代际转移的纵向生存公平。退休的职工工作期的劳动供养了当期的老年人的生存，同时又给年轻人打下了生存和工作的基础，当他们退休之后，尽管不再工作，但代际转移的生存公平需要既是经济公平的需要，也是人类延续的道德公平需要。

这里的生存公平，基本原理来自机关事业单位与企业养老保险制度之间的横向生存公平。无论是机关事业单位还是企业单位，养老保险制度的"并轨"不是简单地把机关事业单位养老保险与企业养老保险合并，也不是机关事业单位向企业看齐，而是机关事业单位和企业都向生存公平标准看齐，都要体现生存公平原则，也就是养老金缴费与给付水平都要保证退休职工的基本生存需求。

这里的生存公平，基本原理来自政府责任与个人责任之间的第三维生存公平。无论是代际转移的纵向公平，还是机关事业单位与企业单位间的横向公平，都涉及政府责任与个人责任的生存公平。从公共政策取向看，无论是机关事业单位还是企业单位，无论是经济效益好的地区还是经济效益欠佳的地区，在老年人养老保险缴费与给付均衡过程中，政府应该承担生存公平的维护者角色。个人无力承担缴费的责任，政府应该承担养老保险给付的生存公平责任。有的地区财政困难，有的企业经济困难，国家有责任承担经济困难地区和单位退休职工养老保险给付的生存公平责任，保证他们的基本生活需求得到满足。

二、"并轨"养老保险缴费与给付的劳动公平

养老保险"并轨"制度设计中现实的复杂性，除了聚焦为养老保险制度"并轨"的公平性问题外，还聚焦为养老保险"并轨"的劳动公平问题。

劳动公平是一种人的能力公平和机会公平的需求，是人的就业和多劳多得的公平需求。机关事业单位养老保险"并轨"缴费水平的确定，在要考虑到缴费水平要满足退休人员基本生存公平需求的同时，还要考虑到劳动水平的需求，要实现人的就业和多劳多得的公平需求，实现退休人员的多缴费多获得的保障与激励统一的劳动公平需求。

这里的劳动公平，基本原理来自个人生命周期的缴费与给付纵向劳动公平。退休的职工工作期的劳动贡献大和工资水平高，养老保险缴费多，当他们退休之

后，尽管不再工作，但个人生命周期的劳动公平需要既是保障公平的需要，也是劳动激励公平需要。

这里的劳动公平，基本原理来自机关事业单位与企业养老保险制度之间的横向劳动公平。无论是机关事业单位还是企业单位，养老保险制度的"并轨"不是简单地把机关事业单位养老保险与企业养老保险合并，也不是机关事业单位向企业看齐，而是机关事业单位和企业都要向劳动公平看齐，都要体现劳动公平原则，也就是养老金缴费与给付水平都要保证退休职工的基本劳动需求。养老保险"并轨"中的个人账户和职业年金的设立，体现养老保险制度设计中的劳动公平，无论是机关事业单位还是企业单位都设立这种制度，都体现养老保险制度中的劳动公平原则。

这里的劳动公平，基本原理来自政府责任与个人责任之间的第三维劳动公平。无论是个人生命周期的纵向公平，还是机关事业与企业间的横向公平，都涉及政府责任与个人责任分担中的劳动公平问题。从公共政策取向看，无论是机关事业单位还是企业单位，无论是经济效益好的地区还是经济效益欠佳的地区，在老年人养老保险缴费与给付均衡过程中，单位和个人承担劳动公平的缴费给付责任，政府承担扩大劳动年龄人口就业的劳动公平责任。

三、"并轨"养老保险缴费与给付制度的统一

机关事业单位与企业养老保险制度的统一，实质是体现养老保障制度中公平原则。这种公平原则有利于劳动者的流动，有利于人才的职业合理分布，有利于养老保险制度有效管理。

生存公平和劳动公平是养老保险制度设计中公平原则的集中表现。养老保险制度"并轨"中生存公平和劳动公平原则的实现是养老保险"并轨"统一的本质性标志，是测度养老保险形式"并轨"与本质"并轨"统一目标的根本指标。

养老保险制度"并轨"统一中的生存公平原则有利于实现养老保险制度维护社会稳定的功能，有利于实现国家社会保障制度建设中的"兜底线"目标，也有利于养老保险制度与民生工程的对接与协同。

养老保险制度"并轨"统一中的劳动公平原则有利于实现养老保险制度与经济创新发展目标的协调，有利于实现国家社会保障制度建设中的保障与激励的统一，也有利于养老保险制度建设中的"权责明确"的实现。

生存公平和劳动公平原则的体现是养老保险制度"并轨"的核心标志，也是评价养老保险制度"并轨"效果的核心指标。在此基础上，养老保险制度

"并轨"的具体政策可能不会完全一致,这就是哲学思想的辩证统一,也是差异化的统一。

第五节 "并轨"养老保险缴费适度水平理论

现实问题:机关事业单位和全社会老年抚养比会随着老龄化社会的发展而不断上升,但是养老保险缴费率是否要无限上升,是需要研究解决的难点问题。

尝试创新:机关事业单位养老保险缴费率有一个适度水平界限,有其适度下限,也有其适度上限,本书以生存公平为适度下限标准,以劳动公平为适度上限标准,研究提出机关事业单位与企业相协调的养老保险缴费率适度水平,丰富了社会保障适度水平理论。

一、"并轨"养老保险缴费的适度性标准

"保障适度"是党的十九大提出的社会保障制度建设的重要目标和要求,也是国家首次提出建立"适度"社会保障水平的本质要求。

养老保险制度"并轨"不是简单的形式统一,重要的是都实现"保障适度"的本质统一。这就提出一个实现"保障适度"的本质统一的适度性标准问题。在这一点上,机关事业单位养老保险与企业养老保险在制度安排上基本原理是一致的。

养老保险缴费的适度性标准比较客观的指标是人口系数,主要是老年人口比重系数和劳动年龄人口比重系数。因为养老保障制度的主要目标指向是老年人口,主要缴费主体是劳动年龄人口,包括现在的劳动年龄人口和当年的劳动年龄人口。养老保险制度的适度给付标准是老年人口获得与自身人口结构相对应的国民财富中的应得份额,保证老年人口的基本生活水平和当年的劳动付出的回报。养老保险制度的适度缴费标准是劳动年龄人口承担与自身人口结构相对应的国民财富中的缴费份额,既要保证老年人口的养老需求,又要保证劳动年龄人口自养和少儿人口抚养的经济需求,同时保证劳动年龄人口的劳动积极性和代际转移养老的可持续发展。

养老保险缴费的适度性标准进一步具体为与人口系数相关联的国民财富收入分配结构。国民财富的总量水平是养老保险缴费的经济基础,只有当国民财富总

量水平实现了可持续增长，与人口结构系数相关联的养老保险缴费和给付适度水平才能实现真实兑现，才能实现养老保障水平的可持续增长。所以，养老人口结构系数是养老保险缴费和给付适度性的客观尺度标准；国民财富的总量水平和可持续发展是养老保险缴费与给付适度性的经济基础和适度性增长的客观基础。

二、"并轨"养老保险缴费适度水平原理

养老保险"保障适度"的具体表现形式就是缴费与给付的"适度水平"。机关事业单位养老保险缴费的适度水平就是养老保险适度性的人口系数和国民财富系数标准的具体量化表现方式。这种适度水平，在理论上就是保障水平既不能太低，不能保障老年人口的基本生活水平，也不能太高，超出劳动年龄人口的工资水平和缴费承受能力；既有适度的养老保险的保障功能，又要有适度的养老保险的激励功能。这种适度水平，在数量上就表现为养老保险适度缴费率和适度给付替代率及其数量水平。具体的测度模型见接下来阐述的养老保险缴费适度水平测度数理模型。

适度水平是一个区间概念，它由适度上限和适度下限区间构成。机关事业单位养老保险缴费的适度水平上限由机关事业单位现有退休职工和未来退休职工人数比重决定，同时由机关事业单位的工资水平决定。从理论上看，机关事业单位养老保险缴费适度水平的上限系数不能超过机关事业单位老年人口比重系数。机关事业单位养老保险缴费适度水平的下限由社会基本生活水平决定，具体的理论标准和定量参数是社会恩格尔系数和与其相关联的养老保险缴费系数。

三、"并轨"养老保险缴费适度水平效应

机关事业单位养老保险"并轨"强调科学规划、合理引导，强调"并轨"中的适度水平原则，主要是为了保证养老保险制度"并轨"合理而有序地进行。2015年1月14日，国务院印发《关于机关事业单位工作人员养老保险制度改革的决定》，决定从2014年10月1日起对机关事业单位养老保险制度进行改革，养老保险"并轨"政策实施。但是四年过去了，机关事业单位退休人员的"中人"养老金的发放标准仍然按照2014年"并轨"初期的标准执行，过渡性养老金仍没有发放。这种政策的滞后性说明机关事业单位养老保险"并轨"后的政策还急需完善，其中包括机关事业单位养老保险缴费给付的适度水平政策的制定和实施。

机关事业单位"并轨"养老保险缴费适度水平及资金总供需平衡研究

　　机关事业单位养老保险缴费给付适度水平是我们确定机关事业单位养老保险"并轨"过渡期养老金给付水平目标的依据,具有养老保险"并轨"的给付水平目标性效应。在没有明确的养老保险"并轨"缴费给付适度水平目标前,政府管理政策的参照系只能是原有的退休金标准和企业的养老金标准,但是这些原有的参照系和参照标准只是近期的目标,不能确定中远期目标,只是形式上的"并轨"而不是本质上的"并轨"。我们研究确定养老保险"并轨"的缴费给付适度理论和测度方法,是为养老保险"并轨"的中远期目标确定一个合理依据,是使现行的机关事业单位退休人员的养老金发放有一个过渡期趋近的目标,进而促进养老保险"并轨"中的"中人"养老金的足额发放,推进养老保险"并轨"政策的完善和全面实施。

　　机关事业单位养老保险缴费给付适度水平是我们确定机关事业单位养老保险"并轨"公平性目标的依据,具有养老保险"并轨"公平性标准效应。机关事业单位养老保险"并轨"的重要原因是机关事业单位与企业单位退休金差距大,存在着养老保障制度的不公平因素。养老保险"并轨"就是为了逐渐缩小这种差距,完善养老保险公平机制和保持养老保险制度的可持续发展。但是,这里的公平原则和目标是什么需要研究和合理测度。我们不能简单理解养老保险制度"并轨"就是机关事业单位养老保险并入企业单位,机关事业单位跟着企业养老保险轨迹发展,而应该是研究和选择一个共同的合理目标,机关事业单位和企业单位都朝着这个合理目标发展,实现形式"并轨"向本质"并轨"的发展和统一。"保障适度"的社会保障制度建设的方针,养老保险缴费给付适度水平的研究和选择,可以为机关事业单位养老保险制度"并轨"提供公平性目标的依据,为机关事业单位和企业单位提供一个共同的合理发展目标,两者朝着这个共同的目标发展,实现机关事业单位养老保险制度形式"并轨"与本质"并轨"的统一。所以,机关事业单位养老保险缴费给付适度水平是我们确定机关事业单位养老保险"并轨"公平性目标的依据,具有养老保险"并轨"公平性标准效应。

　　机关事业单位养老保险缴费给付适度水平是我们确定机关事业单位养老保险"并轨"资金平衡目标的依据,具有养老保险"并轨"资金供需平衡导向效应。机关事业单位养老保险制度"并轨"初期,曾涉及机关事业单位养老保险资金占用企业养老保险资金结余等问题,这个问题的解决就是机关事业单位养老保险制度本身的资金平衡问题。实现机关事业单位养老保险资金的内部供需平衡需要确定一个资金内部平衡的平衡点,机关事业单位养老保险缴费给付适度水平就是其资金供需平衡的重要平衡点。机关事业单位养老保险缴费给付的适度水平就是要研究养老保险缴费水平要与需求水平协调适度,要与缴费人群的经济收入水平协调适度，找到了这个适度水平，也就找到了养老保险缴费给付的适度均衡点。所以，养老保险"并轨"中的缴费给付适度水平是我们确定机关事业单位养老保险"并轨"资金平衡目标的依据，具有养老保险"并轨"资金供需平衡导向效应。

第六节　"并轨"养老保险财政补贴适度水平理论

现实问题：机关事业单位养老保险"并轨"后资金从哪儿来？机关事业单位"并轨"前退休金全部由财政承担，"并轨"后是全部由财政负担，还是部分由财政承担？如果部分由财政承担，那么承担水平多少为适度？

尝试创新：本书依据国民财富人口结构分配原理，提出养老人口结构基础上的财政养老"替代率剩余"概念和基本原理，并以此建立数理模型，进一步测算财政承担机关事业单位养老保险缴费补贴的适度水平，以及中央和地方的承担结构，并为财政养老保险预算提供理论依据。

一、国民财富人口结构的均衡收入分配

从宏观经济和人口结构角度看，国民财富的分配客观上呈现出一条规律：国民财富的总量分配呈现为与人口结构相对应的均衡状态。

国民财富人口结构均衡分配，从理论上说，特定年龄段的人口（劳动力人口、老年人口、少儿人口）在总体上获得国民财富中与自己的比重相当的份额。老年人口比重为30%，获得劳动生产要素分配系数中30%的份额；劳动力人口比重为50%，获得劳动生产要素分配系数中50%的份额；少儿人口比重为20%，获得劳动生产要素分配系数中20%的份额。

这种财富分配是在第一、第二、第三次收入分配过程中均衡实现的。从总体状况上说，在第一次收入分配中，劳动年龄人口获得了劳动取得的工资。在第二次收入分配中，老年人口获得了养老金。在第三次收入分配中，少儿人口获得了父母亲人等的抚养、教育及生活费。

人口年龄结构财富均衡分配是一个动态的均衡过程。从形式上看，劳动年龄人口初次获得的分配份额大，老年人口获得的分配份额小。实际上，劳动年龄人口获得的工资，除了用于自身的消费外，还要承担子女的生活教育费用，也就是

承担着劳动年龄人口和少儿人口的双重消费的任务。从结构上看，劳动年龄人口、老年人口、少儿人口会在动态上实现财富分配的相对均衡。

人口年龄结构财富分配均衡分配，从理论上说，符合生存公平的人类发展原理。在正常状态下，一个家庭、一个单位、一个国家的劳动年龄人口、老年人口、少儿人口在满足生存需要的物质财富分配和消费上，道德原则、风俗习惯和国家法律都会规范生存公平。在生存公平轨迹中，人口年龄结构财富分配实现相对均衡。正是这种相对均衡，使人类有了积极繁衍和代代相传。如果老年人口得到的分配缺乏生存公平和均衡分配，劳动年龄人口看到了自己成为老年人的未来境遇，也就缺少积极生育儿女的动力，缺少了人类繁衍的动力。

二、国民财富代际交叠均衡收入再分配

国民财富人口结构均衡分配是一个延续性人类行为过程，是一个持续代际交叠转移再分配过程。

从某一时段静态上看，劳动年龄人口是创造财富的年龄段人口，老年人口和少儿人口都是由劳动年龄人口创造财富供养的。但是从人类动态发展看，老年人口曾经是当年的劳动年龄人口，少儿人口是未来的劳动年龄人口。人类行为延续过程就是这种每个年龄段的人口都是或曾经是劳动年龄人口，创造财富供养非劳动年龄人口的持续循环过程。这个过程也就是人类代际交叠收入再分配的过程。

国民财富代际交叠收入再分配与人口年龄结构层次相对应分为三期代际交叠收入再分配。劳动年龄人口创造了财富（选择 GDP），在这些财富分配给劳动力的劳动生产要素分配系数中，在劳动年龄人口、老年人口和少儿人口三期代际转移收入再分配。劳动年龄人口通过缴纳养老金的方式实现向老年人口的代际财富转移再分配，通过向少儿人口提供抚养和教育费用的方式实现向少儿人口的代际财富转移再分配。

这个代际转移收入再分配过程，从动态上看，是一个生命周期的延续循环过程。每个人的生命周期都经历少儿人口时期、劳动年龄人口时期和老年人口时期，每个人都是或曾经是财富的创造者，也都是财富收入再分配的受益者，也都是代际交叠转移再分配的参与者。在这个意义上，人类的每个个体都在代际转移收入再分配中完成了自己的生命周期的分配公平。

三、养老金替代率剩余及养老金财政补贴适度性

国民财富中按照劳动生产要素分配系数，理论上老年人口按照老年人口比重

获得相应的份额，劳动年龄人口按照劳动年龄人口比重获得相应的份额。但是实际上，劳动年龄人口获得的实际收入是实际工资扣除所得税等后的可支配收入。老年人口获得的养老金与老年人口比重系数有一定的差额，养老金收入实际上是按照一定的替代率折算后的可支配收入养老金。这里，劳动年龄人口获得的可支配收入与劳动年龄人口比重系数之间的差额是劳动年龄人口工资的缴税剩余。老年人口获得的养老金收入与老年人口比重系数之间的差额是老年人口养老金替代率剩余。

劳动年龄人口工资的缴税剩余和老年人口养老金替代率剩余都通过缴费的方式（缴纳所得税等方式与缴纳养老金等方式）进入国家财政收入。依据收支均衡分配，养老金财政补贴的适度性应该以养老金替代率剩余量为依据，也可以说，养老金财政补贴的适度上限水平是养老金替代率剩余水平。从老年人口养老消费结构上分析，养老金替代率剩余总量除了用于养老补贴外，还用于养老医疗消费补贴，所以养老金替代率剩余量是养老金财政补贴的适度上限。

第七节 养老保险缴费与工资水平及劳动生产要素分配系数联动

现实问题：养老保险缴费率高低，除了传统理论认为与老年抚养比和替代率有关联外，还与工资水平和劳动生产要素分配系数因素有关联。

尝试创新：本书研究提出，现存企业养老保险缴费率较高与现实劳动生产要素分配系数较低有关系，当劳动者初次分配比重系数提高后，按同等缴费率收缴的养老金总量就会提高，或者按同等养老金总量需求其缴费率就会随之降低。我们研究总结这种内在的联动规律，并发现中国老年人口比重系数提高与劳动生产要素分配系数提高近期有高度的同步相关性，以此提炼机关事业单位"并轨"养老保险缴费率中老年人口系数与劳动生产要素分配系数联动模型。

一、养老保险缴费与工资水平联动

机关事业单位养老保险缴费与工资水平有着直接的联动关系。现行的养老保险缴费是以工资为缴费基数，同等缴费率情况下，工资基数越大，缴费总额越多，工资水平与养老保险缴费额之间呈现正相关关系。

企业职工和灵活就业人员的工资具有较大的灵活性，养老保险缴费具有缴费档次的选择区间。机关事业单位工资具有较大的稳定性和同一性，工资的级别和增长有相同的政策依据，因此机关事业单位养老保险缴费的工资基数具有明确性、稳定性。在此基础上，机关事业单位养老保险缴费具有缴费覆盖面高、遵缴率高、易于管理等特点。这些特点就决定了机关事业单位养老保险缴费与工资之间的联动，比较直接和直观，在养老保险缴费精算中干扰因素少，相对易于精算。同时，这种相对透明的工资关系决定了机关事业单位养老保险"并轨"过程中缴费管理的易于操作和易于提高管理效率，减少了"并轨"的阻力。

机关事业单位养老保险缴费与工资的联动关系使养老保险缴费具有相对稳定的增长性。在企业和灵活就业人员的养老保险缴费过程中，经常出现养老保险的断缴问题。企业的倒闭和灵活就业人员的失业，以及部分灵活就业人员工资水平较低，导致企业和灵活就业人员的养老保险缴费的覆盖面和遵缴率经常处于不稳定状态，从而导致养老保险缴费额也处于不稳定状态。相比较而言，机关事业单位的职员学历层次较高，就业的稳定程度高，工资水平也较高，这些都为机关事业单位养老保险"并轨"后的缴费稳定增长提供了有利条件。

二、养老保险缴费与劳动生产要素分配系数联动

企业养老保险缴费率较高，除了转轨成本等因素外，还与劳动生产要素分配系数较低相关。在资本拉动经济增长的时期，劳动生产要素分配系数较低，资本生产要素分配系数较高，此时执行的按"工资总额"缴费模式，就会呈现出较高的缴费率才能支撑起代际转移模式下老年人口的养老需求。

随着国家强调工资增长与经济发展同步的民生为本思想的落实，劳动生产要素分配系数会逐渐提高，在一定时期内会保持相对的增长趋势。在这种情况下，养老保险缴费率就会相对降低。当然，老年人口比重系数的增长会与劳动生产要素分配系数的提高之间产生联动关系，在一定程度上老年人口比重系数的增长会抵消掉一部分劳动生产要素分配系数提高产生的较低养老保险缴费率的空间，但是并不会掩盖掉养老保险缴费与劳动生产要素分配系数之间的内在负相关联动关系。

机关事业单位职工的劳动性质多属于脑力劳动属性，属于第三产业劳动层次。劳动生产要素分配系数结构理论表明，产业层次越高，劳动生产要素分配系数相对越高。机关事业单位职工的第三产业劳动性质决定了他们具有较高的劳动生产要素分配系数，也决定了他们在相同缴费率情况下具有较高的缴费总额。同

时也说明，相对于第二产业的企业，机关事业单位养老保险缴费率相对具有更大的降费空间。

从机关事业单位养老保险缴费内部均衡角度看，机关事业单位劳动生产要素分配系数高，养老保险的给付水平也会相对高。所以会出现机关事业单位养老保险给付水平总体高于以第二产业为主的企业养老保险给付水平的状况。

机关事业单位劳动生产要素分配系数高，养老金给付水平也高，这与养老保险缴费率的降费要求产生了矛盾。由于机关事业单位养老保险缴费按本人工资水平和单位工资总额缴纳，养老保险给付是按本人工资和行业平均工资之和除以2为基数的模式发放，这种缴费和给付的内在差异性，也就是给付的收入再分配性质，使劳动生产要素分配系数较高条件下机关事业单位养老保险缴费与给付总量之间还是有一定差额，使养老保险缴费率还有较大的降费空间。

机关事业单位劳动生产要素分配系数较高的产业分工特点决定了机关事业单位养老保险缴费适度水平有其自身形成和发展的特征与规律。

三、养老保险"并轨"缴费的收入分配效应

在养老保险制度"并轨"前，机关事业单位职工退休金的给付是按照本人的工资水平确定的。养老金"并轨"后，养老金的给付模式发生了变化，是由本人的工资和行业平均工资之和除以2作为基数，乘以相应的替代率，发放给具体的每个退休职工。这说明，原初的机关事业单位退休金的给付不具有收入再分配性质。养老金"并轨"后，机关事业单位职工养老金的给付具有了很强的收入再分配性质，也就是说，原来在职时工资水平高的职工退休之后的养老金领取比原来少了，原来在职时工资水平低的职工退休后的养老金比原来多了，这就是工资高低之间的收入再分配。

这种收入再分配性质是机关事业单位养老保险制度"并轨"给职工退休后养老金领取带来的最大变化，也是机关事业单位养老保险制度"并轨"在机关事业单位制度内均衡的一种表现方式。这说明，机关事业单位养老保险"并轨"不但涉及机关事业单位与企业之间养老金缴费给付之间的均衡问题，还涉及机关事业单位内部职工之间养老保险缴费给付均衡问题。

机关事业单位与企业之间养老金缴费给付之间的均衡问题是国民财富收入分配的组成部分。机关事业单位养老保险制度"并轨"的意义是调节机关事业单位与企业退休职工的养老金差别，缩小群体之间的收入差距，实现国民财富的收入再分配。"并轨"前的机关事业单位退休职工与企业单位退休职工的退休金差

别较大,养老保险"并轨"后基础养老保险缴费和给付实现了缴费率和给付水平的统一,两者差别消失,这是国民财富收入再分配中的一项重要的调节收入差距的公共政策。

机关事业单位内部职工之间养老保险缴费给付均衡问题是我国收入再分配制度的重要改革。此前的养老保障制度,退休职工的收入水平与退休前的收入水平同步相关,不具有职工之间的收入再分配性质,退休前的工资水平高,退休后的退休金同比也高。养老保险"并轨"后,较之"并轨"前,原来退休金高的职工养老金水平会相对降低,原来退休金水平低的职工养老金水平相对提高,出现了工资高的职工向工资低的职工的养老金的转移性收入再分配。从收入再分配角度分析,在收入水平较低的时期,收入再分配的必要性不强,收入再分配作用小。随着国民收入水平由低向高发展,职工收入水平大幅度提高,收入差距拉大,国民收入再分配包括养老保险制度收入再分配的必要性越来越大,收入再分配的作用越来越强。我国经济快速发展,居民收入水平在不断提高,已经达到中等偏上水平,在此时期实施养老保险"并轨",加强养老保险制度的收入再分配性质,具有时代的合理性。

机关事业单位养老保险"并轨",社会上关注比较多的是与企业养老金差距的缩小,很少关注机关事业单位职工退休金之间的收入再分配作用。事实上,机关事业单位养老保险"并轨"后的内部收入再分配将会对机关事业单位职工的养老保险缴费和给付产生深远的影响,会对机关事业单位的"老人""中人""新人"产生深远的收入再分配作用,会对青年人的收入预期和退休后的养老金预期产生重要影响。

第八节　养老保险缴费与老年人口系数及恩格尔系数联动理论

现实问题:机关事业单位和全社会养老保险缴费率在老龄化社会到来之前,以老年抚养比主因素来测算,但当老龄化程度越来越高进而老年抚养比越来越高时,养老保险缴费与老年抚养比联动就面临着是否合理的问题。

尝试创新:本书提出,随着老龄化程度越来越高,进而老年抚养比越来越高,当老年抚养比超过50%之后,再按老年抚养比乘以替代率决定养老保险缴费率就会出现超出适度上限的状况。所以,本书研究提出,在老龄化和老年抚养比达到很高程度时，以老年人口比重系数代替老年抚养比并与恩格尔系数联动，决定养老保险缴费率水平。这是在以往老年抚养比与替代率联动决定养老保险缴费率理论基础上的创新。

一、养老保险缴费与老年人口比重系数联动

传统养老保险精算理论和方法是以抚养比作为精算的核心指标测算养老金的缴费率。抚养比是养老供需双方向上的代表性元素，抚养方是就业人口，被抚养方是退休人员。在传统养老保险精算中，抚养比乘以替代率就是缴费率。

现有的养老保险精算原理是从商业养老保险角度发展起来的，主要围绕着一定范围内的企业单位或人群，以一定的抚养比作为主要依据，可以在一定范围内实现较好的养老保险精算，并制定相应的养老保险品种和经营战略。

社会养老保险与商业养老保险有很大的不同。社会养老保险制度具有较大的收入再分配性质，它以覆盖全民为公共政策的宗旨，以非营利为基本原则。这些特征就决定了社会养老保险的基本精算依据不是一定范围的就业人数和退休人数之间的抚养比，而是全社会的劳动年龄人口供养全社会的老年人口，实现全社会的养老保险缴费和给付及其供需均衡。

全社会的老年人口作为养老对象，老年人口比重系数也就成了社会养老保险精算的重要指标。机关事业单位的基础养老保险属于社会养老保险性质，具有收入再分配性质。机关事业单位养老保险制度"并轨"，也就是将机关事业单位的退休人员纳入全社会养老保险供养人口的总框架内，进行养老保险社会化的制度设计和整体协同发展规划。所以，机关事业单位养老保险"并轨"中的缴费适度水平的测算和分析，就要把机关事业单位退休老年人纳入全社会老年人群体中整体考虑，既要考虑机关事业单位内部老年人口比重系数，又要考虑全社会整体老年人口比重系数。

我们研究发现，老年人口比重系数是养老保险缴费适度水平确立和精算的重要指标和参数，老年人口比重系数就是适度养老保险缴费率水平，其中老年人口比重系数与劳动年龄人口比重系数的乘积就是基础养老保险适度缴费率水平。从养老保险经济学理论角度分析，在国民经济整体总量中，老年人口获得的养老金水平应该以其本身在总人口中的比重系数为适度上限标准，养老保险缴费也以这个适度水平系数为依据，实现养老保险缴费与给付的均衡和在适度水平上的可持续发展。

机关事业单位养老保险缴费适度水平测算，就是机关事业单位老年人口比重

系数和全社会老年人口比重系数的总合，近期以内部的老年人口比重系数为依据，远期"并轨"后以全社会老年人口比重系数为依据，实现近期向远期的过渡，实现由内部老年人口比重系数向全社会老年人口比重系数的总体均衡衔接和协调发展。

二、养老保险缴费与恩格尔系数联动

机关事业单位养老保险"并轨"后的缴费水平与社会恩格尔系数之间有联动关系。这种联动关系来自养老保险缴费的最低水平或下限水平，养老保险缴费的下限水平应该是以保证老年人口的基本生存水平即社会恩格尔系数为基本标准。

机关事业单位"并轨"后的养老保险缴费包括基础养老保险缴费、职业年金缴费和补充养老保险缴费，其中基础养老保险缴费属于兜底性质。基础养老保险缴费的最低下限就是满足老年人口的基本生活水平，满足恩格尔系数相对应生活消费水平。机关事业单位养老保险缴费与恩格尔系数之间的联动关系，就是指基础养老保险缴费与恩格尔系数之间的下限依据关系。机关事业单位养老保险体系中职业年金和补充养老保险缴费是在保证老年人口基本生活水平之上的缴费，是逐渐向上限缴费水平的提升。

三、养老保险缴费"兜底"与"封顶"的统一

党的十九大报告中提出了社会保障制度建设"兜底线、密织网、建机制"的要求。养老保险缴费与恩格尔系数联动就是落实"兜底线"要求的具体措施。

养老保险缴费与老年人口比重系数联动是养老保险缴费的上限标准，也可以看作养老保险缴费的"封顶"的具体措施。现在养老保险企业缴费负担重，国家提出了降低养老保险缴费的要求，逐渐把养老保险统筹部分的企业缴费占工资总额的20%降到16%。这些政策的实施表明，养老保险缴费不能越来越高，不能超出养老保险缴费群体的缴费承受能力，也就是说养老保险缴费有一个上限"封顶"问题。老年人口比重系数就是测算养老保险缴费"封顶"水平的参数指标。

养老保险缴费的"兜底"和"封顶"的统一是适度养老保险缴费水平的政策取向表达。养老保险缴费，从理论上说存在着缴费的适度水平问题，从政策上说存在着缴费"兜底"和"封顶"问题。缴费适度水平上下限的统一、缴费政策的"兜底"和"封顶"的统一是"保障适度"方针的具体体现，也是理论与

实践的统一。

第九节　"并轨"养老保险缴费总平衡理论

现实问题：机关事业单位养老保险"并轨"缴费水平涉及养老保险缴费的总体均衡问题。机关事业单位养老保险缴费总体均衡：一是机关事业单位养老保险缴费体系内部均衡；二是机关事业单位养老保险缴费与企业养老保险缴费之间的均衡。

尝试创新：本书依据养老保险缴费适度水平原理，同时依据机关事业单位养老保险"并轨"的形式"并轨"和本质"并轨"的统一的研究方法论，提出机关事业单位养老保险缴费的总体均衡理论。本书突出以适度水平为主线的机关事业单位养老保险缴费理论研究特色，以缴费适度水平为主线，以资金供需平衡为载体，研究解决机关事业单位养老保险缴费"并轨"与中国养老保险体系可持续发展等未来养老保险制度建设的重要理论问题，体现本书的理论主线特色。

一、机关事业单位养老保险资金供需总平衡

机关事业单位养老保险缴费的内部供求平衡是相对于"并轨"后的企业和城乡居民养老保险体系而言的。机关事业单位养老保险向企业养老保险"并轨"，暂时选择了"统账结合"养老保险模式，与企业缴费率一样，是单位缴纳工资总额的20%。其实，这个缴费率不一定是机关事业单位基础养老保险缴费内部供求平衡点。我们调查发现，机关事业单位的退休人数与在职职工的比例有的接近1:1。这个比例关系，按照机关事业单位养老保险缴费内部平衡进行养老保险缴费测算，养老保险的缴费率会达到很高。如果按照传统养老保险缴费模型中抚养比乘以替代率测算，缴费率会达到60%~80%，基础养老保险缴费率会达到30%。这么高的养老保险缴费率，对于机关事业单位来说都很难有承担能力。这个供求之间的矛盾，也是机关事业单位养老保险"并轨"后中长期缴费水平确立的难题。

这个矛盾说明，不能简单地将机关事业单位养老保险缴费看作独立的养老保险责任问题，要看作全社会养老保险的均衡和全社会养老保险责任问题。同时说明，社会养老保险缴费及机关事业单位养老保险缴费水平的测算，不能简单沿用

传统养老保险缴费精算模型以抚养比乘以替代率来确定养老保险缴费率。

本书研究发现，机关事业单位养老保险缴费的供求内部平衡以老年人口比重系数作为指标的精算模型和方法，以机关事业单位老年人口比重系数和全社会老年人口比重系数的总合作为机关事业单位养老保险适度缴费率确定的依据。也就是说，机关事业单位养老保险"并轨"后的缴费率不是机械地向企业看齐，也不是机关事业单位自身作为一个封闭系统的纯粹的内部供求平衡下的缴费率，而是形式"并轨"与本质"并轨"的统一，两者都向本质统一的全社会养老保险缴费适度水平趋近，实现机关事业单位和全社会养老保险缴费的均衡和可持续发展。

按照老年人口比重系数为主元素的养老保险缴费适度水平测算模型，我们测算全社会养老保险缴费适度水平在15%左右。从社会养老保险均衡角度看，这个缴费率既是全社会养老保险适度缴费率，也是机关事业单位养老保险适度缴费率。养老保险"并轨"后的缴费水平应该由20%向适度区间趋近。

在机关事业单位养老保险"并轨"的过渡期，基础养老保险的缴费率不足以满足需求水平，"中人"的过渡养老金没有个人账户等积累，所以养老金供求平衡的缺口部分由财政补贴补齐。

机关事业单位养老保险"并轨"过渡期遇到的问题比较多和复杂，核心问题涉及养老保险"并轨"的内部均衡要素和关系的科学处理与对策研究。这种具体的内部均衡关系表现在：

（1）机关事业单位养老保险缴费与养老保险需求非对应性关系。现行的机关事业单位基础养老保险缴费率为20%，并不是机关事业单位养老保险缴费与养老保险需求之间的直接对应关系，而是一种"并轨"过渡期的机关事业单位养老保险缴费与养老保险需求的非对应性关系。由于机关事业单位的养老抚养比高，机关事业单位养老保险缴费与养老保险需求两者之间的直接对称关系会表现出较高的缴费率。这里，现行的机关事业单位养老保险缴费与养老保险需求非对应性关系是机关事业单位养老保险缴费内部均衡的现实问题，这个现实问题的解决方式就是机关事业单位养老保险缴费向全社会养老保险缴费适度水平过渡，通过全社会养老保险缴费适度水平的供需均衡，实现局部的非均衡到总体的均衡的发展，实现局部的非对应性到总体的对应性的发展。

（2）机关事业单位养老保险缴费与需求缺口的关系。在机关事业单位养老保险缴费与养老保险需求非对应性关系的基础上，就产生了机关事业单位养老保险缴费与需求缺口的关系。养老保险"并轨"过渡期，这种非对应关系就会反映到养老金供需的缺口。过渡期没有养老保险个人账户的积累，工作年限视作个人账户缴费，这就必然出现机关事业单位养老保险缴费与给付的缺口。这个缺口是制度"并轨"过渡期的养老保险供需缺口，属于"并轨"和转轨成本，可以逐渐由全国养老基金的保值增值和国家财政给予平衡性支出和补贴。

（3）机关事业单位养老保险缴费之外的财政资金供给量。国家和地方财政的补贴属于机关事业单位养老保险缴费之外的财政资金供给量问题。机关事业单位退休金发放原来全部由财政统一给付。养老保险"并轨"后，财政补贴养老保险缺口部分，较之"并轨"前，国家承担的养老保险财政负担减轻了。从机关事业单位养老保险"并轨"的内部均衡角度看，这种养老保险"并轨"前后的财政养老保险支出水平是养老保险"并轨"的财政支出的优化路径之一。

（4）机关事业单位基础养老保险缴费与职业年金、工资水平、调整指数联动关系。机关事业单位养老保险"并轨"缴费的内部平衡涉及"并轨"前的退休金和"并轨"后的养老金给付水平差异问题。养老保险"并轨"前的机关事业单位退休金实行个人工资替代率计算方式，同时实行较高的替代率。养老保险"并轨"后，基础养老金实行收入再分配政策，基础养老金替代率也与企业"并轨"，这样基础养老保险的给付水平就从较高的80%降到了30%左右，加上"中人"的过渡养老金，总替代率在50%左右。养老保险"并轨"前后的给付差距是养老保险"并轨"缴费内部平衡的重要内容。养老保险"并轨"后的职业年金制度是实现养老保险"并轨"前后养老金给付均衡的重要方式，职业年金单位缴纳工资总额的8%，个人缴纳工资的4%，这样机关事业单位"新人"养老保险给付替代率合计就会达到70%以上，加个人账户个人缴费8%，机关事业单位养老保险的给付水平就与"并轨"前的退休金水平接近。不过，这里的本质差别是养老保险缴费的主体发生了本质变化，养老保险"并轨"前的退休金是全额由财政支付，个人不缴纳养老保险费；"并轨"后的养老保险缴费，单位缴费率为28%，个人缴费率为12%，其中个人缴费是养老保险制度"并轨"后的重要改革，个人缴费占到总缴费的41%，这里的个人养老保险"并轨"意味着养老保险制度内部政府、单位、个人责任的重新划分，是机关事业单位养老保险缴费内部均衡的结构性变化，也是机关事业单位养老保险缴费给付从原来的政府承担全部责任到单位和个人承担主要责任的转变，是从原有的财政养老保障均衡向单位和个人的养老保险缴费内部均衡的转变。这种转变主要涉及的就是机关事业单位职工的工资水平和工资增长。原来职工不缴纳养老保险费，"并轨"后要缴纳工资的12%，工资总收入较"并轨"前减少了12%，这种实际工资的减少是养老保险"并轨"缴费的又一个内部均衡问题。解决这个问题的路径是保证机关事业单位职工的工资与养老保险缴费联动，即在养老保险"并轨"缴费的同时,实现机关事业单位职工工资的均衡性增长,使职工养老保险"并轨"缴费的部分得以同步补偿性增长。从养老金给付方面来说,机关事业单位养老保险"并轨"缴费还应该与养老金给付调整指数联动。在职时养老保险缴费随着工资的增长而增长,退休后养老保险给付的水平也应该随着工资和物价的增长而增长,这种联动就是养老保险"并轨"缴费中的缴费与给付调整指数的联动,这种联动是保证退休人员享受到经济发展的成果,也是保证养老保险缴费与给付水平之间的公平增长。

(5)机关事业单位养老保险缴费与给付平衡动态过程。机关事业单位养老保险"并轨"的过程实际是一个机关事业单位养老保险缴费与给付的内部动态平衡过程。这个内部均衡过程有养老保险"并轨"前后的养老保险缴费的增加与给付水平之间的动态均衡、养老保险"并轨"前后的养老保险缴费与财政养老保险支出减少之间的动态均衡、养老保险"并轨"前后的养老保险缴费的增加与工资水平之间的动态均衡、养老保险"并轨"前后的养老保险缴费的增加与给付调整指数之间的动态均衡等。这些养老保险"并轨"缴费的内部均衡诸多方面,不是一步完成的,而是一个动态的均衡过程。这个动态过程是一个逐步完善的动态过程,是一个动态"并轨"的过程,是一个动态的适应过程。

从理论上说,机关事业单位养老保险缴费的内部均衡,核心点是在"并轨"过渡期向适度养老保险缴费水平趋近过程中的各种联动因素之间的均衡,其中均衡的目标就是实现缴费适度水平,围绕着缴费适度水平实现内部因素的协调和各因素间的均衡发展。

二、机关事业单位养老保险缴费的联动效应

机关事业单位养老保险"并轨"缴费存在着外部供求平衡关系。机关事业单位退休金制度原来是一个相对独立的体系。养老保险"并轨"后,这个相对的独立体系会与企业养老保险体系对接,与全社会养老保险体系接轨,这个对接过程中就存在机关事业单位养老保险缴费的外部供求平衡。

机关事业单位"并轨"养老保险缴费的外部供求平衡具体表现在以下方面:

(1)机关事业单位养老保险缴费与企业养老保险缴费均衡。机关事业单位养老保险与企业单位养老保险制度"并轨"存在着养老保险缴费的均衡关系,这种均衡关系表现在两个方面:一是养老保险缴费与给付的均衡,二是退休前工资水平的均衡。机关事业单位养老金给付的水平与中国养老保障制度的改革过程相联系。19世纪80年代,为了调动企业生产活力,实行了企业经济管理体制和

制度改革，其中包括企业工资制度的改革，允许企业根据自己的经营状况制定工资标准和工资增长水平，此后企业工资有了快速增长，工资水平和增长速度超过了机关事业单位职工的工资水平和增长速度，尤其是企业承包者和管理层的工资水平和增长高于机关事业单位管理者的很多倍，这就是我们所说的机关事业单位养老保险"并轨"后外部均衡中的退休前工资水平的均衡关系的历史条件。这个均衡关系的测度标准是退休前的工资差异与退休后的养老金差异的变动比率，以及在此基础上的退休前后的收入均衡趋势。这种退休前后的收入差异的变动轨迹及其均衡发展趋势进一步决定了养老保险"并轨"后的机关事业单位职工养老保险缴费给付水平和长期的均衡发展趋势。这种均衡发展不仅取决于机关事业单位的内部均衡，还取决于外部均衡，同时也取决于动态发展中的相对均衡。

（2）机关事业单位养老保险缴费水平与全国统筹缴费适度水平均衡。机关事业单位养老保险"并轨"为养老保险全国统筹提供了有利条件。机关事业单位养老保险的缴费给付水平的厘定较之企业单位养老保险缴费给付水平的厘定，具有较好的经济基础和较小的工资差异障碍，所以机关事业单位养老保险全国统筹具有更好的可操作性。所以，机关事业单位养老保险缴费水平除了考虑到现有的制度差异外，还应该考虑到未来养老保险全国统筹缴费适度水平，实现机关事业单位养老保险缴费水平与全国统筹缴费适度水平的均衡。养老保险制度中长期规划需要考虑这种整体均衡。这种整体均衡，初期阶段确定机关事业单位养老保险全国统筹缴费给付的适度水平，以及在此基础上的全国养老保险缴费给付均衡。这种全国养老保险统筹中的均衡可以选择梯度递进的养老保险全国统筹策略。[①]在养老保险全国统筹条件下，机关事业单位养老保险缴费给付水平的地区差异性会缩小，收入再分配功能会增强，会呈现出整体养老保险缴费给付均衡状态。

（3）机关事业单位养老保险缴费水平与社会养老保险收入再分配均衡。机关事业单位养老保险"并轨"本身就是社会养老保险收入再分配的重要组成部分。这种"并轨"缩小了机关事业单位养老保险与企业养老保险缴费给付差距，实现了养老保险制度的收入再分配。这种收入再分配，既有在职工资收入再分配，也有退休后养老金领取的收入再分配。在职工资中的养老保险个人账户和职业年金的缴费实现了养老保险制度下的工资收入水平再分配；单位缴费减轻了国家和地方财政养老保险支出，增加了其他财政转移支付支出水平，实现了全社会养老保险财政支出上的收入再分配；养老保险全国统筹实现了地区间的养老保

---

①　穆怀中，闫琳琳，张文晓. 养老保险统筹层次收入再分配系数及全国统筹类型研究［J］. 数量经济技术经济研究，2014，31（4）：19-34.

缴费给付水平的收入再分配。这些收入再分配实际是在养老保险制度"并轨"基础上从原有的体制内均衡逐渐走向体制外的均衡，从局部均衡走向整体均衡，从差异性均衡走向适度水平均衡。

从理论上来说，机关事业单位养老保险缴费的总平衡实质是围绕社会养老保险缴费适度水平的均衡，因为养老保险缴费适度水平会构成机关事业单位养老保险缴费的外部均衡点。不管是机关事业单位养老保险缴费，还是企业单位养老保险缴费，或者是养老保险全国统筹及养老保险收入再分配，都会在养老保险缴费的适度水平点上聚焦，都会以缴费适度水平点作为均衡的尺度。养老保险缴费的适度水平是各种养老保险缴费的共同点、汇集点，也是机关事业单位养老保险"并轨"目标的聚焦点。

本章小结

本章提出了机关事业单位"并轨"养老保险缴费适度水平及资金总供需平衡理论框架，提炼出机关事业单位"并轨"养老保险缴费适度水平及资金总供需平衡理论体系，包括国民财富人口结构分配理论、机关事业单位"并轨"养老保险缴费生存公平与劳动公平理论、机关事业单位"并轨"养老保险缴费适度水平理论、机关事业单位"并轨"养老保险财政补贴适度水平理论、机关事业单位养老保险缴费率与工资水平及劳动生产要素分配系数联动理论、机关事业单位养老保险缴费率与老年人口系数及恩格尔系数联动理论、机关事业单位养老保险"并轨"缴费总体均衡理论，并对其展开进一步分析。

第二章 "并轨"养老保险缴费 历史沿革及原因分析

机关事业单位"并轨"缴费适度水平的研究需要建立在充分了解"并轨"双方养老保险缴费制度的历史沿革及国际先进经验的基础上。随着机关事业单位养老保险"并轨"实施,养老保险体系逐渐由"碎片化"向"大一统"迈进,以统账结合为主体的城镇职工基本养老保险体系逐步定型,以职业年金为主体补充养老保险体系建立,多层次养老保障体系不断完善。本章在结合国际经验的基础上,重点梳理"并轨"双方的缴费历史沿革,并分析机关事业单位养老保险"并轨"改革的原因。

第一节 养老保险缴费的国际经验

一、公共部门养老保险缴费的国际经验

日本基本养老保险制度由国民养老保险制度与被雇佣人员养老保险制度两部分组成:国民养老保险对象为全体社会成员;被雇佣养老保险对象为被雇佣人员,它分为厚生型养老保险和共济型养老保险。共济型养老保险制度的受保人也是国民养老保险制度的第2号受保人,第2号受保人所抚养的年龄在20~60岁的配偶属于第3号受保人。第1号受保人以个体、农民、学生为主,或第2、第3号受保人以外的群体。

日本共济制度原是"二战"前的"恩给制度",适用的对象为政府官员,在1958年"恩给制度"与共济组合制度合并为国家公务员共济组合。现行的日本公共养老金制度包括三个部分,即国家公务员共济组合、地方公务员共济组合及

私立学校教职工共济组合,对象分别为国家公务员、地方公务员、私立学校职工。由于在 1986 年日本实行了公共养老金制度改革,将共济养老金和厚生养老金都纳入公共养老金制度的基本养老保险内,因而第 2 号受保人养老保险费用中定额养老保险列入基本养老保险,而剩余的养老金按月收入的比重缴费,企业和个人劳资双方各占 50%,其缴费方式是雇主从被雇佣人员的工资里直接扣除。

德国公务员养老保险由德国政府统一安排,公务员的退休金几乎全部纳入国家预算中,由联邦政府和财政部统筹负责。财政部在养老保险资金的管理、筹资预支付方面有较大的权限,联邦政府则主要负责德国公务员养老保险政策的制定与调整。德国公务员养老保险实际上实行的是现收现付制,他们完完全全被排除在一般社会保障制度之外,被加入到高额的养老保险制度中,全部由国家负担并以税收的方式进行融资,给德国公务员提供了较慷慨的养老保险待遇。

奥地利工人保险体系最先在 1886 年提出,而到了 1891 年的帝国会议,工人社会保险法开始成为下议院会议的固定议题。中间经历了数次的更改,1923 年 11 月,制定了新型的短期职工养老保险体制。自"二战"到 19 世纪 80 年代的第二阶段,奥地利政府统一了社会保险法,将更多的员工纳入到了社会保险和养老保险范围内,扩大了养老保险的覆盖面积,且基本实现了养老保险体制的全覆盖。

奥地利的公务员原本并没有专门的养老保险机构,他们一般是直接通过雇主缴纳养老保险,在经历了养老保险体系改革后,公务员也和其他雇员一样被纳入到雇员保险机构内。经历了这次改革后,奥地利成立了养老保险三支柱保障体制,其中最重要的是第一支柱保险模式。第一支柱保险模式为雇员提供了慷慨的社会保障福利体系,主要提供国民基本老年养老金和最低收入保障,并且将公务员纳入雇员养老保险体系。此外还专门为公务员提供了退休收入的第二大类,其雇主可能会因是联邦政府、州政府、地方政府,退休保险收入有所差别。奥地利法律规定了联邦州政府对养老保险融资负主要责任,政府要补贴养老保险缴费收入与支出的缺口并缴纳公务员养老保险费用,在退休人员方面设立了均衡补贴基金,并适时地依据情况补充完善。第二支柱是指公司以职业年金的形式为公司雇员提供职业年金式的退休收入保障模式,分为多雇主年金基金和单雇主年金基金,虽然与较早实行职业年金的奥地利相比第二支柱职业年金发展缓慢,但总体发展趋势平稳。第三支柱是公民个人自愿缴纳的,一般由基金公司或保险公司管理的养老保险金计划模式,由于第一支柱养老保险替代率较高,因而自 2000 年以后奥地利政府一直致力于推进第三支柱养老保险金计划。

新加坡原是英国的殖民地,由于长期受到宗主国的压迫,国民生活环境恶劣且缺乏基本的生活保障,英国为稳定其在新加坡的统治地位和社会秩序的稳定,于1955年7月颁布了《中央公积金法》,是全国性的退休金养老保险计划。而新加坡的公务员一直实行的是1943年颁布的公务员退休金计划,具体的费用由政府支付,实行现收现付制。中央公积金制度的实行与改革,以及经济的快速发展,为建立完善的社会保障制度提供了必要的平台,经过超过半个世纪的整改与修整,《中央公积金法》扩大其覆盖面积,公务员的养老金制度也逐渐纳入其中。1972年12月后入职的公务员均实行中央公积金制度,它采用完全基金积累模式,其实是一种强制性的公务员自我保障体制。在2003年和2007年,新加坡政府进行了两次大刀阔斧的中央公积金制度改革。以2007年为例,在2007年,新加坡政府将法定退休年龄由62岁延长至67岁,并为55岁以上愿意工作的人提供每月200新币的补贴。同时提高中央公积金的回报率,延长中央公积金的寿命并鼓励延迟提取中央公积金,将提取年龄由2012年的63岁逐步提高至2018年的65岁。新加坡的公务员退休计划属于混合式养老保险模式,主要包括退休金制度和中央公积金制度。

(1)退休金制度。在退休计划中,符合以下任意要求的公务员可以退休:达到法定60周岁退休年龄的公务员;达到55周岁可以选择退休;因机构和人员过剩引起的裁员。在退休金的给付方面,新加坡提供三种退休金待遇计划,即退休金补偿待遇、因公死亡或因公负伤的待遇。要领取退休金需达到法定退休年龄和10年以上的工龄。不满十年的只能领取一次退休金,约等同于其工作时工资水平的10%。虽然主要养老保险支出是政府负担,但个人也需要缴纳一定比例,约为中央公积金计划中个人缴费的60%。

(2)中央公积金制度。中央公积金的缴费是不分年龄与性别的,且会按照工作的具体标准以一定的比例进行缴费,它是一种强制的储蓄制度,所有的雇主和雇员都必须按法律的规定缴费并存入固定账户。通常中央公积金局全国工资理事会会确定具体的缴费金额,55岁以下的公务员是按照其工资总额的40%,其中政府缴纳17.5%,公务员个人缴纳22.5%。55以上的公务员缴纳的可能要多一些,主要是为了促进高年龄公务员进一步就业。

法国养老保险主要分为四层:基本制度、补充制度、追加补充制度、个人养老保险制度。其中,基本制度的主要实施对象为民营企业员工、农业部门员工、公务员及个体经营者。其中针对民营企业被雇佣人员设置的养老保险制度是"一般制度",约占总养老保险参与人员的60%,全额养老金金额为平均工资的50%以上,领取的条件要求必须达到40年的缴费,不足的将减少养老金支付,属于实行现收现付形式。保险费率在报酬上限之内为14.75%,被雇佣份额为6.55%,经营者份额为8.20%,此外经营者还要缴纳工资总额1.6%的保险费。在补充制度上,适用的对象主要是被雇佣人员,是对基本制度层次的补充形式,它是一种强制性加入制度,政府支付的一般与补充制度合计为实际工资的75%,有较强的基本养老保险制度特征。自1991年起减轻养老保险负担,补充制度的补助金所需费用改为一般社会税,是一种以个人为纳税义务者用于养老保险的目的税,充当了加速支付的财源,将家属支付的保险费税率从7%降至5.4%,此外还降低了被雇佣人员的保险费率,由7.6%降到了6.55%。追加补充制度是企业单独实行的一种制度,分为缴纳型和给付型制度,给付型主要采取的是积累的方式,但是普及率相对较低。

1993年法国对养老保险进行改革,试图减少公平的老年支付金,主要分为现收现付制和基金积累制,其中现收现付制为强制性养老保险,而基金制则为非强制性保险,适用于农业部门、私人部门、公共和半公共部门。20世纪90年代,通过对私营部门实行补充养老保险制度以降低养老保险缴费替代率。历次改革的主要目的就是降低缴费,鼓励企业年金的发展以逐步扩大非强制性补充保险覆盖率,从而形成具备选择性的多层次保障体系。

美国早在19世纪末就曾实行公务员养老退休制度,建立这个制度的初衷是为了解决联邦政府的冗员问题,联邦政府公务员退休金计划又称DB模式,它会依据公务员的工资水平和工作时长确定其养老保险制度,缴费方为政府和联邦公务员,剩余不足部分由政府财政补贴。20世纪30年代的资本主义危机给美国带来了严重的冲击,工人失业、银行倒闭、失业人口与老年人口骤增给联邦政府带来巨大的压力,为了缓解矛盾冲突,社会保障体制开始提上日程。1835年8月《社会保障法》开始实施,受保范围不断扩大但不包括联邦公务员,公务员一直沿用1920年建立的退休金制度。

美国现行的公务员养老保险制度为"三支柱"模式,包括由政府强制性提供的面向全社会的基本退休保障的第一层次养老保险模式;由联邦、州、地方政府为公务员提供的第二支柱养老保险模式,以及个人层面的养老保险模式。第二支柱模式主要包括公务员退休金计划和政府雇员退休计划,在公务员退休计划中,基本的退休金和工作年限挂钩,通常按照连续最高三年基本工资的平均值和其工作年限确定。前五年按照工资的1.5%发放,六至十年按照1.75%发放,超过十年的按照2%发放。它实质上是一种部分基金积累式的养老金计划,公务员和其雇主单位各承担7%,并且为体现公平的原则,超过工资上限的部分不用缴纳保险,且保险金的发放会随着物价和通货膨胀变动而变化。

政府雇员计划主要是第一支柱模式,包括社会保障计划、待遇确定型退休金计划和个人节俭储蓄计划三部分。在社会保障计划中,保险费一般以税收的形式收集。雇主和雇员按照个人工资和总工资数目的7.6%缴纳社会保障税,对于达到法定 65 岁退休年龄且缴满十年的雇员可享受养老保险津贴。在确定型退休计划中，总缴费水平为工资水平的 11.5%，包括雇员工资的 0.8% 和联邦机构的 10.7%。在个人节俭储蓄计划中，雇员可自行选择是否参与养老金计划及其缴费的比例，但无论其参与与否，政府都会为其提供 1% 的基本水平缴费，选择参与缴费的员工有最高的缴费规定，即缴费水平需低于其基本工资的 10%。

英国是社会保障制度起步较早的国家。1601 年英国颁布《伊丽莎白济贫法》，开创了英国社会保障制度的先河，随后通过一系列的改革与制度变迁，通过了《斯品汉姆兰法》《新贫济法》。贫济法的颁布改善了穷人的生活水平和生活层次，也在一定程度上解决了工业革命时期的主要社会问题。《贝弗里奇报告》使英国真正地走上了福利国家道路，国家开始普遍承担社会保障的主要责任，《家庭补助法》《国民保险法》《国民救济法》《国民健康服务法》《工业伤害保险法》的生效标志着《贫济法》的彻底终结，英国已成为具备完备的社会保障体系的福利型国家。

1834 年，英国制定了公务员退休相关的法律政策，随后还制定了公务员《老年退休法》。在经历了 20 多年的市场化改革之后，英国形成了"三支柱"养老保险体系：基本养老金、职业养老金、私人职业养老金。公务员养老金由国家养老金和私人职业养老金两部分组成。国家养老金包括国家基本养老金和国家第二养老金。国家基本养老金中凡是符合条件的都可以领取等额的基础年金，费用由国家财政、雇主和雇员强制性缴费共同负担，其中雇主和雇员分别为 12.8% 和 11%。国家第二养老金则是国家提供的与收入有关的基本养老金的附加。私人职业养老金则是一种自助式与自愿式的养老金计划，全部费用由个人负担。

英国公务员养老保险体制与其他国民养老保险体制相同，都属于"基本养老保险+职业养老保险+自愿养老保险"三层次的制度体系。公务员养老保险实行现收现付制度，在养老金的筹资上政府承担大部分比例，个人缴费较少。2007 年以前的公务员缴费率约为 1.5%，2007 年以后的公务员缴费率约为 3.5%，且领取的养老金要比私人部门养老金低。

二、企业员工养老保险缴费的国际经验

日本厚生型养老保险对象主要为私营企业的员工，是一种强制性公共养老保险制度。它实质上属于报酬型的养老保险制度，参保人无论是缴纳还是领取养老保险都是依据其工资水平差异而有所变动，按照月平均工资一定比例计算而来，雇主和雇员各自承担保险费的一半，个人部分直接从工资中扣除，在育儿期可以

免缴三年（计算公式为：厚生型养老保险缴费＝月平均工资×保险费率）。在2009年之前，厚生型养老金是由社会保险厅负责征收的，在2010年后则有专门的养老机构负责征收。但厚生型养老金空洞化、财政赤字等问题也在不断凸显。经济的不景气使日本许多公司裁员或雇佣更多的临时员工及劳动派遣人员。但是厚生型养老金制度规定个人必须月工作17天以上且工作时间不少于6小时才能加入厚生型养老保险，使很多非正式员工被排除在厚生型养老保险之外。另外，由于厚生型养老保险费缴纳的总额为平均工资、保险费率和参保人数的乘积，月平均工资的下降和参保人数的降低意味着保险缴费总额的大幅下滑，从而大大抑制了厚生型养老保险缴费的增长。

德国民间的劳动者一般加入劳动者养老保险或者职工的养老保险。劳动者的养老保险以德国基本的养老保险为基础性指导，涵盖的对象是蓝领工人。职工则是依照职工养老保险法，其涵盖的对象为白领工人。在1995年后，职工养老保险缴费率为保险费缴纳基数的18.6%。缴费基数包括奖金收入及带薪休假，且存在缴费上限。1992年之后，对养老保险缴费基数进行了调整，并参照上一年工资变动而变化，且不同年份缴费基数不同。通常情况下，养老保险缴费由雇主和雇员共同分担，各占50%。任意加入的人员养老保险费用全部由个人承担，保费在工资中采取直接扣除的方式。社会保险费率会依据每年最高限度的收入来规定，除了残疾人员以外，雇主和职工的保险费均是相同的金额。

在缴费方面，奥地利实行的也是现收现付制养老保险模式，即参保人按照其工资或收入的一定比例缴纳养老保险。但是工资数额是存在上限规定的，也就是说当工资的水平超过一定的限度时，是无须缴纳养老保险的，而且当工资水平随经济发展水平上升时，养老保险缴费的上限也会随之增加。除了缴费的上限外，奥地利政府还规定了缴费的下限，对于那些收入水平没有达到最低下限的人群是不需要参加强制性养老保险的。养老保险缴费通常由雇主和雇员共同负担，大概各自承担50%的比例。

美国养老保险建立的初衷是实现年老贫苦者的生活补贴和基本救助，主要财政来源为税收。到了19世纪，美国的每一个小镇几乎都建立起了救济院，但由于地方层级的救济院有各自的救助形式且相互间并无连续，因而一直未形成统一的制度模式。联邦政府在内战时期提供内战救济基金，实质上是为特定人群提供救助的一种救济制度，也正是这种救济制度的转变，美国开始了真正的社会养老设计。

美国企业职工的养老保险大致分为两个历程：由雇员单独出资及雇员与雇主联合出资为主，政府财政补贴为辅。为了限制工人的工会运动，美国企业设立了养老保险，也是考虑到不同企业的养老保险相差过大的问题，美国企业养老保险一直由个人出资,联邦政府并未直接参与,因而一直也未形成统一的养老保险制度模式。1875~1930年企业出资的养老保险大约覆盖15%的企业工人,然而美国经济的大萧条给企业养老保险带来了重创。许多企业开始纷纷减少养老保险缴费或实行更加严苛的养老保险制度,有的企业甚至停止为员工缴纳养老保险。美国工人的养老问题受到广泛关注,面对越来越多的问题,美国总统罗斯福成立了经济安全委员会起草《社会保障法案》。1935年,《社会保障法案》获得美国国会的通过,确立了雇主与雇员共同缴费的养老保险制度,同时成立社会保障局管理养老基金,财政部每年会对各州的养老金发放补贴以保证基本的养老金支出。为了避免无节制的养老金支出,美国养老保险采用以支定收的模式,并制定了补充养老保险计划,补充养老保险计划由1950年的25%增加到1970年的45%。企业补充养老保险为待遇确定型,筹资模式为现收现付制。为了保证企业能够给员工提供养老金,美国政府颁布了雇员退休收入保障法,养老保险制度模式也改为企业雇主资产的基金制,并要求企业雇主向联邦政府成立的养老金担保公司缴纳保险费,收益范围仅限于本企业,有利于稳定企业员工队伍。

英国私人部门与公共部门的差别主要通过职业养老保险和个人自愿养老保险体现。私人部门职业雇员实行基金积累制模式,个人的缴费数额直接决定了退休金金额。与公共部门的85%高比例雇主提供养老保险金计划相比,私人部门仅有35%,且绝大多数属于缴费确定型的基金积累制职业养老保险制度。固定给付型私人部门养老保险缴费要明显高于缴费确定型养老保险缴费。固定型缴费率约为21.7%,雇员和雇主缴费率分别为5.2%和16.5%。确定型缴费总缴费率为10.2%,雇员和雇主占比分别为3.4%和6.8%。

第二节 机关事业单位"并轨"养老保险缴费的历史沿革

一、机关事业单位养老保险缴费的发展历程

(一)双轨制的初步确立

中华人民共和国成立之前,由于战争频发和物质资料极度匮乏,退休养老政

策尚不统一，不同解放区根据自身条件制定了不同的退休养老办法。华北解放区对于脱离生产的在职工作人员实行"供给制"，只有经过医生证明、机关首长批准方可退职，一并发放一次性补助金。中华人民共和国成立之后，对于已退休职工养老保障权仍给予延续与认可，对于国家机关工作人员仍实行供给制，发放老年优待金。1950 年 3 月，政务院财政经济委员会发出的《关于退休人员处理办法的通知》规定，对于国家机关的退休人员，女年满 50 岁，工龄满 10 年者退休，退休金一次性发给，计发方式是退休前月平均工资的 1/3 乘以工作年份，最高不得超过本人六个月薪资数。

1955 年 12 月国务院发布的《国家机关工作人员退休处理暂行办法》标志着我国机关事业单位退休制度的确立，其中明确规定了国家机关工作人员退休条件、退休待遇、退休金发放标准等。规定退休金全部由国家财政负担，根据职工工作年份的长短对应不同的养老金发放标准。这与当时企业职工在退休条件、退休资格、退休金发放标准等方面存在较大差异，这也成为了机关事业单位与企业养老保险制度的双轨制的分叉点，《国家机关工作人员退休处理暂行办法》于1956 年正式施行后质疑不断。

（二）初次尝试"并轨"

1957 年底，国务院公布施行《关于工人、职工退休处理的暂行规定》，作为我国城镇养老金尝试"并轨"的第一步，这次规定调整统一了机关事业单位和企业职工的养老保险待遇计发方式，将两种制度正式纳入统一的公共养老保险体系，同时放宽退休条件和退休资格，提高了部分人员的退休待遇。但是，机关事业单位和企业的养老金的来源不同，机关事业单位的养老金发放主体仍然是国家财政，企业职工的退休金则来自于劳动保险基金。《关于工人、职工退休处理的暂行规定》虽未实现双轨制的彻底改革，但仍标志着我国城镇养老金双轨制的初步"并轨"。

（三）双轨制的恢复与巩固

1966~1976 年，由于特殊的历史背景，我国建立的城镇养老保险体系一定程度上遭到了破坏，导致大量符合条件的离退休人员无法正常办理离退休手续。直到 1978 年国务院颁布《关于安置老弱病残干部的暂行办法》和《关于工人退休、退职的暂行办法》，标志着养老金双轨制的又一次回归，再一次开始拉大机关事业单位和企业养老金的待遇水平差距，两部暂行办法对干部与工人分别执行不同的养老金制度，并对"干部"身份做了特殊的规定。另外，暂行办法在一定程度上解决了历史遗留问题,并且对退休人员的退休条件、养老金待遇有所放宽和提高,改进了原有的养老金制度。

(四)再次"并轨"改革

1979年以后,我国养老保险制度改革伴随着经济改革也在不断深入。企业职工养老保险率先建立"统账结合"的养老保险模式。1992年,人事部发布了《关于机关、事业单位养老保险制度改革有关问题的通知》,标志着机关事业单位探索改革路径的开端,机关事业单位养老保险制度首次在全国开展试点工作。但改革中并未提出具体的改革办法包括明确的改革对象、统一的调整框架,导致各个地区对于缴费率、待遇水平的标准划分不一,最终导致此次改革失败。2000年,国务院发布《关于印发完善城镇社会保障体系试点方案的通知》(以下简称《通知》),其中提出"要坚决贯彻党中央、国务院关于按照国家、集体、个人三方合理负担的原则,在总结我国现行干部退休制度的基础上,逐步建立统一的、具有中国特色的机关事业单位社会养老保险制度"。《通知》的改革对象为部分财政负担的事业单位,机关单位及由财政全部负担的事业单位并未纳入改革范围。《通知》除了对改革对象做进一步的明确,并未统一改革方案。中央对此次改革缺乏强有力的领导,地方政府改革动力不足,一定程度上改革受到既得利益群体的阻力,最终改革再次宣告失败。两次改革的失败导致机关事业单位与企业职工养老保险制度差距越来越大,两个群体的矛盾越来越突出。

2008年,《事业单位工作人员养老保险制度改革试点方案》的出台标志着机关事业单位养老保险改革再一次开始,这次改革设立了五个试点地区,分别是浙江、广东、上海、山西、重庆,在试点地区建立与企业相同的"统账结合"养老保险模式,机关事业单位与城镇职工统一缴费制度,即养老保险缴费由个人与单位共同负担,另外建立职业年金制度。此次改革的目的是通过发展试点工作,逐步实现机关事业单位养老保险制度与企业职工养老保险制度的对接,为将来打破双轨制,实现统一的城镇养老保险制度奠定基础。但是,由于试点地区未响应中央的号召建立职业年金制度,各个试点改革基本上无实质性的进展,其制度公平性仍然受到质疑,最终此次试点改革也以失败告终。

总结1992年和2008年两次"并轨"尝试失败的原因有以下三点:

(1)机关事业单位改革未明确统筹对象和保险范围,出台政策缺乏与之配套的实施细则与制度改革。2008年第二次改革尝试提出在试点建立职业年金,并未出台具体实施方案,加上中央缺乏强有力的领导,各地改革进度缓慢,导致改革的失败。

（2）机关事业单位内部出现"碎片化"，机关单位与事业单位未统一改革方案，改革方向、进度不一致，机关事业单位内部出现制度分化，引发机关和事业单位的不平等。

（3）改革受到既得利益群体的阻力。双轨制存在至今，打破福利刚性实行"并轨"难免引起机关事业单位人员对于改革前后巨大的福利待遇水平差距的不满和抵制，从而带来机关事业单位"并轨"的压力。

（五）正式"并轨"

2014 年，李克强总理在政府工作报告中指出，"改革机关事业单位养老保险制度，鼓励发展职业年金、企业年金以及商业保险"。2015 年初，国务院下发的《关于机关事业单位工作人员养老保险制度改革的决定》（以下简称《决定》）开启了新一轮的机关事业单位"并轨"改革，此次改革提出"老人老办法、新人新制度、中人逐步过渡"，遵循"一个统一、五个同步"的政策指导，建立由政府、单位、个人共同负担的养老保险筹资机制。《决定》规定，机关事业单位养老保险制度由基本养老金和职业年金构成，基本养老金采取"20+8"缴费模式（单位缴纳 20%，个人缴纳 8%），基本养老金缴费方式与企业养老保险相同，职业年金采取"8+4"的缴费模式。此次改革标志着机关事业单位养老保险制度与企业职工养老保险制度正式合并成为统一的城镇职工养老保险制度，养老金"并轨"改革迈出了坚实的一步。

二、城镇企业职工养老保险缴费的发展历程

（一）国家和企业承担缴费

1949 年以前，《中华人民共和国政治协商会议共同纲领》规定公司企业要"逐步实行劳动保险制度"。1951 年，《中华人民共和国劳动保险条例》（以下简称《条例》）的颁布全面确立了适用于中国城镇职工的劳动保险制度，《条例》包含养老、生育、死亡、伤残、疾病等各类社会保险，通过各级工会组织协调资金，建立全国性资金统筹机制。《条例》最初以大企业为试点，逐步向中小企业推广，最终形成涵盖机关事业单位的综合性保险法。但由于缺乏推广经验，最终机关事业单位人员始终没有按照预期划入到覆盖范围内，机关事业单位与企业的养老保险制度初步形成"双轨制"。《条例》规定，由企业承担全部职工的劳动保险费用，按照职工工资的 3% 按月进行缴费，企业不得从职工工资中扣除劳动

保险费用,也不得另行征收,统一划归为劳动保险基金,基金管理由全国总工会、省市工会、基层工会采用"三级联通"的方式负责。由于当时企业多为国有或集体性质及公私合营性质的企业,退休人数较少,从而养老金需求不高,缴费有国家财政保证,因此这种低缴费的养老保险模式能够有效地运行。

1960年后,由于特殊的历史背景,负责劳动保险金征集、管理和调剂的三级工会组织被撤销,劳动保险基金制度基本被废除。1978年6月,国务院先后颁发《关于安置老弱病残干部的暂行办法》和《关于工人退休、退职的暂行办法》,恢复了遭到破坏的养老保险制度。

(二)社会统筹的初步确立

1978年后,我国由计划经济体制向市场经济体制转变,完全由国家和企业负担的缴费模式已不再适应企业自负盈亏的要求,迫使养老保险体制改革再度推进。保障能力较弱的集体企业率先实施改革,逐渐向保障能力较强的国有企业过渡。1986年,在国有企业率先实行劳动合同制,劳动保险制度相应地建立起来。1991年,《关于企业职工养老保险制度改革的决定》提出,养老金由国家、企业、个人三方共同负担,建立多层次的养老保险体系,实现社会统筹层次向省级统筹的过渡。

(三)"统账结合"模式的确立

1993年,《中共中央关于建立社会主义市场经济体制若干问题的决定》确立了社会统筹与个人账户相结合的基本养老保险制度。1995年,国务院发布的《关于深化企业职工养老保险制度改革的通知》对"统账结合"模式加以确定,此模式成为企业职工基本养老保险制度的改革方向。

1997年国务院发布的《关于建立统一的企业职工基本养老保险制度的决定》对缴费模式做了进一步规定:企业缴纳基本养老保险费(以下简称企业缴费)的比例,一般不得超过企业工资总额的20%(包括划入个人账户的部分,并提出划入个人账户的部分要逐步降低至3%),个人缴纳基本养老保险费(以下简称个人缴费)的比例,1997年不得低于本人缴费工资的4%,1998年起每两年提高1个百分点,最终达到本人缴费工资的8%。个人账户最终需达到个人工资的11%。其中,个人账户额规定只能用于养老,不得提前支取,职工死亡后可继承。"统账结合"模式在运行过程中,转制成本带来的养老金个人账户空账问题逐渐凸显,影响了养老保险制度的可持续性。2000年,国务院下发《关于完善城镇社会保障体系的试点方案》,规定个人账户工资全部来源于职工缴费并将其比例下调至 8%，企业缴费的 20% 全部计入社会统筹账户，在一定程度上解决了转制成本问题。这一举措 2001 年在辽宁省率先开展试点，随后逐步推广至东三省并取得成效。2006 年，正式将全国企业职工个人账户缴费比例由 11% 降低至 8%。

（四）缴费群体覆盖范围的逐步扩大

2005 年，国务院发布《关于完善企业职工基本养老保险制度的决定》，缴费群体覆盖范围包括了除机关事业单位外的非公有制的企业职工、个体工商户、灵活就业人员的所有城镇职工。

2014 年，《关于机关事业单位工作人员养老保险制度改革的决定》将机关事业单位人员也纳入到养老保险的"统账结合"模式中来，双轨制初步破除。机关事业单位养老保险制度与企业职工养老保险制度正式"并轨"并取得初步成效。

第三节　机关事业单位养老保险"并轨"的原因

2015 年 1 月 14 日，按照党的十八大和十八届三中、四中全会精神，根据《中华人民共和国社会保险法》等相关文件法规的规定，为建立更加公平、可持续的养老保险制度，国务院正式发布《关于机关事业单位工作人员养老保险制度改革的决定》（国发〔2015〕2 号），决定改革机关事业单位养老保险制度。不难发现，机关事业单位养老保险"并轨"改革的宗旨是建立更加公平和可持续的养老保险制度。具体来看，机关事业单位养老保险"并轨"改革的原因主要有以下几个方面。

一、有利于进一步落实党的执政理念

《中国共产党章程》总纲中党的建设必须坚决实现的五项基本要求中，第三项要求提出，党要坚持全心全意为人民服务。党除了工人阶级和最广大人民群众的利益，没有自己特殊的利益。党在任何时候都把群众利益放在第一位，与群众同甘共苦，保持最密切的联系，坚持权为民所用、情为民所系、利为民所谋，不允许任何党员脱离群众，凌驾于群众之上。此外，《中华人民共和国宪法》序言中也提出，社会主义的建设事业必须依靠工人、农民和知识分子，团结一切可以团结的力量。企业职工、农民工等群体是中国特色社会主义事业建设的中坚力量，随着城镇化的不断发展，群体规模也在不断扩大，所肩负的使命也越来越多，理应共享改革发展的伟大成果。

机关事业单位属于党和国家的公共部门，在政策制定的过程中具有优势，如果在国民财富的分配过程中，机关事业单位利用这一优势，在改革过程中为自己的员工谋取利益，享受特权，忽视广大人民群众的利益，就会违背党的执政理念和宪法的精神，也会逐渐脱离群众，而我们党的最大政治优势就是密切联系群众，最大危险是脱离群众。

在前文养老保障体系的发展历程梳理中，我们不难发现，机关事业单位和企业单位在中华人民共和国成立初期养老保障体系的待遇水平大致相当，随着经济的不断发展，为了适应政治经济环境的不断变化，我国的养老保障体系也在不断改革发展。由于养老保障体系担负的是国民财富的收入再分配职能，在改革过程中，为了适应社会主义市场经济的不断发展，企业单位养老保障体系经过不断地变革，逐步形成了"统账结合"的养老模式，无论是统筹账户还是个人账户都需要按照工资水平的一定比例进行养老保险缴费，并且养老金待遇水平与缴费水平挂钩，缴费水平越高，待遇领取也越多。相比企业职工养老保险制度，机关事业单位却享受不缴费而领取高水平养老金的特权。这显然与党的执政理念和国家的治国方略不相符。

二、有利于养老金收入分配公平化

养老保险担负着国民财富收入再分配的重要职能，养老金收入分配的不均衡主要表现在两个方面：一是机关事业单位与企业职工养老保险待遇之间的差距，这体现的是绝对值；二是机关事业单位养老保险与企业职工养老保险的缴费收益存在的差距，这体现的是相对值。

机关事业单位和城镇企业职工养老保险双轨制致使两者在养老金待遇水平上产生巨大的差距，这也是"双轨制"被社会长期诟病的主要原因，尽管企业职工养老金获得 10 连涨，但水平较机关事业单位职工仍然很低。

首先，从养老金待遇水平来看，"并轨"前机关事业单位的养老金待遇水平是根据机关事业单位员工退休时工资的一定比例发放，因此机关事业单位员工的养老金待遇水平是由其工资水平来确定的。具体来看，中华人民共和国成立后机关事业单位员工的工资制度先后进行了四次大的调整。

第一次，1956年6月16日，国务院通过了《关于工资改革的决定》，政府工作人员的工资被划分为30个等级。考虑到各地区存在生活成本的差异，将全国划分为11个工资区，其中，第1类区的工资水平与第11类区同级相比低30个百分点。然而由于当时主流观念对于物质报酬持否定态度，此后的工资管理并没有完全按照文件中的规定进行。

第二次，1985年，国务院发布《国家机关和事业单位工作人员工资制度改革方案》。方案规定，机关和事业单位人员工资由四部分组成：一是基础工资，全体机关事业单位职工一致；二是职务工资，工资水平与职务高低挂钩；三是工龄津贴，依据工作年限（工龄）来定；四是奖励工资，主要来自单位奖励工作绩效好的职工。

第三次，1993年，国务院发布《机关和事业单位工作人员工资制度改革方案》，要求新工资制度要防止高定级别、高套职务工资等不良现象。取消工资区，引入地区津贴。地区津贴包括艰苦边远地区津贴和地区附加津贴。此次改革强调在条件成熟时，对考核优秀和称职的工作人员发放年终一次性奖金。

第四次，2006年6月14日，国务院发布《关于改革公务员工资制度的通知》。提出要有效调控地区之间工资差距，将地区工资差距控制在合理的范围内。还对基本工资结构做了相应的调整：取消基础工资和工龄工资，加大级别工资的权重。此外，将公务员工资级别从15级增加为27级。

社会主义市场经济地位确立后，机关事业单位工资水平在1993~1997年没有调整，在1999~2001年则连续3次调整，且向上调整幅度较大，从图2-1中可以看出这三次调整明显拉大了机关事业单位员工和城镇企业职工的养老金待遇差距。从图中还可以发现，机关事业单位员工的养老金待遇水平在2006年有明显的上升趋势，这是由于在2006年6月14日《国务院关于改革公务员工资制度的通知》正式出台，对机关事业单位员工的工资水平进行了向上大幅调整，因而机关事业单位员工的养老金大幅增长。

随着社会主义市场经济体制的不断完善，企业职工的工资逐步由市场起主导作用，养老金是根据缴费工资、在岗职工社会平均工资及缴费年限来确定。尽管城镇企业职工养老金在2006年以后连续进行了十几次上调，并且调整幅度都较大，平均上调超过10%，但是与机关事业单位员工的养老金仍然存在较大差距。因而，从养老金的总体发展趋势来看，自1999年开始，尽管机关单位和事业单位员工的养老金待遇水平从相近到后来机关单位员工略高于事业单位员工，到后来两者又开始有相近的发展趋势，但是机关单位和事业单位员工的养老金待遇水平始终高于城镇企业职工。

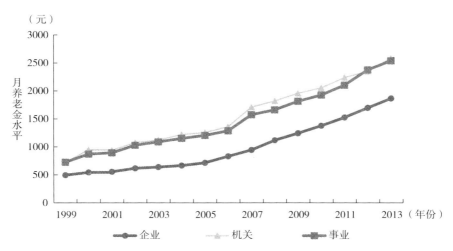

图 2-1 机关事业单位职工和城镇企业职工养老保险待遇水平的差距

资料来源:《中国人力资源和社会保障统计年鉴 2014》(工作卷)。

其次,从替代率来看,2006 年 7 月 1 日《中华人民共和国公务员法》开始实施,对机关事业单位职工的工资制度进行了相应的改革。这次改革使职务工资和级别工资成为机关事业单位退休金的两个主要部分。在退休金待遇的给付上,按 100%替代率给付的仅有物价补贴等少部分,而主要部分的职务工资和级别工资及地区津贴按新的替代率来执行。具体可表示为表 2-1。

表 2-1 机关事业单位工龄与养老金替代率水平

工作年限	替代率水平
10~20 年	70%
20~30 年	80%
30~35 年	85%
35 年以上	80%

资料来源:王亚珂,李羽翔. 机关事业单位养老保障水平测算与改革思路 [J]. 华中师范大学学报(人文社会科学版),2016,55(6):34-43;王科萍. 我国公务员退休制度研究 [D]. 上海交通大学硕士学位论文,2008.

考虑到机关事业单位职工的行政编制和事业编制,人员编制内和编制外之间流动性弱,目前退休老人的工龄相对较长,多为 20 年以上,这也是许多研究显示"并轨"前机关事业单位员工的养老金替代率为 80%~90% 的重要原因[①]。然而，对于城镇企业职工养老保险制度而言，由于没有建立起正常的养老金调整机制，养老金的替代率正在逐年下降，2000 年城镇企业职工养老保险的替代率还高达 71.2%，到 2006 年骤降到 50.3%，随后呈继续缓慢下降的趋势，到 2015 年替代率仅为 42%，并且下降趋势依然未能扭转（见表 2-2）。不难发现，在双轨制不改变的情形下，城镇企业职工与机关事业单位职工的养老金替代率差距将不断拉大，制度的不公平性会继续增强。

表 2-2　2000~2015 年中国城镇企业职工基本养老保险替代率　　　　单位:%

年份	2000	2001	2002	2003	2004	2005	2006	2007
替代率	71.2	63.1	63.5	57.6	53.2	50.3	50.3	48.3
年份	2008	2009	2010	2011	2012	2013	2014	2015
替代率	47.7	46.8	45.1	44	43.9	43	42.5	42

注：表中数据为笔者计算。首先计算出城镇企业职工每年的养老金待遇水平，具体数据根据历年人力资源和社会保障部发布的《人力资源和社会保障事业发展统计公报》中城镇企业职工养老保险全年基金总支出与参保离退休人员数量之比计算得出；养老金替代率是在城镇企业职工年养老金水平的基础上根据《中国统计年鉴 2016》的"城镇单位在岗职工平均工资"计算得出。

　　收入再分配是养老保险制度最基本的功能之一，应当体现公平性原则，"并轨"前城镇企业职工养老保险制度和机关事业单位养老保险制度的缴费和待遇发放的制度模式导致同一收入水平的不同制度参保者收入再分配水平存在明显差异，使养老金收入再分配不均衡。为了进一步验证，我们选取机关事业单位、城镇企业职工和个体灵活就业人员养老保险制度的缴费收益差距进行比较，"并轨"前，机关事业单位职工的养老保险无须进行缴费，城镇企业职工基础养老保险缴费率为 20%，个体户基础养老保险缴费率为 12%，城镇企业职工和个体灵活就业人员的养老保险个人账户缴费率均为 8%。由于机关事业单位养老保险"并轨"政策在 2014 年 10 月出台，2015 年开始实施，我们以 2014 年为基期和缴费起点，选取 2014 年城镇在岗职工平均工资为缴费基数，设定工资增长率与经济增长率一致，贴现率设定为 3%，缴费年限为 35 年，给付年限为 139 个月。

　　事实上，城镇企业职工基本养老金主要为基础养老金和个人账户养老金。因此，城镇企业职工养老保险的收入再分配也主要体现在这两个方面：第一，基础养老保险属于代际交叠现收现付性质，承担养老保险的收入再分配的主要职能。

---

　　① 沈毅. 机关事业单位养老保险改革：现状、难点及其突破 [J]. 经济体制改革，2016（3）：18-24.

第二，个人账户主要由个人缴费，是个人养老金财富的生命周期再分配。但是，2017年4月人力资源和社会保障部（以下简称人社部）、财政部发布《统一和规范职工养老保险个人账户记账利率办法》（以下简称《办法》），《办法》为增强制度的激励作用，即业界长期呼吁的"多缴多得、少缴少得"，引导参保人员积极参保和足额缴费。此外，要求利率要保证合理待遇水平，保证职工基本养老保险个人账户养老金合理的替代率水平，保障参保人员退休后的基本生活。统一将城镇企业职工基本养老保险个人账户记账利率从过去2%~3%的水平大幅度提升至8.31%，这一水平比市场上稳健理财的产品利率高出许多。这一改革将对个人账户产生额外的收入再分配效应，因为个人账户数与个人承担养老责任，相当于为未来养老长期储蓄，当个人账户记账利率高于市场上长期储蓄利率时，养老保险个人账户实际上已经产生了正向的收入再分配功能。记账利率高于长期储蓄利率部分所产生的个人账户收益就是养老保险参与者通过个人账户实现收入再分配的所得。

为此，我们测算三位典型参保人口在工作期间的工资水平相同，由于参与不同的养老保险制度，城镇企业职工养老保险缴费现值为1062032元，给付现值为1438325元，给付与缴费差值为609740元，个体灵活就业人员养老保险缴费现值为637219元，给付现值为1438326元，给付与缴费差值为1034553元。而机关事业单位工作人员养老保险缴费现值为0，给付现值为3852368元，给付与缴费差值为3852368元（见表2-3）。

表2-3 城镇企业职工和个体户基础养老保险收入再分配水平

	缴费现值（元）	给付现值（元）	收入再分配水平（元）
城镇职工	1062032	1438325	609740
灵活就业人员	637219	1438326	1034553
机关事业单位	0	3852368	3852368

由此可见，"并轨"前城镇企业职工养老保险制度和机关事业单位养老保险制度在收入再分配上存在巨大的不均衡，同样的收入水平只是因为参加不同的养老保险制度在养老保险收入再分配上产生如此大的不公平，确实需要对制度加以完善。

三、有利于养老保险财政的可持续性

我国企业职工养老保险费由国家、企业、个人三方共担，采取社会统筹与个人账户相结合的模式,养老责任由三方共同承担。而对于机关事业单位员工,养老责任基本完全由国家承担,个人不承担养老责任。"并轨"前,机关事业单位养老保险制度不仅在公平性问题上广为社会诟病,在可持续性问题上也是危机重重。由于机关事业单位养老保险待遇基本由国家和地方财政支付,在我国人口"未富先老"的形势下,人口老龄化的加剧使机关事业单位退休人数不断增加,加上人均预期寿命的不断延长,社会保险的刚性发展特征等导致机关事业单位养老保险金的需求也会越来越多,财务可持续性将面临极大挑战。机关事业单位养老保险的财务可持续是由财政支撑运行,如果不进行改革,政府的财政负担将会越来越重。

此外,随着中国经济步入新常态,增速不断放缓,经济下行导致财政收入不断下降,2015 年国家财政赤字率已达 3%,创历史新高。而与此同时,养老金对财政投入的依赖正在变得比以往更为强烈。在老龄化危机持续加深背景下,财政收入下滑,对养老保险缴费的支撑也必然受到影响,尤其是地方政府的财政压力不断增大。以上海市为例,上海市在养老保险改革上一直走在各省份前列,之所以如此,很大一部分原因是养老财政支付压力。上海的人口老龄化形势十分严峻,2010 年城镇职工养老保险的参保人数为 542.4 万人,领取养老金的离退休人员数量高达 352.02 万人,制度赡养比高达 67%,养老保险收支均衡压力不断增大,养老金支付对财政的需求也与日俱增,2008 年财政补贴养老金约 92 亿元,2009 年为 101 亿元,2010 年为 107 亿元,2011 年也达到 100 亿元左右。为了缓解愈演愈烈的财政支付危机,上海市开始自主进行养老保险改革,开始整合各种养老保险的"碎片",打通各"碎片"间的整合渠道,以降低制度的赡养比。通过一系列的改革措施,上海市养老保险的财务可持续性取得很大改善,到 2014 年城镇职工养老保险的参保人数为 969 万人,领取养老金的离退休人员数量为 404 万人,制度赡养比降低到 41.7%。在财政补贴方面,2012 年财政补贴下降到 84 亿元,2013 年进一步降至 4 亿元。

因此,养老金制度碎片化改革的另一项主要动力来自减轻财政支付压力。推进机关事业单位养老保险制度改革,财务可持续是改革的核心之一。尤其是对地方层面来说,保证在公平性基础上减轻机关事业单位养老保险财政支出压力,进一步降低财政支出水平和优化支出结构,是推动机关事业单位养老保险"并轨"改革的原因,同样也是改革的重要目标。

四、有利于人力资源的合理流动

工资福利水平是理性的待就业者选择就业岗位的重要参考标准。从经典的经济学劳动市场供给曲线我们不难看出，随着工资水平的提升，劳动力供给的人数也在不断增多。机关事业单位较高的福利待遇、高水平的养老金给付水平，对众多待就业者来说，无疑是一个非常理想的选择。

同时，高水平的退休金待遇让就业者对未来充满了希望，从而促使流动到其他部门的机会成本大大增加。2017年10月，中共中央组织部副部长齐玉在党的十九大新闻中心回答记者提问时提出，近年来公务员队伍总体是保持稳定的。根据2018年的相关统计数据，我国700多万名公务员中，辞职率大概在0.015%；也就是说一万个公务员中辞职的人数不到两个。[①]并且从媒体曝光的侧面也能反映出机关事业单位职工从体制内向体制外的流动性很弱。2013年7月，四川省石宝镇副镇长赵光华辞职；2014年11月，岳阳市原平江县委书记田自力主动辞职；2015年3月，原发改委反垄断局的副处长周强加入美国一家律师事务所。这些官员的辞职在当时都曾引起不小的轰动，正因为机关事业单位的离职率低，离职才会引起很多人关注。而2012~2016年，台湾地区公务员的离职人数已从每年约2500人增加到约3000人，离职率从0.72%上升至0.86%，其中以年轻、高学历人员居多。曾几何时，"军公教"是台湾地区民众最羡慕、尊崇的群体之一。数据进一步显示，2016年，台湾地区30岁以下公务员离职率高达2.71%，其他年龄层离职率则在0.21%~1.37%。再就学历来看，2016年台湾地区高中与大专学历公务员离职率均为0.28%，本科生和硕士生为1%左右，博士生则达1.89%。这相当于每百位博士公务员就有2人离职。[②]而我国的机关事业单位员工离职的机会成本过高导致其职位固化。

此外，机关事业单位员工都是高学历的人才，全国公务员中具有大专以上学历的人员比例已经从1992年的30%上升到2007年的86%。从对近几年国考报考职位要求的分析来看，国考学历要求共分为本科（仅限本科）、本科或研究生（硕士）、本科及以上、大专（仅限大专）、大专或本科、大专及以上、研究生（仅限博士）、研究生（仅限硕士）、研究生（硕士）及以上九种学历。报名最低学历是大专学历。并且从表2-4不难发现，2016年国家公务员考试共招录人数2.7万人，共15659个职位，在15659个职位中，本科及以上占了7917个职位，占比约51%，博士研究生学历的仅有30个职位，而这30个职位分布在这四大单位［中央党群机关、中央国家行政机关、中央国家行政机关直属机构（省级及以下）、参照公务员法管理事业单位］，但只要细细追究，即会发现，基本皆为中央机关。因此我们不难发现，机关事业单位职工都是受过良好教育的优秀人

---

① 资料来源：《中国经济周刊》，2018年1月31日。
② 资料来源：《人民日报》（海外版），2018年5月23日。

才，并且很多机关事业单位员工长期在政府部门工作，对国家的发展方针，地方的统筹协调等各个方面理解得更加透彻，把握得更加精准，这些人才也正是企业等实体部门紧缺的关键人才。双轨制和机关事业单位高水平的退休金可能会限制人力资源的合理流动，不利于人力资源的优化配置。

表 2-4　2016 年学历要求与职位数汇总

学历要求	中央党群机关职位数	中央国家行政机关职位数	中央国家行政机关直属机构（省级及以下）职位数	参照公务员法管理事业单位职位数	总职位数
本科（仅限本科）	18	19	3346	960	4343
本科或研究生（硕士）	30	17	398	52	497
本科及以上	40	125	6786	966	7917
大专（仅限大专）	0	0	214	0	214
大专或本科	0	0	271	41	312
大专及以上	0	0	602	3	605
研究生（仅限博士）	7	4	5	14	30
研究生（仅限硕士）	38	57	416	207	718
研究生（硕士）及以上	56	229	313	425	1023

资料来源：国家公务员考试网，http://www.chinagwy.org，2016-09-20。

五、有利于养老保险统筹发展

目前，中国养老保险体系包括两大部分，即"三大保险"和"四大主体"。"三大保险"是城镇职工养老保险、城乡居民养老保险和机关事业单位养老保险；"四大主体"是城镇企业职工、个体户和灵活就业人员、城乡居民和机关事业单位人员。养老保险体系具有多元化的特点，国家在计划经济时期选择优先建立城镇养老保险制度，由于机关事业单位和企业职工的工作性质存在差异，机关事业单位养老保险和企业职工养老保险"双轨制"应运而生。机关事业单位养老保险缴费由财政直接承担，企业职工养老保险缴费由其所在企业承担。随着企业市场化改革力度加大,养老金负担越来越重,使企业养老保险制度改革成为必然趋势。城镇企业职工养老保险制度由完全企业保障模式向国家、企业和个人相结合的多层次保障模式转变,在这一转变过程中,个体户和灵活就业人员纳入城镇企业职工养老保险,城镇企业职工养老保险的覆盖范围扩大。随着机关事业单位养老保险"并轨"改革步伐的推进,与城镇职工养老保险制度的缴费模式一元化得以实现。

但我国农村养老保险制度建设依然相对滞后,1992年民政部实施颁布《县级农村社会养老保险基本方案(试行)》,该方案提出农村养老保险制度采用个人账户模式,个人承担缴费,集体经济给予适当补助。集体经济的弱化使农村个人账户养老保险制度失去经济条件,农村居民的养老需求难以保障。随着工业反哺农业经济条件形成,2009年国家建立新型农村社会养老保险制度,并提出构建农村社会统筹养老保险,社会统筹养老保险和个人账户养老保险相结合的制度模式由此形成。国家于2012年建立城镇居民社会养老保险制度,同样采用社会统筹和个人账户相结合制度模式,为整合城乡居民社会养老保险奠定了基础。2014年,城乡居民养老保险制度建立,这一制度的建立使城乡二元化分割得以破解,也是促进养老保险城乡一体化的重要一步。

目前,中国养老保险制度体系有两大问题亟待解决:一是养老保险制度"并轨"的持续推进。在企业养老保险制度改革的过程中,机关事业单位和企业职工养老保险之间的福利差距日趋增大,这阻碍了劳动力行业间自由流动和养老保险福利提升。2015年,国家提出机关事业单位养老保险改革"并轨"方案,确定机关事业单位向企业职工养老保险"并轨",以企业职工养老保险缴费和给付模式为借鉴。而企业职工养老保险自身的缴费超适度问题也使机关事业单位养老保险"并轨"缴费水平难以定夺。二是城乡养老保险制度对接问题的解决。由于养老保险水平差距过大,在城乡养老保险对接机制作用的基础上,城乡养老保险的对接仍然出现福利损失过大的问题。这使农业劳动年龄人口迁移的积极性不高,同时对城镇化建设起到抑制作用。在养老保险制度运行过程中,两大问题可归结为一个本质问题,即如何在适度缴费水平的基础上实现城乡养老保险一元化。机关事业单位养老保险"并轨"和城乡居民养老保险水平调整及定型的顶层设计要从一元化视角出发,以此避免因二次改革带来的不必要成本。

本章小结

机关事业单位"并轨"缴费适度水平的研究需要建立在充分了解"并轨"双方养老保险缴费制度的历史沿革及国际先进经验的基础上。本章梳理了国外关于公共部门养老保险制度的经验及企业员工养老保险缴费的经验。在结合国际经验的基础上，重点梳理机关事业单位和城镇企业职工养老保险的发展历程和缴费历史沿革，并从有利于党的执政理念、有利于收入分配的公平性、有利于养老保险财政的可持续性、有利于人力资源的合理流动及有利于养老保险统筹发展五个方面重点分析了机关事业单位养老保险"并轨"改革的原因。

第三章 机关事业单位"并轨"养老保险缴费适度水平的目标及设计思路

缴费是养老保险体系的核心组成部分，是国民财富初次分配和再分配的纽带，同样是机关事业单位"并轨"改革的核心环节。资金供需平衡是制度改革可持续的重要保证。缴费适度水平的确定和资金供需平衡的实现需要科学的目标导向，需要确立机关事业单位养老保险缴费适度水平的目标，分析缴费适度水平的内在机理。本章立足党中央推行"并轨"改革的宗旨，确立机关事业单位养老保险缴费适度水平的目标，在此基础上结合相关理论和当前实际分析缴费的制约因素，重点确立缴费适度水平的总体设计思路。

第一节 养老保险"并轨"适度缴费水平的目标

一、实现养老保险体系运行的公平性

机关事业单位养老保险的"并轨"使我国养老保险制度由"碎片化"转向了"大一统"。实现公平性是改革的关键要素，其主要体现了不同就业性质缴费群体之间的公平和不同退休人员之间的公平。

（一）不同缴费群体之间的公平性

随着人口老龄化程度的不断加剧，中国养老保险制度体系由完全现收现付制向部分积累制转变。同时，国家利用提高统筹账户缴费率以解决由于个人账户"空账"运行等产生的转制成本，增加了企业养老保险缴费负担，这也对企业市场竞争力和市场活力产生了负面影响。

中国经济新常态的到来，增大了经济下行的压力，进一步加重了企业缴费负担，降低企业养老保险的缴费率已经成为供给侧结构性改革降成本的客观要求。国务院常务会议决定，自 2016 年 5 月 1 日起两年内，将企业职工基本养老保险单位缴费比例超过 20%的省份的缴费比例降至 20%；单位缴费比例为 20%，且 2015 年底基金累计结余可支付月数超过 9 个月的省份，可以阶段性降低至 19%。人力资源与社会保障部在 2016 年第一季度新闻发布会上表示，全国已有 21 个省份符合降低企业养老保险费率的条件。截至目前，已经至少有北京、上海、四川等 19 个省份宣布下调了企业养老保险费率。其中，除上海由 21%降至 20%外，其余省份均由 20%降低至 19%。

与基本养老保险制度相统一，补充养老保险相对应是实现"并轨"的宗旨。企业职工养老保险缴费率可能会随着基础养老金缴费率的阶段性降低而进一步降低。如果机关事业单位的缴费率仍然不降低，可能会加剧"碎片化"，不利于社会公平。随着地方财政压力不断增大，必然会对新的不公平提出质疑。在设计缴费水平时，应将机关事业单位职工和企业职工作为一个有机整体共同考虑，实行统一的基本养老金缴费水平以破除碎片化。

（二）不同退休人员之间的公平性

第一，"老人""中人""新人"的退休待遇差距问题。机关事业单位"并轨"按照"老人老办法，新人新办法"实行，如果对"新人"实行企业职工养老保险制度，将导致养老金大幅下降，这种做法会由于福利刚性而遭到机关事业单位员工的强烈抵制。上海、山西等五省份 2008 年的事业单位养老保险改革试水的失败很好地诠释了这一现象。随着"并轨"的推进，第一支柱基本养老金逐步实现统一，养老金水平与"并轨"前相比大幅下降，为了使新老制度养老金水平完美对接，顺利完成"并轨"，建立合理的职业年金制度势在必行。试点改革失败是未能合理制定职业年金制度并实施引起的，"并轨"改革能否实现关键在于职业年金的设计。因此，职业年金的设计应充分考虑"老人""中人""新人"的待遇差距问题，其缴费水平直接决定职业年金的待遇水平。

第二，企业职工与机关事业单位员工退休待遇差距问题。保证养老金待遇给付端财富的公平分配是体现国民财富收入再分配公平性和保证机关事业单位顺利"并轨"的双重要求。打破机关事业单位不缴费且享受远高于企业职工养老金待遇水平的特权是"并轨"改革的初衷。从目前状况看，要想在短期内拉齐机关事业单位养老金与企业职工的待遇水平是不现实的，改革必然会遭遇强大阻力。但从长期看，机关事业单位养老金待遇水平与企业职工趋近是一种必然趋势，不能让"并轨"改革成为"换汤不换药"的虚设。要想实现这一初衷,职业年金和企业年金就是切入点。一方面应完善企业年金制度,另一方面应设计合意的职业年金缴费制度。

二、增强养老保险体系运行的可持续性

养老保险体系运行的可持续性同样是改革的重点,可持续养老保险体系的运行需要体现养老金供需的精算平衡原则。缴费就是养老金的供给侧。人口老龄化程度加剧使养老金缴费人口持续减少,待遇领取人口持续增加,养老金面临支付危机,这会对养老保险体系运行的可持续造成威胁。深层次"并轨"需要机关事业单位在基本养老保险层面上保持统一。但由于机关事业单位职工之间的制度赡养比存在差异,将会使"并轨"后城镇职工(包含机关事业单位)养老金的供需人口结构发生改变。由此,养老金缴费水平也应做出相应调整。合意的养老金缴费水平只有以精算平衡为基础,才能使养老保险体系实现可持续发展。

当前的遵缴率和覆盖率水平不高,使养老保险的供给人口减少,在养老金待遇领取人口不变的基础上,维持精算平衡的同时,兼顾缴费水平的提高,这严重增大了单位缴费压力。而在当前经济下行的背景下,单位需要面临更沉重的缴费负担:一方面,单位成本增加,企业活力和市场竞争力降低;另一方面,少缴、逃缴等现象加剧。这将严重阻碍养老保险体系的可持续性发展。降低企业缴费水平,增强可持续性,既是合意缴费水平设计的重要目标,也是供给侧结构性改革的重要内容。

公共财政是机关事业单位养老保险缴费与给付资金的重要来源。养老金财政支出压力与养老保险体系的可持续发展直接相关。在中国经济新常态和经济下行的大背景下,财政收入持续下降,国家在2015年的财政赤字率已高达3%,创历史新高。下滑的财政收入使养老保险支出的支撑也受到撼动,对地方财政的影响更大,也将为机关事业单位养老保险制度未来的财务可持续性带来更大的威胁。在设计合意缴费水平的过程中,要充分考虑养老金供需平衡,以设计合理的养老金待遇水平为前提,切实降低养老金财政支出水平,优化财政支出结构,促进体系的可持续发展。

单位和个人是"并轨"养老保险缴费的承担主体,其缴费需求既不能超出个人的缴费能力,也不能抑制劳动者的积极性,这都是保证体系可持续发展的重点。在设计合意缴费水平的过程中,既要保证缴费需求适应缴费能力,也不能影响劳动者的积极性,同时要提升养老金财富的分配效率。

第二节 机关事业单位养老保险 缴费因素和制约条件分析

一、常规视角下养老保险缴费因素和制约条件分析

随着国务院 2015 年 1 月 14 日发布《关于机关事业单位工作人员养老保险制度改革的决定》，机关事业单位职工养老保险正式开始"并轨"。根据制度规定，机关事业单位职工基本养老保险制度与城镇企业职工保持一致。机关事业单位和职工个人都要进行养老保险缴费。单位按工资总额的 20%缴费；个人按本人缴费工资的 8%缴费，本人缴费工资高于当地职工平均工资 3 倍的部分不纳入缴费基数，低于平均工资 60%的以 60%为基数缴费，即"300%封顶、60%托底"。个人缴费全部计入个人账户，统一计息。这与企业职工基本养老保险政策是基本一致的，有利于实现制度之间的衔接。这是养老保障筹资机制的重大变革，从较为单一的由财政供款为主的渠道变为单位和个人缴费、财政承担养老保险基金的兜底责任的多渠道筹资，形成单位、个人、政府共担的新机制。

同时决定建立职业年金。职业年金在机关事业单位实施，资金来源由两部分构成：单位按工资总额的 8%缴费，个人按本人缴费工资的 4%缴费。两部分资金构成的职业年金基金都实行个人账户管理。工作人员退休时，依据其职业年金积累情况和相关约定按月领取职业年金待遇。这有利于构建多层次养老保险体系，优化机关事业单位退休人员养老待遇结构。

从《关于机关事业单位工作人员养老保险制度改革的决定》中我们不难看出，在形式上，机关事业单位基本养老保险的缴费制度安排与城镇企业职工一致，职业年金与企业年金相对应。机关事业单位养老保险缴费形式的"并轨"是依据"统账结合"模式，机关事业单位养老模式向企业养老模式"并轨"，采取现收现付的基础养老保险缴费和个人缴费积累的个人账户缴费结合，同时采取职业年金和个人储蓄养老的多层次养老模式。机关事业单位养老保险"并轨"改革的缴费因素主要包含三个方面：缴费基数、缴费率和缴费年限。

缴费基数和缴费率受机关事业单位和个人的缴费能力的制约，机关事业单位养老保险单位缴费由国家和地方财政支付，个人缴费由职工自己负担，因此缴费

基数和缴费率过高，机关事业单位缴费压力增大，财政负担过重。同样，国家规定，机关事业单位员工个人不得从事商业经营活动，工资收入成为其主要收入来源。缴费基数和缴费率过高，个人缴费收入剩余过低，缴费后生活质量下降。同样，缴费基数和缴费率过低，养老金有效供给不足，资金缺口加大，财政兜底负担过重，养老保险体系不可持续。

缴费年限受受教育年限和退休年限的制约，由于机关事业单位养老保险缴费是直接在工资发放前扣除的，所以遵缴率几乎为100%，这样缴费年限同工作年限一致，工作年限主要受入职年龄和退休年龄的影响。目前从学历上看，机关事业单位职工中具有大专以上学历的人员比例已经从1992年的30%上升到2007年的86%。2014年国家公务员考试，所有职位均要求大专以上学历，其中本科学历可报考职位的范围最广，招录人数为16352人，占总招录人数的83.7%。这说明机关事业单位职工的入职前受教育年限不断增长，因此缴费年限也会受到影响。同样，随着延迟退休等相关政策的实施，退休年龄也会不断延迟，工作期进一步延长，缴费年限也随之延长。

二、本质视角下养老保险缴费因素和制约条件分析

机关事业单位养老保险模式向企业养老保险模式"并轨"，除了缴费形式的"并轨"以外，还存在着缴费适度性本质"并轨"。现实的养老保险制度改革中，企业养老保险缴费水平正面临着降费和向适度水平区间趋近的问题，机关事业单位养老保险制度向企业养老保险制度"并轨"，应该是在缴费形式"并轨"的同时，两者统一向缴费适度水平趋近"并轨"的过程。

因此，我们应首先避免认为养老保险"并轨"就是机关事业单位跟在企业养老保险制度的后面，完全机械地仿照企业养老保险缴费制度和缴费水平实施，而是明确企业和全社会养老保险制度与缴费水平未来发展的趋势及缴费适度水平，在形式"并轨"的同时更重要的是向缴费适度水平趋近和"并轨"。

同时还要避免认为养老保险"并轨"就是缴费水平的完全一致，而是明确养老保险"并轨"的核心是代际转移现收现付基础养老保险缴费水平的"并轨"，同时存在着个人生命周期养老保险缴费水平的差异，如职业年金和个人储蓄养老保险缴费水平的差异。这里，代际转移现收现付基础养老保险缴费的统一，代表着养老保险制度的公平，代表着养老保险制度的收入再分配；个人生命周期养老保险缴费水平的差异，代表着养老保险制度的激励和效率。这种同一性与差异性的结合实质是公平与效率的结合、保障和激励的结合。

　　按照本质"并轨"这一思想要求，我们需要对养老保险的本质进行界定，从本质出发来立意本书的研究。养老保险制度本质上可以说是国民财富的再分配，而养老保险缴费是初次分配与再分配之间的纽带，属于核心环节。按照多层次养老保险体系的构建要求，我们按照"国民财富养老人口结构长期均衡收入分配"理论，沿着"养老人口结构的可持续性"设计"养老制度的可持续发展"，把养老保险体系分为三个支柱。其中，第一支柱是社会人口代际转移现收现付养老制度，具体为社会统筹现收现付基础养老金；第二支柱是个人生命周期三期代际交叠积累账户养老制度，具体为个人生命周期缴费积累账户养老金；第三支柱是国民财富再分配养老制度，为社会财富再分配养老金。

　　按照国民财富养老人口结构长期均衡收入分配和个人生命周期养老积累原理，养老保险缴费的制约因素应该是国民财富劳动生产要素分配状况、宏观的人口结构、个人养老保险责任分担。国民财富的劳动生产要素分配水平决定了待分配"蛋糕"（国民财富）的大小，财富的合理分配不仅有助于社会和谐，更能够极大提高生产要素的配置效率，提高劳动者的生产积极性，创造更多的财富，形成经济发展的良性循环。财富分配在劳动年龄人口（含少儿人口）和老年人口之间进行，按照动态的人口结构决定财富如何分配，这将有利于养老保险体系的可持续发展，同时在分配过程中要充分尊重劳动公平和生存公平，保证制度的公平性。除了代际交叠的分配模式，个人也应该承担养老责任，实现个人生命周期的养老保险再分配，这种分配应当存在差异，体现养老保险制度的激励和效率。从宏观上说，通过养老保障体系的调节实现国民财富再分配的公平性和可持续性，实现保障与激励的结合，既是养老保险缴费适度水平的制约因素，也是整个养老保险体系改革的重要目标和评价标准。

第三节　机关事业单位养老保险缴费
适度水平基本思路

　　国民财富合理分配应按照按劳分配为主体，多种分配方式并存的分配原则。养老保险作为国民财富收入再分配的重要渠道，同样应该遵循这一原则。养老保险涉及国民财富在不同年龄结构人口中的分配，分配主体是劳动年龄人口和老年人口。劳动年龄人口的分配额应该体现对劳动创造的回报，老年人口的分配额应该体现对老年人年轻时劳动付出的补偿和现代国家对国民人文关怀的责任。本书认为，国民财富通过养老保险制度实现的合理分配格局应围绕中央提出的"公平"和"可持续"为宗旨。首先，养老保障应坚守满足生存需求的"底线公平"，其次，要体现禀赋、劳动贡献等要素的差异，激励人力资本提升和辛勤劳动创造，实现效率和公平兼顾的科学目标；最后，健全养老保险体系，提高体系的运行效率，开启有利于精算平衡的各项改革，保证制度的可持续发展。

根据国务院《关于机关事业单位工作人员养老保险制度改革的决定》的规定和多层次养老保障体系的建设要求，机关事业单位养老保险"并轨"缴费适度水平包括社会统筹现收现付基础养老金缴费适度水平、个人生命周期代际交叠积累的个人账户和职业年金缴费适度水平，以及财政补贴适度水平剩余后的个人养老储蓄水平。

国民经济的良性发展不仅需要积极地创造财富，同时需要合理地分配财富。财富的创造是为了通过分配让国民提高生活水平，享受发展成果，而财富的合理分配又将激发劳动者的劳动积极性，促进财富的创造，良性的社会发展是国民的创造和国民财富的分配两者之间的有机统一。因此，国民财富初次分配体现劳动要素对经济增长的贡献，收入再分配是实现持续经济增长的助推器。国家在劳动年龄人口初次分配总量中征收一定量的税收，用于构建国家财政，满足经济发展中的劳动力再生产需求。劳动年龄人口在初次分配基础上，缴纳一定比例税收，最终得到可支配收入。根据发达国家经济发展经验和我国税收制度运行实践，税收比例一般在30%左右，劳动年龄人口可支配收入占初次分配比重为70%左右。老年人口曾经对经济增长做出过劳动贡献，应该按照老年人口比重进行初次分配，为保障当期劳动年龄人口的劳动积极性，老年人口收入再分配，即养老金水平应设定为劳动收入的合理比例，即合意替代率。合意替代率既体现了多劳多得的"劳动公平"，也体现了保障老年人口基本生活的"生存公平"。结合劳动年龄人口可支配收入占初次分配的比重及老年人口养老支出需求，养老金合意目标替代率一般设定为60%（基础养老保险和个人账户养老保险），应低于劳动年龄人口税收后可支配收入比重70%。按老年人口比重获得的劳动生产要素分配中的老年人收入分配份额，我们可以称为老年人口比重收入分配额，这一份额比重减去养老金替代率后的剩余份额，我们称为"老年人口养老金替代率剩余"。劳动年龄人口工资收入上缴的税收和老年人口养老金替代率剩余共同构成了财政收入再分配总量，劳动年龄人口上缴的税收通过财政转移再分配应用于经济发展的劳动力再生产和公共事业发展，老年人口养老金替代率剩余部分可通过养老保险财政补贴途径用以补贴养老保险资金制度缺口和提高老年人口养老保障水平（见图3-1）。

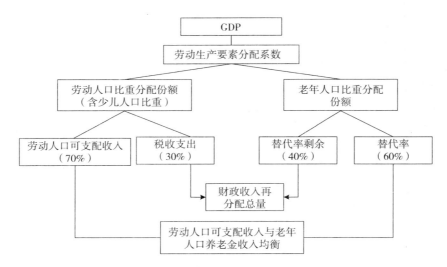

图 3-1　养老保险缴费率代际交叠人口结构收入分配框架

　　本书按照国民财富人口结构均衡分配和养老金合理的责任分担为依据，对养老保险体系的缴费适度水平进行总体划分。

一、基础养老保险缴费适度水平的基本思路

　　目前，从"碎片化"到"大一统"是我国养老保险体系发展的基本趋势。在坚持机关事业单位养老保险形式"并轨"和本质"并轨"统一的基础上，按照有利于实现养老保险制度维护社会稳定的功能，有利于实现国家社会保障制度建设中的"兜底线"目标，有利于养老保险制度与民生工程的对接与协同的目标要求。本书首先将国民财富按劳动生产要素进行划拨后，依据生存公平和劳动公平的原理，按照少儿人口、劳动年龄人口和老年人口的比重进行合理划分，期间既要符合宏观国民财富代际转移收入分配的公平性，又要符合微观养老保险资金供需的平衡性；基础养老保险缴费适度水平的基本思路是国民财富劳动生产要素分配中代际交叠养老保险收入分配水平与老年人口比重相平衡，保证养老保险供需平衡和资金链条的可持续发展。

二、个人账户养老金适度缴费水平设计思路

　　个人账户养老金是个人工作期间为退休后养老积蓄的资金，是基本养老保险待遇的重要组成部分，是国家强制提取的，退休前个人不得提前支取。个人账户

养老金实质上是个人生命周期的收入再分配,个人账户的设计初衷是按照养老保险合理的责任分摊原理,强调了职工的自我保障意识和激励机制。因此,个人账户养老金缴费适度水平的设计思路应是从国民财富收入再分配和老年人自己生命周期转移养老的基本原理出发,按照以前的劳动年龄人口(现今老年人口)和现今的老年人口比重进行养老缴费储蓄,实现自我保障,在基础养老金的基础上增加养老金水平。个人账户既要体现养老保险的差异性和激励性,同时也要充分考虑劳动年龄人口的缴费能力。

三、职业年金养老金缴费适度水平设计思路

机关事业单位养老保险职业年金与企业年金属于多层次养老保险体系中的补充养老保险,应在保证公平的基础上更加注重效率。依据机关事业单位养老保险制度改革的目标和职业年金的性质。在确定职业年金缴费适度水平时,我们需要明确职业年金属于什么性质的养老保险、职业年金适度水平属于国民财富养老人口结构均衡分配水平中的哪个均衡分配路径。那么,职业年金或企业年金,我们可以理解为用人单位或企业对职工以往教育成本的养老补偿。教育经济学原理表明,人力资源成本体现在就业后的职工工资补偿中,一般就业研究生工资要高于本科生工资,这就是职工教育成本的工资补偿。我们在此把这种教育经济理论应用到职业年金养老补偿中来,从生命周期均衡分配原理看,教育成本补偿不仅体现在职工工作期间,也体现在退休后的生存期间,也就是不仅体现在工作中,也体现在养老金中,具体体现在职业年金缴费和给付中。所以,人力资源中的受教育年限就成了我们研究职业年金缴费给付适度水平的重要参数,这里的关键是如何把人力资源的受教育年限转换为养老人口结构均衡分配理论所需要的人口比重系数。

教育成本职业年金生命周期补偿原理,一是把人力资源的受教育年限转换为相对应的人口比重系数;二是教育年限转换为相对应人口比重系数后进一步转换为职业年金补偿水平。

依据国民财富养老人口结构均衡分配原理,人口结构及其人口比重系数是确定职业年金适度水平的核心参数。所以,教育成本转换为职业年金补偿适度水平,比较稳定的数据参数是把教育年限转换为人口比重系数。[①]按照人口受教育年限分析,依据我国目前教育层次年限的政策,从小学到大学约 15 年,从小学

---

① 另一种测算方法是将教育投入成本按照利率等折算成教育成本收益,再折算成职业年金。但这种测算方法难以解决将教育成本收益中的多少转换为职业年金,因为教育成本收益的转换包括工资水平等诸多因素。

到研究生约 20 年（其中到硕士约 17 年，到博士约 20 年）。选择未来人口预期寿命 80 岁为参数，同时选择人口结构基本呈现柱状均衡状态，初步测算读书 15 年的人口，折合成人口比重系数为 0.18；读书 20 年的人口，折合成人口比重系数为 0.25。教育年限折合成人口比重系数后，就可以测算出职业年金适度缴费率。

四、财政补贴与个人储蓄适度水平设计思路

国民财富中按照劳动生产要素分配系数，理论上老年人口按照老年人口比重获得相应的份额，劳动年龄人口按照劳动年龄人口比重获得相应的份额。但是实际上，劳动年龄人口获得的实际收入是实际工资扣除所得税等后的可支配收入。老年人口获得的养老金与老年人口比重系数有一定的差额，养老金收入实际上是按照一定的替代率折合后的可支配收入养老金。这里，劳动年龄人口获得的可支配收入与劳动年龄人口比重系数之间的差额是劳动年龄人口工资的缴税剩余。老年人口获得的养老金收入与老年人口比重系数之间的差额是老年人口养老金替代率剩余。劳动年龄人口工资的缴税剩余和老年人口养老金替代率剩余都通过缴费的方式（缴纳所得税等方式、缴费养老金等方式）进入国家财政收入。依据收支均衡分配，养老金财政补贴的适度性应该以养老金替代率剩余量为依据，也可以说，养老金财政补贴的适度上限水平是养老金替代率剩余水平。

机关事业单位养老保险"并轨"后，机关事业单位的赡养比高于城镇职工，随着老龄化的加剧，在保证养老金给付替代率"老人""中人""新人"不存在过大差距的前提下，养老金缺口会进一步增加，如果缺口超出养老金替代率剩余对应的财政补贴适度水平，超出部分将由个人养老储蓄来弥补。

本章小结

在国民财富中，按劳动年龄人口比重和老年人口比重，即按照代际交叠人口结构进行劳动报酬和养老金结构分配，同时按照劳动年龄人口劳动报酬缴税和老年人口养老金替代率剩余进行养老保险财政转移收入再分配，这是机关事业单位养老保险"并轨"适度缴费水平研究的基本思路，是养老保险缴费率相关数理模型构建和实证分析的理论基础，同时也是对机关事业单位多层次养老保险缴费体系构建的总体把握。

第四章　机关事业单位"并轨"基本养老保险缴费适度水平

基本养老保险作为养老保险体系的第一层次，是整个养老保险体系中最主要的组成部分。机关事业单位"并轨"后基本养老保险适度水平是实现形式"并轨"到本质"并轨"的核心内容。本书基本养老保险缴费率新模型以国民财富人口结构收入分配和基本养老责任的合理分担为基本原理，结合养老保险人口结构要素变动规律，确定基础养老保险缴费适度水平和个人账户缴费适度水平。我们根据机关事业单位的就业性质和人口结构预测出机关事业单位养老保险人口结构。根据城乡人口总量和结构预测数据，剥离出城镇职工人口，进而预测城镇职工养老保险人口结构，确定形式"并轨"和本质"并轨"条件下养老保险缴费适度水平。

第一节　"并轨"基础养老保险缴费适度水平

一、基础养老金缴费适度水平新模型构建

依据前文基础养老保险缴费率适度水平的基本思路，基础养老保险适度缴费率水平和与其相联动的适度给付率水平可以作为测量养老人口结构中劳动年龄人口能够承受的现收现付的养老保险缴费率水平。据此，基础养老保险缴费适度水平的具体研究思路为：先按养老人口结构均衡原则确定劳动年龄人口可承受的现收现付养老保险适度缴费水平和给付水平，然后由此确定与其相对应的基础养老保险适度缴费和适度给付水平。也可以说，不是先固定基础养老保险缴费和给付水平，也不是先将养老保险总水平的一半或总替代率60%的一半（30%）作为基础养老保险水平，而是先从老年人口与劳动年龄人口的缴费和给付均衡模型出

发，确定劳动年龄人口可承受的代际交叠适度缴费水平和给付水平模型。与传统的缴费给付模型相对应，我们称其为新模型，然后根据新模型再去定义基础养老保险和量化其适度水平。

基础养老保险缴费率新模型的构建立足于国民财富养老人口结构分配的均衡性、养老金代际转移的公平性和养老资金供给的可持续性三个基本原则，从保证基金供需总模型的平衡出发，选择养老金替代率为核心突破点，依据人口结构变化关键要素劳动缴费人口比重下降为主要条件，研究养老保险缴费率模型的逻辑结构和理论脉络。

（一）养老保险缴费和供需平衡新模型构建

养老保险缴费新模型的构建是以养老人口结构均衡分配理论为基本依据的。这时从整体宏观角度出发，我们将养老人口结构经济理论分析中的逻辑关系概括为，在国民财富 GDP 中按劳动生产要素分配系数分配的工资总额，在工资总额中，老年人口按自身人口比重获得养老保险给付额。老年人口按自身比重获得的现收现付养老金额与劳动年龄人口按自身比重获得的工资额在获得比重上与其人口比重相协调，从而保持养老保险缴费系数与给付系数的公平性。

首先，考虑到基础养老保险的现收现付性质。我们对养老保险现收现付模型［式（4-1）］中的相关参数进行分析发现：养老金的给付额，可以先在财富工资总额中按劳动年龄人口比重分出来，再按老年人口比重分给老年人口。这里的"劳动年龄人口比重系数"就是老年人口养老金给付"替代率"，即老年人口与劳动年龄人口以同样获得系数获得工资总额部分，再按老年人口比重分给老年人，见式（4-1）。式中"老年人口比重×劳动年龄人口比重"可以称为"养老金给付系数"。这里，在国民财富按照生产要素分配系数分配出的工资总额中按劳动年龄人口比重分出来，再按老年人口比重分给老年人口，也符合养老保险现收现付缴费按人口结构合理安排的经济原理，即按照劳动年龄人口可承受的养老保险现收现付水平缴费，应该是先按劳动年龄人口比重分出来，即按照劳动年龄人口自身可承受的适度水平分出来一部分，再按老年人口比重合理分配给老年人。

老年人口养老金给付额=老年人口比重×劳动年龄人口比重×工资总额

(4-1)

同样，养老保险缴费原理和模型与养老保险给付原理和模型相似：养老保险缴费原理是先在财富工资总额中按老年人口比重分出来一部分，再按劳动年龄人口比重分担给劳动年龄人口缴费，这里的"老年人口比重系数"就是劳动年龄人口养老保险缴费的"缴费率"，即劳动年龄人口按照老年人口比重也是代际交叠应该承担的缴费率缴费,再按劳动年龄人口比重具体分担给每位劳动年龄人口,见式(4-2)。这里,把"劳动年龄人口比重×老年人口比重"称为"养老金缴费系数"。

劳动年龄人口养老金缴费额=劳动年龄人口比重×老年人口比重×工资总额

(4-2)

我们将现收现付养老保险缴费和给付模型式(4-1)和式(4-2)代入总平衡模型,得出式(4-3)。式(4-3)实现了养老保险现收现付基本经济原理的一致和养老保险缴费与给付的资金平衡。

老年人口比重×劳动年龄人口比重×工资总额=
劳动年龄人口比重×老年人口比重×工资总额　　　(4-3)

式(4-3)的数理表达式为:

$$\frac{N_O}{N_T} \times \frac{N_L}{N_T} \times W_T = \frac{N_L}{N_T} \times \frac{N_O}{N_T} \times W_T \qquad (4-4)$$

其中,N_O 表示老年人口数,N_L 表示劳动年龄人口数,N_T 表示总人口数,W_T 表示工资总额。

我们可以把式(4-4)中的"老年人口比重×劳动年龄人口比重"(动态替代率)称为老年人口获得的适度"养老保险给付系数";把"劳动年龄人口比重×老年人口比重(动态缴费率)"称为劳动年龄人口适度的"养老保险缴费系数"。养老保险供需平衡模型中,养老保险缴费系数和养老保险给付系数相等,养老保险模型供需平衡。

研究发现,这里的养老保险"缴费率"为养老保险适度综合缴费率;养老保险"缴费系数"为基础养老保险现收现付适度缴费率。这里,总模型式(4-4)整体代表着基础养老保险适度缴费给付平衡模型,其中包括基础养老保险"适度缴费系数"(劳动年龄人口比重×老年人口比重),也包含着养老保险统账结合适度综合缴费率(老年人口比重)。

(二) 养老保险缴费给付供需平衡新模型与原模型的转换

养老保险缴费新模型与原模型之间存在着联动和转换。我们把新模型中的"工资总额"转换为"平均工资"就可以实现新模型与原模型的对比和转换分析。这里可以把"平均工资"分为"总人口平均工资"和"劳动年龄人口平均工资"。新模型与原模型的具体转换推导见式(4-5)和式(4-6)。其中,"劳动年龄人口平均工资"模型更具有与原模型的可对比性。

将式(4-4)(在此可以称为"工资总额模型")两边同时乘以(总人口/

总人口），模型就转换为"总人口平均工资"平衡模型：

老年人口数×替代率（劳动年龄人口比重）×总人口平均工资＝
劳动年龄人口数×缴费率（老年人口比重）×总人口平均工资　　（4-5）

其中，养老保险替代率＝劳动年龄人口比重；养老保险缴费率＝老年人口比重。

式（4-4）的数理表达式为：

$$N_O \times S\left(\frac{N_L}{N_T}\right) \times \overline{W} = N_O \times \theta_T\left(\frac{N_O}{N_T}\right) \times \overline{W} \qquad (4-6)$$

其中，N_O 表示老年人口数，S 表示替代率，$\overline{W}$ 表示总人口平均工资，θ_T 表示缴费率，其余指标同式（4-4）。养老保险替代率与劳动年龄人口比重相同，即 $S = N_L/N_T$；养老保险缴费率与老年人口比重相同，即 $\theta_T = N_O/N_T$。

将式（4-4）即工资总额模型两边同时乘以（劳动年龄人口数/劳动年龄人口数），模型就转换为"劳动年龄人口平均工资"平衡模型：

老年人口数×（劳动年龄人口比重×劳动年龄人口比重）×劳动平均工资＝
劳动年龄人口数×（劳动年龄人口比重×老年人口比重）×劳动平均工资

（4-7）

基础养老保险替代率＝劳动年龄人口比重×劳动年龄人口比重（替代率）

基础养老保险缴费率＝劳动年龄人口比重×老年人口比重（缴费率）

式（4-7）的数理表达式为：

$$N_O \times \left(\frac{N_L}{N_T} \times \frac{N_L}{N_T}\right) \times W = N_L \times \left(\frac{N_L}{N_T} \times \frac{N_O}{N_T}\right) \times W \qquad (4-8)$$

其中，养老保险替代率等于劳动年龄人口比重与劳动年龄人口比重乘积，养老保险缴费率等于劳动年龄人口比重与老年人口比重乘积。

从模型转换比较中可以发现，新模型转换式（4-6）和式（4-8）可以与养老保险缴费原模型（缴费率＝赡养比×替代率）比较，新模型的"总人口平均工资缴费模型"中的"劳动年龄人口比重"相当于原模型的"替代率"，"老年人口比重"相当于原模型的"缴费率"；新模型"劳动年龄人口平均工资模型"中的"劳动年龄人口比重×劳动年龄人口比重"相当于原模型的"替代率"，"劳动年龄人口比重×老年人口比重"相当于原模型的"缴费率"。同时还发现，新的"劳动年龄人口平均工资"模型中的"替代率"恰好与"工资总额"新模型中的"缴费系数"一致，由此可以认定新"工资总额"模型中缴费系数就是"劳动平均工资"新模型的替代率，也是与原模型替代率可比较的"替代率"。

从式（4-8）和原模型（缴费率＝抚养比×替代率）的可比性和具体比较可

知，养老保险供需原模型转化为养老保险"劳动年龄人口平均工资"新模型后，其替代率为"劳动年龄人口比重×劳动年龄人口比重"，这相当于劳动年龄人口可承受的适度基础养老保险替代率；"劳动年龄人口比重×老年人口比重"相当于劳动年龄人口可承受的适度基础养老保险缴费率。同时说明，养老保险缴费率"工资总额"新模型、"总人口平均工资"新模型、"劳动年龄人口平均工资"新模型都属于劳动年龄人口可承受的现收现付适度基础养老保险缴费给付新模型，是新模型的三种表现形态。

这里的模型可比性转化后，可以发现养老保险供需平衡新模型有其特定内涵：一是总模型以适度"缴费系数"和适度"给付系数"总体测定出与人口结构相适应的现收现付基础养老保险适度缴费系数和缴费额、适度给付系数和给付额；二是其中也给出了养老保险统账结合综合缴费率（老年人口比重）和综合替代率（劳动年龄人口比重）。

（三）养老保险供需平衡新模型将原模型的固定"目标替代率"变为"劳动年龄人口比重"动态替代率

基础养老保险缴费率新模型是基于养老保险缴费率传统模型，加入现实的制度变量和人口结构变量，合乎逻辑地逐步推导出来的。这里，加入的制度变量是养老保险体系由完全现收现付制逐步转化为部分现收现付制即部分积累的统账结合模式，加入的人口变量是劳动年龄人口比重不断下降与老年人口比重不断上升，由于两者的发展是相对应的，我们选劳动年龄人口比重下降为代表性的指标。

依据制度变量养老保险由完全现收现付向部分现收现付的逐步转化参数，可以将养老保险供需平衡模型中的养老保险需求综合目标替代率分解为基础养老保险现收现付替代率和个人账户基金积累替代率。通过对养老保险改革过渡期近十年的数据定量研究发现，劳动年龄人口比重与养老保险需求综合目标替代率、基础养老保险现收现付替代率呈现对应下降的现象：一方面，养老保险需求综合目标替代率与劳动年龄人口比重接近，且随着劳动年龄人口比重下降而逐渐下降（见表4-1）；另一方面，养老保险由完全现收现付向部分现收现付转轨过程中，基础养老保险给付替代率占综合目标替代率比重与劳动年龄人口比重相近（见表4-1），且基础养老保险给付替代率同样随劳动年龄人口比重下降而下降，两者具有高度相关关系。统计分析发现，养老保险综合目标替代率与劳动年龄人口比重之间相关系数为0.998，回归弹性同样为0.998；基础养老保险现收现付替代率占综合目标替代率比重与劳动年龄人口比重相关系数为0.999，回归弹性为1（见表4-1）。不难发现，养老保险综合替代率和基础养老保险给付替代率与劳动年龄人口比重之间有着内在的必然联系。事实上,养老保险体制之所以要转轨为部分现收现付统账结合模式,降低基础养老保险现收现付给付和缴费水平,就是要与劳动年龄人口比重逐渐下降或老年人口比重上升相联系和相共生,我们所做的定量研究发现的规律正好验证了这种内在相关性和必然联系性,并发现了其内在相关程度。这种内在必然联系的发现不仅验证了养老保险体制转轨中"老人""中人"和"新人"养老金给付综合替代率逐渐下降调整的合理性和客观依据,也为我们研究确定养老保险替代率适度水平提供了重要的参数依据。

表 4-1　养老保险过渡期替代率与劳动年龄人口比重的关系

年份	城镇基本养老保险目标替代率（%）	城镇基础养老保险目标替代率（%）	基础养老保险目标替代率占总目标替代率的比重（%）	劳动年龄人口比重（%）
2000	74.87	54.87	73.29	73.00
2001	74.11	54.11	73.01	72.69
2002	73.38	53.38	72.74	72.38
2003	72.66	52.66	72.48	72.07
2004	72.04	52.04	72.24	71.77
2005	71.43	51.43	72.00	71.46
2006	70.88	50.88	71.78	71.16
2007	70.32	50.32	71.56	70.85
2008	69.79	49.79	71.34	70.55
2009	69.20	49.20	71.10	70.25
2010	68.70	48.70	70.89	69.95
2011	68.25	48.25	70.70	69.66
2012	67.82	47.82	70.51	69.36
相关分析	综合目标替代率与劳动年龄人口比重相关系数: 0.998** (0.01 显著水平)		基础养老保险替代率占总替代率比重与劳动年龄人口比重相关系数: 0.999** (0.01 显著水平)	
回归分析	综合目标替代率=0.998×劳动年龄人口比重 ($R^2=0.76$)		基础养老保险替代率占总替代率比重=1×劳动年龄人口比重 ($R^2=0.89$)	

注:综合目标替代率和基础养老保险给付目标替代率为过渡期"老人""中人""新人"混合目标替代率,其中"老人"综合目标替代率为80%,基础养老保险目标替代率为60%;"中人"综合目标替代率为70%,基础养老保险目标替代率为45%;"新人"综合目标替代率为60%,基础养老保险目标替代率为30%。

资料来源:劳动年龄人口比重数据源自 2001~2013 年的《中国人口与就业统计年鉴》。

　　根据劳动年龄人口比重与基础养老保险替代率之间的内在联系，本书在传统的养老保险供需平衡原模型①的基础上，研究破解与养老人口结构相适应的基础养老保险适度替代率模型。通过定量研究发现，养老保险体制转轨过程中的现收现付养老金给付替代率也可以称为现实劳动年龄人口可承受的养老金替代率，恰好与当期劳动年龄人口比重相契合，我们可以就此发现养老保险适度总给付替代率为"劳动年龄人口比重"，其中基础养老金适度替代率为"劳动年龄人口比重×劳动年龄人口比重"。

　　依据基础养老保险替代率与劳动年龄人口比重之间的必然联系和相关关系，我们在养老保险供需平衡原模型的基础上，把原养老金给付模型的"替代率"（在此称为"综合目标替代率"）转化为"动态调整替代率"（劳动年龄人口比重）［见式（4-7）］，这样将原有的完全现收现付总替代率转化为过渡期养老保险部分现收现付给付新模型替代率，并使过渡期养老保险给付替代率呈现为一种随着劳动年龄人口比重逐渐下降而下降的趋势，同时恰好与现实基础养老保险"老人""中人"和"新人"混合替代率水平吻合（见表4-1）。我们可以把这种分解后的与劳动年龄人口比重共生的过渡期基础养老保险给付替代率称为"劳动年龄人口比重共生替代率"或"动态调整替代率"［见式（4-7）］。研究发现，"劳动年龄人口比重"为"工资总额"模型替代率，转化为"劳动年龄人口平均工资"模型后替代率为"劳动年龄人口比重×劳动年龄人口比重"，前者为统账结合过渡期综合替代率，后者为基础养老保险分替代率。

　　养老保险总替代率和总缴费率转化为基础养老保险替代率和缴费率有两种路径：一是按照总替代率的1/2转化为基础养老保险替代率，按照总缴费率的1/2转化为基础养老保险缴费率；二是按照劳动年龄人口变动同比调整。第二种路径更能体现养老保险体制转轨期"老人""中人"和"新人"混合替代率逐渐过渡到"新人"替代率的动态调整趋势。同时，前面研究也证明，养老保险供需平衡"工资总额"新模型转化为"劳动年龄人口平均工资"模型后，恰好等于基础养老保险给付和缴费"工资总额"新模型中的替代率和缴费率的调整关系，供需平衡模型两边同时又都乘了"劳动年龄人口比重"，说明两者之间具有替代关系，也说明养老保险供需平衡总模型转化为基础养老保险分模型时，在模型两边同时乘以"劳动年龄人口比重"，使替代率和缴费率按劳动年龄人口比重同比下降和变动，具有逻辑合理性［见式（4-7）］。同时发现，式（4-7）中的"劳动年龄人口比重×老年人口比重（缴费率）"缴费系数恰好等于"劳动年龄

---

　　① 传统的现收现付养老保险供需均衡模型推导出的缴费率模型为：缴费率＝制度赡养比×替代率。

人口平均工资"模型的基础养老保险"缴费率",这说明式(4-7)属于基础养老保险缴费给付总模型。

在此把中国社会保障体制转轨过程中的养老保险替代率结构分为"综合养老保险目标替代率""过渡期基础养老保险动态替代率";相对应,把养老保险缴费率也分为"综合养老保险缴费率""过渡期基础养老保险动态缴费率"。

(四)养老保险供需平衡新模型将原模型以"赡养比"为主元素缴费率变为以"老年人口比重"为主元素缴费率

养老保险缴费原模型的缴费率为制度赡养比与替代率的乘积。养老保险缴费新模型缴费率为"老年人口比重",这是养老保险综合缴费率。"老年人口比重×替代率(劳动年龄人口比重)"为基础养老保险替代率。这里,养老保险缴费率新模型的主元素为"老年人口比重",把养老缴费系数分配给了整体人口总量,它较之以"制度赡养比"为主元素,更能敏感地反映老年人口上升形成的整个社会责任,同时更能准确地反映和消减由于老年人口比重上升和劳动年龄人口比重下降所产生的养老保险人口结构代际交叠分配的不平衡性。

(五)养老保险供需平衡新模型将原模型"总量分配"变为"人口结构分配"

依据国民财富按人口结构分配的基本原则,改进原模型的总量分配为新模型人口结构分配,模型两边同时乘以(总人口/总人口),将原模型的"工资"改为"工资总额",与此相关联经过模型推导,原模型老年人口数变为新模型"老年人口比重",劳动年龄人口数变为"劳动年龄人口比重",构建养老保险供需平衡新总模型,见式(4-10),新模型保持与原模型的平衡关系不变。

$$老年人口数×替代率×工资=劳动年龄人口数×缴费率×工资 \qquad (4-9)$$

$$老年人口比重×替代率×工资总额=劳动年龄人口比重×缴费率×工资总额$$

$$(4-10)$$

这里,养老保险供需平衡新模型实现了从原模型的以老年人总量为主要指标的总量分配变为按人口结构分配,把原模型的围绕老年人口总量构建的养老保险缴费模型转化为围绕人口结构构建的新模型。这种改变的意义在于,它将会破解由于老年人口总量上升导致养老保险缴费超适度上限的难题,实现养老保险缴费与劳动年龄人口比重及老年人口比重均衡协调可持续发展。

(六)养老保险缴费及供需平衡新模型创新

养老保险缴费新模型中"替代率"和"缴费率"的含义与原模型的替代率

和缴费率含义不完全相同，它们与新模型中的"老年人口比重"和"劳动年龄人口比重"构成养老保险"缴费系数"和"给付系数"。原模型中"替代率"与老年人口数相乘和"缴费率"与劳动年龄人口数相乘不具有这种含义。新模型的这两个系数含义是对养老保险缴费模型及供需总模型的进一步深化和延伸，为养老保险缴费新模型应对人口老龄化高峰期养老保险供需均衡研究和测算提供了新的指标和构架。

在此构建的养老保险缴费率及其养老保险供需平衡总模型实现了两点创新：一是将原模型固定目标替代率转化为新替代率"劳动年龄人口比重"，将静态替代率转化为动态替代率；将动态替代率乘以劳动年龄人口比重转化为基础养老保险动态调整替代率，找到了转轨期养老保险替代率动态调整的依据，构建了动态替代率和缴费率新模型。二是将原模型的"工资"转化为"工资总额"，老年人口数转化为"老年人口比重"，劳动年龄人口数转化为"劳动年龄人口比重"，这样将原模型单纯供需总量平衡转化为国民财富人口结构分配平衡，解决了当劳动总抚养比超过劳动自身供养比（100%）时养老金缴费与给付仍能保持可承受性和长期均衡可持续发展问题。

养老保险缴费率及供需平衡新模型与原有模型的区别是以劳动年龄人口比重确定了动态替代率，以老年人口比重确定了缴费率。同时又以适度缴费系数和给付系数给出了与人口结构相适应的现收现付基础养老保险适度缴费额和给付额。这种替代和发展，既是模型要素逻辑推导形成的数理关系，也是经济发展和人口结构变迁逐步演化的必然结果，有其内在的代际转移收入分配合理性。

二、"并轨"基础养老金缴费理论适度水平模型

（一）机关事业单位养老保险理论缴费适度水平模型的前提假设

理论适度缴费水平是理想状态下的缴费适度水平，根据党的十九大报告提出的"全面建成覆盖全民、城乡统筹、权责清晰、保障适度、可持续的多层次社会保障体系"的战略目标，结合本书研究的核心问题，我们选取全覆盖、权责清晰、保障适度作为理想状态下的假设前提。

1. 养老保险对应的人口全覆盖

新型养老保险的基本原理即养老保险全覆盖。其中，由经济总量按劳动生产要素分配系数得到劳动报酬总额，基于此，再按劳动年龄人口比重和老年人口比重进行分配是基础养老保险缴费率的新模型推导逻辑。经济总量包含老年人口和

当期劳动年龄人口的劳动贡献，两者的劳动贡献在时间上相互连接，在空间上同时存在，而国民财富按人口结构分配就是对两者劳动贡献的回报。全体劳动年龄人口和老年人口创造了经济总量，因此，劳动年龄人口和老年人口全部参加养老保险是基础养老保险缴费率新模型的基本人口条件。

为了保障社会成员生存公平及劳动公平，养老保险制度人口全覆盖是最基本的要求。其中，生存公平首先要基于社会公民权利，它具有非商品化属性，要保证个体在市场中处于独立地位，不受社会分层化影响。生存公平是社会公民实现个人生活目标的前提需要，即指那些不能完成工作的公民也同样不能令其挨饿。每一个社会公民都应该享有平等的生存公平权利。对于不能正常工作的老年人，养老保险制度就是要保障其基本的生存需求，因此养老保险制度必须覆盖全体老年人口。劳动公平是指人的劳动权利平等，且应获得公平的报酬分配。因为每一名劳动者都在通过个人劳动为国家创造经济价值，当下的老年人曾经也是为国家经济发展做出过贡献的劳动者，因此，老年人和全体劳动年龄人口都应享有老年生存保障权利，同时也一并享有按劳动贡献分享经济发展成果权利。为了实现劳动年龄人口和老年人口公平地享有缴费机会和领取养老金机会，养老保险制度的覆盖范围就要达到全面覆盖的标准，并且通过养老保险代际交叠缴费和给付保证财富合理分配和收入再分配的实现。

以劳动年龄人口和老年人口全覆盖作为基础养老保险缴费率新模型的假设条件，确保养老保险理论缴费适度水平。但由于经济发展水平和制度试点推行有限，且收入水平低等制约，导致在养老保险制度运行过程中未能完全覆盖劳动年龄人口和老年人口。为了保证养老保险资金的供需平衡，目前养老保险现存缴费率与理论适度缴费率尚存在差距。而覆盖率就是当前缴费率膨胀的重要诱因，应该缴费的人员因不在制度范围内无法缴费导致养老金供给不足，造成制度范围内的参保人员只能通过增加缴费来弥补缺口。当下，人口老龄化问题持续加强，现存缴费率将随之提高，养老保险资金不可持续。因此，为了实现养老保险缴费率达到适度水平，就需要持续提高养老保险覆盖率，使养老保险人口结构与国民财富分配人口结构相一致，在养老保险覆盖率逐渐提高的同时，养老保险现存缴费率也将向新模型确定的理论适度缴费率无限靠近。

2. 制度参与人口全部缴费

基于国民财富人口结构原理确定缴费适度水平是基础养老保险新模型的核心。其中，首先要依据老年人口比重划分出该群体的相应部分，其次按照劳动年龄人口的比重分配给劳动者。养老保险的给付需求具有刚性，只有在老年人口养老给付不变时，参保劳动年龄人口的全部缴费才能够实现给付的适度均衡。而当养老保险给付水平不变，养老保险缴费率不足百分之百时，劳动年龄人口所分担的缴费需求就会上升，导致现实的缴费率高于缴费适度水平。

养老保险劳动年龄人口全部缴费是给付与缴费贡献联动基本原则的体现。国民财富人口结构分配包含劳动贡献与财富分配相对应的基本要求，如前文所述，老年人口曾经付出的劳动是国家经济持续发展的重要因素，老年人口应该具有分享经济发展成果的权利，即按老年人口比重分配国民财富。为确保劳动贡献与获得分配相一致，在现收现付的养老保险模式中，应实现当期劳动年龄人口缴费满足老年人口养老金需求，并获得老年期领取养老金给付的资格。因此，假设养老保险人口全覆盖，参保劳动年龄人口应全部缴费，使缴费人口与劳动年龄人口数量一致，实现"应缴尽缴"，以满足老年人口养老保险适度给付需求。

3. 养老保险缴费与给付适度均衡

代际交叠人口结构发展规律是养老保险缴费与给付适度水平需要遵循的另一个原则。随着老龄化程度不断加深，养老保险综合适度缴费率也随之上升，但劳动年龄人口比重却因此逐渐下降，劳动年龄人口所分担的缴费需求比重也随之下降。根据代际交叠人口结构发展规律，养老保险综合适度缴费率应以"老年人口比重"作为核心指标，将"劳动年龄人口比重"指标加入其中，进而将养老保险综合适度缴费率转化为基础养老保险适度缴费率，即基础养老保险缴费率＝老年人口比重×劳动年龄人口比重，这是符合代际交叠可负担能力的合理缴费水平。另外，养老保险综合适度替代率以"劳动年龄人口比重"为核心指标，伴随"劳动年龄人口比重"逐渐下降，老年人口所获养老金给付相对水平也随之下降，基于此，将"劳动年龄人口比重"指标加入其中，将养老保险综合适度替代率转化为基础养老保险适度替代率，即基础养老保险适度替代率＝劳动年龄人口比重×劳动年龄人口比重。

基础养老保险缴费额＝劳动年龄人口数×老年人口比重×劳动年龄人口比重，根据乘法交换律，将老年人口比重的分子"老年人口数"与劳动年龄人口数位置互换，即基础养老保险缴费额＝老年人口数×劳动年龄人口比重×劳动年龄人口比重×平均工资。基础养老保险给付额＝老年人口数×劳动年龄人口比重×劳动年龄人口比重×平均工资。可见，缴费适度水平新模型实现了基础养老保险缴费与给付适度均衡和缴费与给付适度均衡的双赢目标。

（二）形式"并轨"视角下基础养老保险理论缴费适度水平模型

机关事业单位养老保险缴费形式的"并轨"，在基本养老保险层面依据统账结合的模式，机关事业单位养老模式向企业养老模式"并轨"，采取现收现付的基础养老保险缴费和个人缴费积累的个人账户缴费相结合。与此同时，采取职业年金和个人储蓄养老的多层次养老模式。

由于当前机关事业单位养老保险"并轨"采取的是机关事业单位养老保险和城镇企业职工的养老保险基金分别管理，不能相互挤占，所以从形式"并轨"的视角出发，我们将城镇企业职工养老保险体系和机关事业单位养老保险体系分别作为两个整体，将机关事业单位养老保险体系单列开来，研究机关事业单位养老保险中现收现付部分的缴费适度水平。从短期来看，机关事业单位养老保险"并轨"还需要实现财富在机关事业单位内部的合理分配和机关事业单位养老保险基金的内部供需平衡。同样，按照基础养老金适度缴费率模型，结合机关事业单位内部人口年龄结构，按照机关事业单位内部的劳动年龄人口比重和老年人口比重来确定适度缴费水平，这是在机关事业单位内部保证养老保险基金供需平衡和制度可持续运行的客观要求。我们根据基础养老保险缴费适度水平的新模型设计，按照机关事业单位养老保险参考企业职工养老保险的缴费形式条件下，构建机关事业单位基础养老保险动态缴费率模型为：

$$\theta_{G,i}^{b} = \frac{N_{L,i}^{G}}{N_{T,i}^{G}} \times \frac{N_{O,i}^{G}}{N_{T,i}^{G}} \tag{4-11}$$

其中，$\theta_{G,i}^{b}$ 表示机关事业单位基础养老保险理论适度缴费率，$N_{L,i}^{G}$ 表示机关事业单位内部劳动年龄人口数，$N_{O,i}^{G}$ 表示机关事业单位内部老年人口数，$N_{T,i}^{G}$ 表示机关事业单位总人口数。

（三）本质"并轨"视角下基础养老保险理论缴费适度水平模型

按照第一章本质"并轨"的理论分析，机关事业单位本质"并轨"应该是机关事业单位养老保险和城镇企业职工养老保险缴费水平统一向适度水平"并轨"。那么本质"并轨"视角下机关事业单位基础养老金理论缴费适度水平模型的构建，应该依据养老保险缴费及供需平衡新模型的设计原理，结合当前养老保险体系从"碎片化"向"大一统"的发展趋势和机关事业单位的特殊性。

机关事业单位养老保险"并轨"要求机关事业单位养老保险与城镇企业职工养老保险在基本养老保险制度设计上保持一致，因此，在研究本质"并轨"视角下机关事业单位基础养老保险缴费时，可以将机关事业单位职工、城镇企业职工和城镇灵活就业人员看作一个整体（我们称之为城镇职工），通过整个城镇职工群体的劳动年龄人口比重和老年人口比重来确定适度缴费水平，这个适度缴费水平是机关事业单位职工和城镇企业职工一样的基础养老金缴费率水平，这是未来我国养老保险体系发展的目标和必然趋势。按照这一逻辑，机关事业单位本

质"并轨"基础养老保险动态缴费率模型为:

$$\theta_{C,i}^{b} = \frac{N_{L,i}^{C}}{N_{T,i}^{C}} \times \frac{N_{O,i}^{C}}{N_{T,i}^{C}} \tag{4-12}$$

其中,$\theta_{C,i}^{b}$ 表示本质"并轨"条件下机关事业单位基础养老保险理论适度缴费率,$N_{L,i}^{C}$ 表示城镇职工群体中劳动年龄人口数,$N_{O,i}^{C}$ 表示城镇职工群体中老年人口数,$N_{T,i}^{C}$ 表示城镇职工群体总人口数。

我们不能将养老保险制度"并轨"简单理解为机关事业单位养老保险并入企业单位,机关事业单位跟着企业养老保险轨迹发展,而应该是研究和选择一个共同的合理目标,机关事业单位、企业单位和城镇灵活就业人员都朝着这个合理目标发展,实现形式"并轨"向本质"并轨"的发展和统一。

三、"并轨"基础养老保险现实适度缴费水平模型

(一)"并轨"基础养老保险现实适度缴费水平理论立意来源

1. 基础养老保险现实缴费率与理论缴费率错位

养老保险缴费率可以分为理论缴费率和现实缴费率。养老保险理论缴费率可以研究确定其适度水平,但现实缴费率受诸多因素影响可能会高于或低于理论缴费率适度水平,这种现象就是养老保险理论缴费率与现实缴费率的错位。

理论缴费率是按照现实合理性条件研究确定的合乎理论逻辑的缴费率,它是一种合乎总体发展趋势的理论表达,它有定性的表述,也有定量的数理模型表达。

现实缴费率是理论缴费率在不同现实条件下的具体呈现。在现实养老保险缴费状况中,理论缴费率可能是15%,但是由于养老保险覆盖面不高,遵缴率不高,就会使现实缴费率高于15%甚至达到20%,这样才能实现缴费与给付的平衡。这种养老保险理论缴费率与现实缴费率的错位有其现实原因,但不具有合意性,养老保险缴费合理化趋势应该是现实缴费率与理论缴费率的错位逐渐缩小,逐渐向理论缴费率水平趋近。

2. 基础养老保险缴费率膨胀系数

在养老保险缴费系统中,缴费人口和给付人口的平衡是确定养老保险缴费缺口的基本依据。在养老保险缴费人口与给付人口平衡的条件下,如果该缴费的人口不能缴费,就会出现养老保险缴费缺口。

养老保险缴费人口出现缴费缺口,在给付人口既定的前提下,就会导致养老

保险资金需大于供,常规的办法是提高现有缴费人口的缴费水平。这种由于缴费缺口导致的养老保险缴费人口的缴费水平的提高,就是养老保险缴费的膨胀,其膨胀水平就是养老保险缴费膨胀系数。

养老保险缴费缺口分为两种类型:一是制度性缺口,制度设计本身不够完善导致存在养老保险缴费缺口;二是操作性缺口,制度合理但操作难以实现导致养老保险缴费缺口。制度性缺口导致的养老保险缴费率的上升就是制度性养老保险缴费膨胀系数;操作性缺口导致的养老保险缴费率的上升就是操作性养老保险缴费膨胀系数。

养老保险缴费操作性缺口主要表现在养老保险覆盖面窄,现实覆盖面低于制度要求覆盖面;还表现在遵缴率低,现实遵缴率低于制度要求遵缴率。这些操作性缺口导致养老保险缴费出现操作性缴费率膨胀。

3. 基础养老保险缴费率减缩系数

养老保险缴费率减缩系数主要来自于养老保险缴费制度人口的弹性。养老保险缴费制度人口弹性表现在退休年龄的延迟和全面二孩制度的实施。

全面二孩制度的实施可以增加劳动年龄人口数量并逐渐提高劳动年龄人口比重系数,进而增加缴费人口数量和比重,这就使养老保险缴费人口表现为制度改变导致的上升弹性。这种养老保险缴费人口的弹性上升,在原有给付人口既定的条件下,就会降低原有劳动年龄人口缴费量和缴费率水平,实现养老保险缴费给付的弹性平衡。

延迟退休年龄有倍数效应,延迟一个人一年的退休年龄,就等于增加了一个劳动年龄人口,同时减少了一个老年人口,也就等于增加一个养老保险缴费人口,减少了一个养老保险给付人口。这种双重效应产生了双重养老保险缴费制度人口弹性。这种双重养老保险缴费制度人口弹性,减少老年人口给付的同时增加劳动年龄人口缴费,产生养老保险缴费量的双重减缩,形成养老保险缴费双重减缩系数。

养老保险缴费减缩系数可以改变养老人口结构,继而也会改变立足于养老人口结构的养老保险缴费率模型核心要素变量和缴费适度水平标准。这种变量的改变及其模型要素的变更使养老保险缴费率适度水平的走势会有变化,我们可以称之为制度性养老保险缴费适度水平变化。

4. 基础养老保险缴费适度水平与波动曲线

养老保险缴费率适度水平展现养老保险缴费水平的合理发展趋势和轨迹。养老保险缴费率膨胀系数和减缩系数的作用,就会使养老保险缴费适度水平总趋势和膨胀减缩一起,构成养老保险膨胀和减缩系数围绕养老保险缴费适度水平上下波动的曲线。

制度性缺口和操作性缺口的存在，形成了养老保险缴费率膨胀系数。随着养老保险制度建设的完善和制度执行刚性的建立，养老保险缴费率膨胀系数会逐渐缩小，会使现实养老保险缴费率逐渐向适度水平区间趋近。制度执行刚性和操作化的完善，也会使养老保险缴费膨胀系数逐渐缩小，使现实养老保险较高的缴费率逐渐向理论缴费率趋近。

养老保险缴费制度性弹性，形成养老保险缴费率减缩系数。养老保险缴费减缩系数政策的实施，将会使现实养老保险缴费率膨胀系数下降，甚至会带动养老保险缴费适度水平区间的下移。

养老保险制度确立长期稳定适度的缴费率对中国养老保险体系的建设、完善与发展至关重要。考量养老保险现实缴费率偏离理论缴费率的程度，探析现实缴费率在未来的发展路径需要以科学的原理为基础，以正确的模型为指导，结合现实、统筹全局、逐步推进。

（二）膨胀和减缩因素对基础养老保险缴费率适度水平模型的修正

按照生存公平和劳动公平理论，基础养老金理论缴费率是在养老保险制度全覆盖、遵缴率为100%以及生育和退休政策不变的假设条件下确定的缴费适度水平。而当放开理论假设条件，回归现实，应保未保、应缴未缴、延迟退休等原因导致缴费人口和领取养老金人口比重发生变化，导致现实缴费率高于或低于理论缴费率。现实缴费率与理论缴费率差值可称为缴费率膨减系数。根据缴费劳动年龄人口比重和领取养老金人口比重增减不同，可将缴费率膨减系数划分为缴费率膨胀系数和缴费率减缩系数。

养老保险基础养老金缴费率体现养老金供给，是一个相对抽象的概念，为了更直观地分析其影响因素，可以根据前文的给付平衡模型，将劳动年龄人口可承受的理论缴费率转换为劳动年龄人口比重与老年人口比重的乘积，经过转换后，影响劳动年龄人口比重和老年人口比重的因素就成为研究基础养老保险缴费率膨胀和减缩因素的出发点和落脚点。经梳理发现，基础养老保险缴费率膨减系数主要由以下几种因素导致（见图4-1）。目前缴费率的膨胀因素主要有覆盖率、遵缴率和提前退休，而减缩因素则主要是全面二孩政策和预期的延迟退休政策。

在构建养老保险缴费膨减系数模型之前首先应该对膨减因素与膨减系数的关系，以及各膨减因素之间的关系进行梳理。首先，遵缴率是建立在覆盖率基础之上的，只有制度覆盖的人群才有可能按照养老保险制度来进行缴费。而提前退

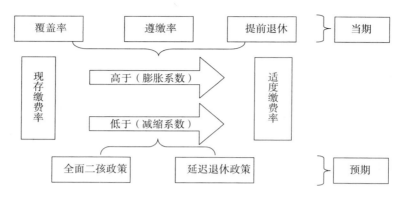

图 4-1 养老保险缴费率膨减因素的构成

休、全面二孩政策以及未来的延迟退休政策中增加或减少的劳动年龄人口则包含养老保险制度未覆盖和未遵照养老保险制度缴费的人群，他们实际上游离于养老保险制度之外，因此，这三种膨减因素需要建立在覆盖率和遵缴率的基础之上。因此，在膨减系数的形成中，遵缴率是建立在覆盖率的基础之上的，而提前退休、延迟退休和全面二孩政策又是建立在覆盖率和遵缴率的基础之上的。同时，这五大影响因素共同作用于现实缴费率，使其膨胀或减缩而偏离理论缴费率（见图 4-2）。

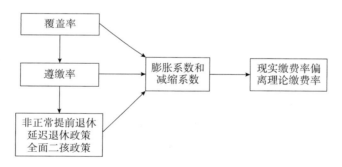

图 4-2 养老保险缴费率膨减系数影响因素间的关系

现实缴费率不仅在当前受到制度覆盖率、遵缴率、提前退休等膨胀因素影响，在未来还将受到全面二孩政策和预期延长退休年龄政策等减缩因素的影响。因此，最终现实缴费率是由膨胀因素和减缩因素共同作用而形成的，更进一步说，最终膨减系数是膨胀系数和减缩系数相互抵消后的值。

依据基础养老保险缴费给付平衡新模型［见式（4-13），以下简称给付平衡模型］养老保险缴费额，按养老保险现收现付缴费与给付原理，同时按照人口结构均衡分配理论，合理的结构层次应该是：在财富工资总额中按老年人口比重划分出相应部分，再按劳动年龄人口比重分担给劳动年龄人口缴费，这里的"老年人口比重"实际是按人口结构合理转化成的劳动年龄人口养老保险的"缴费率"，即劳动年龄人口按照老年人口比重也是按照代际交叠应该承担的缴费比重缴费，再按劳动年龄人口比重具体分担给每位劳动年龄人口。这里，"劳动年龄人口比重×老年人口比重"实际是代际交叠现收现付养老保险缴费额的系数表达形式，可以称之为代际交叠现收现付"理论缴费率"，其中老年人口比重为上限统账综合养老金缴费率。按照代际交叠原理，介入劳动年龄人口比重变量，在老年人口比重基础上再乘以劳动年龄人口比重，综合缴费率就转化为基础养老保险代际交叠现收现付理论缴费率［见式（4-14）］。

$$N_O \times (H_L \times H_L) \times W = N_L \times (H_L \times H_O) \times W \qquad (4-13)$$

$$\theta = H_L \times H_O = \frac{N_O \times (H_L \times H_L)}{N_L} \qquad (4-14)$$

其中，N_O 表示老年人口数，H_L 表示劳动年龄人口比重，W 表示总人口平均工资，N_L 表示劳动年龄人口数，θ 表示基础养老保险缴费率。

供需平衡模型中的缴费率（理论缴费率）是在没有外力对模型供求双方均衡产生干扰的假设前提之下得出的。由于模型中养老保险缴费人口和领取待遇的老年人口结构是不断变化的，因此理论缴费率是动态的缴费率。回归到实际发展过程中，覆盖率低、遵缴率低、员工提前退休这些因素会减少养老保险的缴费人口，而为了使养老金供需仍然保持均衡，必然会引起现实缴费率的膨胀。同理，全面二孩政策的放开、延迟退休政策的实施会在未来引起现实缴费率的减缩。

（三）形式"并轨"视角下基础养老保险适度缴费率模型修正

机关事业单位养老保险形式"并轨"是机关事业单位实现与企业职工养老保险在养老保险制度设计上的统一，基层养老保险缴费适度水平是实现国民养老财富在机关事业单位内部的合理分配和实现机关事业单位内部养老金供需均衡得出的。因此，现实的膨胀和减缩因素对机关事业单位缴费适度水平模型的修正应该从缴费膨胀和减缩因素对机关事业单位内部的养老人口结构的影响来分析。同时，需要考虑机关事业单位职工就业岗位的特殊性。

机关事业单位就业的正规程度在社会不同就业岗位中是最高的。养老、医疗等社会保障制度的财务保证主要由国家财政承担。"并轨"后，基础养老保险的缴费由单位承担，由国家和地方财政保证实施，因此机关事业单位养老保险制度的覆盖率和遵缴率可以视为100%。此外，非正常提前退休的管理制度也相对严

机关事业单位"并轨"养老保险缴费适度水平及资金总供需平衡研究

格，并且人数较少，对机关事业单位内部的人口结构影响不大。那么，形式"并轨"视角下，机关事业单位基础养老保险缴费率不受覆盖率和遵缴率膨胀因素的影响。但是会受到缴费率减缩因素的影响。

首先，从生育政策的角度来分析，独生子女计划生育时期，机关事业单位是执行计划生育最为严格的群体之一。生育政策调整后，尤其是全面二孩政策的实施会在原有基础上增加新出生的少儿人口，改变机关事业单位职工内部的总人口数量，进而影响机关事业单位劳动年龄人口比重和老年人口比重。

其次，机关事业单位的就业岗位是面向全社会招聘的，机关事业单位职工的子女在未来未必能够成为机关事业单位职工。对于机关事业单位这种就业门槛相对较高的就业岗位，由于采用定岗定编的管理机制，职工人口相对稳定。因此，本书不考虑全面二孩政策对未来机关事业单位的劳动年龄人口结构会产生改变。

最后，延迟退休政策对于机关事业单位养老人口结构的影响。根据人力资源和社会保障部的计划，延迟退休政策方案最早将在 2022 年实施。根据目前的主流延迟退休方案，退休年龄将会延迟到 65 周岁。延迟退休将大幅调整养老保险人口结构的现有存量。对于城镇职工养老保险和城乡居民养老保险而言，劳动年龄人口转化为劳动年龄人口的门槛相对较低，延迟退休将会大幅减少老年人口数量而增加劳动年龄人口数量，双向作用于养老保险人口结构。延迟退休将促使老年人口比重明显降低。而对于机关事业单位这种就业门槛相对较高的就业岗位，由于采用定岗定编的管理机制，职工人口相对稳定，延迟退休后，招录的"新人"将会减少，劳动年龄人口数量变动不大。但是由于人口的预期寿命有上限且相对固定，延迟退休政策会缩短退休年龄与人口预期寿命之间的时间。因此延迟退休政策会减少机关事业单位退休人口数，而改变机关事业单位老年人口比重。

事实上，形式"并轨"视角下机关事业单位基础养老保险理论缴费率受到膨减因素的影响从 2016 年开始受到全面二孩政策的影响。2022 年延迟退休制度开始对理论适度缴费率产生减缩效应①。随着时间的推移，渐进式延迟退休政策

---

① "十三五"规划提出"实施渐进式延迟退休年龄政策"，尽管国家尚未公布具体的延迟退休方案，但已经敲定 2050 年退休年龄延长 5~10 岁。如何制定延迟退休方案，人社部在 2013 年对外征求意见时已定下渐进式"小步慢走"的基调，中国社会科学院、中国人民大学、武汉大学、清华大学的专家团队参与制定多套备选方案。其中，中国社会科学院和清华大学的方案受关注度较高。人社部最新消息称延迟退休方案预计最早将于 2022 年实施。本书结合这一信息，采用中国社会科学院的建议，延迟 5 岁用 20 年的过渡期，但为了避免制度碎片化，特殊群体并不单独列出。而这一思想与中国人民大学郑功成教授在《中国社会保障改革与发展战略》中提出的方案相近。依据女先男后、小步渐进、男女同龄实施原则，从 2022 年开始，女工人每 1 年、女干部每 2 年延迟 1 岁，到 2031 年女职工延迟到 60 岁；从 2032 年开始男女职工每 2 年延迟 1 岁，到 2041 年男女职工退休年龄达到 65 周岁。

促使退休年龄进一步延长，延迟退休减缩系数不断变大而成为改变现实缴费率的主要力量。

因此，我们以机关事业单位养老保险改革实施的时间 2015 年为基期，2050 年为末期，依据基础养老保险缴费给付平衡新模型，分别推导出以机关事业单位基础养老保险现实缴费率和膨减系数为因变量的分段函数模型［见式（4-15）、式（4-16）］。

$$\theta_{P,i} = \begin{cases} \dfrac{N_{O,i}^{G}}{N_{L,i}^{G}} \times H_{l,i}^{2}, & (2015 \leqslant i \leqslant 2022, \ i \in N_{+}) \\[3ex] \dfrac{N_{O,i}^{G} - \beta_{i}}{N_{L,i}^{G}} \times H_{l,i}^{2}, & (2023 \leqslant i \leqslant 2050, \ i \in N_{+}) \end{cases} \quad (4\text{-}15)$$

$$K_{P,i} = \begin{cases} \dfrac{N_{O,i}^{G}}{N_{L,i}^{G}} \times H_{l,i}^{2} - H_{o,i}^{y} \times H_{l,i}^{y}, & (2015 \leqslant i \leqslant 2022, \ i \in N_{+}) \\[3ex] \dfrac{N_{O,i}^{G} - \beta_{i}}{N_{L,i}^{G}} \times H_{l,i}^{2} - H_{o,i}^{y} \times H_{l,i}^{y}, & (2023 \leqslant i \leqslant 2050, \ i \in N_{+}) \end{cases} \quad (4\text{-}16)$$

其中，$\theta_{P,i}$ 和 $K_{P,i}$ 分别表示机关事业单位基础养老金第 i 年的现实缴费率和基础养老保险缴费率膨减系数，β_{i} 表示第 i 年的机关事业单位内部因延迟退休政策的实施而减少的老年人口数，$H_{l,i}$ 和 $H_{o,i}$ 分别为第 i 年机关事业单位内部的劳动年龄人口比重和老年人口比重，$H_{l,i}^{y}$ 和 $H_{o,i}^{y}$ 为受膨减因素影响前的机关事业单位内部的劳动年龄人口比重和老年人口比重。

（四）本质"并轨"视角下基础养老保险现实适度缴费率模型

机关事业单位养老保险"并轨"是养老保险制度从"碎片化"到"大一统"迈出的关键一步。在当前现实的养老保险制度改革中，城镇企业职工养老保险缴费水平正面临着降费和向适度水平区间趋近的问题。那么，机关事业单位是否需要同步？显然需要，否则又会形成新的双轨制。机关事业单位养老保险制度向城镇企业职工养老保险制度"并轨"，应该是在缴费形式"并轨"的同时，两者统一向缴费适度水平趋近"并轨"的过程，从形式"并轨"到本质"并轨"，实现两者的有机统一。因此。研究本质"并轨"视角下机关事业单位基础养老保险缴费适度水平，应该将机关事业单位和城镇企业职工作为一个整体来进行研究，测算总体的均衡适度缴费水平，为未来缴费制度向深层次融合打下基础。

本质"并轨"视角下，机关事业单位基础养老保险缴费率适度水平的测算应该从实现国民财富在城镇职工人口结构中均衡分配和实现城镇职工养老保险体系的供需均衡的角度出发。按照基础养老保险适度缴费率新模型及结合缴费率膨胀和减缩因素对机关事业单位现实适度缴费率进行修正。

首先，城镇职工的就业群体非常宽泛，目前城镇职工养老保险的覆盖率不高，遵缴率也不断下降，近期来看现实缴费率主要受覆盖率、遵缴率和提前退休现象的影响，因此实际缴费的劳动年龄人口数发生变化，而领取待遇的老年人口数不变，为了使养老金缴费给付均衡，现实缴费率必然发生变化。这一时段的现实缴费率模型反映的是膨胀因素作用下的现实缴费率，而膨减系数模型则反映的是膨胀因素导致的现实缴费率高于理论缴费率的程度。

从中远期来看，除前一时段的膨胀因素继续对现实缴费率产生影响外，2022年前后预期的延迟退休年龄政策①也开始发挥作用，由于延迟退休政策不但增加缴费人口而且减少领取待遇人口，因此，为了保证养老金的缴费和给付均衡，现实缴费率必然发生改变，而膨减系数也会因膨胀系数减小和减缩系数增大而不断变小。因此，这一时段的现实缴费率模型反映受膨胀因素和延迟退休减缩因素影响的现实缴费率变化情况，膨减系数模型反映现实缴费率与理论缴费率偏离的情况。

此外，随着2016年全面二孩政策实施时的少儿人口已经转化为劳动年龄人口，伴随着膨胀因素的不断减弱，延迟退休减缩效应不断增强，再加上全面二孩政策开始发挥作用，劳动年龄人口增加而老年人口减少，现实缴费率不断降低。这一时段的现实缴费率模型和膨减系数模型分别反映的是受已知的膨胀因素和减缩因素共同作用下的现实缴费率变化情况和现实缴费率偏离理论缴费率的情况。

事实上，本质"并轨"视角下机关事业单位基础养老保险缴费率膨减系数的形成经历这样一个过程：由于养老保险制度覆盖率、遵缴率、提前退休在基期2015年已经开始对现实缴费率产生膨胀效应，在2025年以前膨胀系数是现实缴费率变化的唯一力量，但三种因素膨胀系数也随着时间的推移逐渐变小。2025年延迟退休制度、2036年全面二孩政策分别开始对现实缴费率产生减缩效应，并开始冲销膨胀效应，随着时间的推移，由于全面二孩政策新增的少儿人口转化为劳动年龄人口有不断累积的性质，而渐进式延迟退休政策促使退休年龄进一步延长，基础养老保险缴费率减缩系数也在不断变大而成为改变现实缴费率的主要力量。

因此，各种因素的性质不同且对现实缴费率发挥作用的时间也不同步导致最终现实缴费率函数和最终膨减系数函数应该是分段的。我们以2015年为基期，2050年为末期，依据基础养老保险缴费给付平衡新模型推导出以现实缴费率和

---

① 人社部最新消息称，延迟退休方案预计最早于2022年实施，根据本书选择的延迟退休方案，假设2022年为延迟退休政策开始的时间。

膨减系数为因变量的分段函数模型如下：

$$\theta_{P,i}^C = \begin{cases} \dfrac{N_{O,i}+\omega_i}{(N_{L,i}-\omega_i)\times\delta_i\times\varphi_i}\times H_{l,i}^2 & (2015\leqslant i\leqslant 2022,\ i\in N_+) \\[3mm] \dfrac{N_{O,i}-\beta_i+\omega_i}{(N_{L,i}+\beta_i-\omega_i)\times\delta_i\times\varphi_i}\times H_{l,i}^2 & (2023\leqslant i\leqslant 2036,\ i\in N_+) \\[3mm] \dfrac{N_{O,i}-\beta_i+\omega_i}{(N_{L,i}+\beta_i+\lambda_i-\omega_i)\times\delta_i\times\varphi_i}\times H_{l,i}^2 & (2037\leqslant i\leqslant 2050,\ i\in N_+) \end{cases} \quad (4-17)$$

$$K_{T,i} = \begin{cases} \dfrac{N_{O,i}+\omega_i}{(N_{L,i}-\omega_i)\times\delta_i\times\varphi_i}\times H_{l,i}^2-H_{o,i}^y\times H_{l,i}^y & (2015\leqslant i\leqslant 2022,\ i\in N_+) \\[3mm] \dfrac{N_{O,i}-\beta_i+\omega_i}{(N_{L,i}+\beta_i-\omega_i)\times\delta_i\times\varphi_i}\times H_{l,i}^2-H_{o,i}^y\times H_{l,i}^y & (2022\leqslant i\leqslant 2036,\ i\in N_+) \\[3mm] \dfrac{N_{O,i}-\beta_i+\omega_i}{(N_{L,i}+\beta_i+\lambda_i-\omega_i)\times\delta_i\times\varphi_i}\times H_{l,i}^2-H_{o,i}^y\times H_{l,i}^y & (2036\leqslant i\leqslant 2050,\ i\in N_+) \end{cases}$$

$$(4-18)$$

其中，$\theta_{P,i}$ 和 $K_{T,i}$ 分别表示第 i 年的现实缴费率和膨减系数，δ_i、φ_i 和 ω_i 分别表示第 i 年的养老保险制度覆盖率、遵缴率和提前退休的人口数，β_i 和 λ_i 分别表示第 i 年因延迟退休政策和全面二孩政策实施而增加的劳动年龄人口数，其余指标同式（4-16）。

四、"并轨"基础养老保险理论适度缴费水平实证测算

（一）"并轨"基础养老保险理论适度缴费水平模型参数设计

根据基础养老保险缴费适度水平模型，养老保险劳动年龄人口比重和老年人口比重是确定适度缴费率的两个核心指标，我们在对城镇职工劳动年龄人口比重和老年人口比重进行预测的基础上，进一步剥离出机关事业单位养老保险人口结构，定量分析基础养老保险缴费适度水平。

1. 城镇职工养老保险人口结构数据的选择与预测

本书的城镇人口结构数据的预测是利用全国第六次人口普查数据，在对影响人口结构的因素（城市化率、人口机械增长率、生育率等）进行合理假设的条件下，利用 People 软件，对城镇的人口结构进行预测，获得未来城镇人口结构发展趋势的相关数据。数据显示，城镇劳动年龄人口比重持续下降，2015 年城镇劳动年龄人口比重为 69.94%，到 2050 年降低到 50.72%。城镇人口老龄化程度

不断加剧,城镇老年人口比重从 2015 年的 13.99% 上升到 2050 年的 31.8%。由于劳动年龄人口对经济增长能够形成人口红利[①],在劳动年龄人口比重不断下降的过程中,初次分配和收入再分配适度水平也将随之变动。同时,人口老龄化以储蓄、消费等经济变量为传导机制,对经济发展具有一定程度的反向作用。根据生命周期理论,老年人口在工作期对经济增长做出贡献,在老年期拥有分享经济发展成果的权利,老年人口比重越高,收入再分配总量需求越高(见表 4-2)。

表 4-2　2015~2050 年城镇人口结构预测

年份	劳动年龄人口比重(%)	老年人口比重(%)	年份	劳动年龄人口比重(%)	老年人口比重(%)
2015	69.94	13.99	2033	58.99	24.48
2016	69.10	14.34	2034	64.03	18.74
2017	68.42	14.65	2035	63.81	19.19
2018	67.83	14.97	2036	63.55	19.59
2019	67.23	15.33	2037	63.20	20.03
2020	66.56	15.78	2038	62.72	20.58
2021	65.93	16.21	2039	62.56	20.91
2022	65.17	16.75	2040	62.32	21.51
2023	64.30	17.40	2041	61.97	22.34
2024	63.39	18.13	2042	61.46	23.36
2025	62.51	18.92	2043	60.74	24.58
2026	61.91	19.63	2044	60.00	25.63
2027	61.39	20.37	2045	59.06	26.79
2028	60.92	21.12	2046	58.01	27.98
2029	60.49	21.87	2047	56.99	29.12
2030	60.10	22.58	2048	56.09	30.14
2031	59.78	23.18	2049	55.38	30.97
2032	59.40	23.82	2050	54.74	31.80

注:人口预测数据采用辽宁大学人口研究所"完善农村养老保险体系和提高社会保障水平"课题组人口预测数据。

---

① 郑君君,朱德胜,关之烨. 劳动年龄人口、老龄化对经济增长的影响——基于中国 9 个省市的实证研究 [J]. 中国软科学,2014(4).

根据养老保险缴费适度水平模型，缴费适度水平指向养老保险劳动年龄人口比重和老年人口比重两个核心指标，在养老保险制度达到全覆盖，养老保险制度年龄人口结构与自然年龄人口结构相一致时，养老保险劳动年龄人口比重与养老保险老年人口比重共同确定缴费适度水平。在此，我们对制度年龄人口结构与自然年龄人口结构进行界定，制度年龄人口结构是指养老保险退休年龄制度所确定的劳动年龄人口和退休老年人口，自然年龄人口结构是指根据自然年龄划分的劳动年龄人口和老年人口，当养老保险制度年龄人口结构与自然年龄人口结构相一致时，国民财富人口结构分配指向合理水平，确定养老保险缴费适度水平。

统计显示，2006～2015年城镇就业人口占城镇劳动年龄人口比重约为70%，2016～2050年保持这一比重不变，其中我们设定城镇职工养老保险劳动年龄人口等于城镇就业人口。城镇职工养老保险老年人口占城镇老年人口比重由93%平滑下降至2050年的70%，达到与城镇职工劳动年龄人口占比相一致。城镇职工养老保险老年人口占比采用"人口年龄推算"原则，现阶段城镇职工养老保险老年人口应与上一周期城镇职工就业人口比重相同。

根据目前普遍采用的自然年龄划分人口结构标准，我们将15～59岁划分为劳动年龄人口，60岁以上划分为老年人口，在城镇人口结构数据基础上，假设养老保险制度全覆盖且制度年龄人口与自然年龄人口相一致，对养老保险人口结构进行划分。目前，城镇企业职工养老保险与机关事业单位养老保险两者制度对象彼此不同、相互补充。城镇职工养老保险劳动年龄人口比重略低于城镇劳动年龄人口比重，主要是因为城镇非就业劳动年龄人口主要为在校学生，这部分群体未纳入城镇职工养老保险，导致城镇职工养老保险劳动年龄人口比重低于城镇劳动年龄人口比重（见表4-3）。

表4-3　2015～2050年城镇职工养老保险人口结构预测

年份	城镇职工养老保险劳动年龄人口比重（%）	城镇职工养老保险老年人口比重（%）	年份	城镇职工养老保险劳动年龄人口比重（%）	城镇职工养老保险老年人口比重（%）
2015	67.76	17.79	2020	63.69	19.40
2016	66.00	18.18	2021	63.13	19.78
2017	65.38	18.44	2022	62.41	20.28
2018	64.86	18.70	2023	61.59	20.89
2019	64.31	19.01	2024	60.72	21.58

续表

年份	城镇职工养老保险劳动年龄人口比重（%）	城镇职工养老保险老年人口比重（%）	年份	城镇职工养老保险劳动年龄人口比重（%）	城镇职工养老保险老年人口比重（%）
2025	59.88	22.33	2038	55.69	28.92
2026	59.32	22.99	2039	55.50	29.07
2027	58.85	23.66	2040	55.27	29.22
2028	58.43	24.34	2041	55.10	29.24
2029	58.06	25.01	2042	54.87	29.30
2030	57.73	25.63	2043	54.55	29.42
2031	57.49	26.13	2044	54.10	29.64
2032	57.19	26.65	2045	53.53	29.97
2033	56.86	27.20	2046	53.05	30.17
2034	56.51	27.74	2047	52.47	30.48
2035	56.18	28.26	2048	51.83	30.83
2036	56.01	28.53	2049	51.23	31.16
2037	55.85	28.74	2050	50.72	31.40

注：①人口预测数据采用辽宁大学人口研究所"完善农村养老保险体系和提高社会保障水平"课题组人口预测数据；②人口年龄结构划分：少儿人口0~14岁、劳动年龄人口15~59岁、老年人口60+岁；城乡居民老年人口=城镇老年人口×（1-城镇退休人口比重）+农村老年人口。

2. 机关事业单位养老保险人口结构数据的选择与预测

机关事业单位职工人数来源于2014年度《中国人力资源和社会保障统计年鉴》（工作卷）公布数据。依据机关事业单位参加养老保险改革试点的人数统计，参加改革的机关事业单位职工数为2090万人，其中在岗职工1580万人（机关约为280万人，事业单位约为1300万人），而退休人员大约为510万人（机关约为80万人，事业单位约为430万人）[①]，由点到面，假设全国机关事业单位员工的在职人员与退休人员所占比例与试点中的比例相近，可得出机关事业单位"并轨"后的现实缴费人数。

机关事业单位缴费人数预测：通过整理1998~2014年机关事业单位在职员

① 郑秉文. 机关事业单位养老金"并轨"改革：从"碎片化"到"大一统"［J］. 中国人口科学，2015（1）：2-14.

工和退休职工人数发现，2015 年机关事业单位"并轨"后，养老保险覆盖人数范围将扩大 4500 万人左右。到 2016 年机关事业单位在岗职工人数为 4659 万人，离退休职工人数约为 2057 万人。机关单位职工人数 15 年来平均增长率仅为 1.16%，而且主要是由于 2010~2012 年三年的增长率相对较高。整体来看，受编制的影响，机关事业单位人数增长率并不高。参考 2014 年度《中国养老金发展报告》的测算假设，假设 2013~2024 年机关事业单位不增加编制，总编制人数和各职级、职称的实际编制不变，2025 年以后，机关事业单位职工人数增长率与全社会人口增长率保持一致。在预测时假设机关事业单位员工的年龄结构与城镇人口的年龄结构相似（见表 4-4）。

表 4-4　2015~2050 年机关事业单位养老保险人口结构现实与预测

年份	机关事业单位劳动年龄人口比重（%）	机关事业单位老年人口比重（%）	年份	机关事业单位劳动年龄人口比重（%）	机关事业单位老年人口比重（%）
2015	60.25	25.90	2031	49.74	33.42
2016	59.31	26.19	2032	49.53	33.71
2017	58.42	26.56	2033	49.53	33.67
2018	57.64	26.98	2034	49.28	33.96
2019	56.86	27.43	2035	49.27	33.93
2020	56.04	27.93	2036	48.95	34.28
2021	55.21	28.50	2037	48.81	34.34
2022	54.56	28.85	2038	48.65	34.41
2023	53.74	29.35	2039	48.42	34.51
2024	52.87	29.98	2040	48.14	34.64
2025	52.23	30.36	2041	47.75	34.88
2026	51.46	31.19	2042	47.45	34.94
2027	50.91	31.81	2043	47.06	35.08
2028	50.41	32.43	2044	46.58	35.30
2029	50.22	32.71	2045	46.03	35.56
2030	49.84	33.27	2046	45.43	35.88

年份	机关事业单位劳动年龄人口比重（%）	机关事业单位老年人口比重（%）	年份	机关事业单位劳动年龄人口比重（%）	机关事业单位老年人口比重（%）
2047	44.97	35.96	2049	44.01	36.16
2048	44.47	36.08	2050	43.63	36.18

注：①人口预测数据采用辽宁大学人口研究所"完善农村养老保险体系和提高社会保障水平"课题组人口预测数据。②人口年龄结构划分：少儿人口 0~19 岁，劳动年龄人口男性 20~59 岁、女性 20~55 岁，老年人口男性 60+岁、女性 55+岁。

3. 机关事业单位与城镇职工养老保险人口比较

从横向比较来看，机关事业单位劳动年龄人口比重明显低于城镇职工，老年人口比重明显高于城镇职工，2014 年机关事业单位劳动年龄人口比重低于城镇职工劳动年龄人口比重约 3.6 个百分点，机关事业单位老年人口比重高于城镇职工老年人口比重约 4.7 个百分点。到 2050 年，机关事业单位劳动年龄人口比重低于城镇职工劳动年龄人口比重约 3.4 个百分点，机关事业单位老年人口比重高于城镇职工老年人口比重约 5.3 个百分点。这主要是由于机关事业单位对进入岗位的劳动年龄人口有较高的要求，包括学历和能力等各方面。因此，相对于整体的城镇职工，机关事业单位人口老龄化更为严峻。

（二）形式"并轨"视角下机关事业单位基础养老保险理论缴费适度水平

机关事业单位形式"并轨"视角下基础缴费适度水平的设计是基于国民财富在机关事业单位内部实现均衡分配的原则，是参照城镇企业职工养老保险"统筹账户"模式进行设计的。根据机关事业单位养老保险缴费形式"并轨"的数理模型，结合机关事业单位内部的养老保险人口结构的现实数据和预测数据，本书对形式"并轨"视角下机关事业单位基础养老保险缴费适度水平进行实证测算。在测算过程中我们采用短期和中长期两个阶段：短期以当前机关事业单位"并轨"的十年过渡期为标准，测算时段为 2015~2024 年。中长期以本书的测算期为依据，截至 2050 年。

基础养老保险缴费率新模型测算出的缴费率适度水平能够根据人口结构的变动而调整，是动态的适度缴费率。从 2015~2050 年机关事业单位劳动年龄人口比重的数据来看，机关事业单位劳动年龄人口比重持续下降，2015 年劳动年龄人口比重约为 60.25%，2024 年过渡期结束时约为 52.87%，10 年间机关事业单位劳动年龄人口比重下降 7.38%。从中长期来看，机关事业单位劳动年龄人口比重到 2050 年约为 43.63%，测算期内下降了 16.62%。同时，机关事业单位内部老龄化程度不断加深。从机关事业单位老年人口比重的数据来看，测算期内老年人口比重不断上升。2015 年机关事业单位老年人口比重约为 25.90%，到 2024 年过渡期结束后约为 30.51%，10 年间机关事业单位老年人口比重增长约 5 个百分点。从长期来看，机关事业单位老年人口比重在 2050 年高达 40.18%，测算期内增长了 14.59%（见表 4-5）。

表 4-5　机关事业单位形式"并轨"基础养老保险缴费适度水平现实与预测

年份	机关事业单位劳动年龄人口比重（%）	机关事业单位老年人口比重（%）	机关事业单位基础养老保险适度缴费率（%）	年份	机关事业单位劳动年龄人口比重（%）	机关事业单位老年人口比重（%）	机关事业单位基础养老保险适度缴费率（%）
2015	60.25	25.90	15.61	2033	49.53	36.16	17.91
2016	59.31	26.26	15.58	2034	49.28	36.53	18.00
2017	58.42	26.71	15.60	2035	49.27	36.91	18.19
2018	57.64	27.19	15.67	2036	48.95	37.34	18.28
2019	56.86	27.70	15.75	2037	48.81	37.46	18.29
2020	56.04	28.26	15.84	2038	48.65	37.57	18.28
2021	55.21	28.89	15.95	2039	48.42	37.69	18.25
2022	54.56	29.28	15.97	2040	48.14	37.83	18.21
2023	53.74	29.83	16.03	2041	47.75	38.08	18.18
2024	52.87	30.51	16.13	2042	47.45	38.15	18.10
2025	52.23	31.26	16.33	2043	47.06	38.32	18.03
2026	51.46	32.16	16.55	2044	46.58	38.58	17.97
2027	50.91	32.83	16.71	2045	46.03	38.90	17.91
2028	50.41	33.53	16.90	2046	45.43	39.31	17.86
2029	50.22	34.20	17.18	2047	44.97	39.51	17.77
2030	49.84	34.84	17.36	2048	44.47	39.75	17.68
2031	49.74	35.41	17.61	2049	44.01	39.99	17.60
2032	49.53	35.78	17.72	2050	43.63	40.18	17.53

　　注：①人口预测数据采用辽宁大学人口研究所"机关事业单位'并轨'养老金缴费适度水平及资金供需总平衡研究"课题组人口预测数据。②假设机关事业单位职工的抚养比与城镇职工少儿人口抚养比一致，机关事业单位少儿人口是根据城镇职工少儿抚养比与机关事业单位在岗职工的乘积估算得出。

人口老龄化以储蓄、消费等经济变量为传导机制,对经济发展具有一定程度的反向作用。根据生命周期理论,老年人口在工作期对经济增长做出贡献,在老年期拥有分享经济发展成果的权利,老年人口比重越高,收入再分配总量需求越高,代际交叠的养老制度安排下需要劳动年龄人口承担更多的缴费。按照机关事业单位形式"并轨"视角下基础养老保险缴费率新模型,结合相关参数,测算出动态适度缴费水平。数据显示,2015年机关事业单位基础养老金适度缴费率约为15.61%。随着机关事业单位内部劳动年龄人口比重的不断降低和老年人口比重的不断增加,到10年过渡期结束后,机关事业单位基础养老保险适度缴费率约为16.13%,与2015年相比增长0.52个百分点。从长期来看,以养老保险人口年龄结构为核心要素的适度缴费率受到人口老龄化不断加剧的影响而不断上升,在人口老龄化高峰的时段达到峰顶,约为18.29%,随后开始缓慢下降,到2050年,机关事业单位基础养老保险适度缴费率达到17.53%。

缴费率在一段时间内应该具有一定的相对稳定性。从均衡缴费率来分析,短期内的机关事业单位基础养老保险均衡缴费率约为15.81%。从中长期来看,机关事业单位基础养老保险均衡适度缴费率约为17.18%。随着当前供给侧结构性改革降低养老保险缴费率等措施的不断推行,城镇企业职工基础养老保险缴费率从20%降低到16%,低于长期均衡适度缴费率。不难发现,相比传统模型(缴费率=赡养比×替代率)得出的高缴费率,按照形式"并轨"新模型测算出的适度缴费率更具有可行性,短期内来看能够适应当前的降费需求,长期来看仍然会有缺口的存在,机关事业单位养老保险基金池仍然需要相应的补贴。

(三) 本质"并轨"视角下机关事业单位基础养老保险理论缴费适度水平

机关事业单位养老保险模式向企业养老保险模式"并轨",除了缴费形式的"并轨"以外,还存在着缴费适度性本质"并轨"。根据机关事业单位本质"并轨"基础养老金缴费适度水平原理,结合机关事业单位养老保险本质"并轨"缴费适度水平模型和养老保险人口结构,我们确定了本质"并轨"视角下机关事业单位基础养老保险缴费与给付近期均衡的动态适度缴费率。测算结果显示,本质"并轨"视角下机关事业单位基础养老保险动态适度缴费率变化趋势仍以十年过渡期为时间节点,可划分为近期(2015~2024年)和中长期(2015~2050年)两个阶段。在近期阶段,机关事业单位基础养老保险缴费适度水平持续提高,基础养老保险理论适度缴费率区间为11%~13.1%;从2035~2050年的数据来看,机关事业单位基础养老保险理论缴费适度水平趋于稳定,基础养老保险适度缴费率稳定在16%左右。测算期内,机关事业单位长期均衡适度缴费率水平为

14.59%（见表4-6）。

表4-6 机关事业单位本质"并轨"基础养老保险理论适度缴费率

年份	机关事业单位基础养老保险理论缴费率（%）	年份	机关事业单位基础养老保险理论缴费率（%）
2015	12.00	2033	15.67
2016	12.05	2034	15.87
2017	12.06	2035	15.98
2018	12.13	2036	16.05
2019	12.22	2037	16.10
2020	12.36	2038	16.13
2021	12.48	2039	16.15
2022	12.65	2040	16.11
2023	12.86	2041	16.08
2024	13.10	2042	16.05
2025	13.37	2043	16.04
2026	13.64	2044	16.04
2027	13.93	2045	16.01
2028	14.23	2046	15.99
2029	14.52	2047	15.98
2030	14.80	2048	15.96
2031	15.02	2049	15.93
2032	15.24	2050	15.67

注：人口预测数据采用辽宁大学人口研究所"完善农村养老保险体系和提高社会保障水平"课题组人口预测数据。

比较来看，由于机关事业单位内部人口老龄化程度高于城镇职工，因此，机关事业单位形式"并轨"基础养老保险动态适度缴费水平高于本质"并轨"。此外，养老保险缴费适度水平模型在人口老龄化高峰期实现了基础养老保险缴费率平稳发展，破解了传统模型缴费率线性上升，养老保险制度不可持续的难题（见图4-3）。

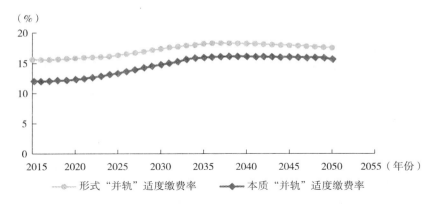

图4-3 机关事业单位形式"并轨"与本质"并轨"基础养老保险缴费率比较

五、"并轨"基础养老保险现实适度缴费水平

按照生存公平和劳动公平理论,基础养老金理论缴费率是在养老保险制度全覆盖、遵缴率为100%以及生育和退休政策不变的假设条件下确定的缴费适度水平。而放开理论假设条件,回归现实,"应保未保、应缴未缴、延迟退休"等原因导致缴费人口和领取养老金人口比重发生变化,导致现实缴费率高于或低于理论缴费率。现实缴费率与理论缴费率的差值可称为缴费率膨减系数。根据缴费劳动年龄人口比重和领取养老金人口比重增减不同,可将缴费率膨减系数划分为缴费率膨胀系数和缴费率减缩系数。

(一)基础养老保险现实缴费率修正模型的相关参数设计

基础养老保险适度缴费水平修正模型的实证测算需要覆盖率、遵缴率、提前退休、全面二孩政策等各项指标参数。适度的缴费水平需要各项参数不断趋向合理的水平。因此,需要首先对指标参数进行设定和估计。

(1)覆盖率和遵缴率。覆盖率采用中国保险监督管理委员会测算办法,覆盖率=城镇职工养老保险参保人数/城镇就业人口数。2008~2015年数据来源于各年度《人力资源和社会保障事业发展统计公报》。遵缴率采用《中国养老金发展报告2011》的测算办法,遵缴率=缴费人数/参保职工人数。现实数据来源于《中国养老金发展报告2012》和《中国社会保险发展年度报告2015》。

随着养老保险制度建设的完善以及经办能力的不断提升,覆盖率、遵缴率会逐步上升,根据2015年以后覆盖率和遵缴率的预测数据,本书采取平滑过渡的调整方案来模拟两者的提升路径。到 2050 年前后实现城镇职工全面参加城镇职工养老保险并且按照制度要求缴费（即覆盖率和遵缴率为 100%）。机关事业单位属于国家工作人员，采取编制化管理，基础养老保险也是由国家财政缴费，因此机关事业单位职工养老保险的遵缴率和覆盖率近似为 100%。

（2）提前退休人数。随着养老保险制度多缴多得激励机制的不断完善以及退休制度的硬性要求，未来选择提前退休的职工将会不断减少。现实数据来源于《中国养老金发展报告 2011》，未来数据采用逐年递减 3 万人的方式来进行预测。

（3）延迟退休人口数。"十三五"规划提出"实施渐进式延迟退休年龄政策"，尽管国家尚未公布具体的延迟退休方案，但已经敲定 2050 年退休年龄延长 5~10 岁。关于如何制定延迟退休方案，人力资源和社会保障部在 2013 年对外征求意见时已定下渐进式"小步慢走"的基调，中国社会科学院、中国人民大学、武汉大学、清华大学的专家团队参与制定多套备选方案。其中，中国社会科学院和清华大学的方案受关注度较高。人社部最新消息称延迟退休方案预计最早于 2022 年实施。本书结合这一信息，采用中国社会科学院的建议，延迟 5 岁用 20 年的过渡期，但为了避免制度碎片化，特殊群体并不单独列出。而这一思想与中国人民大学郑功成教授在《中国社会保障改革与发展战略》中提出的方案相近。依据女先男后、小步渐进、男女同龄实施原则，从 2022 年开始，女工人每 1 年、女干部每 2 年延迟 1 岁，到 2031 年女职工延迟为 60 岁；从 2032 年开始男女职工每 2 年延迟 1 岁，到 2041 年男女职工退休年龄达到 65 周岁。受延迟退休政策影响的相关人口数预测数据来源于辽宁大学人口研究所"基础养老保险缴费率一元化及适度水平研究"课题组预测数据。

机关事业单位延迟退休人数与城镇企业职工不同。首先，假设机关事业单位延迟退休相关人口数比例与城镇职工延迟退休相关人口数比例一致。其次，由于机关事业单位采用行政和事业编制管理，在岗职工人数是按照岗位设计来安排，定岗定编。如此一来，延迟退休只能减少退休的老年人口数量，并未增加缴费的工作人口，因为受延迟退休影响本应该退休却未退休的那部分人依然占据着岗位编制，新的员工无法进入。因此，对于机关事业单位，延迟退休对缴费率只能起到单重减缩效应。

（4）全面二孩政策增加的劳动就业人口。2016 年 1 月全面二孩政策实施，2016 年因全面二孩政策新增的婴儿到 2036 年将成为劳动年龄人口。当生育政策稳定时，可以通过估计总和生育率预测出生的人口数，但随着生育政策的调整，政策"遇冷"等问题容易使预测产生偏差。通过梳理符合全面二孩政策的育龄妇女人口数量、生育意愿、年生育比例、年龄别存活率、城镇化率和城镇劳动年龄人口就业率等参数指标，参考乔晓春（2014）[1]、王广州（2015）[2] 等人口学专家的预测，结合辽宁大学人口研究所的人口预测数据，获得全面二孩政策产生的新增城镇劳动就业人口数。

（二）形式"并轨"视角下基础养老保险现实缴费率适度水平实证分析

由于机关事业单位的特殊属性，机关事业单位基础养老保险缴费率不受覆盖率和遵缴率膨胀系数的影响，只受到延迟退休政策和生育政策调整的减缩系数的影响，且延迟退休政策只对基础养老保险缴费率起到单重减缩效应。假设延迟退休政策按照人力资源和社会保障部所定的基调和时间表如期推行，按照现实因素假设的发展趋势，以及修正后的基础养老保险现实缴费率模型和相关的参数设计，本书测算出修正后的机关事业单位形式"并轨"基础养老保险现实缴费率适度水平。总体来看，修正后机关事业单位基础养老保险现实适度缴费率呈现平稳上升，到2040年左右到达峰值后下降。从短期（2015～2024 年）来看，动态的适度缴费率区间为 15.51%～15.85%，相对稳定的均衡缴费率为 15.65%。长期来看，修正后机关事业单位基础养老保险现实动态适度缴费率区间为 15.6%～16.77%，相对稳定的均衡缴费率为 16.2%（见表 4-7）。

表 4-7　修正后机关事业单位形式"并轨"基础养老保险适度缴费率

年份	机关事业单位劳动年龄人口比重（%）	机关事业单位老年人口比重（%）	机关事业单位基础养老保险适度缴费率（%）
2015	60.25	25.90	15.61
2016	59.31	26.19	15.53
2017	58.42	26.56	15.51
2018	57.64	26.98	15.55
2019	56.86	27.43	15.60
2020	56.04	27.93	15.65
2021	55.21	28.50	15.74
2022	54.56	28.85	15.74
2023	53.74	29.35	15.77
2024	52.87	29.98	15.85

① 乔晓春. 实施"普遍二孩"政策后生育水平会达到多高？——兼与翟振武教授商榷 [J]. 人口与发展，2014（6）：2-15.

② 王广州. 生育政策调整研究中存在的问题与反思 [J]. 中国人口科学，2015（2）：2-15.

续表

年份	机关事业单位劳动年龄人口比重（%）	机关事业单位老年人口比重（%）	机关事业单位基础养老保险适度缴费率（%）
2025	52.23	30.36	15.86
2026	51.46	31.19	16.05
2027	50.91	31.81	16.19
2028	50.41	32.43	16.35
2029	50.22	32.71	16.43
2030	49.84	33.27	16.58
2031	49.74	33.42	16.62
2032	49.53	33.71	16.69
2033	49.53	33.67	16.68
2034	49.28	33.96	16.74
2035	49.27	33.93	16.72
2036	48.95	34.28	16.78
2037	48.81	34.34	16.76
2038	48.65	34.41	16.74
2039	48.42	34.51	16.71
2040	48.14	34.64	16.68
2041	47.75	34.88	16.65
2042	47.45	34.94	16.58
2043	47.06	35.08	16.51
2044	46.58	35.30	16.44
2045	46.03	35.56	16.37
2046	45.43	35.88	16.30
2047	44.97	35.96	16.17
2048	44.47	36.08	16.05
2049	44.01	36.16	15.92
2050	43.63	36.18	15.78

注：修正后的机关事业单位劳动年龄人口比重按照 2014 年《中国养老金发展报告》中的预测方法，机关事业单位 2025 年以前不增加编制，在岗职工人数处于稳定状态，2025 年以后编制人数按照全社会人口增长率来变动。延迟退休政策只减少退休人口数，不减少编制人数。人口比重发生变化的重要原因是少儿人口变动，生育政策的变化导致少儿人口变动，进而会影响整个机关事业单位人口结构的变动。

资料来源：《中国社会保障改革与发展战略》、2014 年《中国人力资源和社会保障统计年鉴》、历年《中国统计年鉴》和辽宁大学人口研究所的人口预测数据。

从修正前后机关事业单位形式"并轨"基础养老保险适度缴费率的发展趋势来看，由于机关事业单位人口结构修正因素，生育政策调整和延迟退休政策发挥的效力需要时间的积累。生育政策调整增加的人口具有累计性质，从生育政策调整后增加的新生儿成长为劳动年龄人口的时间点开始，随后的时间将出现累加。例如，2036 年二孩生育政策增加的新生婴儿成长为劳动力，2037 年增加的劳动力为因二孩生育政策为 2037 年新增加的劳动年龄人口和 2036 年新增的劳动年龄人口之和，以此类推，2038 年新增劳动力人口为 2038 年、2037 年和 2036年新增劳动年龄人口之和，直至新增劳动力退休。同样，延迟退休政策是渐进式的，也有这样的性质，按照目前人社部所定的基调，延迟退休到 65 岁，在这之前每延迟退休一年，老年人口减少的人数也会累计，到 65 岁时人数累计范围到达顶峰。因此，修正后的机关事业单位基础养老保险适度缴费率随着时间的推移与修正前的缴费率相比，降低幅度越来越大（见图 4-4）。

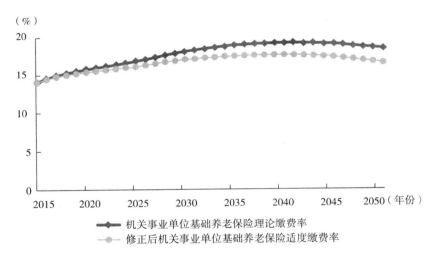

图 4-4 修正前后机关事业单位形式"并轨"基础养老保险缴费适度水平比较

（三）本质"并轨"视角下基础养老保险现实缴费率适度水平实证分析

本质"并轨"是机关事业单位和城镇企业职工养老保险都朝着适度水平发展，实现形式"并轨"与本质"并轨"的统一。因此，本质"并轨"缴费问题的研究是将机关事业单位与城镇企业职工作为一个整体来进行。根据本质"并轨"视角下机关事业单位现实缴费率理论立意，结合当前的现实参数，发现机关事业单位本质"并轨"的最终现实缴费率不仅在当前受到制度覆盖率、遵缴率、提前退休等膨胀因素影响,在未来还受到延长退休年龄和全面二孩政策等减缩因素的影响。因此,机关事业单位养老保险本质"并轨"的最终现实缴费率是由膨胀因素和减缩因素共同作用而形成的。最终膨减系数是膨胀系数和减缩系数相互抵消的结果。依据机关事业单位本质"并轨"的最终现实缴费率模型和膨减系数模型,结合相关参数的现实数据和预测数据,我们测算出2015~2050年机关事业单位养老保险本质"并轨"修正后的最终现实动态缴费率。根据动态缴费率我们测算出本质"并轨"视角下长期稳定的现实适度缴费率约为14.74%(见表4-8、图4-5)。

表4-8 机关事业单位本质"并轨"基础养老保险现实适度缴费率

年份	减缩效应后 人口赡养比(%)	膨胀效应后的 人口赡养比(%)	替代率(%)	基础养老金 现实缴费率(%)
2015	22.94	39.95	46.97	18.76
2016	23.89	40.25	45.74	18.41
2017	24.71	40.31	44.77	18.05
2018	25.50	40.31	44.10	17.78
2019	26.41	40.47	43.43	17.58
2020	27.50	40.88	42.67	17.44
2021	28.57	41.22	41.99	17.31
2022	29.94	41.94	41.14	17.25
2023	31.58	42.99	40.17	17.27
2024	33.43	44.24	39.18	17.33
2025	32.85	42.28	39.39	16.65
2026	33.99	42.56	39.07	16.63
2027	32.49	39.61	40.05	15.86
2028	33.49	39.75	39.53	15.71
2029	31.81	36.79	40.23	14.80
2030	32.58	36.73	39.81	14.62
2031	30.55	33.58	40.65	13.65
2032	31.18	33.42	40.23	13.44
2033	29.26	30.60	40.95	12.53
2034	29.92	30.55	40.43	12.35

年份	减缩效应后人口赡养比（%）	膨胀效应后的人口赡养比（%）	替代率（%）	基础养老金现实缴费率（%）
2035	30.64	30.64	39.86	12.21
2036	31.03	31.03	39.43	12.24
2037	31.42	31.42	38.96	12.24
2038	32.45	32.45	38.45	12.48
2039	33.52	33.52	37.89	12.70
2040	34.55	34.55	37.31	12.89
2041	35.26	35.26	36.85	13.00
2042	35.98	35.98	36.36	13.08
2043	36.78	36.78	35.79	13.16
2044	37.71	37.71	35.14	13.25
2045	38.76	38.76	34.40	13.34
2046	39.44	39.44	33.83	13.34
2047	40.20	40.20	33.83	13.35
2048	40.92	40.92	32.58	13.33
2049	41.56	41.56	32.02	13.31
2050	42.22	42.22	31.49	13.29

注：①缴费膨胀效应是在减缩效应的基础上进行的，因为延迟退休和全面二孩政策减缩因素实际上触动了养老保险人口结构的核心要素，劳动年龄人口和老年人口发生了变化，而膨胀因素应该在减缩因素的基础之上，因为延迟退休政策和全面二孩政策增加的劳动年龄人口可能并没有按照制度要求进行缴费。②替代率=劳动年龄人口比重×劳动年龄人口比重，这里的劳动年龄人口比重是膨胀因素作用前的劳动年龄人口比重。

资料来源：2008～2015年《人力资源和社会保障事业发展统计公报》、2012年《中国养老金发展报告》、2014年和2015年《中国社会保险发展年度报告》、2014年《中国人力资源和社会保障统计年鉴》、历年《中国统计年鉴》及辽宁大学人口研究所的人口预测数据。

从近期来看，覆盖率和遵缴率无法达到100%，这是导致现实缴费率高于理论缴费率的主要原因。随着经济的不断发展、社会保障制度的逐步完善、人民的生活水平不断提高，这些因素对缴费率的膨胀效应也会逐渐减弱。因此，随着时间的向前推移，膨胀系数逐渐缩小，现实缴费率逐渐降低。从长期来看，根据延迟退休政策实施方案，2022年延迟退休政策开始发挥作用，享受待遇人口减少，缴费人口增加。在2036年因全面二孩政策而增加的婴儿将成为缴费的劳动年龄

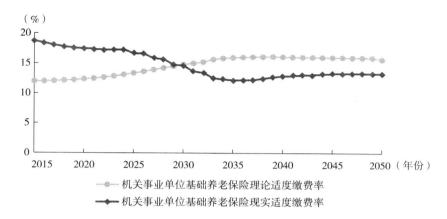

图 4-5　机关事业单位本质"并轨"基础养老保险理论与现实适度缴费率比较

注：①缴费膨胀减缩系数＝缴费膨胀系数＋缴费减缩系数，即以缴费减缩系数抵消缴费膨胀系数后的缴费膨胀减缩总水平；②基础养老保险适度缴费率＝劳动年龄人口比重×老年人口比重；③现实缴费率＝适度缴费率＋缴费膨胀减缩系数。

人口。因此，基础养老保险现实缴费率在不同时段受到膨胀和减缩因素不同程度的影响。具体可将现实缴费率发展趋势分为三个阶段：2015～2022 年为第一阶段，这一阶段现实缴费率只受到覆盖率、遵缴率等膨胀因素的影响，随着社会保障政策的不断完善和管理更加规范，膨胀效应开始减弱，但到这一阶段末期膨胀系数仍然大于 0，现实缴费率高于理论缴费率。2022～2035 年为第二个阶段，这一阶段缴费率减缩因素开始发挥减缩效应，出现减缩效应与膨胀效应共存的局面，两种效应开始博弈，膨胀效应不断减弱，减缩效应不断增强，现实缴费率从大于理论缴费率向小于理论缴费率过渡。2036～2050 年为第三阶段，这一阶段存在微弱的膨胀效应，减缩效应达到最强，因此减缩效应以绝对优势处于主导地位。

本书根据测算结合相关现实条件认为，机关事业单位基础养老保险长期均衡适度缴费率水平约为 15%[①]。需要强调的是，延迟退休和全面二孩政策发挥作用是预期的，因为全面二孩政策发挥的效应不能完全估计准确。同时，延迟退休政策的制定和实施目前仍然需要相当谨慎。当这两种政策真正发挥作用时，实际已经触动给付均衡模型的核心要素，理论缴费率走势将发生变化。本书从延迟退休政策和生育政策调整能够多大程度降低缴费率的角度来分析问题，因此按照现有的政策

---

① 缴费率的设定和执行具有政策属性，因此缴费率在一定时期内应该是一个稳定的数值，历年的动态缴费率是当年的适度缴费率，能保证当年的养老金实现供需均衡。选择 2015～2050 年的均值作为长期适度缴费率是可行的，这一数值在这段时间内可以实现基础养老金的供需均衡。

来测算,将延迟退休和生育政策调整作为现实缴费率的减缩因素来进行研究。

第二节　机关事业单位养老保险
个人账户适度缴费水平

　　国民财富人口结构均衡收入分配原理为我们提供了一个研究基本养老保险个人账户缴费适度水平的视角。依据国民财富人口结构生命周期分配的基本原理,我们把国民财富按照人口年龄结构均衡分配给当前的劳动年龄人口和老年人口,即现在的老年人口按照老年人口比重均衡获得国民财富中的相应部分作为养老金,这是国民财富科学分配的合理体现。老年人口通过人口结构均衡分配获得的养老金主要包括当前劳动年龄人口的代际转移的基础养老金和老年人口个人生命周期自我供养的个人账户养老金。而两部分养老金将由两类不同的责任主体来承担,养老责任的合理分担恰是我们研究基本养老保险缴费适度水平的基本思路。

　　本书从国民财富养老人口结构均衡分配和养老责任合理分担的视角出发,当前的老年人口按照老年人口比重系数获得国民财富中的相应份额作为基本养老金,其中,基础养老金体现代际供养的养老责任,个人账户养老金是老年人口在劳动期缴费积累形成的,是个人生命周期的收入再分配,体现老年人口自我供养的责任。那么,按责任主体在人口结构中所占比重来作为该责任主体承担养老责任大小的依据则理所当然,同时也能够实现财富分配的相对均衡。沿着这一理论逻辑,本书构建个人账户适度缴费率模型。

一、个人账户缴费适度水平原理分析

(一) 国民财富养老人口结构均衡的生命周期收入再分配

　　基本养老保险制度的收入再分配的功能不仅体现在调节代际和代内收入分配,还体现在调节个人生命周期的收入再分配。养老保险调节个人生命周期的财富再分配是政府为了帮助个人合理安排生命周期的财富分配,避免由于个人的非理性消费而导致老年面临贫困风险,通过养老保险制度将工作期的一部分收入转移到退休期,从而实现个人生命周期内的效用最大化。

　　基本养老保险的这一功能主要体现在个人账户制度设计上。从宏观来看,个人账户制度是通过法律制度手段促使劳动者在就业时期进行养老金储蓄，预防老年贫困，保证生存公平，从而促进社会的稳定与和谐。从微观来看，个人账户是国民储蓄和消费行为的一种跨期管理，目的是实现自身生命周期的效用最大化。因此，个人账户是实现社会和个人效用最大化相统一的制度安排。虽然第二支柱的年金计划（企业年金和职业年金）和第三支柱的个人储蓄性质的养老计划也具备个人生命周期的收入再分配性质，但年金计划需要单位的支持，具有一定的自主性，个人储蓄是完全的自主安排，第二和第三支柱更多地体现在劳动公平，体现劳动贡献的差异。而个人账户制度不仅具有激励的性质，更是强制性的制度安排；不仅是个人养老责任的体现，更是国家为老年人口生存公平的科学规划。

（二）国民财富养老人口结构均衡的个人责任合理分担

按照国民财富养老人口均衡分配原理，老年人口通过人口结构均衡分配获得的养老金主要包括当前劳动年龄人口的代际转移的基础养老金和老年人口个人生命周期自我供养的个人账户养老金。基础养老金体现的是代际供养的责任，而个人账户养老金是个人履行养老责任的体现。同时作为财富均衡分配的一部分，应该实现按照人口结构的均衡来进行相关制度设计，如此才更具有合意性。

个人账户是退休的老年人自己在劳动期缴费实现自我供养，按照这一思想，我们可以将整个国民财富（GDP）按照劳动生产要素分配系数划分出来，作为全社会人口参与劳动分配的总量，然后按照老年人口的比重分配给老年人口，那么这部分财富由谁支付呢？根据当前的制度设计，基础养老金部分由代际供养的劳动年龄人口承担，因此基础养老金缴费率应该是老年人口比重乘以劳动年龄人口比重。[1]而个人账户部分显然是老年人口自己支付，也就是需要在当前老年人口比重的基础上乘以这部分人口在当前占总人口的比重。由于个人账户缴费是劳动年龄人口为主体，因此个人账户的适度缴费率应该为当前的老年人口比重乘以老年人口比重。

二、个人账户理论缴费适度水平模型

（一）个人账户理论缴费适度水平模型构建

养老保险缴费原理是根据劳动生产要素分配系数将国民财富划分出来，即工

---

[1] 参见穆怀中主持的国家自然科学基金项目"养老保险缴费一元化及适度水平研究"结题报告，2016年。

资总额，然后按老年人口比重分出一部分来，这一部分由劳动年龄人口进行缴费，这里的"老年人口比重系数"就是养老保险缴费的"缴费率"。同样，养老保险给付原理是将财富工资总额按照养老责任主体所占人口比重（即劳动年龄人口）分出来，然后按照老年人口比重给付给老年人。因此养老金供需平衡模型为：

$$W_{T,i} \times \frac{N_{O,i}}{N_{T,i}} \times \frac{N_{L,i}}{N_{T,i}} = W_{T,i} \times \frac{N_{L,i}}{N_{T,i}} \times \frac{N_{O,i}}{N_{T,i}} \tag{4-19}$$

其中，i 表示不同的年份，W_T 表示工资总额，N_O 表示老年人口数，N_L 表示劳动年龄人口数，N_T 表示总人口数。而传统的经典养老保险供需平衡模型为：

$$\overline{W}_T \times \sigma \times N_O = \overline{W}_T \times \theta \times N_L \tag{4-20}$$

其中，$\overline{W}_T$ 表示总人口的社会平均工资，σ 表示养老金替代率，θ 表示养老金缴费率。

事实上，本书依据国民财富的合理分配视角确定的养老金供需平衡新模型与传统的模型存在着内在的联动和转换。把式（4-19）新模型中的工资总额，转换为平均工资，就可以实现新模型与原模型的对比和转换分析。将式（4-19）的两边同时乘以（$N_{T,i}/N_{T,i}$），模型就转换为：

$$\overline{W}_{T,i} \times \frac{N_{L,i}}{N_{T,i}} \times N_{O,i} = \overline{W}_{T,i} \times \frac{N_{O,i}}{N_{T,i}} \times N_{L,i} \tag{4-21}$$

根据国民财富养老保险人口结构均衡收入分配的原理，结合转换后新模型与传统模型的对比不难发现，养老保险综合替代率可设定为劳动年龄人口比重；养老保险综合缴费率可设定为老年人口比重。这里的替代率和缴费率是根据人口结构不断变化的，能够实现养老金供需的长期动态平衡。

那么，基础养老金部分的供需平衡模型，可以将式（4-19）两边同时乘以劳动年龄人口数/劳动年龄人口数，模型转化为式（4-22），即以劳动平均工资为基数的供需均衡模型，这与传统的基础养老金供需平衡模型一致。

$$\overline{W}_{L,i} \times \frac{N_{O,i}}{N_{T,i}} \times \frac{N_{L,i}}{N_{T,i}} \times N_{L,i} = \overline{W}_{L,i} \times \frac{N_{L,i}}{N_{T,i}} \times \frac{N_{L,i}}{N_{T,i}} \times N_{O,i} \tag{4-22}$$

那么，

$$\theta_{b,i} = \frac{N_{O,i}}{N_{T,i}} \times \frac{N_{L,i}}{N_{T,i}} \tag{4-23}$$

其中，θ_b 表示基础养老金缴费率，其余指标同式（4-19）。

基本养老金由基础养老金和个人账户养老金组成。国民财富养老人口结构的合理分配是将国民财富按照劳动生产要素划分出来后，再按老年人口比重分离出来，由不同的责任主体实现缴费。基础养老金由当前的劳动者承担缴费责任，因此缴费率是在老年人口比重的基础上乘以劳动年龄人口比重。[①] 而个人账户则是老年人口自己承担养老缴费责任，应该在老年人口比重的基础上乘以老年人口比重。因此，在国民财富养老结构合理分配的基础上，按照养老责任合理分担原理，个人账户的适度缴费率模型为：

$$\theta_{g,i} = \frac{N_{O,i}}{N_{T,i}} \times \frac{N_{O,i}}{N_{T,i}} \tag{4-24}$$

其中，θ_g 表示个人账户的适度缴费率，其余指标同式（4-19）。

基本养老保险缴费率由基础养老保险缴费率和个人账户缴费率共同组成。通过比较式（4-21）、式（4-23）和式（4-24）不难发现，按照国民财富合理分配和养老责任合理分担原理得出的基础养老保险适度缴费率和个人账户适度缴费率之和与统账结合养老保险适度缴费率一致。

$$\theta_{b,i} + \theta_{g,i} = \left(\frac{N_{O,i}}{N_{T,i}} + \frac{N_{L,i}}{N_{T,i}} \right) \times \frac{N_{O,i}}{N_{T,i}} = \theta \tag{4-25}$$

按照国民财富人口结构合理分配和养老责任合理分担原理得出的个人账户缴费率既合乎理论逻辑，也是数理推导的结果，因此是适度的。

（二）形式"并轨"视角下机关事业单位养老保险个人账户理论适度缴费率模型

个人账户是基本养老保险的重要组成部分，机关事业单位养老保险形式"并轨"是实现基本养老保险层面上机关事业单位和城镇企业职工养老保险的统一，但两者分开独立运行。机关事业单位在实行统账结合模式下，从形式"并轨"视角下将机关事业单位内部看成一个整体来进行研究。依据基本养老保险个人账户适度缴费率模型，结合机关事业单位内部的人口结构，我们构建形式"并轨"视角下机关事业单位基本养老保险个人账户理论适度缴费率模型［见式（4-26）］：

$$\theta_{g,i}^X = \frac{N_{O,i}^G}{N_{T,i}^G} \times \frac{N_{O,i}^G}{N_{T,i}^G} \tag{4-26}$$

其中，$\theta_{g,i}^X$ 表示形式"并轨"视角下机关事业单位基本养老保险个人账户适度缴费率，$N_{O,i}^G$ 表示第 i 年机关事业单位内部退休职工人数，$N_{T,i}^G$ 表示机关事业单位总人口数。

---

① 参见穆怀中主持的国家自然科学基金项目"养老保险缴费一元化及适度水平研究"结题报告，2016 年。

（三）本质"并轨"视角下机关事业单位养老保险个人账户理论适度缴费率模型

现实的养老保险制度改革中，企业养老保险缴费水平正面临着向适度水平区间趋近的问题，机关事业单位养老保险制度向企业养老保险制度"并轨"，应该是在缴费形式"并轨"的同时，两者统一向缴费适度水平趋近，实现两者的深度融合。因此，在本质"并轨"视角下研究缴费问题应该将机关事业单位和城镇企业统一起来。随着机关事业单位养老保险的"并轨"，在基本养老保险层面与城镇企业职工养老保险保持一致。虽然目前两者的养老保险基金还是分开运行的，但本书从本质"并轨"的角度出发，将两者统一为城镇职工基本养老保险进行测算。

依据基本养老保险个人账户适度缴费率模型，结合机关事业单位内部的人口结构，我们构建形式"并轨"视角下机关事业单位基本养老保险个人账户理论适度缴费水平模型［见式（4-27）］：

$$\theta_{g,i}^E = \frac{N_{O,i}^{CE}+N_{O,i}^{G}}{N_{T,i}^{CE}+N_{T,i}^{G}} \times \frac{N_{O,i}^{CE}+N_{O,i}^{G}}{N_{T,i}^{CE}+N_{T,i}^{G}} \tag{4-27}$$

其中，i 表示时间，$\theta_{g,i}^E$ 表示第 i 年城镇职工养老保险个人账户适度缴费率。$N_{O,i}^{CE}$ 和 $N_{O,i}^{G}$ 分别表示城镇企业（包含个体灵活就业人员）、机关事业单位的老年人口数。$N_{T,i}^{CE}$ 和 $N_{T,i}^{G}$ 分别表示城镇企业和机关事业单位养老保险总人口数。

三、个人账户现实缴费适度水平模型

（一）机关事业单位"并轨"个人账户适度缴费水平修正理论立意来源

个人账户适度缴费率是根据国民财富养老保险人口结构均衡分配的原理和养老保险缴费责任合理分担的需求推导得出。养老保险人口结构是个人账户适度缴费水平的决定因素。养老保险人口结构的变化主要通过改变增量和调整存量的方式。

关于改变增量的政策目前主要是生育政策的调整。从"单独二孩"到"全面二孩"，生育政策的调整将在原有增长率的基础上增加新出生的少儿人口，会改变人口总量，进而改变人口结构。长期来看，新增少儿人口在未来会进入劳动年龄成为劳动年龄人口，劳动年龄人口增多，人口结构也会随之改变。总体来看生育政策的调整会降低老年人口比重，进而减少老年人口获得财富分配的比重，同时降低养老保险个人账户的缴费水平。需要说明的是生育政策调整引起老年人口获得财富分配的比重降低只是相对的。在绝对量上由于劳动年龄人口的增多,创造财富的总量也会增大,因此按老年人口比重分配的绝对所得可能并不会降低。

关于调整存量的政策可能是未来的延迟退休政策。国家"十三五"规划明确建议出台渐进式延迟退休年龄政策。根据人力资源和社会保障部的计划,延迟退休政策方案最早将在 2022 年实施。根据目前的主流延迟退休方案,退休年龄将会延迟到 65 周岁。因此,我们假设延迟退休会在 2022 年开始实施。延迟退休将大幅调整养老保险人口结构的现有存量。对城镇职工养老保险和城乡居民养老保险,劳动年龄人口转化为劳动年龄人口的门槛相对较低,延迟退休将会大幅减少老年人口数量而增加劳动年龄人口数量,双向作用于养老保险人口结构。延迟退休将促使老年人口比重明显降低。而对于机关事业单位这种就业门槛相对较高的就业岗位,由于采用定岗定编的管理机制,职工人口数量相对稳定,延迟退休后,招录的"新人"将会减少,劳动年龄人口数量变动不大。然而由于人均预期寿命稳定,老年人口将明显减少,老年人口比重也会降低。

养老保险人口结构因生育政策的调整和未来可能推行的延迟退休政策而改变,这两项政策都将降低老年人口比重。养老保险个人账户缴费适度水平也会随着政策的推行而相应降低。

(二)形式"并轨"视角下机关事业单位个人账户现实适度缴费率模型

形式"并轨"视角下个人账户理论适度缴费水平因为涉及养老保险的老年人口结构,因此缴费适度水平会受到现实因素的影响,主要包括延迟退休和全面二孩政策的影响。由于这两重因素发挥作用的时间不同,所以将这两种因素引入机关事业单位养老保险个人账户理论适度缴费水平模型后,模型是分段的,我们以 2015 年为基期,构建 2015~2050 年机关事业单位养老保险个人账户适度缴费率模型〔见式(4-28)〕。

$$\theta_{g,i}^X = \begin{cases} \dfrac{N_{O,i}^G}{N_{T,i}^G + N_{C,i}^G} \times \dfrac{N_{O,i}^G}{N_{T,i}^G + N_{C,i}^G} & (2015 \leqslant i \leqslant 2022) \\[4mm] \dfrac{N_{O,i}^G - N_{O,i}^{Y,G}}{N_{T,i}^G + N_{C,i}^G} \times \dfrac{N_{O,i}^G - N_{O,i}^{Y,G}}{N_{T,i}^G + N_{C,i}^G} & (2022 \leqslant i \leqslant 2050) \end{cases} \quad (4\text{-}28)$$

其中,$\theta_{g,i}^X$ 表示第 i 年形式"并轨"视角下机关事业单位养老保险个人账户现实适度缴费率。$N_{O,i}^G$ 表示机关事业单位的老年人口数。$N_{C,i}^G$ 表示机关事业单位职工中受全面二孩政策影响新增少儿人口数。$N_{O,i}^{Y,G}$ 表示机关事业单位中受延迟退休政策影响而减少的老年人口数。其余指标同式（4-27）。

（三）本质"并轨"视角下机关事业单位个人账户现实适度缴费率模型

从本质"并轨"的角度出发，将机关事业单位养老保险和城镇企业职工养老保险两者统一来进行测算。通过分析对人口结构产生变动的影响因素，结合现实条件和对未来预期的假设，我们对本质"并轨"视角下机关事业单位养老保险个人账户适度水平模型进行修正。现实因素主要考虑生育政策调整和预期的延迟退休政策，与形式"并轨"不同，本质"并轨"生育政策调整在未来转化的劳动力可以成为改变劳动年龄人口的重要因素。同时，延迟退休政策的实施对人口结构的影响也不是只改变老年人口结构的单向减缩，而是既增加劳动年龄人口数量同时也减少老年人口数量的双向减缩。据此，我们构建修正后的机关事业单位养老保险本质"并轨"个人账户现实适度缴费水平模型［见式（4-29）］。

$$\theta_{g,i}^{X}=\begin{cases}\dfrac{N_{O,i}^{CE}+N_{O,i}^{G}}{N_{T,i}^{CE}+N_{C,i}^{CE}+N_{T,i}^{G}+N_{C,i}^{G}}\times\dfrac{N_{O,i}^{CE}+N_{O,i}^{G}}{N_{T,i}^{CE}+N_{C,i}^{CE}+N_{T,i}^{G}+N_{C,i}^{G}} & (2015\leqslant i\leqslant 2022)\\[4mm]\dfrac{N_{O,i}^{CE}-N_{O,i}^{Y,CE}+N_{O,i}^{G}-N_{O,i}^{Y,G}}{N_{T,i}^{CE}+N_{C,i}^{CE}+N_{T,i}^{G}+N_{C,i}^{G}}\times\dfrac{N_{O,i}^{CE}-N_{O,i}^{Y,CE}+N_{O,i}^{G}-N_{O,i}^{Y,G}}{N_{T,i}^{CE}+N_{C,i}^{CE}+N_{T,i}^{G}+N_{C,i}^{G}} & (2022\leqslant i\leqslant 2050)\end{cases}$$

$$(4-29)$$

其中，$\theta_{g,i}^{X}$ 表示第 i 年机关事业单位养老保险本质"并轨"个人账户现实适度缴费率。$N_{O,i}^{CE}$ 和 $N_{O,i}^{G}$ 分别表示城镇企业（包含个体灵活就业人员）、机关事业单位的老年人口数。$N_{C,i}^{CE}$ 和 $N_{C,i}^{G}$ 分别表示城镇企业职工和机关事业单位职工中受全面二孩政策影响新增少儿人口数。$N_{O,i}^{Y,CE}$ 和 $N_{O,i}^{Y,G}$ 分别表示城镇企业职工和机关事业单位中受延迟退休政策影响而减少的老年人口数。$N_{T,i}^{CE}$ 和 $N_{T,i}^{G}$ 分别表示城镇企业和机关事业单位养老保险总人口数。

四、个人账户理论适度缴费水平实证测算

（一）个人账户适度缴费水平模型的相关参数选择与设计

由于不同就业群体的养老保险制度改革的关键时间节点不同，为了进行统一的数据测算和进行相关比较，本书将机关事业单位"并轨"开始实施的时间作为测算初始期，以 21 世纪中叶为测算截止期，测算 2015~2050 年养老保险老年

人口结构和个人账户适度缴费率的数值。

1. 机关事业单位职工总人口数和退休人口数

机关事业单位退休人口数和总人口的现实数据来源于 2017 年《中国人力资源和社会保障统计年鉴》（工作卷）发布的数据，2016 年机关事业单位在岗职工为 4659 万人，根据《中国养老金发展报告（2014）》机关事业单位职工的赡养比，推算出机关事业单位退休职工约为 2057 万人。由于机关事业单位实行编制管理，定岗定编，统计发现，1998~2013 年机关事业单位在职和退休人数平均增长率仅为 1.16%，并且主要受 2010~2012 年相对较高的增长率拉动，其余年份增长缓慢。这与《中国养老金发展报告（2014）》的预测假设一致。因此，本书采用《中国养老金发展报告（2014）》的方法：2014~2024 年机关事业单位编制数相对固定，2025 年以后的职工人数增长率与全社会人口增长率一致。在预测退休人口增长率时假设机关事业单位内部年龄结构与全社会人口的年龄结构相似，按照全社会老年人口的增长率来预测机关事业单位退休人口增长率。具体数据来源于辽宁大学"机关事业单位养老保险缴费适度水平及资金供需总平衡"课题组预测数据。

2. 城镇职工养老保险总人口数和老年人口数

机关事业单位"并轨"后，城镇职工养老保险总人口数由城镇企业职工（含个体灵活就业）和机关事业单位职工人数组成。因此城镇职工养老保险的劳动年龄人口可以用城镇就业人口数据替代，城镇职工的少儿人口根据城镇就业人数与城镇人口的少儿抚养比的乘积得出。

城镇就业人口数和退休人口数的现实数据来源于历年《中国统计年鉴》和《人力资源（劳动）和社会保障事业发展统计公报》，2017 年的城镇就业人口数和退休人口数的具体数值分别为 42462 万和 11026 万。预测数据依据历年《中国劳动统计年鉴》的统计数据，近十年城镇就业人口占城镇总人口的比重约为 50%，假设预测期内保持不变。同时，比较现实数据发现，城镇职工退休人口数占城镇老年人口数的比重近似以 2% 的年增长速度递增。假设城镇职工和城镇总人口的赡养比保持一致，即城镇老年人口数与劳动年龄人口数之比和城镇退休人数与就业人数之比一致。同时按照"人口年龄推算"原则，现阶段城镇职工养老保险老年人口应与上一周期城镇职工就业人口比重相一致。因此，城镇职工退休人口占城镇老年人口的比重 2017 年以后以每年下调 1% 的速度平滑过渡到 70% 后，保持不变。城镇劳动年龄人口数和老年人口数的具体数据来源于辽宁大学人口研究所"完善农村养老保险体系和提高社会保障水平"课题组人口预测数据。

3. 延迟退休相关人口数

城镇职工和城乡居民养老保险老年人口比重可能会受到未来延迟退休政策的

影响。虽然政策尚未出台，但延迟退休是国家"十三五"规划的重要内容，根据人力资源和社会保障部对延迟退休所定的基调，本书假设延迟退休在未来将会推行。延迟退休方案参考辽宁大学人口研究所《人口老龄化背景下的城镇养老金收支均衡研究》课题组设定的延迟退休方案，具体见郑功成主编《中国社会保障改革与发展战略》第十篇"中国延迟退休年龄方案研究"中的方案。依据女先男后、小步渐进、男女同龄实施原则，从 2022 年开始，女工人每 1 年、女干部每 2 年延迟 1 岁，到 2031 年女职工延迟为 60 岁；从 2032 年开始男女职工每 2 年延迟 1 岁，到 2041 年男女职工退休年龄达到 65 周岁①。受延迟退休政策影响的相关人口数预测数据来源于辽宁大学人口研究所"基础养老保险缴费率一元化及适度水平研究"课题组预测数据。

4. 全面二孩政策增加的就业人口数

中共十八届五中全会决定：坚持计划生育的基本国策，完善人口发展战略，全面实施一对夫妇可生育两个孩子政策，积极开展应对人口老龄化行动。2016 年 1 月全面二孩政策实施，当年因生育政策调整而新增的婴儿到 2036 年将成为劳动年龄人口。当生育政策稳定时，可以通过估计总和生育率预测出生的人口数，但随着生育政策的调整，政策"遇冷"等问题容易使预测产生偏差。通过梳理符合全面二孩生育政策的育龄妇女人口数量、生育意愿、年生育比例、年龄别存活率、城镇化率和城镇劳动年龄人口就业率等参数指标，参考乔晓春（2014）②、王广州（2015）③ 等人口学专家的预测，结合辽宁大学人口研究所的人口预测数据，获得全面二孩政策产生的新增城镇劳动就业人口数。

（二）形式"并轨"视角下养老保险个人账户理论与现实缴费水平测算

由于全面二孩政策已经实施，而延迟政策尚在酝酿。因此，本书对不同情形下的人口结构所产生的个人账户适度缴费率水平分别进行测算。按照现实条件和未来可能受到政策影响的条件下分别对城镇职工养老保险个人账户适度缴费水平进行测算。总体来看，随着人口老龄化的不断加剧，机关事业单位内部老年人口比重不断上升，个人账户缴费适度水平呈不断上升的趋势。

纵向分析来看，二孩政策实施前，机关事业单位的老年人口比重从 2016 年

---

① 方案来源于郑功成主编《中国社会保障改革与发展战略》第十篇"中国延迟退休年龄方案研究"。由于原方案设计延迟退休从 2015 年开始，但现实是延迟退休政策目前并未出台，根据人力资源和社会保障部所定基调，延迟退休在 2022 年推行，因此本书将方案延迟到 2022 年开始推行。

② 乔晓春. 实施"普遍二孩"政策后生育水平会达到多高？——兼与翟振武教授商榷 [J]. 人口与发展，2014（6）：2-15.

③ 王广州. 生育政策调整研究中存在的问题与反思 [J]. 中国人口科学，2015（2）：2-15.

的 26.26% 上升到 2050 年的 40.18%，增长约 14 个百分点。机关事业单位个人账户理论适度缴费率在测算期内由 6.9% 上升到 16.14%，增长约 9.2%，个人账户长期均衡理论缴费率约为 12.2%。可见，老龄化的不断加剧对老年人口的自我供养责任提出了严峻的挑战。生育政策调整后，测算期内新增少儿人口会一定程度上降低老年人口比重，随着时间的推移这一效果显著增强，全面二孩政策实施后，测算期内老年人口比重从 26.18% 增长到 38.31%，增长约 12 个百分点。个人账户现实适度缴费率从 6.86% 增长到 14.68%，增长约 7.8%，长期均衡现实缴费率约为 11.47%。由于延迟退休政策是渐进式推行的，因此，随着时间的推移老年人口比重降低程度也会不断增加。在全面二孩政策的基础上，测算期内延迟退休政策实施后老年人口比重从 26.18% 增长到 35.95%，增长约 9.8 个百分点。个人账户现实适度缴费水平从 6.86% 上升到 12.92%，增长约 6%。个人账户长期均衡现实缴费率约为 10.64%。

横向比较来看，全面二孩政策实施后，2016 年老年人口比重降低 0.08%，个人账户现实适度缴费率降低 0.04%。到 2050 年这两项数值分别增加到 1.87% 和 1.47%，长期均衡个人账户现实适度缴费率也降低了 0.73%。可见，全面二孩政策对降低机关事业单位个人账户适度缴费率具有一定的作用。在全面二孩政策的基础之上加入延迟退休政策的影响后，从 2022 年开始老年人口比重开始降低，到 2050 年老年人口比重比全面二孩政策实施的基础上下降了 2.36%，个人账户现实适度缴费率下降了 1.75%。同时个人账户长期均衡现实适度缴费率下降 0.83%。在全面二孩和延迟退休的共同作用下，到 2050 年老年人口比重下降 4.23%，个人账户现实适度缴费率下降 3.22%。个人账户长期均衡现实缴费率下降 1.56%。不难发现，全面二孩和延迟退休这两项政策对养老保险人口结构的变动具有重要的影响，对形式"并轨"视角下机关事业单位内部个人账户缴费率降低具有重要的意义（见表 4-9）。

表 4-9　机关事业单位形式"并轨"个人账户理论与现实缴费适度水平

年份	机关事业单位老年人口比重（%）	个人账户理论适度缴费率（%）	全面二孩政策实施后机关事业单位老年人口比重（%）	全面二孩政策实施后个人账户现实适度缴费率（%）	延迟退休后机关事业单位老年人口比重（%）	延迟退休后个人账户现实适度缴费率（%）
2015	25.91	6.71	25.91	6.71	25.91	6.71
2016	26.26	6.90	26.18	6.86	26.18	6.86
2017	26.71	7.13	26.55	7.05	26.55	7.05

续表

年份	机关事业单位老年人口比重（%）	个人账户理论适度缴费率（%）	全面二孩政策实施后机关事业单位老年人口比重（%）	全面二孩政策实施后个人账户现实适度缴费率（%）	延迟退休后机关事业单位老年人口比重（%）	延迟退休后个人账户现实适度缴费率（%）
2018	27.19	7.39	26.98	7.28	26.98	7.28
2019	27.70	7.67	27.43	7.53	27.43	7.53
2020	28.26	7.99	27.93	7.80	27.93	7.80
2021	28.89	8.35	28.50	8.12	28.50	8.12
2022	29.28	8.58	28.86	8.33	28.86	8.33
2023	29.83	8.90	29.35	8.61	29.35	8.61
2024	30.51	9.31	29.98	8.99	29.98	8.99
2025	31.26	9.77	30.67	9.40	30.36	9.22
2026	32.15	10.34	31.51	9.93	31.19	9.73
2027	32.84	10.78	32.13	10.33	31.47	9.90
2028	33.53	11.24	32.76	10.73	32.07	10.29
2029	34.21	11.70	33.39	11.15	32.34	10.46
2030	34.84	12.14	33.97	11.54	32.89	10.81
2031	35.41	12.54	34.49	11.89	33.04	10.92
2032	35.78	12.80	34.80	12.11	33.33	11.11
2033	36.15	13.07	35.12	12.34	33.29	11.08
2034	36.53	13.34	35.45	12.57	33.58	11.28
2035	36.91	13.62	35.78	12.80	33.90	11.49
2036	37.34	13.94	36.16	13.08	34.28	11.75
2037	37.47	14.04	36.24	13.13	34.38	11.82
2038	37.57	14.12	36.30	13.17	34.48	11.89
2039	37.68	14.20	36.36	13.22	34.58	11.96
2040	37.83	14.31	36.47	13.30	34.72	12.05
2041	38.08	14.50	36.67	13.45	34.93	12.20
2042	38.15	14.55	36.69	13.46	34.97	12.23
2043	38.32	14.68	36.82	13.56	35.08	12.31

续表

年份	机关事业单位老年人口比重（%）	个人账户理论适度缴费率（%）	全面二孩政策实施后机关事业单位老年人口比重（%）	全面二孩政策实施后个人账户现实适度缴费率（%）	延迟退休后机关事业单位老年人口比重（%）	延迟退休后个人账户现实适度缴费率（%）
2044	38.58	14.88	37.03	13.71	35.26	12.43
2045	38.91	15.14	37.31	13.92	35.48	12.59
2046	39.32	15.46	37.66	14.18	35.76	12.79
2047	39.51	15.61	37.80	14.29	35.80	12.82
2048	39.75	15.80	37.99	14.43	35.86	12.86
2049	39.99	15.99	38.17	14.57	35.91	12.90
2050	40.18	16.14	38.31	14.68	35.95	12.92

注：由于本书所使用的数据是在"六普"数据的基础上预测得出，因此在原有数据的基础上逐步加入全面二孩政策和延迟退休政策对养老保险人口结构变动的影响。本书的测算基期为2015年，但是全面二孩和延迟退休现实因素修正分别发生在2016年和2022年，因此本书在分析时从2016年开始。

资料来源：《中国统计年鉴》、《中国劳动统计年鉴》、《人力资源（劳动）和社会保障事业发展统计公报》、2017年《中国人力资源和社会保障统计年鉴》（工作卷）发布数据和辽宁大学人口研究所"机关事业单位养老保险缴费适度水平及资金供需总平衡"课题组预测数据。

事实上，机关事业单位"并轨"后，基本养老保险缴费率应该与城镇企业职工保持一致，否则又将形成新的"双轨"，应该将城镇职工养老保险适度缴费率作为机关事业单位养老保险缴费率。目前，机关事业单位养老保险与城镇企业职工养老保险基金是分别运行，因此，测算机关事业单位内部的养老保险个人账户适度缴费率主要是为了与城镇职工养老保险进行比较，对指导"并轨"改革提供参考，实际操作意义不大。

（三）本质"并轨"视角下养老保险个人账户理论与现实缴费适度水平测算

随着机关事业单位的"并轨"改革不断深入，机关事业单位养老保险的缴费率应该与城镇企业职工保持一致。因此，将城镇职工作为一个整体统一进行测算。首先，按照现实条件对养老保险人口结构进行分析和对个人账户适度水平进行实证测算，随后加入延迟退休政策的影响，对个人账户适度水平进行测算（见表4-10）。

表4-10 机关事业单位本质"并轨"个人账户理论与现实缴费适度水平

年份	老年人口比重（%）	个人账户适度缴费率（%）	全面二孩政策实施后老年人口比重（%）	全面二孩政策实施后个人账户适度缴费率（%）	延迟退休后老年人口比重（%）	延迟退休后个人账户缴费适度水平（%）
2015	15.72	2.47	15.72	2.47	15.72	2.47
2016	16.15	2.61	16.10	2.59	16.10	2.59
2017	16.59	2.75	16.48	2.72	16.48	2.72
2018	17.03	2.90	16.88	2.85	16.88	2.85
2019	17.53	3.07	17.34	3.01	17.34	3.01
2020	18.12	3.28	17.88	3.20	17.88	3.20
2021	18.70	3.50	18.41	3.39	18.41	3.39
2022	19.41	3.77	19.09	3.64	19.09	3.64
2023	20.25	4.10	19.88	3.95	20.67	4.27
2024	21.18	4.49	20.76	4.31	21.72	4.72
2025	22.19	4.92	21.72	4.72	21.57	4.65
2026	22.86	5.23	22.34	4.99	22.34	4.99
2027	23.56	5.55	22.98	5.28	21.83	4.76
2028	24.26	5.88	23.63	5.58	22.48	5.05
2029	24.94	6.22	24.26	5.89	21.78	4.74
2030	25.58	6.54	24.85	6.18	22.34	4.99
2031	26.09	6.81	25.32	6.41	21.44	4.60
2032	26.64	7.10	25.81	6.66	21.92	4.80
2033	27.20	7.40	26.32	6.93	21.06	4.44
2034	27.76	7.70	26.83	7.20	21.57	4.65
2035	28.29	8.01	27.31	7.46	22.10	4.89
2036	28.58	8.17	27.55	7.59	22.44	5.03
2037	28.81	8.30	27.73	7.69	22.75	5.18
2038	28.99	8.40	27.88	7.77	23.07	5.32
2039	29.16	8.50	28.00	7.84	23.38	5.47
2040	29.31	8.59	28.12	7.91	23.64	5.59
2041	29.34	8.61	28.11	7.90	23.72	5.63
2042	29.41	8.65	28.14	7.92	23.79	5.66

续表

年份	老年人口比重（%）	个人账户适度缴费率（%）	全面二孩政策实施后老年人口比重（%）	全面二孩政策实施后个人账户适度缴费率（%）	延迟退休后老年人口比重（%）	延迟退休后个人账户缴费适度水平（%）
2043	29.54	8.72	28.22	7.97	23.87	5.70
2044	29.76	8.86	28.41	8.07	24.00	5.76
2045	30.10	9.06	28.69	8.23	24.16	5.84
2046	30.30	9.18	28.85	8.32	24.12	5.82
2047	30.60	9.37	29.10	8.47	24.11	5.81
2048	30.96	9.58	29.40	8.64	24.06	5.79
2049	31.28	9.79	29.67	8.80	23.96	5.74
2050	31.52	9.94	29.86	8.91	23.87	5.70

注：由于本书所使用的数据是在"六普"数据的基础上预测得出，因此在原有数据的基础上逐步加入全面二孩政策和延迟退休政策对养老保险人口结构变动的影响。本书的测算基期为2015年，但是全面二孩和延迟退休现实因素修正分别发生在2016年和2022年，因此本书在分析时从2016年开始。

资料来源：《中国统计年鉴》、《中国劳动统计年鉴》、《人力资源（劳动）和社会保障事业发展统计公报》、2017年《中国人力资源和社会保障统计年鉴》（工作卷）发布数据和辽宁大学人口研究所"完善农村养老保险体系和提高社会保障水平"课题组预测数据。

由于人口老龄化的不断加剧，城镇职工养老保险的老年人口比重不断上升，2016年为16.15%，到2050年为31.52%，增长约15.37%。养老保险个人账户理论适度缴费率2016年仅为2.61%，到2050年为9.94%，增长约7.33%。养老保险个人账户长期均衡理论适度缴费率约为6.73%。全面二孩政策实施后，测算期内老年人口比重从16.1%增长到29.86%，增长约13.75%。养老保险个人账户现实适度缴费率从2.59%增长到8.91%，增长约6.32%。个人账户长期均衡现实适度缴费率约为6.26%，低于当前的制度规定的8%，因此从2050年以前的数据来看，个人账户缴费率有下调的空间。如果延迟退休政策实施后，测算期内老年人口比重从16.1%增长到23.87%，增长约7.77%。本质"并轨"视角下机关事业单位养老保险个人账户现实适度缴费率从2.59%增长到5.7%，增长约3.7个百分点。机关事业单位养老保险本质"并轨"个人账户长期均衡现实适度缴费率约为4.77%，缴费率水平进一步降低。

横向比较来看。全面二孩政策实施后，2016年老年人口比重仅下降0.05%，机关事业单位养老保险本质"并轨"个人账户现实适度缴费率下降0.01%。到2050年，老年人口比重降低1.67%，个人账户现实适度缴费率降低了1.02%。

个人账户长期均衡现实适度缴费率降低了 0.47%。不难发现，全面二孩政策在降低个人账户适度缴费水平上具有较为显著的作用。加入延迟退休政策后，城镇职工养老保险人口结构进一步发生变化。由于延迟退休政策改变的是老年人口生命周期存活率最高的时间段，因此对老年人口比重的影响很大，并且由于政策推行是渐进式的，随着时间的推移，效果将更加显著。到 2050 年，延迟退休后老年人口比重低于全面二孩政策推行前约 7.66 个百分点，低于全面二孩政策推行后约 6 个百分点，机关事业单位养老保险本质"并轨"个人账户现实适度缴费率分别降低 4.24% 和 3.22%。个人账户长期均衡现实适度缴费率分别低于二孩政策实施前 1.96%，低于二孩政策推行后 1.49%。可见延迟退休政策改变养老保险人口结构的作用十分显著，对于降低机关事业单位养老保险本质"并轨"个人账户适度缴费率有着重要的意义（见表 4-9）。

综合来看，相比城镇职工群体，机关事业单位职工的入门学历门槛较高，入职年龄较大，因此机关事业单位的老年人口比重相对较高。现实政策条件下，形式"并轨"个人账户长期均衡缴费率高于本质"并轨"个人账户均衡缴费率约 5.21%。由于机关事业单位女性退休年龄高于很多女职工，延迟退休政策实施后，形式"并轨"个人账户长期均衡缴费率高于本质"并轨"约 5.87%。因此，虽然机关事业单位的缴费率应该与城镇企业职工保持一致，但从国民财富养老人口结构均衡分配和养老责任合理分担的视角下，机关事业单位人口老龄化要比城镇职工更为严峻，且目前两者的养老保险基金是分别运行的。因此，目前机关事业单位老人应该为自己承担相对更多的养老责任，可以按照形式"并轨"视角下的个人账户适度缴费率。随着"并轨"改革的进一步深入，未来养老保险体系的深度融合，需要保持两者缴费率的统一性，但机关事业单位职工和企业职工的缴费基数不同，个人账户的缴费额也不一定相同，但缴费是为自己的未来承担养老责任，不会相互挤占，都是个人生命周期的养老财富再分配。

本章小结

基本养老保险包含基础养老保险和个人账户养老保险，本章依据基础养老保险缴费适度水平核心模型，测算得到形式"并轨"和本质"并轨"视角下机关事业单位"并轨"基础养老保险理论缴费适度水平分别为 17.18% 和 14.59%。结合现实因素的修正，确定形式"并轨"和本质"并轨"视角下机关事业单位基础养老保险现实缴费率适度水平分别为 16.2% 和 14.74%。本书根据测算结果结合相关现实条件认为，机关事业单位基础养老保险长期均衡适度缴费率水平约为 15%。同时，依据国民养老财富人口结构均衡分配和养老责任合理分担原理，以个人账户缴费适度水平模型为核心，测算出机关事业单位养老保险形式"并轨"个人账户理论和现实适度缴费率分别为 12.2% 和 10.64%；本质"并轨"视角下机关事业单位养老保险本质"并轨"个人账户理论和现实适度缴费率分别为 6.73% 和 4.77%；并根据机关事业单位职工个人养老责任的承担能力分析政策启示。

第五章 机关事业单位养老保险 "并轨"职业年金缴费适度水平

机关事业单位"并轨"改革基本原则第一条就是"公平与效率相结合"[①]。职业年金制度自 2014 年 10 月 1 日起开始实施，2015 年 4 月 6 日《机关事业单位职业年金办法》（国办发〔2015〕18 号）正式印发。这项与"并轨"改革几乎同时进行的补充养老保险制度，其宗旨和目标是公平高效地解决"并轨"改革过程中，机关事业单位内部养老金待遇下降的问题，以及与企业"并轨"过程中同企业年金水平对接的问题。

较之企业年金非强制性的缴费制度，职业年金缴费率和覆盖率都要高出企业年金。按着投入产出对应规律，养老保险缴费率高，未来给付水平就高。面对职业年金的较高缴费率和覆盖率，人们在思考这种较高的职业年金缴费率与给付替代率水平如何，同时也在思考这种职业年金缴费率和替代率的适度水平问题。这里的适度水平，涉及全社会养老保险的承受水平问题，也涉及它与原有退休金替代率水平对接问题，还涉及与企业年金水平对接问题等。这些问题的深层，是机关事业单位养老保险"并轨"制度的完善和优化。

"并轨"改革之后，职业年金作为优化改革成效的重要工具，学者们对其进行了多角度深入研究，主要观点多立足于职业年金的保障水平及如何提高职业年金效率。首先是关于职业年金缴费率和替代率的研究。陈洋等（2019）从公平性和效率性立意，测算出职业年金总体适度缴费率区间为 9.75%～12.91%，个人适度缴费率区间为 3.84%～9.77%。金刚等（2018）通过测算得出"中人"合意的职业年金替代率为 8.5%～13.5%，而实际的替代率为 1.04%～10.99%（男），据此提出职业年金保障程度不足。曹园等（2016）对"新政"下的养老保险替代率做了测算，提出若考虑职业年金，机关事业单位职工养老金替代率不降反升，进一步拉大了与企业职工养老金替代率的差距。马伟等（2017）通过测算得

[①] 中国政府网. 国务院印发《关于机关事业单位工作人员养老保险制度改革的决定》[J]. 人才资源开发，2015（3）：4.

124

出 2015 年各年龄段"中人"的职业年金替代率在 13.03% ~ 30.63%，据此提出职业年金对于刚进入事业单位不久的"中人"有良好的调节效果。杨超等（2017）通过测算两种年金的替代率，提出取消职业年金个人缴费的强制性，企业年金缴费率为 4% 时养老金水平较为合意。由于参数选择和计算方式不同，以上研究测算的职业年金替代率与本书有出入，但方法和经验值得借鉴。其次是关于职业年金制度设计和国外经验的研究。郑秉文（2017）从顶层设计的角度，提出了职业年金治理结构中的问题并给出了政策建议。乔杨等（2017）提出职业年金设计与企业年金差别化，借鉴国外经验应当体现一定的待遇承诺或风险分担。

上述及其他学者关于职业年金缴费率制度设计的研究为职业年金制度的优化给出了有价值的参考，但都是基于对现有职业年金制度表层的考量，未能涉及职业年金的本质作用。本书在现有研究的基础上，从国民财富人口结构均衡分配和教育成本职业年金生命周期补偿的视角切入，研究机关事业单位职业年金缴费适度水平。

第一节　职业年金缴费适度水平原理分析

职业年金养老保险水平按已有的存款账户资金收益率模型可以测算出缴费与给付之间的投入产出数量关系和具体给付水平，但是缺少职业年金缴费给付适度水平合理性的依据，缺少其"适度性"的机理，也就是缺少"保障适度"政策的合理性和可行性的内涵。职业年金缴费率多少为适度、给付替代率多少为适度，都是解释职业年金"保障适度"合理性要回答的问题。要回答这些问题，就要说明其保障水平"适度性"的机理。在此，我们尝试从国民财富养老保险人口结构均衡分配理论和教育成本职业年金生命周期补偿理论入手，破解职业年金适度水平的构成机理。

一、国民财富养老人口结构均衡分配理论

依据一般经济数据预测分析职业年金水平往往有指标和参数不稳定等问题。依据人口结构数据分析职业年金等养老保险适度水平，数据指标和参数具有稳定性和长期预测可靠性等优点。所以，在此我们从人口结构参数入手，从国民财富

的收入均衡分配角度，提出国民财富养老人口结构均衡分配原理，研究职业年金缴费和给付多少才为适度等问题。

国民财富养老人口结构均衡分配原理基本思路是：在国民财富中，依据代际交叠创造财富和分配财富的基本路径，按人口结构中不同年龄段人口的比重系数分得国民财富中的相应部分。老年人口当年创造的国民财富养活了当年的老年人，现在他们老了，年轻人来养活他们。老年人应该得到国民财富中的多少作为自己的养老金呢？按着代际交叠均衡分配养老的基本原理，老年人应该得到在国民财富中与他们在人口中所占比重系数相对应的养老金比重，这就是国民财富养老人口结构均衡分配原理。如老年人口比重系数为30%，他们就应该获得国民财富或GDP中扣除有关部分后的30%的财富作为养老金给付水平。这里的扣除，有与在职职工缴纳个人所得税等税率相对应的养老金替代率剩余[1]扣除/与职工医疗消费相对应的老年人医疗消费支出比重扣除等。按人口结构均衡分配及其一般扣除原理，老年人获得的养老金份额数理模型为：

$$老年人获得份额=（GDP×劳动生产要素分配系数）×$$
$$（老年人口比重系数×替代率×养老保障比重系数）$$

按照这个基本原理，老年人口比重系数是老年人口获得国民财富养老金的总比重系数从缴费率角度看，这个老年人口比重系数，就是养老保险总缴费率适度水平系数；从给付替代率角度看，为老年人口提供养老金资金的代际交叠的劳动力人口系数就是养老保险总给付替代率适度水平系数[2]。

二、教育成本职业年金生命周期补偿理论

职业年金属于什么性质的养老保险？职业年金适度水平属于国民财富养老人口结构均衡分配水平中的哪个均衡分配路径？职业年金或企业年金，我们可以理解为用人单位或企业对职工以往教育成本的养老补偿。教育经济学原理表明，人力资源成本体现在就业后的职工工资补偿中，一般就业研究生工资要高于本科生工资，这就是职工教育成本的工资补偿。我们在此把这种教育经济理论应用到职业年金养老补偿中来，从生命周期均衡分配原理看，教育成本补偿不仅体现在职工工作期间，也体现在退休后的生存期间，也就是不仅体现在工作中，也体现在

---

① 老年人口获得的养老金收入与按老年人口比重系数获得的收入之间的差额是老年人口养老金替代率剩余。

② 参见穆怀中主持的国家自然科学基金项目"养老保险缴费一元化及适度水平研究"结题报告，2016年。

养老金中，具体体现在职业年金缴费和给付中。所以，人力资源中的受教育年限就成了我们研究职业年金缴费给付适度水平的重要参数，这里的关键是如何把人力资源的受教育年限转换为养老人口结构均衡分配理论所需要的人口比重系数。

教育成本职业年金生命周期补偿原理，一是把人力资源的受教育年限转换为相对应的人口比重系数，二是教育年限转换为相对应人口比重系数后进一步转换为职业年金补偿水平。

依据国民财富养老人口结构均衡分配原理，人口结构及其人口比重系数是确定职业年金适度水平的核心参数。所以，教育成本转换为职业年金补偿适度水平，比较稳定的数据参数是把教育年限转换为人口比重系数。①按照人口受教育年限分析，依据我国目前教育层次年限的政策，从小学到大学约 15 年，从小学到研究生约 20 年（其中到硕士约 17 年，到博士约 20 年）。选择未来人口预期寿命 80 岁为参数，同时选择人口结构基本呈现柱状均衡状态，初步测算读书 15 年的人口折合成人口比重系数为 0.18，读书 20 年的人口折合成人口比重系数为 0.25。教育年限折合成人口比重系数后，可以测算出职业年金适度缴费率和替代率。

这种折合后的职业年金缴费和给付适度水平是人口受教育年限转换成的职业年金水平。从经济学生命周期补偿理论角度看，这是一种教育成本的职业年金补偿。这种教育成本的职业年金补偿是教育成本补偿的一部分。除此之外，教育经济学研究表明，教育成本的回报补偿体现在科学技术创新能力、管理能力、生活能力等水平的提升及其相关联的工资水平的提高和生活质量的提高等。我们在已有教育经济学理论的基础上，结合人口学理论和福利经济学理论，提出教育成本职业年金补偿及其适度水平原理。这个原理的基本思路是：在人口老龄化趋势下，养老保障的责任应该由代际交叠人口结构中所有相关人口成分来承担，其中包括受教育人口及其教育成本的转换；受教育人口及其教育成本不仅体现在劳动期的能力提升和待遇水平提高上，还应该体现在退休后的生命周期养老补偿上，尤其应该体现在职业年金补偿上。所以，教育成本职业年金补偿原理有其教育经济学和社会保障学的理论合理性。

---

① 另一种测算方法是将教育投入成本按照利率等折算成教育成本收益，再折算成职业年金。但这种测算方法难以确定将教育成本收益中的多少转换为职业年金，因为教育成本收益的转换包括工资水平等诸多因素。

第二节　职业年金适度缴费水平模型构建及测算

本书依据国民财富养老保险人口结构均衡分配原理①，构建机关事业单位"并轨"养老保险职业年金缴费适度水平模型。

一、职业年金理论适度缴费水平模型构建

机关事业单位"并轨"养老保险职业年金适度水平模型需要实现"两个对接"。一是与原有制度对接，选择对接替代率为原有退休金替代率80%左右，原有制度不存在缴费暂不选择对接缴费率参数；二是与企业等社会养老保险制度对接，选择全社会老年人口比重系数为综合缴费率参数，选择劳动年龄人口比重系数为综合替代率参数②。

在职业年金适度水平（缴费适度水平和给付适度水平）的参数选择中，以人口结构为主要参数。以现实老年人口比重和劳动年龄人口比重为参数测度职业年金缴费率下限和给付替代率上限。2019年1月21日，国家统计局发布最新的人口数据：2018年末，老年人口比重为17.9%，劳动年龄人口比重为64.3%，少儿人口比重为17.8%③。以未来人口老龄化高峰期老年人口比重和劳动年龄人口比重为参数测度职业年金缴费率上限和给付替代率下限。假设未来人口老龄化背景下，老年人口比重系数为0.3，劳动年龄人口比重为0.5，少儿人口比重为0.2。

职业年金是个人受教育成本生命周期补偿在养老保障中的体现。个人青少年期受教育是对未来工作的人力资本投资，其效益体现在劳动期的产出成效中。从生命周期交叠收入再分配角度看，由用人单位补偿教育年限人口生命周期养老保障给付替代具有收入再分配的合理性。鉴于此，我们在职业年金养老保险替代率模型构建中，把受教育年限折合成人口比重系数并作为模型构建的主要元素［见式（5-1）］。同样，根据国民财富养老人口结构均衡分配的原理，机关事业单

---

①② 参见穆怀中主持的国家自然科学基金项目"养老保险缴费一元化及适度水平研究"结题报告，2016年。

③ 国家统计局 . 2018年经济运行保持在合理区间发展的主要预期目标较好完成［EB/OL］. 2019-01-20，http：//www.stats.gov.cn/tjsj/zxfb/201901/t20190121_ 1645752. html.

位职业年金缴费率适度水平模型构建中，也需要将受教育年限折合成人口比重系数和老年人口比重系数作为模型构建的主要元素［见式（5-2）］，具体的测算原理和模型为：

$$\sigma_{z,i} = \frac{T_{edu,i}}{T_{pre-life,i}} \times \frac{N_{L,i}}{N_{T,i}} \qquad (5-1)$$

$$\theta_{z,i} = \frac{T_{edu,i}}{T_{pre-life,i}} \times \frac{N_{O,i}}{N_{T,i}} \qquad (5-2)$$

其中，$\sigma_{z,i}$ 表示第 i 年职业年金的适度替代率，$\theta_{z,i}$ 表示第 i 年职业年金的适度缴费率，$T_{edu,i}$ 表示第 i 年机关事业单位职工的受教育年限，$T_{pre-life,i}$ 表示人口的预期寿命，$N_{L,i}$ 表示第 i 年城镇职工劳动年龄人口数（包含机关事业单位），$N_{T,i}$ 表示第 i 年城镇职工总人口数。如此，$N_{O,i}/N_{T,i}$ 表示老年人口比重系数转换成养老保险目标缴费率；$N_{L,i}/N_{T,i}$ 表示劳动年龄人口比重系数转换成养老金替代率（与机关事业单位原有养老保险制度对接时选择 80% ~ 85%）；$T_{edu,i}/T_{pre-life,i}$ 表示受教育年限转换成的人口比重系数。

二、职业年金理论适度缴费水平测算

由于机关事业单位是国家最为重要的职能部门之一，随着经济社会的不断发展和改革的日益深入，机关事业单位对职工素质要求越来越高，通过整理近几年的国家和地方政府公务员考试的学历要求，发现机关事业单位招聘考试中最低为本科学历的要求达到八成以上，随着事业单位改革的不断推进，未来机关单位对学历的要求将更高。不考虑学龄前的受教育年限，根据目前我国不同学历层次的学制设计，从小学到博士，受教育年限至少为 20 年；小学到硕士的受教育年限约为 19 年；从小学读到大学，受教育年限约为 15 年。由于人口的预期寿命在一定时间内是相对稳定的，在人口预期寿命 80 岁和人口结构柱状条件下，20 年和 15 年受教育年限折合人口比重系数为 0.25 和 0.18（20/80、15/80）。

通过对第四章劳动年龄人口比重数据的选取与预测，我们能够获得 2015 ~ 2050 年的劳动年龄人口比重，根据不同年份的劳动年龄人口比重值，来确定劳动年龄人口比重的区间。如果选择职业年金与企业年金等养老保险政策对接作为依据，以老年人口比重系数作为综合缴费率参数，以劳动年龄人口比重系数为目标替代率参数①，根据机关事业单位职业年金缴费适度水平模型结合相关参数，测定结果显示：职业年金养老保险缴费率下限为3.2%，上限为7.85%。对应的职业年金养老保险替代率上限为16%，下限为9%。如果选择职业年金与机关事业单位原有政策作为对接依据，以原有退休金替代率80%~85%为目标替代率参数，测定结果显示：职业年金养老保险替代率上限为21.3%，下限为14.4%。原有制度没有缴费参数所以在此暂不测算缴费率（见表5-1）。

表5-1　机关事业单位职业年金理论适度缴费率水平　　　　单位:%

年份	受教育年限折合人口比重下限	受教育年限折合人口比重上限	与企业年金对接			与原制度对接			
			老年人口比重	职业年金理论适度缴费率下限	职业年金理论适度缴费率上限	目标替代率下限	目标替代率上限	职业年金理论适度替代率下限	职业年金理论适度替代率上限
2015	18	25	17.79	3.20	4.45	80	85	14.4	21.3
2016	18	25	18.18	3.27	4.55	80	85	14.4	21.3
2017	18	25	18.44	3.32	4.61	80	85	14.4	21.3
2018	18	25	18.70	3.37	4.68	80	85	14.4	21.3
2019	18	25	19.01	3.42	4.75	80	85	14.4	21.3
2020	18	25	19.40	3.49	4.85	80	85	14.4	21.3
2021	18	25	19.78	3.56	4.95	80	85	14.4	21.3
2022	18	25	20.28	3.65	5.07	80	85	14.4	21.3
2023	18	25	20.89	3.76	5.22	80	85	14.4	21.3
2024	18	25	21.58	3.88	5.40	80	85	14.4	21.3
2025	18	25	22.33	4.02	5.58	80	85	14.4	21.3
2026	18	25	22.99	4.14	5.75	80	85	14.4	21.3
2027	18	25	23.66	4.26	5.92	80	85	14.4	21.3
2028	18	25	24.34	4.38	6.09	80	85	14.4	21.3

---

①　以劳动年龄人口比重系数作为养老保险综合替代率参数，由人口结构养老保险缴费与给付平衡模型推导得出。给付人口系数×替代率=缴费人口系数×缴费率，即老年人口比重系数×劳动年龄人口比重系数=劳动年龄人口比重系数×老年人口比重系数。劳动年龄人口比重系数即为给付替代率。参见穆怀中主持的国家自然科学基金项目"养老保险缴费一元化及适度水平研究"结题报告，2016年。

续表

年份	受教育年限折合人口比重下限	受教育年限折合人口比重上限	与企业年金对接			与原制度对接			
			老年人口比重	职业年金理论适度缴费率下限	职业年金理论适度缴费率上限	目标替代率下限	目标替代率上限	职业年金理论适度替代率下限	职业年金理论适度替代率上限
2029	18	25	25.01	4.50	6.25	80	85	14.4	21.3
2030	18	25	25.63	4.61	6.41	80	85	14.4	21.3
2031	18	25	26.13	4.70	6.53	80	85	14.4	21.3
2032	18	25	26.65	4.80	6.66	80	85	14.4	21.3
2033	18	25	27.20	4.90	6.80	80	85	14.4	21.3
2034	18	25	27.74	4.99	6.94	80	85	14.4	21.3
2035	18	25	28.26	5.09	7.07	80	85	14.4	21.3
2036	18	25	28.53	5.14	7.13	80	85	14.4	21.3
2037	18	25	28.74	5.17	7.19	80	85	14.4	21.3
2038	18	25	28.92	5.21	7.23	80	85	14.4	21.3
2039	18	25	29.07	5.23	7.27	80	85	14.4	21.3
2040	18	25	29.22	5.26	7.31	80	85	14.4	21.3
2041	18	25	29.24	5.26	7.31	80	85	14.4	21.3
2042	18	25	29.30	5.27	7.33	80	85	14.4	21.3
2043	18	25	29.42	5.30	7.36	80	85	14.4	21.3
2044	18	25	29.64	5.34	7.41	80	85	14.4	21.3
2045	18	25	29.97	5.39	7.49	80	85	14.4	21.3
2046	18	25	30.17	5.43	7.54	80	85	14.4	21.3
2047	18	25	30.48	5.49	7.62	80	85	14.4	21.3
2048	18	25	30.83	5.55	7.71	80	85	14.4	21.3
2049	18	25	31.16	5.61	7.79	80	85	14.4	21.3
2050	18	25	31.40	5.65	7.85	80	85	14.4	21.3

第三节　职业年金现实适度缴费水平模型构建及测算

一、机关事业单位职业年金现实适度缴费水平模型构建

机关事业单位"职业年金"理论适度缴费率水平也会受到人口结构变动的影响。根据目前影响机关事业单位内部的人口结构的主要因素，我们选择生育政策调整和退休政策改革两个方面来分析。生育政策调整方面，从"单独二孩"政策到"全面二孩"政策的实施，机关事业单位职工的子女会增加，由于机关事业单位的就业门槛较高，因此虽然这部分因生育政策调整而增加的人口在未来未必能转化为机关事业单位在岗职工，但这部分人会改变机关事业单位内部的人口总量。退休政策改革方面，延迟退休政策已经在机关事业单位内部开始试点推行，因此我们假设这是未来影响机关事业单位内部人口结构的重要元素。我们以假设延迟退休政策实施后老年人口比重系数变动为主要元素对模型进行修正，修正后的职业年金适度缴费率水平和适度替代率水平为：

$$\theta_{z,i} = \frac{T_{edu,i}}{T_{pre-life,i}} \times \frac{N_{O,i} - N_{O,i}^{Y}}{N_{T,i} + N_{C,i}} \tag{5-3}$$

$$\sigma_{z,i} = \frac{T_{edu,i}}{T_{pre-life,i}} \times \frac{N_{L,i} - N_{L,i}^{Y}}{N_{T,i} + N_{C,i}} \tag{5-4}$$

其中，$\theta_{z,i}$表示第 i 年职业年金适度缴费率；$N_{C,i}$表示"全面二孩"政策实施后家庭新增少儿人口。$N_{O,i}^{Y}$表示受延迟退休政策影响而减少的老年人口数量。其余指标同式（5-2）。

二、机关事业单位职业年金现实适度缴费水平测算

考虑延迟退休和生育政策等相关政策因素调整后，具体的修正因素的相关数值依据第四章个人账户缴费适度水平适度缴费率现实因素修正的参数设计。那么，如果同样选择职业年金与企业年金等养老保险政策对接作为依据，以老年人

口比重系数作为综合缴费率参数，以劳动年龄人口比重系数为目标替代率参数，根据机关事业单位现实适度缴费适度水平模型和相关参数设计，我们测定的结果显示：职业年金养老保险现实缴费率下限为2.83%，上限为5.92%。对应的职业年金养老保险替代率上限为16%，下限为10%。如果选择职业年金与机关事业单位原有政策作为对接依据，以原有退休金替代率80%～85%为目标替代率参数，测定结果显示：职业年金养老保险替代率上限为21.3%，下限为14.4%。同样，原有制度没有缴费参数所以在此暂不测算缴费率（见表5-2）。

表5-2　　机关事业单位职业年金现实适度缴费水平　　　单位：%

年份	受教育年限折合人口比重下限	受教育年限折合人口比重上限	老年人口比重系数	职业年金理论适度缴费率下限	职业年金理论适度缴费率上限	目标替代率下限	目标替代率上限	职业年金理论适度替代率下限	职业年金理论适度替代率上限
2015	18	25	15.72	2.83	3.93	80	85	14.4	21.3
2016	18	25	16.15	2.91	4.04	80	85	14.4	21.3
2017	18	25	16.53	2.98	4.13	80	85	14.4	21.3
2018	18	25	16.94	3.05	4.23	80	85	14.4	21.3
2019	18	25	17.40	3.13	4.35	80	85	14.4	21.3
2020	18	25	17.96	3.23	4.49	80	85	14.4	21.3
2021	18	25	18.51	3.33	4.63	80	85	14.4	21.3
2022	18	25	19.20	3.46	4.80	80	85	14.4	21.3
2023	18	25	20.01	3.60	5.00	80	85	14.4	21.3
2024	18	25	20.93	3.77	5.23	80	85	14.4	21.3
2025	18	25	20.62	3.71	5.15	80	85	14.4	21.3
2026	18	25	21.25	3.82	5.31	80	85	14.4	21.3
2027	18	25	20.56	3.70	5.14	80	85	14.4	21.3
2028	18	25	21.06	3.79	5.26	80	85	14.4	21.3
2029	18	25	20.18	3.63	5.04	80	85	14.4	21.3
2030	18	25	20.56	3.70	5.14	80	85	14.4	21.3
2031	18	25	19.48	3.51	4.87	80	85	14.4	21.3
2032	18	25	19.77	3.56	4.94	80	85	14.4	21.3
2033	18	25	18.72	3.37	4.68	80	85	14.4	21.3

年份	受教育年限折合人口比重下限	受教育年限折合人口比重上限	老年人口比重系数	职业年金理论适度缴费率下限	职业年金理论适度缴费率上限	目标替代率下限	目标替代率上限	职业年金理论适度替代率下限	职业年金理论适度替代率上限
2034	18	25	19.02	3.42	4.76	80	85	14.4	21.3
2035	18	25	19.34	3.48	4.84	80	85	14.4	21.3
2036	18	25	19.49	3.51	4.87	80	85	14.4	21.3
2037	18	25	19.61	3.53	4.90	80	85	14.4	21.3
2038	18	25	20.12	3.62	5.03	80	85	14.4	21.3
2039	18	25	20.63	3.71	5.16	80	85	14.4	21.3
2040	18	25	21.11	3.80	5.28	80	85	14.4	21.3
2041	18	25	21.41	3.85	5.35	80	85	14.4	21.3
2042	18	25	21.69	3.91	5.42	80	85	14.4	21.3
2043	18	25	22.00	3.96	5.50	80	85	14.4	21.3
2044	18	25	22.35	4.02	5.59	80	85	14.4	21.3
2045	18	25	22.74	4.09	5.68	80	85	14.4	21.3
2046	18	25	22.94	4.13	5.73	80	85	14.4	21.3
2047	18	25	23.16	4.17	5.79	80	85	14.4	21.3
2048	18	25	23.36	4.20	5.84	80	85	14.4	21.3
2049	18	25	23.52	4.23	5.88	80	85	14.4	21.3
2050	18	25	23.69	4.26	5.92	80	85	14.4	21.3

第四节　职业年金缴费适度水平适度性检验

机关事业单位养老保险"并轨"既要与原有机关事业单位退休金水平对接，同时还要与企业养老保险水平对接，这就是机关事业单位"并轨"养老保险替代率水平的"二元结构"。职业年金恰恰在这对接的"二元结构"中处于中间平衡位置，作为起着合理对接作用的关键元素。因此，职业年金在"并轨"改革的过程中关键要完成两方面的对接：一方面是与原有机关事业单位养老保险制度的对接，在此过程中保证"并轨"后机关事业单位内部养老金不过度下降；另一方面是与企业养老保险制度对接，主要是与企业年金的缴费水平和保障水平对接，让"并轨"后的养老保险制度更加公平、可持续。

在定量测算分析中，我们将"并轨"后的第一年2015年作为截面，按"并轨"后的养老金计算方式，分别计算了机关事业单位和企业25~59岁的在职人员退休第一年的养老金替代率，包括基础养老金替代率、个人账户替代率及职业年金/企业年金替代率。由于2015年25岁刚入职的"新人"职业年金水平具有职业年金的全生命周期的数据，其研究具有代表性，本书以"新人"的职业年金为例研究职业年金的适度水平。

年龄选择及"中人"的划分。本次测算选择2015年25岁（入职第一年）至59岁（在职最后一年）机关事业单位和企业单位的在职职工，测算其退休第一年的养老金替代率。机关事业单位2015年25岁新入职者为"新人"，2015年之前入职者为"中人"。以《国务院关于建立统一的企业职工基本养老保险制度的决定》（国发〔1997〕26号文件）为依据，为简化测算，将企业"中人"定义为1997年之前入职者，即2015年年龄为44岁，在1996年入职者为第一批企业"中人"。2004年12月30日《企业年金试行办法》开始施行，计算中企业年金从2005年开始积累。

平均工资选择。考虑到个体工资的差异化，本次测算所涉及的工资均选择平均工资。在机关事业单位个人账户和职业年金积累过程的计算中，选择机关事业单位的平均工资。具体数据来源于2017年《中国人力资源与社会保障统计年鉴（工作卷）》，以机关和事业单位的人口数为权重，取加权平均值得出。企业年金和个人账户积累额计算过程中，企业平均工资采用城镇非私营单位就业人员平均工资。在计算替代率的过程中，选择职工退休当年的社会平均工资。考虑到工资增长与经济增长之间的密切关系，选择未来工资增长率为4%。

缴费年限和计发月数。本次测算以缴费35年为标准计发养老金，视同缴费年限，个人账户和基金积累都以35年为标准，不考虑其他缴费年限情况。计发月数，在计算近期2016~2020年退休者退休金的过程中，采用政策规定的139个月。随着时间推移，人口平均预期寿命增加，计发月数也要相应增加。根据辽宁大学人口研究所的预测数据，2021~2025年人口预期寿命采用78岁，计发月数为216；2026~2030年预期寿命采用79岁，计发月数为228；2031~2035年预期寿命为80岁，计发月数为240；2036~2040年预期寿命为81岁，计发月数为252；2041~2045年预期寿命为82岁，计发月数为264；2046~2050预期寿命为

83 岁，计发月数为 276。

个人账户记账利率采用 8%，职业年金记账利率为 5%，企业年金收益率选择多年的平均加权投资收益率 5.2%，前文已经说明。为了便于同机关事业单位进行比较，假设企业年金缴费率等于职业年金缴费率，为 12%。过渡系数选择目前大多数省份采用的 1.4%，年金领取时的个人所得税暂不列入计算。

一、职业年金适度水平与原有制度对接

机关事业单位"并轨"养老保险与原有退休制度的对接，国家政策选择了 10 年过渡期，采取就高齐平原则①。

根据国务院办公厅印发的《机关事业单位职业年金办法》（国办发〔2015〕18 号）和人力资源和社会保障部、财政部联合印发的《统一和规范职工养老保险个人账户记账利率办法》（人社部发〔2017〕31 号），职业年金总缴费率为职工工资总额的 12%，个人缴本人缴费工资的 4%，直接计入本人职业年金个人账户，单位缴本单位工资总额的 8%，单位缴费按照个人缴费基数的 8% 计入本人职业年金个人账户。也就是说，25 岁的"新人"从开始工作到 60 岁退休，除去收益和年金运营成本，其职业年金账户中至少有终生工资收入的 12%。根据《机关事业单位职业年金办法》（国办发〔2015〕18 号），职业年金基金实行市场化投资运营，实现保值增值。非全额供款的单位，单位缴费由单位实际承担，采取实账积累。由此形成的职业年金基金实行市场化投资运营，按实际收益计息。为了避免财政承受支付当期退休老人养老金和当期的职工职业年金的"双重负担"，由财政全额供款单位，职业年金单位缴费部分采取记账方式，记账利率每年由国家根据实账积累部分的投资收益率确定后统一公布。2014 年 10 月 1 日到 2017 年 12 月 31 日，国家公布的职业年金个人账户记账利率为 5%，但考虑到未来经济形势可能好转，为充分考虑各种经济形势下的职业年金收益状况，假设收益率上限为 8%。

按照前文说明的情况，测算 25 岁"新人"退休第一年（2049 年）的职业年金替代率区间下限为 0.225，上限为 0.30。其中，单位缴费 8% 的替代率为 0.15～0.20，个人缴费 4% 的未来替代率系数为 0.075～0.10（见表 5-3）。由前文职业年金适度水平模型得出，与机关事业单位原有退休金对接，替代率适度水平区间为 0.144～0.213。将测算值与适度水平值对比来看：①职业年金的下限收益率

---

① 参见国务院《关于机关事业单位工作人员养老保险制度改革的决定》（人社部发〔2015〕28 号）。

测算的替代率水平 0.225 略高出适度水平上限 0.213。②职业年金按上限收益率，对应的替代率 0.30 减去个人缴费 4% 的对应替代率 0.10，职业年金未来替代率 0.20 处于对接适度水平区间。③职业年金实际缴费率为 12%，较之适度缴费水平上限 0.075，缴费系数高出 0.045，这里高出的缴费系数正好与个人缴费 4% 水平接近，所以减去 4% 的个人缴费率职业年金缴费率处于适度区间。④职业年金按 12% 缴费率，5% 下限收益率，其给付替代率也基本处于适度区间。所以，较适合的政策选择是，如果未来收益率按照下限，缴费率 12% 是较好的选择；如果未来的收益率按照上限，可以将个人缴费率 4% 作为职工自主选择项目，而不是必须缴费项目。

表 5-3　机关事业单位与原有退休金对接职业年金缴费率与替代率水平

年龄	职业年金 缴费适度水平	职业年金 替代率适度水平	实际缴费率	预测替代率
25 岁"新人"	0.032~0.075	0.144~0.213	0.08	0.15~0.20
			0.04	0.075~0.10
总计			0.08~0.12	0.225~0.30

机关事业单位职业年金水平与"并轨"养老保险综合替代率合在一起，实现与原有机关事业单位退休金替代率水平对接。初步测算表明，机关事业单位养老保险"并轨"后，综合替代率系数适度水平区间为 0.90~0.68；"并轨"后"新人"的养老保险综合替代率系数在 0.73 左右，处于适度水平区间内，具有适度保障和与原有制度替代率优化对接的效果（见表 5-4）。

表 5-4　机关事业单位与原有退休金对接综合替代率水平

年龄	综合替代率适度水平	基础养老金	个人账户	职业年金	合计
"新人"	0.90~0.68	0.35~0.32	0.152	0.228	0.73~0.65

注：按照现有基础养老保险缴费年限与替代率对称性政策，缴费 35 年（本科）和 32 年（硕士），基础养老保险替代率系数为 0.35~0.32。

二、职业年金适度水平与企业年金对接

职业年金与企业年金最大的区别在于职业年金具有强制性，而企业年金的建

立是企业的自愿行为。实施职业年金的重要原因在于为养老保险"并轨"减少改革阻力,在短期内确实会带来一些问题,解决之道还在于完善企业年金。随着人才竞争日益激烈,企业为吸引人才,会在企业年金等方面给予职工更好的待遇。国家也会逐步出台一些政策,鼓励企业为职工缴纳企业年金,越来越多的企业建立企业年金之后,企业职工养老金的替代率也会与机关事业单位的看齐。

职业年金作为机关事业单位的补充养老保险制度,缴费率为单位职工工资总额的8%,个人缴纳缴费工资的4%。与职业年金相比,企业年金非强制性规定,没有缴费基数,只有缴费上限。2018年2月1日起施行的《企业年金办法》下调了企业年金缴费上限,将企业缴费上限由原来的本企业上年度工资总额的1/12(8.33%)下调为8%,将企业和职工缴费之和的上限由原来的1/6(16.7%)调整为12%。也就是说,企业年金制度的缴费率上限同职业年金一致。但是制度上的一致并不能代表现实情况的一致。由于企业年金覆盖率低,《财政部、国家税务总局关于补充养老保险费补充医疗保险费有关企业所得税政策问题的通知》(财税〔2009〕27号)规定:"企业根据国家有关政策规定,为在本企业任职或者受雇的全体员工支付的补充养老保险费、补充医疗保险费,分别在不超过职工工资总额5%标准内的部分,在计算应纳税所得额时准予扣除;超过的部分,不予扣除。"

机关事业单位养老保险"并轨",在与原有机关事业单位退休金水平对接的同时,还要与企业养老保险水平对接,这就是机关事业单位"并轨"养老保险的"二元结构"。为了在保障水平上与原有退休金水平对接,同时又与企业养老金水平对接,"并轨"采取的政策是加大个人缴费的比例,其中除了单位缴费8%外,个人缴费工资的4%进入职业年金。企业缴费工资总额的5%进入企业年金,较之企业个人缴费,机关事业单位职工个人缴费率增加4个百分点,单位增加3个百分点(企业年金一般是缴费工资的5%及税前列支)。职业年金单位缴费率高出个人缴费率4个百分点,实质是机关事业单位职工个人生命周期的养老收入再分配。这里通过个人缴费增加解决了改革后养老金水平与原有退休金水平对接问题,同时以个人多缴多得的公平政策解决了与企业养老金的对接问题。

机关事业单位养老保险缴费率和替代率与企业养老保险的合理对接是机关事业单位养老保险"并轨"的长远目标。

从缴费率适度水平上看,依据现有劳动力人口和未来人口老龄化高峰期人口结构特征,测定职业年金的适度缴费率水平区间为0.032~0.075,在相关政策可能实施的背景下调整后的缴费率适度水平区间为0.032~0.059。对比现有企业年金缴费水平,具有缴费能力的企业给职工办理了企业年金缴费,依据国家规定的税前列支优惠政策，一般选择 5% 的缴费率，可以看出缴费率超出适度水平下限，在适度水平区间内。机关事业单位的职业年金，单位缴费 8%，在当前的政策条件约束下接近适度水平上限；加之个人缴费 4%，缴费率超出了适度水平上限。由于是个人缴费，属于个人生命周期收入再分配，我们可以把这部分缴费视同个人储蓄养老保险，作为职工自愿选择的缴费项目。当然，假设未来延迟退休政策实施，当前的职业年金缴费水平将超过适度上限约 2 个百分点，这也为未来降低职业年金单位缴费、降低财政支出或者个人缴费压力提供了空间。

从给付替代率适度水平上看，依据现有劳动力人口和未来人口老龄化高峰期人口结构特征，测定职业年金与企业对接的适度给付替代率水平区间为 0.09～0.16，延迟退休等政策因素修正后的适度给付替代率水平区间为 0.1～0.16。测算表明，职业年金缴费率 8%，对应给付替代率系数为 0.15，处于适度区间。当加上职业年金个人缴费 4%，给付替代率系数增加 0.075，合计替代率系数水平达到 0.225，处在缴费适度水平区间（见表 5-5）。

表 5-5　机关事业单位与企业年金对接职业年金替代率水平

年龄	职业年金缴费适度水平	职业年金替代率适度水平	实际缴费率	预测替代率
25 岁	0.032～0.075	0.09～0.16	0.8+0.4	0.15+0.075
	修正后职业年金缴费适度水平	修正后职业年金替代率适度水平	0.12	0.225
	0.032～0.059	0.1～0.16		

把职业年金替代率水平放到机关事业单位养老保险"并轨"综合给付替代率水平结构中看，初步测算表明，最具有代表性的"新人"，基础养老保险替代率系数为 0.35～0.32，实现了与企业基础养老保险替代率水平的对接；个人账户替代率系数为 0.152，实现了与企业个人账户养老金替代率水平的对接；职业年金替代率系数为 0.225，较之那些没有缴纳企业年金的企业职工养老保险综合替代率就会高出替代率系数 0.225，较之那些缴纳企业年金费率 5% 的企业职工养老保险综合替代率就会高出替代率系数 0.13 左右，反过来，减去机关事业单位职工个人增加缴费 4% 回报的养老金替代率，机关事业单位养老保险替代率与企业养老保险替代率水平实现了本质对接（见表 5-4、表 5-5）。

从总体水平适度性角度，与企业对接的养老保险综合替代率适度水平看，经测算，按照现有人口结构测得的综合替代率系数适度上限在 0.73 左右，按照未来人口老龄化高峰期人口结构测得的替代率系数适度水平下限在 0.45 左右。现实的综合替代率水平，基于现有的缴费年限与给付替代率对称性关联的政策，以及相关的参数，测得综合替代率系数，"新人"的养老保险综合替代率区间为 0.71~0.73，其适度水平状况接近适度水平上限（见表 5-6）。这种接近适度水平上限的状况，与机关事业单位职工较之企业高出的 4%[①]的职业年金个人缴费率及其回报率相关，其高出的部分有其内在投入产出结构的对称合理性。

表 5-6 机关事业单位与企业养老保险对接综合替代率水平

年龄	"并轨"企业替代率适度水平	基础养老金	个人账户	职业年金	合计
"新人"	0.73~0.45	0.35~0.32	0.150	0.228	0.73~0.70

从缴费投入和给付产出对应关系看，机关事业单位养老保险"并轨"后的职业年金缴费率为 12%，其中单位缴纳 8%，个人缴纳 4%，较之企业年金单位缴纳 5%，总缴费率高出 7%（企业高出 3%，个人高出 4%）。初步测算发现，机关事业单位养老保险综合替代率水平减去个人多缴纳的职业年金缴费率 4%后，"新人"养老保险综合替代率系数在 0.655 左右，进入与企业对接的养老保险替代率适度区间为 0.73~0.45。按照职业年金增加缴费率 7%测算，未来养老金给付替代率系数增加 0.13 左右，在 0.75 和 0.73 替代率系数基础上减去 0.13 替代率系数，未来机关事业单位"新人"养老保险综合替代率系数水平在 0.60 左右，进入与企业"并轨"适度水平系数区间为 0.73~0.45。

从投入产出对应性上分析机关事业单位养老保险"并轨"后的职业年金和综合替代率水平，可以看出职业年金缴费中单位缴纳费率高出企业 3%，是机关事业单位职工受教育年限平均数较高所对应的教育成本补偿缴费，相对应的给付替代率系数增加 0.057 左右；个人缴费较之企业多出缴费率 4%，属于增加了个人生命周期收入再分配，相对应的给付替代率系数增加 0.075 左右。这些增加的缴费率水平对应增加了给付替代率水平，在进行比较分析时可以在综合替代率水平中减去增加的缴费和给付水平，如此才具有可比性。同时，在适度水平分析中可以看出，如果职业年金中单位缴纳费率设计为 8%，也具有适度保障合理性。个人在职业年金中缴纳的 4%是锦上添花，可以由职工自己选择缴费，有些职工不选择缴纳 4%，也不影响总给付替代率水平进入养老保障适度水平区间。

从趋势上看，通过职业年金水平的设定实现了机关事业单位养老保险综合替

---

① 机关事业单位职业年金缴费率为 12%，企业的企业年金缴费率一般为 5%。

代率"并轨"对接，通过提高职业年金个人缴费率水平实现了机关事业单位养老金给付与原有职工退休金替代率的合理对接。随着养老保险"并轨"的进一步发展和"并轨"过渡期的结束，以及相关的政策优化，机关事业单位养老保险"并轨"的替代率水平将会得到进一步优化。

本章小结

本章从国民财富人口结构均衡分配和教育成本职业年金生命周期补偿的视角切入，依据职业年金缴费适度水平模型，选择职业年金与企业年金等养老保险政策对接作为依据，以老年人口比重系数作为综合缴费率参数，以劳动年龄人口比重系数为目标替代率参数，根据机关事业单位职业年金缴费适度水平模型，结合相关参数，测定职业年金养老保险理论缴费率为 3.2%~7.5%。考虑延迟退休和生育政策调整后，测定职业年金养老保险现实缴费率为 3.2%~5.92%。并通过研究职业年金与原有制度对接和企业年金对接来验证缴费水平的适度性。

第六章　机关事业单位"并轨"财政补贴与个人储蓄适度水平

随着人口老龄化的发展，机关事业单位养老金"并轨"，公共养老金财政补贴需求逐渐凸显。如何厘定公共养老金财政补贴适度水平值得进行深入思考和多角度研究。

国民财富人口结构均衡收入分配原理为我们提供了一个研究公共养老金财政补贴适度水平的视角。依据人口结构代际转移养老基本原理，我们把国民财富按照人口年龄结构均衡分配给老年人作为养老金，这是代际交叠养老的基本道理。老年人口是当年的劳动力人口，代际转移养老是现在的劳动年龄人口养活当年的劳动年龄人口，所以现在的老年人口按照老年人口比重均衡获得国民财富中的相应部分作为养老金，这符合代际交叠养老的基本原理。

老年人口按照老年人口比重系数获得国民财富中的相应份额作为养老金，与劳动力人口的工资所得相对应，老年人口获得的养老金有一定的替代率及其剩余，这里的养老金替代率剩余如同劳动力人口的工资所得税一样，上缴为国家和地方财政收入。如同国家和地方财政收入作为第二次转移收入再分配一样，公共养老金替代率剩余部分的财政收入，可以通过转移收入再分配补贴方式，对机关事业单位养老金和社会养老金缺口及转轨成本等给予财政适度补贴，实现养老金财政收入再分配。

随着机关事业单位养老保险"并轨"的不断推行，为破解人口老龄化对养老保险收支均衡所带来的冲击，本书在现有研究的基础上，从国民财富人口结构合理分配的原理出发，在以往缴费率＝抚养比×替代率的常规模型基础上，通过推导演化，发现了新的养老保险缴费率与替代率测算模型，模型能更好地解释国民财富通过养老保险制度进行合理的分配与再分配；创新地提出替代率剩余与财政补贴适度水平联动理论，通过构建替代率剩余与养老保险财政补贴适度水平数理模型，实证测算机关事业单位"并轨"养老保险财政补贴的适度水平标准，并在此基础上提出相关建议。

第一节 国民财富代际交叠均衡收入再分配原理

一、国民财富代际交叠均衡收入再分配

国民财富人口结构均衡分配是一个延续性人类行为过程，是一个持续代际交叠转移再分配过程。

从某一时段静态来看，劳动年龄人口是创造财富的年龄段人口，老年人口和少儿人口都是由劳动年龄人口创造财富供养的。但是，从人类动态发展来看，老年人口曾经是当年的劳动年龄人口，少儿人口是未来的劳动年龄人口。人类行为延续过程就是这种每个年龄段的人口都是或曾经是劳动年龄人口，创造财富供养非劳动年龄人口的持续循环过程。这个过程，也就是人类代际交叠收入再分配的过程。

国民财富代际交叠收入再分配与人口年龄结构层次相对应分为三期代际交叠收入再分配。劳动年龄人口创造了财富（选择 GDP），在这些财富分配给劳动力的劳动生产要素分配系数中，在劳动年龄人口、老年人口和少儿人口三期代际转移收入再分配。劳动年龄人口通过缴纳养老金的方式实现向老年人口的代际财富转移再分配。劳动年龄人口通过向少儿人口提供抚养和教育费用的方式实现向少儿人口的代际财富转移再分配。

这个代际转移收入再分配过程，从动态上看，是一个生命周期的延续循环过程。每个人的生命周期都经历少儿人口时期、劳动年龄人口时期和老年人口时期，每个人都是或曾经是财富的创造者，也都是财富收入再分配的受益者，也都是代际交叠转移再分配的参与者。在这个意义上，人类的每个个体都在代际转移收入再分配中完成了自己的生命周期的分配公平。

二、养老金替代率剩余及养老金财政补贴适度性

国民财富按照劳动生产要素分配，理论上老年人口按照老年人口比重获得相应的份额，劳动年龄人口按照劳动年龄人口比重获得相应的份额。但是实际上，劳动年龄人口获得的实际收入是实际工资扣除所得税等后的可支配收入。老年人口获得的养老金与老年人口比重系数有一定的差额，养老金收入实际上是按照一

定的替代率折合后的可支配收入养老金。这里，劳动年龄人口获得的可支配收入与劳动年龄人口比重系数之间的差额是劳动年龄人口工资的缴税剩余。老年人口获得的养老金收入与老年人口比重系数之间的差额是老年人口养老金替代率剩余。

　　劳动年龄人口工资的缴税剩余和老年人口养老金替代率剩余都通过缴费的方式（缴纳所得税、养老金等方式）进入国家财政收入。依据收支均衡分配，养老金财政补贴的适度性应该以养老金替代率剩余量为依据，也可以说，养老金财政补贴的适度上限水平是养老金替代率剩余水平。从老年人口养老消费结构上分析，养老金替代率剩余总量除了用于养老补贴外，还用于养老医疗等其他消费补贴，所以养老金替代率剩余量是养老金财政补贴的适度上限。

第二节　养老保险财政补贴适度水平数理模型及参数

一、养老金替代率模型创新

　　根据第四章养老保险缴费率新模型，即缴费率=老年人口比重，我们推导出养老金新模型：替代率=劳动年龄人口比重。即：

$$\sigma_i = \frac{N_{L,i}}{N_{T,i}} = \frac{N_{L,i}}{N_{Y,i} + N_{L,i} + N_{O,i}} \qquad (6-1)$$

　　其中，σ_i 表示第 i 年的养老金替代率，$N_{Y,i}$ 表示第 i 年的少儿人口数，其余指标同式（5-1）、式（5-2）。这里需要强调的是，总人口数是少儿人口数、劳动年龄人口数和老年人口数之和。因为养老保险人口结构主要是劳动年龄人口与老年人口之间的财富分配，少儿人口暂不负有负担老人养老金的责任。

二、养老金替代率剩余模型构建

　　按照前文国民财富养老金替代率剩余理论分析，国民财富中按照劳动生产要素分配系数，理论上老年人口按照老年人口比重获得相应的份额，但实际上老年人口获得的养老金与老年人口比重有一定的差额，养老金收入实际上是按照一定的替代率折合后的可支配收入养老金。那么，替代率剩余实际就是老年人应得的劳动生产要素分配系数（通常是工资总额/国民财富按劳动生产要素分配系数分配额）与养老金替代率之间的差值。

$$S_{\sigma,i} = \frac{W_{T,i}}{T_{GDP,i} \times \varphi_{pro,i}} - \frac{N_{L,i}}{N_{Y,i} + N_{L,i} + N_{O,i}} \qquad (6-2)$$

其中，$S_{\sigma,i}$ 表示第 i 年的养老金替代率剩余，$W_{T,i}$ 表示第 i 年的工资总额，$T_{GDP,i}$ 表示第 i 年的国民财富（GDP）的总量，$\varphi_{pro,i}$ 表示第 i 年的劳动生产要素分配系数，其余指标同式（6-1）。

三、养老保险财政支出适度水平模型构建

根据国民财富养老金替代率剩余及养老金财政补贴适度性的内在原理，老年人口曾经对经济增长做出过劳动贡献，应该按照老年人口比重进行初次分配。而为保障当期劳动年龄人口的劳动积极性，老年人口收入再分配，即养老金水平应设定为劳动收入的合理比例，即合意替代率。合意替代率既体现了多劳多得的"劳动公平"，也体现了保障老年人口基本生活的"生存公平"。结合前文养老金替代率创新模型得出的养老金替代率实际是养老人口结构中的劳动年龄人口比重，是动态的替代率。按老年人口比重获得的劳动生产要素分配中的老年人收入分配份额，我们可以称为老年人口比重收入分配额，这一份额比重减去养老金替代率后的剩余份额，就是"老年人口养老金替代率剩余"。劳动年龄人口工资收入上缴的税收和老年人口养老金替代率剩余共同构成了财政收入再分配总量，劳动年龄人口上缴的税收通过财政转移再分配应用于经济发展的劳动力再生产和公共事业发展，老年人口养老金替代率剩余部分可通过养老保险财政补贴途径用以补贴养老保险资金制度缺口和提高老年人口养老保障水平。据此，我们以 2015 年为基期，构建老年人口财政补贴的上限水平的数理模型为：

$$G_{\sigma,i} = T_{GDP,i} \times \varphi_{pro,i} \times \frac{N_{O,i}}{N_{Y,i} + N_{L,i} + N_{O,i}} \times \left(\frac{W_{T,i}}{T_{GDP,i} \times \varphi_{pro,i}} - \frac{N_{L,i}}{N_{Y,i} + N_{L,i} + N_{O,i}} \right) \times (1+r)^{2015-i}$$

$$(6-3)$$

其中，$G_{\sigma,i}$ 表示第 i 年按照替代率剩余进行财政补贴的上限水平，其余指标同式（6-2）。事实上，我们从老年人口的养老消费结构上分析，养老金替代率剩余总量除了用于养老补贴外，还用于养老医疗消费补贴，因为随着老年人口的年龄不断增大，身体机能不断老化，对医疗的需求大大加强，所以养老金替代率剩余量是养老金财政补贴的适度上限。在此，我们想单纯研究养老金问题，所以

需要剔除财政对医疗保险等其他财政补贴项目。根据国际经验和学者们的研究成果，养老保险约占社会保障支出水平的50%。同样财政补贴关于养老金和医疗保险等其他项目的补贴也以此为依据进行划分，剔除医疗保险等其他项目的财政补贴后，养老金财政补贴适度水平上限模型进一步修正为：

$$G_{\sigma,i}^{P}=T_{GDP,i}\times\varphi_{pro,i}\times\frac{N_{O,i}}{N_{Y,i}+N_{L,i}+N_{O,i}}\times\left(\frac{W_{T,i}}{T_{GDP,i}\times\varphi_{pro,i}}-\frac{N_{L,i}}{N_{Y,i}+N_{L,i}+N_{O,i}}\right)\times$$
$$50\%\times(1+r)^{2015-i} \tag{6-4}$$

其中，$G_{\sigma,i}^{P}$ 表示第 i 年按照替代率剩余进行养老金财政补贴的上限。其余指标同式（6-3）。

四、机关事业单位养老保险财政支出适度水平模型构建

机关事业单位养老金"并轨"后，机关事业单位退休老年人口养老金财政支付适度水平数理模型在式（6-4）中将老年人口比重指标具体化为机关事业单位退休老年人口比重，总模型就转化为机关事业单位养老金"并轨"财政支付适度水平数理模型，如式（6-5）所示：

$$^{G}G_{\sigma,i}^{P}=T_{GDP,i}\times\varphi_{pro,i}\times\frac{N_{O,i}^{G}}{N_{Y,i}+N_{L,i}+N_{O,i}}\times\left(\frac{W_{T,i}}{T_{GDP,i}\times\varphi_{pro,i}}-\frac{N_{L,i}}{N_{Y,i}+N_{L,i}+N_{O,i}}\right)\times$$
$$50\%\times(1+r)^{2015-i} \tag{6-5}$$

其中，$^{G}G_{\sigma,i}^{P}$ 表示机关事业单位第 i 年按照替代率剩余进行养老金财政补贴的上限，其余指标同式（6-4）。

五、相关指标参数选择

本书根据国民养老金财富人口的科学分配原理，对养老金替代率模型进行创新，并以养老金替代率剩余理论为基础，构建养老金替代率剩余模型。根据养老金替代率剩余与养老金财政补贴适度水平的内在逻辑关系，构建养老金财政补贴适度水平模型，模型的测算和实证分析需要工资水平、劳动年龄人口数和老年人口数等一系列指标参数的支持。需要首先对指标参数进行相应的设定和估计。

（1）劳动年龄人口数和老年人口数。城镇职工养老保险（包含个体、灵活就业人员）的劳动年龄人口数采用城镇就业人口数。2007~2015年现实数据利用各年度《人力资源（劳动）和社会保障事业发展统计公报》和《中国统计年鉴》公布数据。预测数据依据2002~2015年《中国劳动与就业统计年鉴》统计数据

显示：①历年城镇就业人口占城镇劳动年龄人口比重接近80%，假设2014~2050年保持这一比重不变。②2002~2010年历年城镇退休人口数占城镇老年人口比重近似值由46%逐渐上升到65%，增长近20%。且依据2007~2015年城镇退休人口真实值占城镇老年人口的比重逐年近似以2%的速率递增，2015年达到74%。假设城镇职工的赡养比和城镇人口的赡养比保持一致，即城镇职工退休人数与就业人数之比和城镇老年人口数与劳动年龄人口数之比保持一致，城镇职工退休人口占城镇老年人口的比重2014年以后可以每年以2%的速度递增来估计，达到80%后趋于稳定。关于劳动年龄人口和老年人口，我国规定，男子16~60周岁、女子16~55周岁的这部分人口被视为理论劳动年龄人口。其中人口预测数据采用辽宁大学人口研究所"基础养老保险缴费率一元化"课题组人口预测数据。③城镇职工养老保险总人口考虑了少儿抚养比，即城镇职工人数+城镇退休人口+城镇职工人数×少儿抚养比。

（2）机关事业单位在职人口数和退休人口数。假设试点中机关事业单位的退休人员占全体职工人数的比例与全国机关事业单位相近。2008年参加"并轨"改革试点的机关事业单位人数约为2090万，其中退休人数约为510万（机关约80万人，事业单位约430万），当前全国"并轨"改革涉及的机关事业单位人口数约为4500万。由于机关事业单位实行定额管理，因此职工人数相对稳定，15年来平均增长率仅为1.16%。根据2014年度《中国养老金发展报告》的测算方法，假设2013~2024年机关事业单位依然实行定额管理，总编制人数不变，由于在此期间延迟退休政策的实施，会对"中人""新人"退休人数产生影响。2025年以后将城镇人口年龄结构作为机关事业单位员工年龄结构的参照，假设两者一致。由此可以估算出机关事业单位的在职人口数和退休人口数。

（3）劳动生产要素分配系数。劳动生产要素分配是国民财富按照劳动生产要素的贡献给予劳动者相应的财富分配额，通常为职工的工资水平。本书假设城镇职工的劳动生产要素分配系数是工资总额与城镇职工生产的财富总值。由于城乡居民按照劳动生产要素分配的财富没有工资等统计数据可以衡量，因此我们采用其人均可支配收入进行替代。

（4）社平工资。由于我们研究的是全国的情况，且实现职工基础养老金全国统筹是"十三五"规划的重要目标，因此本书以全国在岗职工平均工资为社平工资。现实数据来源于历年《中国统计年鉴》。依据"十三五"规划：坚持居民收入增长和经济增长同步，那么需要劳动工资增长率逐渐趋近于GDP增长速度。本书通过对1995~2014年名义工资增长率均值和名义GDP增长率均值比较发现，名义工资增长率均值高于GDP增长率1.77个百分点，但最近几年社平工资的增长速度逐步趋近于名义 GDP 的增长速度，假设未来保持不变。

（5）利率。目前灵活就业人员统筹账户养老金由个人缴费，某种程度上属于稳健投资。那么，缴费的机会成本将是缴费额进行其他形式的长期稳健投资取得的收益，长期存款的利息收入是最保险的方式，因此本书选取银行长期存款利率进行折现。由于长期存款利率随着国家的政策不断调整，本书依据 1997~2015 年《中国人民银行历年存款利率变化表》，按月为单位，选取 227 个月的长期定期存款利率取平均值得出长期存款利率为 4.26%。

（6）财政支出。财政支出作为反映国民经济总量的一个重要指标，在本书中可作为一个重要的参考变量来分析养老金财政支出的相关情况及养老金财政支出的合理性。考虑到财政支出与国民经济总量有着密切的关系，本文选取 1978~2015 年 GDP 与财政支出两变量进行观察，不难看出，GDP 增长率和财政支出的增长率存在一定的相关性（见图 6-1），通过测算，1978~2015 年历年财政支出的 GDP 弹性为 1.605，并假设未来财政支出的 GDP 弹性保持不变。

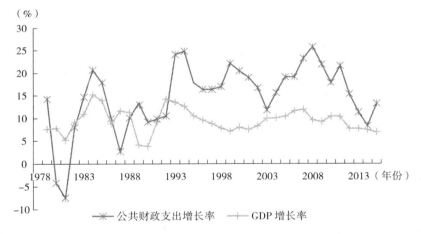

图 6-1　GDP 增长率与公共财政支出增长率之间的相关关系

第三节　养老保险财政补贴适度水平实证测算

依据养老金替代率剩余及养老金财政补贴适度水平数理模型，结合相关参数设计和当前实际情况，将养老保险替代率剩余及养老保险财政补贴适度性实证分析按照城镇职工养老保险和基本养老保险一元化两种情形展开分析。以 2013 年为基期，预测两类基本养老保险在 2013～2050 年每年的替代率剩余和养老金财政补贴的适度性，在分析财政适度性时分别按照不剔除医疗保险财政补贴和单纯养老保险财政补贴两种类型。根据模型和参数设计求出养老金替代率剩余和财政补贴适度水平的具体数值并展开分析。

一、城镇职工养老保险财政补贴适度水平

依据养老保险替代率剩余和财政补贴适度水平模型，结合相关参数设计，以 2013 年为基期，对城镇职工（包含个体灵活就业人员和机关事业单位人员）养老保险替代率剩余及财政补贴适度水平进行实证测算发现，2013～2050 年城镇就业人口呈现出先不断增长后下降的趋势，这主要与生育政策相关，在 2040 年左右出现一个较缓的峰值。城镇少儿人口在未来会成为城镇就业人口，由于生育政策的调整，从"单独二孩"到"全面二孩"，生育势能开始释放，城镇少儿人口出现短暂的堆积现象，人口迅速增加，随着势能的不断减弱，城镇少儿人口出现缓慢的下降，但少儿人口与城镇劳动年龄人口密切相关，因此总体来看，城镇少儿人口呈现先增长后下降再增长后下降的波动趋势。城镇退休人口数量在测算期内呈现不断增长的趋势，由此不难发现，老龄化趋势随着时间的推移不断加剧，但这是我国人口年龄结构发展所必然要面对的困境。由此，我们测算出劳动年龄人口比重随着时间的推移不断降低。

按照前文替代率新模型的推导，替代率剩余与劳动年龄人口比重是相对应的，此消彼长，因此替代率剩余在测算期内不断增长，2013 年约为 29.98%，2016 年达到 34.08%，到 2050 年将达到 48.97%，相较于 2016 年增长约 15 个百分点。根据替代率剩余和养老金财政补贴适度水平上限的逻辑关系，这意味着在未来财政对老年人口将负担越来越多的责任。当然这还要考虑不同时间的工资水平，由于通货膨胀、劳动生产要素分配等因素的影响，我们以 2016 年（应该以2015 年）为基准，对未来的社会平均工资进行贴现处理。测算发现，按照替代率剩余进行财政补贴，2013 年养老金财政补贴适度水平的上限约为 9613 亿元，当然，随着老年人口的身体机能衰弱，对医疗的需求也会不断增加，加上低保救助等支出，因此养老金替代率剩余应该分给医疗保险等其他财政补贴一部分。按照模型和参数设计，扣除医疗保险等财政补贴后，仅对养老保险进行补贴的财政适度水平上限在 2013 年约为 4807 亿元，占当年财政支出水平的 3.43%。根据《中国养老金发展报告 2014》公布数据，2013 年城镇职工基本养老保险基金总收

入中各因素所占比例的划分，财政补助约占 13.31%，具体数值约为 3018.7 亿元，约占养老金财政补贴适度水平上限的 62.8%，约占扣除医疗保险后的财政补贴适度水平上限的 31.4%。2016 年养老金财政补贴适度水平的上限为 15336 亿元，扣除医疗保险后的财政补贴适度水平上限约为 7668 亿元，占当年财政支出水平的 4.02%。但随着经济的不断发展，工资水平也在不断提高，同时老龄化水平不断加剧，养老金财政补贴需求也在不断增长，因此到 2050 年，养老金财政补贴适度水平的上限约为 112641 亿元，扣除医疗保险后的财政补贴适度水平上限约为 56320 亿元，约占当年财政支出水平的 10.02%，可见随着老龄化的不断加剧，养老金应由财政补贴的份额对财政支出的压力将会不断加剧（见表 6-1）。

表 6-1　城镇职工养老保险替代率剩余及财政补贴适度水平

年份	城镇就业人口（万人）	城镇职工退休人口（万人）	城镇少儿人口（万人）	城镇职工劳动年龄人口比重（%）	替代率剩余（%）	社平工资现值（2016年为基准）（元）	财政补贴适度上限（亿元）	养老财政补贴适度上限（亿元）	养老财政补贴占财政支出的比重（%）
2015	36421	9142	11952	67.53	32.47	63241	12676	6338	3.43
2016	36666	10103	12646	65.92	34.08	67569	15336	7668	3.49
2017	36963	10428	13324	65.17	34.83	69782	16517	8258	3.60
2018	37284	10748	13921	64.53	35.47	73303	18033	9017	4.02
2019	37586	11108	14480	63.89	36.11	77001	19733	9867	4.08
2020	37851	11530	15030	63.19	36.81	80885	21693	10847	4.21
2021	37922	11879	15393	62.6	37.4	84189	23415	11707	4.35
2022	37955	12331	15802	61.87	38.13	87629	25491	12746	4.51
2023	37966	12877	16236	61.03	38.97	91209	27932	13966	4.60
2024	37991	13502	16657	60.16	39.84	94936	30723	15362	4.80
2025	38060	14194	17032	59.31	40.69	98814	33850	16925	5.04
2026	38091	14761	17147	58.73	41.27	102851	36796	18398	5.31
2027	38167	15347	17165	58.24	41.76	107053	39957	19979	5.61
2028	38269	15944	17113	57.82	42.18	111427	43329	21664	5.84
2029	38373	16532	17027	57.42	42.58	115979	46876	23438	6.07

续表

年份	城镇就业人口（万人）	城镇职工退休人口（万人）	城镇少儿人口（万人）	城镇职工劳动年龄人口比重（%）	替代率剩余（%）	社平工资现值（2016年为基准）（元）	财政补贴适度上限（亿元）	养老财政补贴适度上限（亿元）	养老财政补贴占财政支出的比重（%）
2030	38472	17080	16924	57.08	42.92	120718	50513	25256	6.31
2031	38560	17497	16709	56.91	43.09	124261	53314	26657	6.54
2032	38701	17950	16442	56.78	43.22	127907	56343	28172	6.75
2033	38829	18434	16224	56.59	43.41	131661	59622	29811	6.83
2034	38965	18933	16046	56.36	43.64	135525	63108	31554	7.04
2035	39123	19440	15897	56.14	43.86	139502	66776	33388	7.27
2036	39176	19699	15856	55.99	44.01	143596	69703	34852	7.50
2037	39254	19927	15861	55.85	44.15	147810	72628	36314	7.74
2038	39338	20135	15918	55.71	44.29	152148	75591	37795	7.88
2039	39413	20337	16025	55.54	44.46	156613	78649	39325	8.01
2040	39470	20539	16179	55.33	44.67	161209	81835	40917	8.13
2041	39440	20586	16347	55.19	44.81	164703	83853	41927	8.25
2042	39398	20677	16560	54.97	45.03	168273	86125	43062	8.38
2043	39323	20831	16817	54.67	45.33	171920	88749	44374	8.37
2044	39189	21072	17111	54.25	45.75	175646	91860	45930	8.49
2045	38993	21407	17433	53.71	46.29	179453	95511	47755	8.64
2046	38690	21558	17723	53.25	46.75	183343	98395	49198	8.83
2047	38333	21794	18024	52.7	47.3	187317	101765	50882	9.06
2048	37956	22077	18334	52.09	47.91	191377	105440	52720	9.21
2049	37611	22348	18645	51.51	48.49	195525	109139	54569	9.41
2050	37338	22564	18953	51.03	48.97	199763	112641	56320	9.62

注：①劳动年龄人口比重＝替代率；②替代率剩余和财政补贴适度上限分别由式（6-5）至式（6-7）计算得出。

资料来源：历年《中国养老金发展报告》、《中国统计年鉴》和辽宁大学人口研究所"基础养老金缴费率一元化课题组"人口预测数据。

二、"并轨"养老保险财政支出适度水平测算

依据养老保险替代率剩余和机关事业单位养老保险财政补贴适度水平模型，结合相关参数，对机关事业单位养老保险财政补贴适度水平进行实证测算。研究发现，由于机关事业单位属于行政和事业编制人员，一直实行定岗定编的做法，虽然随着改革的不断推行、经济的不断发展，公共部门的岗位需求不断增多，但是数量仍然相对稳定。然而随着延迟退休政策[①]的推行，会在数量上对机关事业单位退休人员产生较大影响。因此，假设 2013~2024 年机关事业单位依然实行定额管理，总编制人数不变，由于在此期间延迟退休政策的实施，会对"中人""新人"退休人数产生影响。国家"十三五"规划要求实行渐进式延迟退休的方式，按照当前的主流延迟退休方案[②]，退休年龄越接近延迟退休的目标（65 岁），延迟退休政策涉及的相关人口数量越大。因此，机关事业单位退休人口数的稳步上升趋势受到延迟退休政策的影响而出现短暂的下降随后上升。

依据机关事业单位养老保险财政补贴适度水平模型，财政补贴需求受退休人口数量的影响，与退休人口数量的变动趋势相近，稳步上升过程中在 2034 年左右出现短暂的下降。从具体数值来看，2013 年老年人口财政补贴需求为 1312.72亿元，占当年财政支出的比重为 0.94%，扣除医疗保险等其他财政补贴后，养老保险财政补贴需求为 656 亿元，约占当年财政支出的 0.47%。到 2016 年，养老保险财政补贴适度水平为 964 亿元，占当年财政支出水平的 0.5%。到 2050 年，机关事业单位老年人口财政补贴的需求水平为 10717.72 亿元，约占当年财政支出的 1.91%。养老保险财政补贴需求为 5359 亿元，约占当年财政支出的 0.95%（见表 6-2）。

表 6-2　机关事业单位养老保险替代率剩余及财政补贴适度水平

年份	机关事业单位退休人口数（万人）	机关事业单位老年人财政补贴需求（亿元）	老年人财政补贴占财政支出的比重（%）	机关事业单位养老金财政补贴需求（亿元）	机关事业单位养老金占财政支出比重（%）
2015	1168	1620	0.92	810	0.46
2016	1270	1928	1.01	964	0.50

① 本书按照人社部所定基调，延迟退休政策在 2022 年左右推行。
② 本书选取中国社会科学院和中国人民大学所提出的延迟退休政策方案。

续表

年份	机关事业单位退休人口数（万人）	机关事业单位老年人财政补贴需求（亿元）	老年人财政补贴占财政支出的比重（%）	机关事业单位养老金财政补贴需求（亿元）	机关事业单位养老金占财政支出比重（%）
2017	1361	2156	1.07	1078	0.53
2018	1439	2414	1.13	1207	0.56
2019	1506	2675	1.18	1338	0.59
2020	1580	2973	1.24	1486	0.62
2021	1646	3244	1.28	1622	0.64
2022	1665	3442	1.30	1721	0.65
2023	1749	3794	1.37	1897	0.68
2024	1783	4057	1.40	2029	0.70
2025	1883	4491	1.49	2245	0.74
2026	1906	4751	1.51	2376	0.75
2027	1993	5189	1.58	2594	0.79
2028	2015	5476	1.60	2738	0.80
2029	2101	5958	1.66	2979	0.83
2030	2116	6258	1.67	3129	0.84
2031	2182	6649	1.70	3324	0.85
2032	2116	6642	1.66	3321	0.83
2033	2056	6650	1.62	3325	0.81
2034	2002	6673	1.59	3337	0.79
2035	2092	7186	1.67	3593	0.83
2036	1996	7063	1.60	3531	0.80
2037	2035	7417	1.64	3708	0.82
2038	1949	7317	1.57	3658	0.79
2039	1999	7731	1.62	3865	0.81
2040	2046	8152	1.67	4076	0.83
2041	2066	8415	1.68	4208	0.84

注：①劳动年龄人口比重=替代率；②替代率剩余和财政补贴适度上限由式（6-8）计算得出。

资料来源：历年《中国养老金发展报告》、《中国统计年鉴》和辽宁大学人口研究所"机关事业单位养老保险'并轨'适度缴费水平"课题组人口预测数据。

第四节 "并轨"养老保险财政补贴
支出适度水平检验

一、不"并轨"情形下养老金支出适度水平与实际支出水平比较

如果机关事业单位养老保险不进行"并轨"改革,养老金将全部由财政补贴来支付。郑秉文(2014)认为,机关事业单位"并轨"改革在中央层面主要是满足民众对社会保险公平性的诉求,在地方层面则主要是为了减轻日益增加的财政支出压力。按照"并轨"改革前的养老金给付替代率水平(老人的替代率[①])进行测算发现,如果不实行养老保险"并轨",2013年机关事业单位职工退休金财政补贴需求为5671亿元,约占当年公共财政支出的3.43%。超过机关事业单位养老金财政补贴适度水平约4766亿元,超出适度水平部分占当年财政支出的3.4%。虽然延迟退休政策在一定程度上降低了养老金财政补贴需求,2037年左右养老金补贴需求占当年财政支出因延迟退休政策降到谷底,约为5.78%。从绝对量上看,财政补贴需求约为26849亿元,超过财政补贴适度水平23141亿元,约占当年财政支出的5.11%。随后,总体补贴需求水平不断上升,到2050年养老金财政补贴需求达到38269亿元,约占当年财政支出的6.72%,约为机关事业单位养老金财政补贴适度水平的10倍。高出适度水平部分占养老金财政支出的比重高达5.86%(见表6-3)。因此,如果不及时推动"并轨"改革,政府的财政负担过重,且大量的财政补贴仅用来补贴机关事业单位职工这一特殊群体,既不公平又不利于养老保险体系的可持续发展。

[①] 由于机关事业单位职工实行编制管理,职工在编制内外之间的流动性较弱,因此员工的工龄相对较长,多为20年以上,因而许多研究认为老人的养老金替代率为80%~90%。本书选取区间中值85%为"并轨"前机关事业单位员工老人的平均替代率。

表6-3 不"并轨"情形下机关事业单位养老保险财政补贴与适度水平的比较

年份	机关事业单位老年职工人数（万人）	机关事业单位平均工资现值（万元）	不"并轨"财政补贴需求（亿元）	不"并轨"财政补贴占财政支出的比重（%）	财政补贴高出适度水平（亿元）	财政补贴高出适度水平部分占财政支出比重（%）
2013	1098	5.81	5422	3.43	4766	3.40
2014	1103	6.08	5700	3.22	4966	3.14
2015	1168	6.35	6307	3.30	5497	3.13
2016	1270	6.98	7531	3.72	6567	3.44
2017	1361	7.33	8477	3.96	7399	3.66
2018	1439	7.7	9412	4.15	8205	3.83
2019	1506	8.08	10351	4.31	9013	3.97
2020	1580	8.49	11408	4.48	9922	4.13
2021	1646	8.84	12367	4.66	10745	4.22
2022	1665	9.2	13018	4.70	11297	4.25
2023	1749	9.58	14240	4.92	12343	4.45
2024	1783	9.97	15104	5.00	13075	4.52
2025	1883	10.38	16606	5.27	14361	4.76
2026	1906	10.8	17493	5.32	15117	4.80
2027	1993	11.24	19038	5.55	16444	5.00
2028	2015	11.7	20041	5.59	17303	5.04
2029	2101	12.18	21747	5.82	18768	5.24
2030	2116	12.68	22797	5.84	19668	5.26
2031	2182	13.05	24196	6.05	20872	5.35
2032	2116	13.43	24154	5.89	20833	5.21
2033	2056	13.82	24157	5.74	20832	5.08
2034	2002	14.23	24220	5.62	20883	4.97
2035	2092	14.65	26047	5.89	22454	5.21
2036	1996	15.08	25575	5.64	22044	4.99
2037	2035	15.52	26849	5.78	23141	5.11
2038	1949	15.98	26469	5.56	22811	4.91
2039	1999	16.44	27941	5.72	24076	5.05

续表

年份	机关事业单位老年职工人数（万人）	机关事业单位平均工资现值（万元）	不"并轨"财政补贴需求（亿元）	不"并轨"财政补贴占财政支出的比重（%）	财政补贴高出适度水平（亿元）	财政补贴高出适度水平部分占财政支出比重（%）
2040	2046	16.93	29432	5.88	25356	5.19
2041	2066	17.29	30375	5.99	26167	5.23
2042	2092	17.67	31423	6.12	27066	5.34
2043	2114	18.05	32437	6.23	27934	5.44
2044	2138	18.44	33510	6.36	28850	5.54
2045	2161	18.84	34614	6.48	29793	5.65
2046	2155	19.25	35266	6.52	30348	5.68
2047	2150	19.67	35943	6.56	30923	5.72
2048	2143	20.09	36607	6.60	31489	5.75
2049	2141	20.53	37369	6.65	32141	5.79
2050	2147	20.97	38284	6.72	32925	5.86

二、"并轨"后养老金支出适度水平与实际支出水平比较

按照国务院发布的《关于机关事业单位工作人员养老保险制度改革的决定》中的相关规定，机关事业单位和城镇企业职工在基本养老保险层面上保持一致，这将意味着机关事业单位养老保险基金也将参照城镇企业职工养老保险"自求平衡，财政兜底"的模式。机关事业单位"并轨"后，由于采取"老人老办法，新人新办法"的原则，老人的养老金替代率水平很高。同时，针对"中人"给予了十年的过渡期，过渡期内实行"限高保低"的模式，如此过渡期内"中人"几乎与老人的替代率水平相近，这极大程度地增加了制度的转轨成本。在"并轨"改革实施的情形下，2013 年由于在岗职工的缴费不足以满足退休职工的养老金，需要财政补贴的水平约为 1468 亿元[①]，高出机关事业单位养老金财政补贴适度水平约 811 亿元，占当年财政支出的 0.51%。十年过渡期内退休人口的待遇

[①] 机关事业单位"并轨"在 2015 年开始实施，由于 2015 年以后的数据发布还不完整，2013 年的数据是已经发布的现实数据，准确度高，且不影响本书研究的重点问题，因此测算期从 2013 年开始。

水平不降低，并且退休人口不断增加，养老金财政补贴需求同样不断增加，占财政支出的比重也在不断增加，到 2025 年养老金财政补贴需求高出适度水平的部分占当年财政支出比重达到一个峰值，约为 2.07%。随着过渡期结束，按当前制度规定基础养老金替代率水平不断降低，加上延迟退休政策的效果显现，养老财政补贴需求逐渐降低。到 2050 年，"并轨"后养老金财政补贴需求仅为 5787 亿元，仅高于财政补贴适度水平约 428 亿元，这一水平甚至低于 2013 年的财政补贴需求高出适度水平的部分。"并轨"改革降低财政负担的成效逐步显现。当然，这段时间机关事业单位职工的总体养老金替代率水平并没有降低，因为职业年金、个人账户及个人的养老储蓄的不断积累弥补了基础养老金替代率水平的降低，这也是"并轨"改革在不降低养老金待遇水平的基础上降低财政负担，实现国家、单位和个人养老责任合理分担的重要体现（见表 6-4）。

表 6-4　机关事业单位养老金财政补贴水平检验

年份	机关事业单位平均工资现值（万元）	机关事业单位养老金财政给付替代率（%）①	机关事业单位缴费额（亿元）	机关事业单位待遇发放支出（亿元）	"并轨"后财政补贴需求（亿元）	"并轨"后财政补贴高出适度水平（亿元）	"并轨"后财政补贴高出适度水平部分占工资总额的比重（%）
2013	5.81	85.00	3955	5422	1468	811	4.10
2014	6.08	85.00	4134	5674	1540	835	4.04
2015	6.35	85.00	4322	6304	1982	1173	5.43
2016	6.98	85.00	4746	7535	2789	1825	7.69
2017	7.33	85.00	4985	8480	3494	2417	9.70
2018	7.7	85.00	5237	9418	4181	2974	11.36
2019	8.08	85.00	5501	10343	4842	3505	12.74
2020	8.49	85.00	5778	11402	5624	4137	14.32
2021	8.84	85.00	6015	12368	6354	4731	15.73
2022	9.2	85.00	6376	13020	6645	4924	15.45
2023	9.58	85.00	6649	14242	7593	5696	17.13
2024	9.97	83.80	7054	14897	7843	5814	16.48

---

①　财政给付替代率包括基础养老金替代率和职业年金财政给付替代率。由于职业年金单位缴费部分目前采取记账模式，未来也需要由财政来进行补贴，因此将其归入财政给付替代率。具体数值由辽宁大学"机关事业单位'并轨'养老保险适度缴费水平及资金供需总平衡"课题组精算获得。

续表

年份	机关事业单位平均工资现值（万元）	机关事业单位养老金财政给付替代率（%）	机关事业单位缴费额（亿元）	机关事业单位待遇发放支出（亿元）	"并轨"后财政补贴需求（亿元）	"并轨"后财政补贴高出适度水平（亿元）	"并轨"后财政补贴高出适度水平部分占工资总额的比重（%）
2025	10.38	82.54	7359	16133	8774	6529	17.75
2026	10.8	81.26	7813	16727	8914	6539	16.74
2027	11.24	79.92	8154	17903	9749	7155	17.55
2028	11.7	78.55	8661	18519	9857	7119	16.44
2029	12.18	77.12	9037	19735	10698	7720	17.09
2030	12.68	75.66	9592	20300	10709	7580	15.81
2031	13.05	74.15	9885	21114	11229	7904	15.99
2032	13.43	72.61	10550	20634	10084	6763	12.82
2033	13.82	71.01	11240	20177	8937	5612	9.99
2034	14.23	69.41	11954	19774	7820	4483	7.50
2035	14.65	67.76	12295	20767	8472	4879	7.94
2036	15.08	66.11	13122	19899	6777	3245	4.95
2037	15.52	64.41	13561	20343	6782	3074	4.53
2038	15.98	62.71	14417	19531	5114	1456	2.02
2039	16.44	62.14	14876	20421	5545	1680	2.26
2040	16.93	61.96	15376	21462	6086	2010	2.61
2041	17.29	61.74	15808	22054	6246	2038	2.58
2042	17.67	61.59	16270	22767	6497	2140	2.63
2043	18.05	61.41	16792	23433	6640	2137	2.55
2044	18.44	61.23	17349	24140	6791	2131	2.46
2045	18.84	61.02	17941	24843	6902	2081	2.32
2046	19.25	60.80	18539	25222	6683	1765	1.90
2047	19.67	60.55	19171	25607	6436	1417	1.48
2048	20.09	60.30	19831	25961	6130	1013	1.02
2049	20.53	59.98	20473	26364	5891	663	0.65
2050	20.97	59.65	21069	26856	5787	428	0.41

资料来源：《中国养老金发展报告2014》和《中国人力资源和社会保障统计年鉴2015》（工作卷）。

三、机关事业单位养老个人储蓄适度水平

根据分析结果，我们不难发现，尽管机关事业单位"并轨"改革在很大程度上降低了财政对养老金的补贴水平，降低了财政负担，但是在未来几十年，财政对机关事业单位的补贴需求仍然高于按国民财富人口结构分配原理得出的机关事业单位职工养老金财政补贴适度水平。如何在不降低未来机关事业单位养老金替代率水平的前提下，进一步降低养老金财政补贴水平，使之逐步向适度水平收敛，需要有新的养老金筹资渠道。

目前，机关事业单位养老保险"并轨"需要明确养老保险"并轨"的核心是代际转移现收现付基础养老保险缴费水平的"并轨"，同时存在着个人生命周期养老保险缴费水平的差异，如职业年金和个人储蓄养老的缴费水平的差异。这里，代际转移现收现付基础养老保险缴费的统一，代表着养老保险制度的公平，代表着养老保险制度的收入再分配；个人生命周期养老保险缴费水平的差异，代表着养老保险制度的激励和效率。这种同一性与差异性的结合、实质是公平与效率的结合，保障和激励的结合。

机关事业单位养老保险体系第一层次基本养老保险和第二层次补充养老保险（职业年金）制度都已经建立和不断完善。个人养老储蓄应该进一步完善，这也是当前机关事业单位多层次养老保险体系建设的重要内容，个人养老储蓄和延税型商业养老保险在很大程度上能够进一步提升职工的养老金替代率水平，这就为养老金财政补贴需求向养老金财政补贴适度水平逐步趋近提供了可能。并且由于机关事业单位实行编制管理，管理方式十分成熟，且人员素质较高，科学的制度安排在机关事业单位职工中推行效率高，并且机关事业单位职工群体相比其他就业群体有着更强的示范效应，这对于整个城镇职工养老保险体系的完善都具有重要的推动作用。

那么，为了保证机关事业单位退休老人替代率的稳定性和财政补贴的适度性，我们认为超出财政补贴适度水平上限的部分应该由机关事业单位个人来进行养老储蓄，那么个人养老储蓄部分占机关事业单位职工工资总额的比重可以作为个人养老储蓄率适度水平。不难发现，财政补贴高出适度水平的部分在过渡期前后较高，动态的个人养老储蓄率适度水平也较高，在 2025 年达到峰值为 17.75%，随后开始下降，到 2050 年仅为 0.41%。个人长期均衡适度养老储蓄率水平为 8% 左右。

本章小结

本章以国民财富人口结构分配理论为基本原理,提炼养老保险替代率剩余财政补贴模型,并以机关事业单位人口结构确定机关事业单位财政补贴适度水平。测算结果显示,机关事业单位财政补贴适度水平 2016 年为 964 亿元,到 2050 年达到 5359 亿元。结合不"并轨"和"并轨"后机关事业单位实际财政补贴需求发现,2013 年机关事业单位职工退休金财政补贴需求为 5671 亿元,超过适度水平约 4766 亿元,到 2050 年养老金财政补贴需求达到 38269 亿元,约为适度水平的 10 倍。"并轨"改革后,在 2013 年财政补贴的实际需求水平约为 1468 亿元①,高出适度水平约 811 亿元,到 2050 年,养老金财政补贴需求仅为 5787 亿元,仅高于财政补贴适度水平约 428 亿元。"并轨"改革降低财政负担的成效逐步显现,作用显著。通过比较实际财政补贴与适度水平之间的差异,并根据实际补贴需求超过适度水平部分与机关事业单位职工工资总额确定机关事业单位个人养老储蓄率适度水平,测算发现个人长期均衡适度养老储蓄率水平为 8% 左右。

---

① 机关事业单位"并轨"在 2015 年开始实施,由于 2015 年以后的数据发布还不完整,2013 年的数据是已经发布的现实数据,准确度高,且不影响本书研究的重点问题,因此测算期从 2013 年开始。

第七章 机关事业单位养老保险资金供需总平衡

第一节 机关事业单位养老保险资金供需总平衡框架

机关事业单位养老保险资金供需总平衡既涉及养老保险缴费水平，又涉及养老保险给付水平。在养老保险缴费适度水平基础上，进一步研究养老保险给付替代率适度水平，并在此基础上研究基础养老保险、个人账户、职业年金、个人储蓄和财政补贴的资金供需结构及其资金总平衡实现机制。

一、养老保险综合替代率适度水平及测算模型

机关事业单位养老保险资金总平衡，依据缴费适度水平和给付适度水平平衡原则，是基础养老保险、个人账户和职业年金等适度缴费水平与适度给付水平的综合平衡，也可以说是养老保险总合缴费水平与总合给付水平的平衡。这里在具体研究缴费水平的基础上，就涉及总合缴费水平及与此相平衡的总合给付替代率水平。

总合缴费水平是以老年人口比重为主要依据，同时以人口教育年限为辅助依据测定的基础养老保险、个人账户、职业年金缴费率的总合，个人养老储蓄是总合缴费率的补充。

总合给付替代率水平是以劳动年龄人口比重为主要依据，同时以资金收益率等为参数测定的基础养老保险、个人账户、职业年金给付替代率的总合。个人养老储蓄回报和财政补贴是总合给付替代率平衡的补充。

机关事业单位养老保险资金供需总平衡模型由综合替代率模型和总合缴费率模型等因素构成，见式（7-1）、式（7-2）、式（7-3）：

$$N_O^G \times \sigma_{tr} \times W = N_L^G \times \theta_{tr} \times W \qquad (7-1)$$

$$\theta_{tr} = \theta_b + \theta_g + \theta_z \qquad (7-2)$$

$$\sigma_{tr} = \sigma_b + \sigma_g + \sigma_z \qquad (7-3)$$

其中，σ_{tr} 表示机关事业单位养老保险综合替代率，θ_{tr} 表示机关事业单位养老保险总合缴费率，N_O^G 表示机关事业单位老年人口数，N_L^G 表示机关事业单位劳动年龄人口数，W 表示社会平均工资，θ_b 表示机关事业单位基础养老保险缴费率，θ_g 表示机关事业单位个人账户缴费率，θ_z 表示机关事业单位职业年金缴费率，σ_b 表示机关事业单位基础养老保险替代率，σ_g 表示机关事业单位个人账户替代率，σ_z 表示机关事业单位职业年金替代率。

总合缴费率的数理关系见式（4-11）。

综合替代率的数理关系，依据国民财富养老保险人口结构均衡分配原理，构建机关事业单位"并轨"基础养老保险替代率适度水平模型，基础养老保险是年轻劳动力与退休劳动者之间的代际转移收入再分配，所以劳动人口比重系数是代际转移养老保险的核心指标。鉴于此，我们把劳动人口比重系数作为构架基础养老保险替代率模型的核心元素，见式（7-4）。个人账户是个人生命周期养老保障，老年人口比重系数是个人养老的核心指标。鉴于此，我们将老年人口比重系数作为个人账户养老保险替代率模型构建的核心元素，构建个人账户养老保险给付替代率适度水平模型，见式（7-5）。职业年金是个人受教育成本生命周期补偿职业年金养老保障，个人青少年期受教育是未来工作的人力资本投资，其效益体现在劳动期的产出成效中，从生命周期交叠收入再分配角度看，由用人单位补偿教育年限人口生命周期养老保障给付替代，具有收入再分配的合理性。鉴于此，我们在职业年金养老保险替代率模型构建中，把受教育年限折合成人口比重系数并作为模型构建的主要元素，构建职业年金养老保险替代率适度水平模型，见式（7-6）。

$$\sigma_b = \sigma_t \times H_l \qquad (7-4)$$

$$\sigma_g = \sigma_t \times H_o \qquad (7-5)$$

$$\sigma_z = \sigma_t \times H_e \qquad (7-6)$$

其中，σ_t 表示目标替代率，H_l 表示劳动人口比重，H_o 表示老年人口比重，H_e 表示受教育年限占预期寿命比重（小学到大学约 15 年，折合人口系数 0.18 为下限；到研究生约 20 年，折合人口系数 0.25 为下限）。

从供需总平衡模型中可以看出，养老保险资金供给取决于社会平均工资和缴费率，我国现阶段缴费率仍然过高，前文测算出的未来缴费率水平要低于现行缴费率水平，这也符合通过降低缴费率来降低企业成本、激发市场活力的政策要求。但是，从模型中可以看出，养老保险资金需求并非取决于替代率适度水平，由于福利刚性原则，缴费率的下降不能带来相应的替代率的下降，替代率的调整会受更多的因素制约。因此，在未来资金供给下降、供需缺口变大的情况下，要实现养老保险资金供需平衡，需要寻找新的出路。建立养老支柱多元化是核心，财政补贴保持在适度水平的同时，需要鼓励个人储蓄及商业保险的发展，同时，制定和实施延迟退休政策，机关事业单位率先实现养老保险全国统筹，也是实现养老保险资金供需平衡的重要机制。

机关事业单位养老保险资金供需总平衡分为"两种并轨""五个部分"，即在形式"并轨"与本质"并轨"两种情况下，研究机关事业单位基础养老保险、个人账户、职业年金的资金供需结构，以及个人养老储蓄和财政补贴的平衡调节作用。

二、养老保险形式"并轨"资金供需模型

随着国务院 2015 年 1 月 14 日发布《关于机关事业单位工作人员养老保险制度改革的决定》，机关事业单位职工养老保险正式开始"并轨"。根据制度规定，机关事业单位职工基本养老保险制度与城镇企业职工保持一致。机关事业单位和职工个人都要进行养老保险缴费。单位按工资总额的 20% 缴费；个人按本人缴费工资的 8% 缴费，本人缴费工资高于当地职工平均工资 3 倍的部分不纳入缴费基数，低于平均工资 60% 的以 60% 为基数缴费，即"300% 封顶、60% 托底"。个人缴费全部计入个人账户，统一计息。这与企业职工基本养老保险政策是基本一致的，有利于实现制度之间的衔接。这是养老保障筹资机制的重大变革，从较为单一的由财政供款为主的渠道变为单位和个人缴费、财政承担养老保险基金的兜底责任的多渠道筹资，形成单位、个人、政府共担的新机制。

同时决定建立职业年金。职业年金在机关事业单位实施，资金来源由两部分构成，单位按工资总额的 8% 缴费，个人按本人缴费工资的 4% 缴费，两部分资金构成的职业年金基金都实行个人账户管理。工作人员退休时，依据其职业年金积累情况和相关约定按月领取职业年金待遇。这有利于构建多层次养老保险体系，优化机关事业单位退休人员养老待遇结构。

从《关于机关事业单位工作人员养老保险制度改革的决定》中我们不难看出，在形式上，机关事业单位在基本养老保险的缴费制度安排与城镇企业职工一

致,职业年金与企业年金相对应。机关事业单位养老保险缴费形式的"并轨",是依据"统账结合"模式,机关事业单位养老模式向企业养老模式"并轨",采取现收现付的基础养老保险缴费和个人缴费积累的个人账户缴费结合,同时采取职业年金和个人储蓄养老的多层次养老模式。从形式上看,机关事业单位养老保险"并轨"改革的缴费因素主要包含三个方面:缴费基数、缴费率和缴费年限。

缴费基数和缴费率受机关事业单位和个人的缴费能力的制约,机关事业单位养老保险单位缴费由国家和地方财政支付,个人缴费由职工自己负担,因此缴费基数和缴费率过高,机关事业单位缴费压力增大,财政负担过重。同样,国家规定机关事业单位员工个人不得从事商业经营活动,工资收入成为其主要收入来源。缴费基数和缴费率过高,个人缴费收入剩余过低,缴费后生活质量下降。同样,缴费基数和缴费率过低,养老金有效供给不足,资金缺口加大,财政兜底负担过重,养老保险体系不可持续。

缴费年限受受教育年限和退休年限的制约,由于机关事业单位养老保险缴费是直接在工资发放前扣除的,所以遵缴率几乎为100%,这样缴费年限同工作年限一致,工作年限主要受岗位需求、入职年龄和退休年龄的影响。目前从学历上看,机关事业单位职工中具有大专以上学历的人员比例已经从1992年的30%上升到2007年的86%。2014年国家公务员考试,所有职位均要求大专以上学历,其中本科学历可报考职位的范围最广,招录人数为16352人,占总招录人数的83.7%。这说明,机关事业单位职工的入职前受教育年限不断增长,因此缴费年限也会受到影响。同样,随着延迟退休等相关政策的实施,退休年龄也会不断延迟,工作期进一步延长,缴费年限也随之延长。

根据前面章节建立的"机关事业单位养老保险缴费率适度水平模型",我们可以分别得出机关事业单位形式"并轨"基础养老保险、个人账户、职业年金缴费率和替代率适度水平模型如下:

机关事业单位形式"并轨"基础养老保险缴费率模型:

$$\theta_{b,i}^X = \frac{N_{L,i}^G}{N_{T,i}^G} \times \frac{N_{O,i}^G}{N_{T,i}^G} \tag{7-7}$$

机关事业单位形式"并轨"基础养老保险替代率模型:

$$\sigma_{b,i}^X = \frac{N_{L,i}^G}{N_{T,i}^G} \times \frac{N_{L,i}^G}{N_{T,i}^G} \tag{7-8}$$

其中,$\theta_{b,i}^X$表示第 i 年机关事业单位养老保险形式"并轨"基础养老保险缴费率,$\sigma_{b,i}^X$表示第 i 年机关事业单位养老保险形式"并轨"基础养老保险替代率,$N_{L,i}^G$表示机关事业单位内部劳动人口数,$N_{O,i}^G$表示机关事业单位内部老年人口数,

$N_{T,i}^G$ 表示机关事业单位内部总人口数。

机关事业单位形式"并轨"养老保险个人账户缴费率模型：

$$\theta_{g,i}^X = \frac{N_{O,i}^G}{N_{T,i}^G} \times \frac{N_{O,i}^G}{N_{T,i}^G} \tag{7-9}$$

机关事业单位形式"并轨"养老保险个人账户替代率模型：

$$\sigma_{g,i}^X = \frac{N_{L,i}^G}{N_{T,i}^G} \times \frac{N_{O,i}^G}{N_{T,i}^G} \tag{7-10}$$

其中，$\theta_{g,i}^X$ 表示第 i 年机关事业单位养老保险形式"并轨"个人账户缴费率，$\sigma_{g,i}^X$ 表示第 i 年机关事业单位养老保险形式"并轨"个人账户替代率，$N_{L,i}^G$ 表示机关事业单位内部劳动人口数，$N_{O,i}^G$ 表示机关事业单位内部老年人口数，$N_{T,i}^G$ 表示机关事业单位内部总人口数。

机关事业单位形式"并轨"职业年金缴费率模型：

$$\theta_{z,i}^X = \frac{N_{E,i}^G}{N_{T,i}^G} \times \frac{N_{O,i}^G}{N_{T,i}^G} \tag{7-11}$$

机关事业单位形式"并轨"职业年金替代率模型：

$$\sigma_{z,i}^X = \frac{N_{E,i}^G}{N_{T,i}^G} \times \frac{N_{L,i}^G}{N_{T,i}^G} \tag{7-12}$$

其中，$\theta_{z,i}^X$ 表示第 i 年机关事业单位养老保险形式"并轨"职业年金缴费率，$\sigma_{z,i}^X$ 表示第 i 年机关事业单位养老保险形式"并轨"职业年金替代率，$N_{L,i}^G$ 表示机关事业单位内部劳动人口数，$N_{E,i}^G$ 表示机关事业单位内部受教育年限期间内的人口数，$N_{T,i}^G$ 表示机关事业单位内部总人口数。

根据前面章节的介绍，考虑到未来所要面临的全面二孩、延迟退休政策，以及遵缴率、覆盖率等因素影响的情况下，将上述机关事业单位养老保险适度缴费率与替代率模型进行补充修正，得到修正后的机关事业单位形式"并轨"养老保险适度缴费率和替代率模型如下：

机关事业单位形式"并轨"基础养老保险缴费率修正模型：

$$\theta_{bp,i}^X = \begin{cases} \dfrac{N_{O,i}^G}{N_{L,i}^G} \times H_{L,i}^2 & (2015 \leqslant i \leqslant 2022,\ i \in N_+) \\[4mm] \dfrac{N_{O,i}^G - \beta_i}{N_{L,i}^G} \times H_{L,i}^2 & (2023 \leqslant i \leqslant 2050,\ i \in N_+) \end{cases} \tag{7-13}$$

机关事业单位形式"并轨"基础养老保险替代率修正模型：

$$\sigma_{bp,i}^{X} = \begin{cases} \dfrac{N_{L,i}^{G}}{N_{T,i}^{G}} \times \dfrac{N_{L,i}^{G}}{N_{T,i}^{G}} & (2015 \leqslant i \leqslant 2022,\ i \in N_{+}) \\[3mm] \dfrac{N_{L,i}^{G} + \beta_{i}}{N_{T,i}^{G} + \beta_{i}} \times \dfrac{N_{L,i}^{G} + \beta_{i}}{N_{T,i}^{G} + \beta_{i}} & (2023 \leqslant i \leqslant 2036,\ i \in N_{+}) \\[3mm] \dfrac{N_{L,i}^{G} + \beta_{i} + \lambda_{i}}{N_{T,i}^{G} + \beta_{i} + \lambda_{i}} \times \dfrac{N_{L,i}^{G} + \beta_{i} + \lambda_{i}}{N_{T,i}^{G} + \beta_{i} + \lambda_{i}} & (2037 \leqslant i \leqslant 2050,\ i \in N_{+}) \end{cases} \tag{7-14}$$

其中，$\theta_{bP,i}^{X}$ 表示第 i 年机关事业单位养老保险形式"并轨"基础养老保险修正后缴费率，$\sigma_{bp,i}^{X}$ 表示第 i 年机关事业单位养老保险形式"并轨"基础养老保险修正后替代率，$N_{L,i}^{G}$ 表示机关事业单位内部劳动人口数，$N_{O,i}^{G}$ 表示机关事业单位内部老年人口数，$N_{T,i}^{G}$ 表示机关事业单位内部总人口数。β_{i} 和 λ_{i} 分别表示第 i 年因延迟退休政策和全面二孩政策实施而增加的劳动人口数。延迟退休政策根据人社部最新消息最早将于 2022 年实施。根据测算，2036 年之后全面二孩政策开始对给付适度水平产生影响。

机关事业单位形式"并轨"个人账户缴费率修正模型：

$$\theta_{gp,i}^{X} = \begin{cases} \dfrac{N_{O,i}^{G}}{N_{T,i}^{G} + N_{C,i}^{G}} \times \dfrac{N_{O,i}^{G}}{N_{T,i}^{G} + N_{C,i}^{G}} & (2015 \leqslant i \leqslant 2022) \\[3mm] \dfrac{N_{O,i}^{G} - N_{O,i}^{Y,G}}{N_{T,i}^{G} + N_{C,i}^{G}} \times \dfrac{N_{O,i}^{G} - N_{O,i}^{Y,G}}{N_{T,i}^{G} + N_{C,i}^{G}} & (2023 \leqslant i \leqslant 2050) \end{cases} \tag{7-15}$$

机关事业单位形式"并轨"个人账户替代率修正模型：

$$\theta_{gp,i}^{X} = \begin{cases} \dfrac{N_{O,i}^{G}}{N_{T,i}^{G}} \times \dfrac{N_{L,i}^{G}}{N_{T,i}^{G}} & (2015 \leqslant i \leqslant 2022,\ i \in N_{+}) \\[3mm] \dfrac{N_{O,i}^{G} - \beta_{i}}{N_{T,i}^{G}} \times \dfrac{N_{L,i}^{G} + \beta_{i}}{N_{T,i}^{G}} & (2023 \leqslant i \leqslant 2036,\ i \in N_{+}) \\[3mm] \dfrac{N_{O,i}^{G} - \beta_{i} + \lambda_{i}}{N_{T,i}^{G} + \lambda_{i}} \times \dfrac{N_{L,i}^{G} + \beta_{i} + \lambda_{i}}{N_{T,i}^{G} + \lambda_{i}} & (2037 \leqslant i \leqslant 2050,\ i \in N_{+}) \end{cases} \tag{7-16}$$

其中，$\theta_{gp,i}^{X}$ 表示第 i 年机关事业单位养老保险形式"并轨"个人账户修正后缴费率，$\sigma_{gp,i}^{X}$ 表示第 i 年机关事业单位养老保险形式"并轨"个人账户修正后替代率，$N_{L,i}^{G}$ 表示机关事业单位内部劳动人口数，$N_{O,i}^{G}$ 表示机关事业单位内部老年人口数，$N_{T,i}^{G}$ 表示机关事业单位内部总人口数。β_{i} 和 λ_{i} 分别表示第 i 年因延迟退休政策和全面二孩政策实施而增加的劳动人口数。延迟退休政策根据人社部最新消息最早将于 2022 年实施。根据测算，2036 年之后全面二孩政策开始对给付适度水平产生影响。

机关事业单位形式"并轨"职业年金缴费率修正模型：

$$\theta_{zp,i}^{X} = \frac{N_{E,i}^{G} + N_{C,i}^{G}}{N_{T,i}^{G} + N_{C,i}^{G}} \times \frac{N_{O,i}^{G} - N_{O,i}^{Y,G}}{N_{T,i}^{G} + N_{C,i}^{G}} \qquad (7-17)$$

机关事业单位形式"并轨"职业年金替代率修正模型：

$$\sigma_{zp,i}^{X} = \begin{cases} \dfrac{T_{edu,i}^{G}}{T_{pre-life,i}} \times \dfrac{N_{L,i}^{G}}{N_{T,i}^{G}} & (2015 \leqslant i \leqslant 2022,\ i \in N_{+}) \\[2ex] \dfrac{T_{edu,i}^{G}}{T_{pre-life,i}} \times \dfrac{N_{L,i}^{G} + \beta_{i}}{N_{T,i}^{G}} & (2023 \leqslant i \leqslant 2036,\ i \in N_{+}) \\[2ex] \dfrac{T_{edu,i}^{G}}{T_{pre-life,i}} \times \dfrac{N_{L,i}^{G} + \beta_{i} + \lambda_{i}}{N_{T,i}^{G} + \lambda_{i}} & (2037 \leqslant i \leqslant 2050,\ i \in N_{+}) \end{cases} \qquad (7-18)$$

其中，$\theta_{zp,i}^{X}$表示第 i 年机关事业单位养老保险形式"并轨"职业年金修正后缴费率，$\sigma_{zp,i}^{X}$表示第 i 年机关事业单位养老保险形式"并轨"职业年金修正后替代率，$N_{L,i}^{G}$表示机关事业单位内部劳动人口数，$T_{edu,i}^{G}$表示第 i 年机关事业单位职工的受教育年限，$T_{pre-life,i}$表示人口的预期寿命，$N_{T,i}^{G}$表示机关事业单位内部总人口数。β_{i}和λ_{i}分别表示第 i 年因延迟退休政策和全面二孩政策实施而增加的劳动人口数。延迟退休政策根据人社部最新消息最早将于 2022 年实施。根据测算，2036 年之后全面二孩政策开始对给付适度水平产生影响。

三、养老保险本质"并轨"资金供需模型

机关事业单位养老保险模式向企业养老保险模式"并轨"，除了缴费形式的"并轨"以外，还存在着缴费适度性本质"并轨"。现实的养老保险制度改革中，企业养老保险缴费水平正面临着降费和向适度水平区间趋近的问题，机关事业单位养老保险制度向企业养老保险制度"并轨"，应该是在缴费形式"并轨"的同时，两者统一向缴费适度水平趋近"并轨"的过程。

因此，我们应首先避免认为养老保险"并轨"就是机关事业单位跟在企业养老保险制度的后面，完全机械地仿照企业养老保险缴费制度和缴费水平实施，而是明确企业和全社会养老保险制度和缴费水平未来发展的趋势和缴费适度水平，在形式"并轨"的同时更重要的是向缴费适度水平趋近和"并轨"。

同时还要避免认为养老保险"并轨"就是缴费水平的完全一致，而是明确养老保险"并轨"的核心是代际转移现收现付基础养老保险缴费水平的"并轨"，同时存在着个人生命周期养老保险缴费水平的差异，如职业年金和个人储

蓄养老的缴费水平的差异。这里，代际转移现收现付基础养老保险缴费的同一，代表着养老保险制度的公平，代表着养老保险制度的收入再分配；个人生命周期养老保险缴费水平的差异，代表着养老保险制度的激励和效率。这种同一性与差异性的结合，实质是公平与效率的结合、保障和激励的结合。

按照本质"并轨"这一思想要求，我们需要对养老保险的本质进行界定，从本质出发来立意本书的研究。养老保险制度本质上可以说是国民财富的再分配，而养老保险缴费是初次分配与再分配之间的纽带，属于核心环节。按照多层次养老保险体系的构建要求，我们按照"国民财富养老人口结构长期均衡收入分配"理论，沿着"养老人口结构的可持续性"设计"养老制度的可持续发展"，把养老保险体系分为三个支柱。其中，第一支柱是社会人口代际转移现收现付养老制度，具体为社会统筹现收现付基础养老金；第二支柱是个人生命周期三期代际交叠积累账户养老制度，具体为个人生命周期缴费积累账户养老金；第三支柱是国民财富再分配养老制度，为社会财富再分配养老。

按照国民财富养老人口结构长期均衡收入分配和个人生命周期养老积累原理，养老保险缴费的制约因素应该是国民财富劳动生产要素分配状况、宏观的人口结构、个人养老保险责任分担。国民财富的劳动生产要素分配水平决定了待分配蛋糕（国民财富）的大小，财富的合理分配不仅有助于社会和谐，更能够极大地提高生产要素的配置效率，提高劳动者的生产积极性，创造更多的财富，形成经济发展的良性循环。财富分配在劳动人口（含少儿人口）和老年人口之间进行，按照动态的人口结构决定财富如何分配，这将有利于养老保险体系的可持续发展，同时在分配过程中要充分尊重劳动公平和生存公平，保证制度的公平性。除了代际交叠的分配模式，个人也应该承担养老责任，实现个人生命周期的养老保险再分配，这种分配应当存在差异，体现养老保险制度的激励和效率。从宏观上说，如何通过养老保障体系的调节实现国民财富再分配的公平性和可持续性，实现保障与激励的结合，既是养老保险缴费适度水平的制约因素，也是整个养老保险体系改革的重要目标和评价标准。

机关事业单位本质"并轨"基础养老保险缴费率模型：

$$\theta_{b,i}^B = \frac{N_{L,i}^C}{N_{T,i}^C} \times \frac{N_{O,i}^C}{N_{T,i}^C} \tag{7-19}$$

机关事业单位本质"并轨"基础养老保险替代率模型：

$$\sigma_{b,i}^B = \frac{N_{L,i}^C}{N_{T,i}^C} \times \frac{N_{L,i}^C}{N_{T,i}^C} \tag{7-20}$$

其中，$\theta_{b,i}^B$ 表示第 i 年机关事业单位养老保险本质"并轨"基础养老保险缴费率，

$\sigma_{b,i}^{B}$表示第 i 年机关事业单位养老保险本质"并轨"基础养老保险替代率，$N_{L,i}^{C}$表示城镇职工劳动人口数，$N_{O,i}^{C}$表示城镇职工老年人口数，$N_{T,i}^{C}$表示城镇职工总人口数。

机关事业单位本质"并轨"养老保险个人账户缴费率模型：

$$\theta_{g,i}^{B} = \frac{N_{O,i}^{C}}{N_{T,i}^{C}} \times \frac{N_{O,i}^{C}}{N_{T,i}^{C}} \qquad (7-21)$$

机关事业单位本质"并轨"养老保险个人账户替代率模型：

$$\sigma_{g,i}^{B} = \frac{N_{L,i}^{C}}{N_{T,i}^{C}} \times \frac{N_{O,i}^{C}}{N_{T,i}^{C}} \qquad (7-22)$$

其中，$\theta_{g,i}^{B}$表示第 i 年机关事业单位养老保险本质"并轨"个人账户缴费率，$\sigma_{g,i}^{B}$表示第 i 年机关事业单位养老保险本质"并轨"个人账户替代率，$N_{L,i}^{C}$表示城镇职工劳动人口数，$N_{O,i}^{C}$表示城镇职工老年人口数，$N_{T,i}^{C}$表示城镇职工总人口数。

机关事业单位本质"并轨"职业年金缴费率模型：

$$\theta_{z,i}^{B} = \frac{N_{E,i}^{C}}{N_{T,i}^{C}} \times \frac{N_{O,i}^{C}}{N_{T,i}^{C}} \qquad (7-23)$$

机关事业单位本质"并轨"职业年金替代率模型：

$$\sigma_{z,i}^{B} = \frac{N_{E,i}^{C}}{N_{T,i}^{C}} \times \frac{N_{L,i}^{C}}{N_{T,i}^{C}} \qquad (7-24)$$

其中，$\theta_{z,i}^{B}$表示第 i 年机关事业单位养老保险本质"并轨"职业年金缴费率，$\sigma_{z,i}^{B}$表示第 i 年机关事业单位养老保险本质"并轨"职业年金替代率，$N_{L,i}^{C}$表示城镇职工劳动人口数，$N_{E,i}^{C}$表示城镇职工受教育年限期间内的人口数，$N_{T,i}^{C}$表示城镇职工总人口数。

据前面章节的介绍，考虑到未来所要面临的全面二孩、延迟退休政策，以及遵缴率、覆盖率等因素影响的情况下，将上述机关事业单位养老保险适度缴费率与替代率模型进行补充修正，得到修正后的机关事业单位本质"并轨"养老保险适度缴费率和替代率模型如下：

机关事业单位本质"并轨"基础养老金缴费率修正模型：

$$\theta_{bp,i}^{B} = \begin{cases} \dfrac{N_{O,i}+w_i}{(N_{L,i}-w_i)\times\delta_i\times\varphi_i}\times H_{l,i}^{2} & (2015 \leq i \leq 2022,\ i \in N_{+}) \\[3mm] \dfrac{N_{O,i}-\beta_i+w_i}{(N_{L,i}+\beta_i-w_i)\times\delta_i\times\varphi_i}\times H_{l,i}^{2} & (2023 \leq i \leq 2036,\ i \in N_{+}) \\[3mm] \dfrac{N_{O,i}-\beta_i+w_i}{(N_{L,i}+\beta_i+\lambda_i-w_i)\times\delta_i\times\varphi_i}\times H_{l,i}^{2} & (2037 \leq i \leq 2050,\ i \in N_{+}) \end{cases} \qquad (7-25)$$

机关事业单位本质"并轨"基础养老金替代率修正模型：

$$\sigma_{bp,i}^{B}=\begin{cases}\dfrac{N_{L,i}^{C}}{N_{T,i}^{C}}\times\dfrac{N_{L,i}^{C}}{N_{T,i}^{C}} & (2015\leqslant i\leqslant2022,\ i\in N_{+})\\[3mm]\dfrac{N_{L,i}^{C}+\beta_{i}}{N_{T,i}^{C}+\beta_{i}}\times\dfrac{N_{L,i}^{C}+\beta_{i}}{N_{T,i}^{C}+\beta_{i}} & (2023\leqslant i\leqslant2036,\ i\in N_{+})\\[3mm]\dfrac{N_{L,i}^{C}+\beta_{i}+\lambda_{i}}{N_{T,i}^{C}+\beta_{i}+\lambda_{i}}\times\dfrac{N_{L,i}^{C}+\beta_{i}+\lambda_{i}}{N_{T,i}^{C}+\beta_{i}+\lambda_{i}} & (2037\leqslant i\leqslant2050,\ i\in N_{+})\end{cases} \qquad (7-26)$$

其中，$\theta_{bP,i}^{B}$ 表示第 i 年机关事业单位养老保险本质"并轨"基础养老保险修正后缴费率，$\sigma_{bp,i}^{B}$ 表示第 i 年机关事业单位养老保险本质"并轨"基础养老保险修正后替代率，$N_{L,i}^{C}$ 表示城镇职工劳动人口数，$N_{T,i}^{C}$ 表示城镇职工总人口数。β_{i} 和 λ_{i} 分别表示第 i 年因延迟退休政策和全面二孩政策实施而增加的劳动人口数。延迟退休政策根据人社部最新消息最早将于 2022 年实施。根据测算，2036 年之后全面二孩政策开始对给付适度水平产生影响。

机关事业单位本质"并轨"个人账户缴费率修正模型：

$$\theta_{gp,i}^{C}=\begin{cases}\dfrac{N_{O,i}^{CE}+N_{O,i}^{G}}{N_{T,i}^{CE}+N_{C,i}^{CE}+N_{T,i}^{G}+N_{C,i}^{G}}\times\dfrac{N_{O,i}^{CE}+N_{O,i}^{G}}{N_{T,i}^{CE}+N_{C,i}^{CE}+N_{T,i}^{G}+N_{C,i}^{G}} & (2015\leqslant i\leqslant2022)\\[3mm]\dfrac{N_{O,i}^{CE}-N_{O,i}^{Y,CE}+N_{O,i}^{G}-N_{O,i}^{Y,G}}{N_{T,i}^{CE}+N_{C,i}^{CE}+N_{T,i}^{G}+N_{C,i}^{G}}\times\dfrac{N_{O,i}^{CE}-N_{O,i}^{Y,CE}+N_{O,i}^{G}-N_{O,i}^{Y,G}}{N_{T,i}^{CE}+N_{C,i}^{CE}+N_{T,i}^{G}+N_{C,i}^{G}} & (2022\leqslant i\leqslant2050)\end{cases} \qquad (7-27)$$

机关事业单位本质"并轨"个人账户替代率修正模型：

$$\sigma_{gp,i}^{C}=\begin{cases}\dfrac{N_{O,i}^{C}}{N_{T,i}^{C}}\times\dfrac{N_{L,i}^{C}}{N_{T,i}^{C}} & (2015\leqslant i\leqslant2022,\ i\in N_{+})\\[3mm]\dfrac{N_{O,i}^{C}-\beta_{i}}{N_{T,i}^{C}}\times\dfrac{N_{L,i}^{C}+\beta_{i}}{N_{T,i}^{C}} & (2023\leqslant i\leqslant2036,\ i\in N_{+})\\[3mm]\dfrac{N_{O,i}^{C}+\beta_{i}+\lambda_{i}}{N_{T,i}^{C}+\lambda_{i}}\times\dfrac{N_{L,i}^{C}+\beta_{i}+\lambda_{i}}{N_{T,i}^{C}+\lambda_{i}} & (2037\leqslant i\leqslant2050,\ i\in N_{+})\end{cases} \qquad (7-28)$$

其中，$\theta_{gp,i}^{C}$ 表示第 i 年机关事业单位养老保险本质"并轨"个人账户缴费率，$\sigma_{gp,i}^{C}$ 表示第 i 年机关事业单位养老保险本质"并轨"基础养老保险修正后替代率，$N_{O,i}^{CE}$ 和 $N_{O,i}^{G}$ 分别表示城镇企业（包含个体灵活就业人员）、机关事业单位的老年人口数。$N_{C,i}^{CE}$ 和 $N_{C,i}^{G}$ 分别表示城镇企业职工和机关事业单位职工中受全面二孩政策影响新增少儿人口数。$N_{O,i}^{Y,CE}$ 和 $N_{O,i}^{Y,G}$ 分别表示城镇企业职工和机关事业单位中受延迟退休政策影响而减少的老年人口数。$N_{T,i}^{CE}$ 和 $N_{T,i}^{G}$ 分别表示城镇企业和机关事业单位养老保险总人口数。

机关事业单位本质"并轨"职业年金缴费率修正模型：

$$\theta_{zp,i}=\frac{N_{E,i}^{C}+N_{C,i+5}^{C}}{N_{T,i}^{C}+N_{C,i}^{C}}\times\frac{N_{O,i}^{C}-N_{O,i}^{Y,G}}{N_{T,i}^{C}+N_{C,i}^{C}} \qquad (7-29)$$

机关事业单位本质"并轨"职业年金替代率修正模型：

$$\sigma_{zp,i}^{C}=\begin{cases}\dfrac{T_{edu,i}^{C}}{T_{pre-life,i}}\times\dfrac{N_{L,i}^{C}}{N_{T,i}^{C}} & (2015\leq i\leq2022,\ i\in N_{+})\\[3mm]\dfrac{T_{edu,i}^{C}}{T_{pre-life,i}}\times\dfrac{N_{L,i}^{C}+\beta_{i}}{N_{T,i}^{C}} & (2023\leq i\leq2036,\ i\in N_{+})\\[3mm]\dfrac{T_{L,i}^{C}}{T_{pre-life,i}}\times\dfrac{N_{L,i}^{C}}{N_{T,i}^{C}+\lambda_{i}} & (2037\leq i\leq2050,\ i\in N_{+})\end{cases} \qquad (7-30)$$

其中，$\theta_{zP,i}$ 表示第 i 年机关事业单位养老保险本质"并轨"职业年金缴费率，$\sigma_{zp,i}^{C}$ 表示第 i 年机关事业单位养老保险本质"并轨"职业年金替代率，$T_{edu,i}^{C}$ 表示第 i 年机关事业单位职工的受教育年限，$T_{pre-life,i}$ 表示人口的预期寿命，$N_{L,i}^{C}$ 表示第 i 年城镇职工劳动人口数（包含机关事业单位），$N_{T,i}^{C}$ 表示第 i 年城镇职工总人口数。$\dfrac{N_{L,i}^{C}}{N_{T,i}^{C}}$ 表示劳动人口比重系数转换成养老金替代率（与机关事业单位原有养老保险制度对接时选择 80%~85%）；$\dfrac{T_{edu,i}^{C}}{T_{pre-life,i}}$ 代表受教育年限转换成的人口比重系数。

第二节　机关事业单位养老保险资金供需平衡结构

一、基础养老保险资金供需平衡结构

机关事业单位基础养老保险资金供需平衡结构是总平衡结构中的核心部分。运用《中国人力资源和社会保障年鉴》《中国统计年鉴》等相关数据，结合相关预测数据，代入式（7-7）、式（7-8）、式（7-13）、式（7-14）、式（7-19）、式（7-20）、式（7-25）、式（7-26）测算出 2016~2050 年机关事业单位基础养老保险动态缴费率与替代率，见表 7-1。

表7-1 机关事业单位基础养老保险适度缴费率与适度替代率

单位:%

年份	本质"并轨"						形式"并轨"					
	模式I		模式II		模式III		模式I		模式II		模式III	
	缴费率	替代率	缴费率	替代率	缴费率	替代率	缴费率	替代率	缴费率	替代率	缴费率	替代率
2015	12.05	45.91	10.77	46.97	10.77	46.97	15.60	36.30	15.61	36.30	15.61	36.31
2016	12.00	43.56	10.85	45.44	10.93	45.74	15.57	35.18	15.53	35.18	15.53	35.18
2017	12.06	42.75	10.92	44.19	11.06	44.77	15.60	34.13	15.51	34.13	15.51	34.12
2018	12.13	42.07	11.01	43.18	11.25	44.10	15.67	33.22	15.55	33.22	15.55	33.22
2019	12.23	41.36	11.13	42.15	11.47	43.43	15.75	32.33	15.60	32.33	15.60	32.33
2020	12.36	40.56	11.29	41.04	11.73	42.67	15.84	31.40	15.65	31.40	15.65	31.41
2021	12.49	39.85	11.44	40.02	12.00	41.99	15.95	30.48	15.73	30.48	15.74	30.48
2022	12.66	38.95	11.64	38.89	12.31	41.14	15.98	29.77	15.75	29.77	15.74	29.76
2023	12.87	37.93	11.88	37.62	12.68	40.17	16.03	28.88	15.77	28.88	15.77	28.88
2024	13.10	36.87	12.15	36.34	13.10	39.18	16.13	27.95	15.85	27.95	15.85	27.95
2025	13.37	35.86	12.44	35.10	12.94	39.39	16.33	27.28	16.02	27.28	15.86	27.28
2026	13.64	35.19	12.63	34.43	13.28	39.07	16.55	26.48	16.22	26.48	16.05	26.48
2027	13.92	34.63	12.84	33.86	13.01	40.05	16.71	25.92	16.36	25.92	16.02	25.92
2028	14.22	34.14	13.05	33.35	13.24	39.53	16.90	25.41	16.51	25.41	16.17	25.42
2029	14.52	33.71	13.26	32.93	12.80	40.23	17.18	25.22	16.77	25.22	16.24	25.22
2030	14.80	33.33	13.46	32.57	12.97	39.81	17.36	24.84	16.93	24.84	16.39	24.84
2031	15.02	33.05	13.60	32.30	12.42	40.65	17.61	24.74	17.16	24.74	16.43	24.74
2032	15.24	32.71	13.74	31.99	12.54	40.23	17.72	24.53	17.24	24.53	16.51	24.53
2033	15.47	32.33	13.88	31.64	11.98	40.95	17.91	24.53	17.39	24.53	16.49	24.53
2034	15.68	31.93	14.01	31.29	12.09	40.43	18.00	24.29	17.47	24.29	16.55	24.29

续表

年份	本质"并轨" 模式Ⅰ 缴费率	模式Ⅰ 替代率	模式Ⅱ 缴费率	模式Ⅱ 替代率	模式Ⅲ 缴费率	模式Ⅲ 替代率	形式"并轨" 模式Ⅰ 缴费率	模式Ⅰ 替代率	模式Ⅱ 缴费率	模式Ⅱ 替代率	模式Ⅲ 缴费率	模式Ⅲ 替代率
2035	15.88	31.56	14.13	30.95	12.21	39.86	18.19	24.28	17.63	24.28	16.70	24.27
2036	15.98	31.37	14.15	30.78	12.24	39.43	18.28	23.96	17.70	23.96	16.78	23.96
2037	16.05	31.19	14.14	30.63	12.24	38.96	18.28	23.82	17.69	23.82	16.78	23.83
2038	16.11	31.01	14.21	30.26	12.48	38.45	18.28	23.67	17.66	23.67	16.77	23.67
2039	16.13	30.80	14.26	29.85	12.70	37.89	18.25	23.44	17.61	23.44	16.75	23.45
2040	16.15	30.55	14.30	29.41	12.89	37.31	18.21	23.17	17.56	23.17	16.71	23.18
2041	16.11	30.36	14.29	29.03	13.00	36.85	18.18	22.80	17.51	22.80	16.68	22.80
2042	16.08	30.11	14.28	28.58	13.08	36.36	18.10	22.52	17.41	22.52	16.59	22.52
2043	16.05	29.76	14.27	28.05	13.16	35.79	18.03	22.15	17.33	22.15	16.51	22.15
2044	16.04	29.27	14.28	27.41	13.25	35.14	17.97	21.70	17.25	21.70	16.43	21.70
2045	16.04	28.65	14.31	26.66	13.34	34.40	17.91	21.19	17.17	21.19	16.33	21.19
2046	16.01	28.14	14.30	25.99	13.34	33.83	17.86	20.64	17.11	20.64	16.25	20.64
2047	15.99	27.53	14.30	25.24	13.35	33.20	17.77	20.22	17.00	20.22	16.10	20.22
2048	15.98	26.86	14.30	24.45	13.33	32.58	17.68	19.78	16.89	19.78	15.95	19.78
2049	15.96	26.25	14.30	23.71	13.31	32.02	17.60	19.37	16.80	19.37	15.80	19.37
2050	15.93	25.73	14.28	23.07	13.29	31.49	17.53	19.04	16.71	19.04	15.68	19.03
长期均衡	14.62	33.77	13.17	33.04	12.55	39.00	17.18	25.68	16.71	25.68	16.17	25.68

资料来源：根据式（7-7）、式（7-8）、式（7-13）、式（7-14）、式（7-19）、式（7-20）、式（7-25）、式（7-26），结合相关人口结构预测数据计算得到。

机关事业单位"并轨"养老保险缴费适度水平及资金总供需平衡研究

机关事业单位养老保险形式"并轨"含义为机关事业单位在养老保险制度上采用与企业相同的养老保险制度，但在缴费率和替代率测算的参数选取上以机关事业单位内部的人口结构数据为依据。机关事业单位养老保险本质"并轨"是机关事业单位与企业均向统一的适度缴费率和适度替代率趋近。选择参数为城镇总人口参数。

在本质"并轨"和形式"并轨"中，都存在三种情况：按照现行政策下人口结构数据可以分别计算出机关事业单位适度缴费率和适度替代率，即为模式Ⅰ；在未来某一时间实行延迟退休政策后，人口结构会发生相应的变化，适度缴费率和适度替代率也会相应改变，即为模式Ⅱ；在实行延迟退休政策的基础上，未来实行全面二孩政策后，人口结构又会发生变化，适度缴费率和适度替代率也随之改变，即为模式Ⅲ。

初步统计发现：

机关事业单位养老保险形式"并轨"条件下，三种模式基础养老保险缴费率均呈现先增后降、整体下降的趋势。模式Ⅰ基础养老保险动态缴费率会由15.60%上升到17.53%，长期均衡缴费率为17.18%；模式Ⅱ基础养老保险动态缴费率由15.61%上升到16.71%，长期均衡缴费率为16.71%；模式Ⅲ基础养老保险动态缴费率由15.61%上升到15.68%，长期均衡缴费率为16.17%。与现实制度比较发现，如果缴费年限和替代率挂钩政策不变，只有模式Ⅲ能实现缴费率与替代率的平衡。根据机关事业单位内部人口结构得到的适度缴费率水平要略高于现行的16%的缴费率水平。但是机关事业单位"并轨"最终是要实现本质"并轨"，本质"并轨"长期均衡缴费率适度水平14.62%与现行制度的16%接近。由于三种模式下的劳动年龄人口比重均没有较大的变化，所以三种模式下的替代率适度水平变化不大，均由36.3%下降到了19.04%，替代率整体下降幅度较大，说明随着缴费率的下降，替代率水平也会有所下降，这样才能够实现内部供需平衡。但是由于福利的刚性原则，替代率水平下降幅度过大不符合现实要求，所以未来在基础养老保险缴费率下降的前提下替代率依然需要保持在一个较高的水平，其中的供需缺口就需要其他手段进行弥补。

机关事业单位养老保险本质"并轨"条件下，三种模式下基础养老保险缴费率均呈现上升趋势。模式Ⅰ基础养老保险动态缴费率会由12.05%上升到15.93%，长期均衡缴费率为14.62%；模式Ⅱ基础养老保险动态缴费率由10.77%上升到14.28%，长期均衡缴费率为13.17%；模式Ⅲ基础养老保险动态缴费率由10.77%上升到13.29%，长期均衡缴费率为12.55%。三种模式下2015年的适度缴费率分别为12.05%、10.77%、10.77%，远远低于现行缴费率16%，

2050 年的适度缴费率也仅为 14% 左右，说明按照城镇人口结构数据，考虑全面二孩、延迟退休等多重因素的情况下，基础养老保险适度缴费率水平仍有下调的空间。三种模式下的替代率适度水平均呈现下降趋势，但是与 2015 年形式"并轨"情况下 36% 左右的替代率适度水平相比，2015 年本质"并轨"46% 的替代率适度水平更高，更能够实现与老制度替代率水平的平稳对接。

机关事业单位基础养老保险供需总平衡不仅包括缴费率与替代率的平衡，还包括缴费资金与给付资金的总平衡。机关事业单位养老保险资金供需总平衡，依据相关经济数据和人口数据，依据表 7-1 及式（7-5）、式（7-6）测算出 2016~2050 年机关事业单位基础养老保险资金供需情况，见表 7-2。

表 7-2　机关事业单位基础养老保险形式"并轨"资金供需情况

单位：亿元

年份	模式 I		模式 II		模式 III	
	供给	需求	供给	需求	供给	需求
2015	5052.4	5052.4	5054.3	5054.3	5055.2	5055.2
2016	5599.1	5599.1	5582.0	5582.0	5582.0	5582.0
2017	6148.7	6148.7	6111.9	6111.9	6111.0	6111.0
2018	6472.9	6472.9	6422.9	6422.9	6422.5	6422.5
2019	6819.9	6819.9	6753.4	6753.4	6753.1	6753.1
2020	7181.0	7181.0	7097.2	7097.2	7098.1	7098.1
2021	7585.7	7585.7	7483.3	7483.3	7484.1	7484.1
2022	7901.8	7901.8	7788.4	7788.4	7787.3	7787.3
2023	8237.7	8237.7	8105.2	8105.2	8106.4	8106.4
2024	8621.0	8621.0	8471.3	8471.3	8470.8	8470.8
2025	9124.3	9124.3	8952.0	8952.0	8861.7	8861.7
2026	9628.6	9628.6	9434.0	9434.0	9338.0	9338.0
2027	10124.1	10124.1	9908.2	9908.2	9704.6	9704.6
2028	10668.7	10668.7	10423.7	10423.7	10205.8	10205.8
2029	11361.6	11361.6	11092.5	11092.5	10744.6	10744.6
2030	11982.6	11982.6	11683.4	11683.4	11310.2	11310.2
2031	12715.5	12715.5	12385.1	12385.1	11864.4	11864.4
2032	13168.2	13168.2	12807.5	12807.5	12265.3	12265.3

续表

年份	模式 I		模式 II		模式 III	
	供给	需求	供给	需求	供给	需求
2033	13760.5	13760.5	13364.8	13364.8	12668.3	12668.3
2034	14239.2	14239.2	13818.3	13818.3	13089.8	13089.8
2035	14905.5	14905.5	14449.2	14449.2	13688.4	13688.4
2036	15429.9	15429.9	14942.3	14942.3	14163.9	14163.9
2037	15891.1	15891.1	15373.5	15373.5	14586.8	14586.8
2038	16354.0	16354.0	15801.1	15801.1	15007.5	15007.5
2039	16803.8	16803.8	16210.8	16210.8	15419.9	15419.9
2040	17240.0	17240.0	16620.2	16620.2	15823.2	15823.2
2041	17674.9	17674.9	17020.5	17020.5	16210.7	16210.7
2042	17904.8	17904.8	17219.6	17219.6	16415.2	16415.2
2043	18155.6	18155.6	17445.0	17445.0	16623.1	16623.1
2044	18389.6	18389.6	17650.7	17650.7	16810.1	16810.1
2045	18595.3	18595.3	17835.2	17835.2	16964.0	16964.0
2046	18782.0	18782.0	17993.6	17993.6	17087.0	17087.0
2047	18891.4	18891.4	18073.8	18073.8	17117.1	17117.1
2048	18998.5	18998.5	18157.3	18157.3	17143.0	17143.0
2049	19134.1	19134.1	18263.2	18263.2	17183.7	17183.7
2050	19335.8	19335.8	18435.9	18435.9	17298.8	17298.8

根据表7-2中对机关事业单位形式"并轨"基础养老保险资金供需情况的测算可以看出,在缴费率与替代率均处于适度水平的情况下,基础养老保险可以实现资金的内部供需平衡,这也反向验证了缴费率适度水平和替代率适度水平的合理性。

机关事业单位养老保险"并轨",是要实现与原有制度下替代率的平稳对接,因此,未来基础养老保险替代率水平将仍保持在一个较高的水平。在缴费率下降的情况下,替代率远远高于适度水平,就会产生资金供需缺口。结合表7-1,在缴费率处于适度水平,替代率保持现有35%平均水平的情况下,计算机关事业单位基础养老保险资金供需缺口,见表7-3。

表 7-3 保持现有替代率情况下资金缺口预测　　　　单位：亿元

年份	模式Ⅰ			模式Ⅱ			模式Ⅲ		
	供给	需求	缺口	供给	需求	缺口	供给	需求	缺口
2015	5052.4	4871.4	(181.0)	5054.3	4873.3	(181.1)	5055.2	4873.3	(181.9)
2016	5599.1	5571.0	(28.1)	5582.0	5554.0	(28.0)	5582.0	5554.0	(28.0)
2017	6148.7	6305.6	156.9	6111.9	6267.8	156.0	6111.0	6267.8	156.9
2018	6472.9	6819.0	346.1	6422.9	6766.3	343.4	6422.5	6766.3	343.8
2019	6819.9	7383.0	563.1	6753.4	7311.0	557.6	6753.1	7311.0	557.9
2020	7181.0	8003.1	822.1	7097.2	7909.7	812.5	7098.1	7909.7	811.6
2021	7585.7	8710.2	1124.5	7483.3	8592.6	1109.3	7484.1	8592.6	1108.5
2022	7901.8	9290.6	1388.8	7788.4	9157.3	1368.9	7787.3	9157.3	1370.0
2023	8237.7	9983.4	1745.7	8105.2	9822.8	1717.6	8106.4	9822.8	1716.4
2024	8621.0	10794.6	2173.6	8471.3	10607.1	2135.9	8470.8	10607.1	2136.3
2025	9124.3	11706.5	2582.2	8952.0	11485.5	2533.5	8861.7	11369.4	2507.7
2026	9628.6	12726.0	3097.4	9434.0	12468.8	3034.8	9338.0	12342.2	3004.2
2027	10124.1	13671.5	3547.5	9908.2	13380.0	3471.8	9704.6	13105.2	3400.6
2028	10668.7	14694.2	4025.5	10423.7	14356.7	3933.1	10205.8	14054.3	3848.6
2029	11361.6	15767.2	4405.6	11092.5	15393.8	4301.2	10744.6	14909.7	4165.1
2030	11982.6	16883.5	4900.9	11683.4	16461.9	4778.5	11310.2	15938.5	4628.3
2031	12715.5	17988.3	5272.8	12385.1	17520.9	5135.8	11864.4	16784.3	4919.9
2032	13168.2	18787.0	5618.8	12807.5	18272.4	5464.9	12265.3	17500.5	5235.2
2033	13760.5	19632.1	5871.6	13364.8	19067.4	5702.7	12668.3	18073.9	5405.6
2034	14239.2	20521.7	6282.5	13818.3	19915.0	6096.7	13089.8	18864.5	5774.7
2035	14905..5	21490.6	6585.1	14449.2	20832.7	6383.5	13688.4	19738.1	6049.6
2036	15429.9	22538.5	7108.6	14942.3	21826.3	6884.0	14163.9	20691.5	6527.5
2037	15891.1	23345.5	7454.4	15373.5	22585.2	7211.7	14586.8	21426.0	6839.2
2038	16354.0	24183.9	7829.9	15801.1	23366.4	7565.2	15007.5	22194.8	7187.4
2039	16803.8	25085.7	8281.9	16210.8	24200.5	7989.6	15419.9	23015.7	7595.9
2040	17240.0	26037.1	8797.1	16620.2	25101.1	8480.9	15823.2	23896.6	8073.4
2041	17674.9	27131.8	9456.9	17020.5	26127.2	9106.7	16210.7	24887.4	8676.8
2042	17904.8	27833.3	9928.5	17219.6	26768.1	9548.6	16415.2	25513.3	9098.1

续表

年份	模式 I			模式 II			模式 III		
	供给	需求	缺口	供给	需求	缺口	供给	需求	缺口
2043	18155.6	28693.0	10537.4	17445.0	27569.8	10124.9	16623.1	26267.0	9643.9
2044	18389.6	29664.7	11275.2	17650.7	28472.9	10822.2	16810.1	27111.9	10301.8
2045	18595.3	30717.7	12122.4	17835.2	29462.1	11626.9	16964.0	28017.1	11053.1
2046	18782.0	31851.0	13069.1	17993.6	30514.1	12520.5	17087.0	28974.6	11887.7
2047	18891.4	32695.3	13804.0	18073.8	31280.3	13206.5	17117.1	29625.2	12508.2
2048	18998.5	33624.3	14625.8	18157.3	32135.5	13978.2	17143.0	30333.7	13190.8
2049	19134.1	34575.8	15441.8	18263.2	33002.2	14739.0	17183.7	31048.2	13864.5
2050	19335.8	35551.6	16215.8	18435.9	33897.0	15461.1	17298.8	31808.9	14510.1

根据表 7-3 可以看出，在保持现有替代率水平不变的情况下，随着缴费率水平的下调，机关事业单位基础养老保险资金缺口不断扩大，在未来实行延迟退休和全面二孩政策的情况下，资金缺口相对减小，可见未来实行相应的政策可以减小财政补贴的压力。

二、养老保险个人账户资金供需平衡结构

个人账户生命周期养老，老年人口比重是生命周期养老的核心指标。运用《中国人力资源和社会保障年鉴》《中国统计年鉴》等相关数据，结合相关预测数据，代入式 (7-9)、式 (7-10)、式 (7-15)、式 (7-16)、式 (7-21)、式 (7-22)、式 (7-27)、式 (7-28) 测算出机关事业单位 2016~2050 年个人账户适度缴费率与适度替代率，见表 7-4。

表 7-4 机关事业单位个人账户适度缴费率与适度替代率　　单位:%

年份	本质"并轨"						形式"并轨"					
	模式 I		模式 II		模式 III		模式 I		模式 II		模式 III	
	缴费率	替代率	缴费率	替代率	缴费率	替代率	缴费率	替代率	缴费率	替代率	缴费率	替代率
2015	3.2	12.1	2.5	10.8	2.5	10.8	6.7	15.6	6.7	15.6	6.7	15.6
2016	3.3	12.0	2.6	10.9	2.6	10.9	6.9	15.6	6.9	15.5	6.9	15.5

续表

年份	本质"并轨"						形式"并轨"					
	模式I		模式II		模式III		模式I		模式II		模式III	
	缴费率	替代率	缴费率	替代率	缴费率	替代率	缴费率	替代率	缴费率	替代率	缴费率	替代率
2017	3.4	12.1	2.7	10.9	2.7	11.1	7.1	15.6	7.0	15.5	7.0	15.5
2018	3.5	12.1	2.8	11.0	2.9	11.2	7.4	15.7	7.3	15.6	7.3	15.6
2019	3.6	12.2	2.9	11.1	3.0	11.5	7.7	15.8	7.5	15.6	7.5	15.6
2020	3.8	12.4	3.1	11.3	3.2	11.7	8.0	15.8	7.8	15.7	7.8	15.7
2021	3.9	12.5	3.3	11.4	3.4	12.0	8.3	16.0	8.1	15.7	8.1	15.7
2022	4.1	12.7	3.5	11.6	3.7	12.3	8.6	16.0	8.3	15.7	8.3	15.7
2023	4.4	12.9	3.8	11.9	4.0	12.7	8.9	16.0	8.6	15.8	8.6	15.8
2024	4.7	13.1	4.1	12.2	4.4	13.1	9.3	16.1	9.0	15.9	9.0	15.8
2025	5.0	13.4	4.4	12.4	4.3	12.9	9.8	16.3	9.4	16.0	9.2	15.9
2026	5.3	13.6	4.6	12.6	4.5	13.3	10.3	16.5	9.9	16.2	9.7	16.1
2027	5.6	13.9	4.9	12.8	4.2	13.0	10.8	16.7	10.3	16.4	9.9	16.1
2028	5.9	14.2	5.1	13.0	4.4	13.2	11.2	16.9	10.7	16.5	10.3	16.2
2029	6.3	14.5	5.3	13.3	4.1	12.8	11.7	17.2	11.1	16.8	10.5	16.2
2030	6.6	14.8	5.6	13.5	4.2	13.0	12.1	17.4	11.5	16.9	10.8	16.4
2031	6.8	15.0	5.7	13.6	3.8	12.4	12.5	17.6	11.9	17.2	10.9	16.4
2032	7.1	15.2	5.9	13.7	3.9	12.5	12.8	17.7	12.1	17.2	11.1	16.5
2033	7.4	15.5	6.1	13.9	3.5	12.0	13.1	17.9	12.3	17.4	11.1	16.5
2034	7.7	15.7	6.3	14.0	3.6	12.1	13.3	18.0	12.6	17.5	11.3	16.5
2035	8.0	15.9	6.4	14.1	3.7	12.2	13.6	18.2	12.8	17.6	11.5	16.7
2036	8.1	16.0	6.5	14.1	3.8	12.2	13.9	18.3	13.1	17.7	11.8	16.8
2037	8.3	16.1	6.5	14.1	3.8	12.2	14.0	18.3	13.1	17.7	11.8	16.8
2038	8.4	16.1	6.7	14.2	4.0	12.5	14.1	18.3	13.2	17.7	11.9	16.8
2039	8.5	16.1	6.8	14.3	4.3	12.7	14.2	18.2	13.2	17.6	12.0	16.7
2040	8.5	16.1	7.0	14.3	4.5	12.9	14.3	18.2	13.3	17.6	12.1	16.7
2041	8.5	16.1	7.0	14.3	4.6	13.0	14.5	18.2	13.4	17.5	12.2	16.7
2042	8.6	16.1	7.1	14.3	4.7	13.1	14.6	18.1	13.5	17.4	12.2	16.6

续表

年份	本质"并轨"						形式"并轨"					
	模式Ⅰ		模式Ⅱ		模式Ⅲ		模式Ⅰ		模式Ⅱ		模式Ⅲ	
	缴费率	替代率	缴费率	替代率	缴费率	替代率	缴费率	替代率	缴费率	替代率	缴费率	替代率
2043	8.7	16.0	7.3	14.3	4.8	13.2	14.7	18.0	13.6	17.3	12.3	16.5
2044	8.8	16.0	7.4	14.3	5.0	13.2	14.9	18.0	13.7	17.2	12.4	16.4
2045	9.0	16.0	7.7	14.3	5.2	13.3	15.1	17.9	13.9	17.2	12.6	16.3
2046	9.1	16.0	7.9	14.3	5.3	13.3	15.5	17.9	14.2	17.1	12.8	16.2
2047	9.3	16.0	8.1	14.3	5.4	13.3	15.6	17.8	14.3	17.0	12.8	16.1
2048	9.5	16.0	8.4	14.3	5.5	13.3	15.8	17.7	14.4	16.9	12.9	15.9
2049	9.7	16.0	8.6	14.3	5.5	13.3	16.0	17.6	14.5	16.9	12.9	15.8
2050	9.9	15.9	8.8	14.3	5.6	13.3	16.1	17.5	14.7	16.7	12.9	15.7
长期均衡	6.7	14.6	5.7	13.2	4.1	12.6	12.1	17.2	11.3	16.7	10.5	16.2

资料来源：根据式（7-9）、式（7-10）、式（7-15）、式（7-16）、式（7-21）、式（7-22）、式（7-27）、式（7-28），结合人口结构预测数据，得出表中数据。

初步统计发现：

机关事业单位养老保险形式"并轨"条件下，三种模式个人账户适度缴费率均呈现上升趋势。模式Ⅰ个人账户动态缴费率会由6.7%上升到16.1%，长期均衡缴费率为12.1%；模式Ⅱ个人账户动态缴费率由6.7%上升到14.7%，长期均衡缴费率为11.3%；模式Ⅲ个人账户动态缴费率由6.7%上升到12.9%，长期均衡缴费率为10.5%。随着缴费率的提高，三种模式下的替代率适度水平均呈上升趋势。在实行延迟退休和全面二孩政策后，适度缴费率和适度替代率均有所下降。但与现行的8%缴费率水平相比，未来个人账户缴费率有很大的上调空间，符合未来养老支柱多元化的趋势，同时能够减小由于基础养老保险缴费率下降造成综合替代率下降的影响。

机关事业单位养老保险本质"并轨"条件下，三种模式下个人账户缴费率均呈现上升趋势。模式Ⅰ个人账户动态缴费率会由3.2%上升到9.9%，长期均衡缴费率为6.7%；模式Ⅱ个人账户动态缴费率由2.5%上升到8.8%，长期均衡缴费率为5.7%；模式Ⅲ个人账户动态缴费率由2.5%上升到5.6%，长期均衡缴费率为4.1%。

结合式（7-5）、式（7-6）测算出机关事业单位 2016~2050 年个人账户资金供需情况，见表7-5。个人账户的资金供给由个人账户缴费率决定，其领取方式是将个人积累的个人账户总额按照计发月数逐月发放。按照这种计发方式，可以看出理论上个人账户的需求是由其供给决定的，理论上资金供需已经实现内部平衡。但是，在制度改革时期，机关事业单位"中人"由于其个人账户积累年份的缺失，需要财政发放"过渡性养老金"予以补贴，因此，"中人"所需的过渡性养老金，就是个人账户资金供需的缺口，这部分缺口是由财政负担的，见表7-5。过渡性养老金作为改革过渡时期的一种补充性养老金，随着"中人"缴费年限的提升，整体增长率会逐渐下降，并且这种转轨成本不会一直存在，会随着改革的深入逐渐消失。

表7-5　补充个人账户部分过渡性养老金需求预测

单位：亿元

年份	机关事业单位在岗职工	机关事业单位退休职工	积累年份	前一年工资	过渡性养老金需求
2016	4659	2057	1	7.7	88.8
2017	4659	2118	2	8.5	174.5
2018	4659	2181	3	8.9	263.7
2019	4659	2248	4	9.4	359.4
2020	4659	2322	5	9.8	465.7
2021	4659	2405	6	10.3	597.3
2022	4659	2464	7	10.8	692.8
2023	4659	2544	8	11.2	823.9
2024	4659	2642	9	11.7	988.0
2025	4667	2753	10	12.1	1175.9
2026	4671	2874	11	12.6	1388.0
2027	4681	2968	12	13.2	1556.4
2028	4693	3065	13	13.7	1733.2
2029	4706	3160	14	14.3	1907.6
2030	4718	3250	15	14.8	2075.9
2031	4721	3326	16	15.5	2222.0
2032	4724	3375	17	15.9	2315.7
2033	4726	3427	18	16.4	2414.4

续表

年份	机关事业单位 在岗职工	机关事业单位 退休职工	积累年份	前一年 工资	过渡性 养老金需求
2034	4731	3481	19	16.8	2515.7
2035	4739	3541	20	17.3	2626.8
2036	4743	3607	21	17.9	2751.4
2037	4749	3630	22	18.4	2793.9
2038	4756	3653	23	18.9	2835.2
2039	4761	3680	24	19.5	2882.3
2040	4765	3713	25	20.0	2937.6
2041	4758	3757	26	20.6	3012.3
2042	4749	3774	27	21.1	3039.6
2043	4736	3807	28	21.5	3089.3
2044	4717	3853	29	22.0	3153.6
2045	4689	3906	30	22.5	3221.4
2046	4649	3964	31	23.0	3295.3
2047	4601	3982	32	23.5	3315.8
2048	4552	4008	33	24.0	3341.6
2049	4506	4035	34	24.5	3363.9
2050	4469	4060	35	25.0	3380.2

注：由于个人账户的特殊性，对于个人账户的财政补贴需求相当于"并轨"时期的过渡性养老金需求。过渡性养老金是用于补充"中人"个人账户及职业年金积累缺失年份所设立的"并轨"时期特有的补充性养老金。理论上来讲，个人账户缴费和发放处于平衡状态，不存在资金缺口。但是财政需要用过渡性养老金来补齐"中人"在改革前未积累的部分个人账户，所以个人账户部分的财政补贴需求相当于机关事业单位"中人"的过渡性养老金需求。

三、养老保险职业年金资金供需平衡结构

职业年金是个人受教育成本生命周期补偿职业年金养老保障，个人青少年期受教育是未来工作的人力资本投资，其效益体现在劳动期的产出成效中，从生命周期交叠收入再分配角度看，由用人单位补偿教育年限人口生命周期养老保障给付替代，具有收入再分配的合理性。运用《中国人力资源和社会保障年鉴》《中国统计年鉴》等相关数据，结合相关预测数据，代入式（7-11）、式（7-12）、式

（7-17）、式（7-18）、式（7-23）、式（7-24）、式（7-29）、式（7-30）测算出机关事业单位 2016~2050 年职业年金适度缴费率与适度替代率，见表 7-6。

表 7-6 职业年金动态缴费率与替代率

单位：%

年份	本质"并轨"						形式"并轨"					
	模式 I		模式 II		模式 III		模式 I		模式 II		模式 III	
	缴费率	替代率	缴费率	替代率	缴费率	替代率	缴费率	替代率	缴费率	替代率	缴费率	替代率
2015	3.5	13.4	3.1	13.5	3.1	13.5	6.8	15.9	6.8	15.9	6.8	15.9
2016	3.6	13.0	3.2	13.3	3.2	13.3	6.9	15.6	6.9	15.6	6.9	15.6
2017	3.6	12.8	3.2	13.1	3.2	13.1	7.0	15.3	7.0	15.3	7.0	15.3
2018	3.7	12.7	3.3	12.9	3.3	13.0	7.1	15.0	7.0	15.0	7.0	15.0
2019	3.7	12.6	3.3	12.7	3.4	12.9	7.2	14.8	7.1	14.8	7.1	14.8
2020	3.8	12.4	3.4	12.5	3.5	12.7	7.3	14.6	7.3	14.6	7.3	14.6
2021	3.8	12.3	3.5	12.3	3.6	12.6	7.5	14.3	7.4	14.3	7.4	14.3
2022	3.9	12.1	3.6	12.1	3.7	12.4	7.6	14.1	7.5	14.1	7.5	14.1
2023	4.0	11.9	3.7	11.9	3.9	12.3	7.7	13.9	7.6	13.9	7.6	13.9
2024	4.2	11.7	3.9	11.6	4.0	12.1	7.8	13.6	7.7	13.6	7.7	13.6
2025	4.3	11.5	4.0	11.4	4.0	12.1	8.0	13.4	7.9	13.4	7.8	13.4
2026	4.4	11.4	4.1	11.3	4.1	12.0	8.2	13.2	8.1	13.2	8.0	13.2
2027	4.5	11.3	4.2	11.1	3.9	12.1	8.4	13.0	8.2	13.0	8.0	13.0
2028	4.6	11.2	4.3	11.0	4.0	12.0	8.5	12.8	8.3	12.8	8.2	12.8
2029	4.8	11.1	4.4	10.9	3.8	12.1	8.7	12.7	8.5	12.7	8.2	12.7
2030	4.9	11.0	4.5	10.8	3.9	12.0	8.8	12.6	8.6	12.6	8.3	12.6
2031	4.9	10.9	4.5	10.8	3.7	12.1	8.9	12.6	8.7	12.6	8.3	12.6
2032	5.0	10.8	4.6	10.7	3.7	12.0	9.0	12.5	8.8	12.5	8.4	12.5
2033	5.1	10.7	4.6	10.6	3.5	12.1	9.1	12.4	8.8	12.4	8.4	12.4
2034	5.2	10.6	4.7	10.5	3.6	12.0	9.2	12.4	8.9	12.4	8.4	12.4
2035	5.3	10.5	4.8	10.4	3.6	11.8	9.2	12.3	8.9	12.3	8.5	12.3
2036	5.3	10.5	4.8	10.4	3.6	11.7	9.3	12.2	9.0	12.2	8.5	12.2
2037	5.4	10.4	4.8	10.3	3.7	11.6	9.3	12.1	9.0	12.1	8.6	12.1
2038	5.4	10.4	4.8	10.2	3.7	11.5	9.3	12.1	9.0	12.1	8.6	12.1

续表

年份	本质"并轨"						形式"并轨"					
	模式 I		模式 II		模式 III		模式 I		模式 II		模式 III	
	缴费率	替代率	缴费率	替代率	缴费率	替代率	缴费率	替代率	缴费率	替代率	缴费率	替代率
2039	5.4	10.3	4.8	10.1	3.8	11.4	9.3	12.0	9.0	12.0	8.6	12.0
2040	5.4	10.2	4.9	10.0	3.9	11.3	9.3	11.9	9.0	11.9	8.6	11.9
2041	5.4	10.2	4.9	10.0	4.0	11.2	9.4	11.8	9.0	11.8	8.6	11.8
2042	5.4	10.1	4.9	9.9	4.0	11.1	9.4	11.7	9.0	11.7	8.6	11.7
2043	5.4	10.0	5.0	9.7	4.0	11.0	9.4	11.5	9.0	11.5	8.6	11.5
2044	5.4	9.9	5.0	9.6	4.1	10.9	9.4	11.4	9.1	11.4	8.6	11.4
2045	5.5	9.8	5.1	9.4	4.2	10.7	9.5	11.2	9.1	11.2	8.7	11.2
2046	5.5	9.7	5.1	9.3	4.2	10.6	9.6	11.1	9.2	11.1	8.7	11.1
2047	5.5	9.6	5.2	9.1	4.2	10.5	9.6	10.9	9.2	10.9	8.7	10.9
2048	5.6	9.4	5.3	9.0	4.2	10.4	9.6	10.8	9.2	10.8	8.7	10.8
2049	5.6	9.3	5.3	8.8	4.3	10.2	9.7	10.6	9.2	10.6	8.7	10.6
2050	5.7	9.2	5.4	8.7	4.3	10.1	9.7	10.5	9.2	10.5	8.7	10.5
长期均衡	4.8	11.0	4.4	10.8	3.8	11.8	8.6	12.7	8.4	12.7	8.1	12.7

资料来源：根据式（7-11）、式（7-12）、式（7-17）、式（7-18）、式（7-23）、式（7-24）、式（7-29）、式（7-30），结合人口结构预测数据，得到表中数据。

初步统计发现：

机关事业单位养老保险形式"并轨"条件下，三种模式的职业年金适度缴费率均呈现上升趋势。模式 I 职业年金动态缴费率会由 6.8% 上升到 9.7%，长期均衡缴费率为 8.6%；模式 II 职业年金动态缴费率由 6.8% 上升到 9.2%，长期均衡缴费率为 8.4%；模式 III 职业年金动态缴费率由 6.8% 上升到 8.7%，长期均衡缴费率为 8.1%。由于劳动年龄人口比重不断下降，三种模式下的替代率适度水平均呈下降趋势。

机关事业单位养老保险"本质""并轨"条件下，三种模式下的职业年金缴费率均呈现上升趋势。模式 I 职业年金动态缴费率会由 3.5% 上升到 5.7%，长期均衡缴费率为 4.8%；模式 II 职业年金动态缴费率由 3.1% 上升到 5.4%，长期均衡缴费率为 4.4%；模式 III 职业年金动态缴费率由 3.1% 上升到 4.3%，长期均衡缴费率为 3.8%。结合式（7-5）、式（7-6）测算出机关事业单位职业年金资金需求情况，见表 7-7。职业年金的过渡性养老金需求与个人账户计算方法基本相同，两者的变化趋势也相近，总体上呈现上升趋势的同时，增长速度逐渐放缓，因为随着改革的深入，"中人"积累的职业年金越来越多，对过渡性养老金的总体需求也逐渐下降。因此，整体上财政补贴需求也会呈现增长率下降的趋势。

表 7-7　补充职业年金部分过渡性养老金需求预测　　　单位：亿元

年份	机关事业单位在岗职工	机关事业单位退休职工	积累年份	前一年工资	过渡性养老金
2016	4659	2057	1	7.7	112.9
2017	4659	2118	2	8.5	221.1
2018	4659	2181	3	8.9	333.0
2019	4659	2248	4	9.4	452.0
2020	4659	2322	5	9.8	582.9
2021	4659	2405	6	10.3	746.8
2022	4659	2464	7	10.8	865.2
2023	4659	2544	8	11.2	1026.7
2024	4659	2642	9	11.7	1228.1
2025	4667	2753	10	12.1	1457.2
2026	4671	2874	11	12.6	1716.9
2027	4681	2968	12	13.2	1919.8
2028	4693	3065	13	13.7	2133.0
2029	4706	3160	14	14.3	2341.6
2030	4718	3250	15	14.8	2541.8
2031	4721	3326	16	15.5	2715.2
2032	4724	3375	17	15.9	2825.2
2033	4726	3427	18	16.4	2939.9
2034	4731	3481	19	16.8	3056.3
2035	4739	3541	20	17.3	3182.3
2036	4743	3607	21	17.9	3323.1
2037	4749	3630	22	18.4	3370.3
2038	4756	3653	23	18.9	3415.4
2039	4761	3680	24	19.5	3465.4

年份	机关事业单位在岗职工	机关事业单位退休职工	积累年份	前一年工资	过渡性养老金
2040	4765	3713	25	20.0	3522.6
2041	4758	3757	26	20.6	3599.0
2042	4749	3774	27	21.1	3626.0
2043	4736	3807	28	21.5	3672.8
2044	4717	3853	29	22.0	3729.7
2045	4689	3906	30	22.5	3784.8
2046	4649	3964	31	23.0	3843.6
2047	4601	3982	32	23.5	3857.8
2048	4552	4008	33	24.0	3872.1
2049	4506	4035	34	24.5	3879.8
2050	4469	4060	35	25.0	3886.8

注：职业年金与个人账户积累和发放模式有很多相似之处，因此，职业年金的财政补贴需求也相当于过渡性养老金当中用于补贴职业年金积累不足部分的需求。

四、养老保险财政补贴及个人储蓄供需结构

机关事业单位养老保险"并轨"的过程，实际是一个机关事业单位养老保险缴费与给付的内部动态平衡过程。这个内部均衡过程，有养老保险"并轨"前后的养老保险缴费的增加与给付水平之间的动态均衡、养老保险"并轨"前后的养老保险缴费与财政养老保险支出减少之间的动态均衡、养老保险"并轨"前后的养老保险缴费的增加与工资水平之间的动态均衡、养老保险"并轨"前后的养老保险缴费的增加与给付调整指数之间的动态均衡等。这些养老保险"并轨"缴费的内部均衡诸多方面不是一步完成的，而是一个动态的均衡过程。这个动态过程是一个逐步完善的动态过程，是一个动态"并轨"的过程，是一个动态的适应过程。

养老保险资金供需缺口，作为制度改革时期的转轨成本，理论上需要国家财政予以补贴，但根据前面关于"财政补贴适度水平"的研究可以知道，超出财政补贴的部分，需要由个人储蓄来完成补充。因此，研究机关事业单位养老保险资金供需总平衡的最后一个因素，就是个人储蓄。研究个人储蓄所占的份额，首先需要将前面计算的养老保险资金供需缺口与财政补贴适度水平进行比较，见表7-8（同表6-2）。

表7-8　机关事业单位养老保险替代率剩余及财政补贴适度水平

年份	机关事业单位退休人口数（万人）	机关事业单位老年人财政补贴需求（亿元）	老年人财政补贴占财政支出比重（%）	机关事业单位养老金财政补贴需求（亿元）	机关事业单位养老金占财政支出比重（%）
2015	1168	1620	0.92	810	0.46
2016	1270	1928	1.01	964	0.50
2017	1361	2156	1.07	1078	0.53
2018	1439	2414	1.13	1207	0.56
2019	1506	2675	1.18	1338	0.59
2020	1580	2973	1.24	1486	0.62
2021	1646	3244	1.28	1622	0.64
2022	1665	3442	1.30	1721	0.65
2023	1749	3794	1.37	1897	0.68
2024	1783	4057	1.40	2029	0.70
2025	1883	4491	1.49	2245	0.74
2026	1906	4751	1.51	2376	0.75
2027	1993	5189	1.58	2594	0.79
2028	2015	5476	1.60	2738	0.80
2029	2101	5958	1.66	2979	0.83
2030	2116	6258	1.67	3129	0.84
2031	2182	6649	1.70	3324	0.85
2032	2116	6642	1.66	3321	0.83
2033	2056	6650	1.62	3325	0.81
2034	2002	6673	1.59	3337	0.79
2035	2092	7186	1.67	3593	0.83
2036	1996	7063	1.60	3531	0.80
2037	2035	7417	1.64	3708	0.82
2038	1949	7317	1.57	3658	0.79
2039	1999	7731	1.62	3865	0.81
2040	2046	8152	1.67	4076	0.83
2041	2066	8415	1.68	4208	0.84

资料来源：①历年《中国养老金发展报告》、《中国统计年鉴》和辽宁大学人口研究所"机关事业单位养老保险'并轨'适度缴费水平"课题组人口预测数据；②劳动人口比重＝替代率；③替代率剩余和财政补贴适度上限由式（6-8）计算得出。

机关事业单位养老保险"并轨",国家机关和省市县都承担着机关事业单位职工养老保险财政补贴的责任。中央和地方的养老保险财政补贴分担结构政策,值得研究解决。全国各市县的财政收入状况不尽一样,有的财政收入状况好些,有的财政收入状况差些。中央财政养老保险补贴的原则,可以选择补贴财政收入状况比较差的市县的养老保险财政缺口,实行兜底差额补贴原则,以保证全国机关事业单位职工养老保险给付按时按量发放。机关事业单位养老保险"并轨",地方财政承担着主要的政府补贴任务。省市县主要负责管辖的单位养老保险的管理和财政补贴责任。地方养老保险财政补贴资金的管理,应该进入地方财政预算,按照财政养老保险补贴适度水平实施地方财政养老保险资金预算和管理。财政收入状况较差的市县,可以向中央财政申请养老保障财政转移支付,保障老年人生活水平不降低,实现社会和谐发展。

根据"替代率剩余"原理,结合前一部分资金预测数据,可以得到机关事业单位个人储蓄适度水平上下限,见表7-9。个人储蓄均衡替代率的适度水平大概为8%。

表7-9　机关事业单位个人储蓄适度水平

年份	个人储蓄水平	个人储蓄资金供给水平	年份	个人储蓄水平	个人储蓄资金供给水平
2016	6190.714	4849.06	2031	12361.93	11611.44
2017	6804.911	5396.05	2032	12722.65	12001.57
2018	7146.131	5732.33	2033	13093.12	12409.66
2019	7506.85	6092.17	2034	13473.33	12840.62
2020	7877.318	6473.05	2035	13873.05	13308.44
2021	8277.033	6891.35	2036	14282.51	13976.62
2022	8618.253	7252.61	2037	14701.73	14244.85
2023	8969.223	7649.77	2038	15130.69	14713.17
2024	9339.691	8087.21	2039	15579.15	15213.24
2025	9719.908	8559.69	2040	16027.61	15731.79
2026	10119.62	9044.79	2041	16505.32	16285.59
2027	10529.09	9518.48	2042	16856.29	16676.01
2028	10958.05	10016.9	2043	17226.76	17114.83
2029	11406.51	10537.81	2044	17597.23	17575.19
2030	11874.47	11076.59	2045	17977.44	18049.33

续表

年份	个人储蓄水平	个人储蓄资金供给水平	年份	个人储蓄水平	个人储蓄资金供给水平
2046	18367.41	18520.06	2049	19586.05	19762.55
2047	18767.12	18914.76	2050	20015.02	20224.21
2048	19176.59	19334.71			

五、机关事业单位养老保险供需总平衡

完成对机关事业单位养老保险"并轨"后的基础养老保险、个人账户、职业年金资金缺口的分析预测，并依据"替代率剩余"理论测算了财政补贴及个人储蓄适度水平后，可以对机关事业单位养老保险"并轨"资金总供需进行整合分析。依据表7-3、表7-5、表7-7、表7-8、表7-9所得数据，结合式（7-1），可以得到机关事业单位养老保险资金缺口总平衡图，见图7-1。

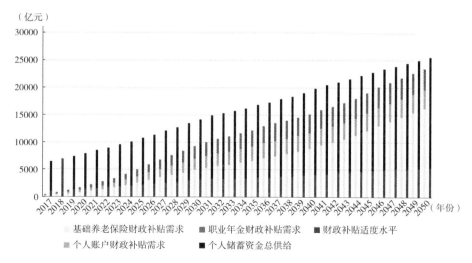

图7-1　机关事业单位养老保险资金缺口总平衡

从图7-1中可以看出，机关事业单位资金缺口逐年增长，并在2021年超出财政补贴适度水平，在这种情况下，需要个人储蓄对这部分缺口进行补贴，个人储蓄能够很好地减轻财政补贴的压力，从图中也可以看出，未来财政补贴水平仍有下调的余地。总体上看，机关事业单位养老保险在转轨时期产生的资金缺口，

可以通过财政补贴及个人储蓄等手段进行补充，进而实现机关事业单位养老保险资金供需总平衡。

为更加直观地看出机关事业单位养老保险资金总供需状况，依据表7-3、表7-5、表7-7、表7-8、表7-9所得数据，结合式（7-1），通过对基础养老保险、个人账户、职业年金资金供需水平的测算，结合对财政补贴和个人储蓄适度水平的研究，可以得到机关事业单位养老保险资金供需总平衡图，见图7-2。从图中可以看出，机关事业单位养老保险通过财政补贴、个人储蓄等资金的补充，可以初步实现养老保险资金供需总平衡。养老保险资金在改革初期，由于过渡性养老金需求相对较少，仅通过财政补贴就能实现养老保险资金供需的平衡。随着改革的深入，过渡性养老金的需求不断增加，养老金总需求不断上升，财政补贴压力增大，仅靠财政补贴已经无法实现资金供需平衡，因此需要个人储蓄的加入以实现养老金供需总平衡。

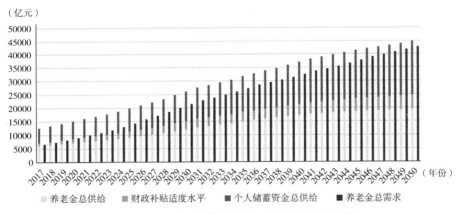

图7-2　机关事业单位养老保险资金供需总平衡

通过对机关事业单位养老保险需求、给付以及资金总平衡的研究可以看出：

第一，机关事业单位养老保险"并轨"初期或近期，退休职工的养老金替代率由原来的同一替代率分解为基础养老保险替代率、个人账户养老金替代率、职业年金替代率三部分，与此相对应，养老金的缴费也由原来的财政全部支付，分解为基础养老保险缴费、个人账户缴费、职业年金缴费。这个养老保险缴费结构和给付结构的变革，着眼于机关事业单位"新人"养老金与企业养老保险缴费给付的对接，但是在"并轨"的初期和近期，新老养老金替代率的转轨和过渡，缴费与给付并不能实现资金来源均衡因为"老人"和"中人"没有个人账户和职业年金的缴费，所以机关事业单位退休的"老人"和"中人"的等同缴费的养老金给付资金来源，应该由原来的退休金给付资金来源渠道的政府财政承担，实现财政补贴式的养老保险"并轨"初期或近期的资金供需平衡。机关事业单位养老保险"并轨"的重要变化是增建了个人账户和职业年金养老金，但是初期或近期个人账户和职业年金刚刚起步，没有资金积累，那么怎么规划设计机关事业单位养老保险缴费给付的资金均衡？机关事业单位养老保险"并轨"方案中的缴费与给付均衡，是着眼于未来彻底"并轨"后"新人"养老保险缴费与给付要实现资金供需均衡。养老保险"并轨"过程中的"老人"和"中人"的养老金靠缴费实现供需均衡是不可能的，"老人"和"中人"的养老金的供需均衡，除了缴费外，政府财政补贴还解决个人账户职业年金的等同缴费的养老金给付资金问题。现行的机关事业单位养老保险缴费合计为36%，基础养老保险单位缴费率为16%，个人账户缴费率为8%，职业年金缴费率为12%，这个费率较高，随着转轨成本的结束，这个缴费率会在供需均衡下逐渐下降到本质适度区间。同时，人口老龄化持续上升到高峰后平稳发展，也为未来养老保险缴费率平稳进入本质适度区间提供有利的人口条件。

第二，机关事业单位养老保险缴费给付的中长期资金均衡，重点是建立和完善多层次养老保险供需资金均衡发展。基础养老保险、个人账户养老金、企业年金、个人储蓄养老保险四个层次或称"三支柱"。目前，第一层次和第二层次已不断完善发展，第三层次在实验阶段，第四层次试点起步。从养老保障功能上说，第一层次的缴费给付水平是解决生存问题，第二层次的缴费给付水平是达到社会平均工资水平，第三层次的缴费给付水平是解决接近原来制度退休金水平，第四层次的缴费给付水平是自己储蓄缴费提高退休后的生活水平，保持退休前后的生活水平基本持平。所以，机关事业单位养老保险制度设计中的多层次养老保险缴费给付水平是一个多层次阶梯性逐渐提高的养老保障水平。这个阶梯性逐渐提高缴费给付水平的多层次养老保险资金均衡制度是一个在每个层次上近期均衡和多层次上中长期均衡的不断完善的制度。从近期看，先实现前几个层次的养老保险缴费给付的均衡，由单位、个人缴费和政府财政补贴实现其均衡发展。从中远期看，养老保险缴费给付的资金均衡发展的趋势是不断扩大个人缴费水平，减少政府财政支付水平，加入单位缴费元素，逐渐替代原来的全部由政府财政支出承担，所以中长期养老保险资金均衡是一个资金来源变化前提下的资金均衡，是一个政府、单位、个人三方责任下的资金均衡。

第三，机关事业单位养老保险"并轨"，内部的资金供需均衡，重点政策取向是机关事业单位养老保险体系内部的"老人""中人""新人"养老金给付水平均衡；基础养老保险、个人账户、职业年金以及个人储蓄养老保险之间的养老保险均衡政策。机关事业单位养老保险实现"老人""中人"和"新人"养老金给付水平的均衡。机关事业单位养老保险的内部均衡,主要是解决"老人""中人""新人"给付水平的均衡问题。这个给付水平的均衡,主要是视同缴费的过渡养老金和对比"并轨"前的退休金水平比较就高政策。在这个政策中,"视同缴费"即视同个人账户和职业年金缴费的过渡养老金,可以保证机关事业单位养老保险中的"老人"和"中人"保持给付水平的均衡;对比"并轨"前退休金水平比较就高原则,可以保证"老人"和"中人"在10年之内保持给付水平的均衡。在资金来源可持续条件下,"视同缴费"原则可以保证"中人"和"新人"的给付水平的对接和均衡。不过,"视同缴费"涉及过渡养老金水平的确定,这个养老金水平的确定,既需要考虑到与"老人"给付水平的均衡,又要考虑到与"新人"给付水平的均衡。养老保险"并轨"10年过渡期及以后一定时期内,这个前后均衡问题都值得持续研究解决。

第四,机关事业单位基础养老保险是以公平为主线的供需均衡政策,是机关事业单位养老保险基础养老保险、个人账户、职业年金之间的互补性养老保险资金均衡政策。机关事业单位养老保险制度中的公平和收入再分配元素,集中体现在基础养老保险制度内核里,所以机关事业单位养老保险"并轨"中的基础养老保险是养老保险公平原则和收入再分配功能的集中体现。在基础养老保险缴费给付中,收入高的群体要向收入低的群体转移收入,较之原有的退休金制度实现了较大的收入再分配。在基础养老保险基础上,个人账户养老金、职业年金和储蓄养老金是由个人缴费为主的养老保险制度设计,这种制度设计主题是解决个人生命周期的收入再分配,机关事业单位青年人为使自己退休后的生活水平不降低,实施年轻时缴费退休后领取。所以,机关事业单位养老保险"并轨"后,政策取向是以基础养老保险公平为主线的多层次的养老保险之间互补性养老保险资金均衡政策。

第五,人口老龄化变现为老年人口比重系数的提高和高龄老人比重系数的提高。机关事业单位养老保险中个人储蓄养老保险政策,除了保证机关事业单位退休职工的生活水平不降低之外,还有解决人口高龄化养老保障问题的一个重要政策。在退休人群中,一部分人属于高龄老人,他们的养老保障和生命健康支出会增加,他们的个人账户和职业年金按人均寿命给付年限已经超过不再发放。所以,个人储蓄养老保险可以针对人口高龄化的人群设计相应的高龄老人养老储蓄计划,解决高龄老人的养老保险水平不降低问题。

第三节　机关事业单位养老保险"并轨"过渡系数动态平衡趋势

机关事业单位养老保险资金供需平衡的五个因素中，个人账户和职业年金由于在养老保险"并轨"后，"中人"存在积累年份缺失的问题，所以需要用过渡性养老金进行补充。因此，实现机关事业单位养老保险资金总平衡的一个重要因素，就是过渡性养老金的适度水平。

一、养老金"并轨"过渡系数适度水平模型构建

过渡性养老金作为改革时期的一种补充性养老金，其核心内容就是过渡系数的确定。现行过渡性养老金计算公式为：过渡性养老金＝指数化月平均缴费工资×视同缴费年限×过渡系数，目前没有统一的关于过渡系数选择的规定，大部分地区选择1.4%。研究过程中发现，将过渡性养老金的计算方法加以改变，将原本动态的"视同缴费年限"固定为"职业生涯年数"，等同于基础养老金替代率，进而选取动态的过渡系数，这种方法能够更有效地起到补充性养老金的作用。

从过渡系数的基本原理上说，机关事业单位养老保险"并轨"中的"过渡"系数，其过渡性质是"从原有制度向新制度过渡"，典型群体是养老保险"并轨"中的"中人"，这种过渡既要与原有制度下"老人"退休金水平对接，又要与新制度下的"新人"给付水平对接。所以，养老保险"并轨"过渡系数不是一元性过渡，而是二元性过渡。按照过渡系数本身的性质，依据其二元性过渡特征，我们设计过渡系数定量分析数理模型，见式（7-31）和式（7-32）。

进一步分析机关事业单位养老保险"并轨"过渡系数的形成路径和结构，可以发现：机关事业单位养老保险"并轨"，在第一支柱基本养老保险（基础养老保险＋个人账户）缴费和给付水平上实现了与企业的对接；为了与原有机关事业单位退休金水平对接，设计了较高的第二支柱职业年金水平，其总缴费率12%，其中单位缴费8%，个人缴费4%。所以，在分析不同时段"中人"养老金过渡系数时，要把职业年金和个人账户的收益率水平考虑在内，其逻辑关系是：在综合替代率适度水平基础上减去基础养老保险替代率水平，再减去个人账

户和职业年金回报率水平,才是不同时段"中人"养老金的过渡系数水平。从动态上看,年龄越靠近"老人",养老金过渡系数越高;年龄越靠近"新人",养老金过渡系数越低。这里,在具体测算中需要把个人账户和职业年金的回报率转换折合为养老金给付替代率。

$$GR_j = \sigma_{jt} - \sigma_b - \sigma_{gz} \qquad (7-31)$$

$$GR_o = \sigma_{ot} - \sigma_b - \sigma_{gz} \qquad (7-32)$$

其中,GR_j 表示原有退休金水平对接的过渡系数水平;σ_{jt} 表示与原有制度对接的综合替代率适度水平;σ_b 表示"并轨"基础养老保险替代率适度水平;σ_{gz} 表示个人账户和职业年金收益率转换折合成的养老金替代率水平。GR_o 表示与企业养老保险对接的过渡系数水平;σ_{ot} 表示与企业对接的养老保险综合替代率适度水平。

在此,依据适度区间理念,我们把与原有制度退休金水平对接的过渡系数称为过渡系数适度水平上限;把与企业养老保险替代率水平对接的过渡系数称为过渡系数下限。

鉴于研究需要和操作方便,在此我们把过渡系数定义为"替代率过渡系数"。这种过渡系数属于替代率范畴,在计算给付水平时,可以将其直接与已有替代率相加合并,得出实际给付替代率。

二、养老保险"并轨"过渡系数适度水平分析

现有界定和计算过渡系数的方法是先计算指数化月平均缴费工资,乘以视同缴费年限,再乘以过渡系数。过渡系数一般选择 1.2 或 1.4。在具体计算时,通常以缴费不足 25 年和缴费 25 年以上两个时间段作为选择过渡系数 1.2 或 1.4 的标准。[①]

现有过渡性养老金及其过渡系数的界定及计算方法是以缴费年限与替代率对称等同性关联为依据,视同缴费年限乘以过渡系数,其实就是过渡性替代率,也可以称为替代率过渡系数。为了便于居民理解,我们可以把这里比较复杂的计算方法简单化,直接计算替代率过渡系数。同时,原有过渡系数 1.2 和 1.4 实行两阶段划分计算,其理解和操作有三点困惑:一是其原理复杂和计算繁杂;二是普通居民不容易理解和自己操作;三是其适度性不易于检验,适度区间不明确。

鉴于原有养老金过渡系数的这些不易于操作性等特点,我们尝试简化原理和计算方法,且引入适度水平测定标准和原理,提出并测定养老保险"并轨"过

---

① 现行过渡性养老金计算公式:过渡性养老金=指数化月平均缴费工资×视同缴费年限×过渡系数。

渡系数适度水平。

我们直接以"替代率"为简化切入点，把过渡系数和替代率直接契合，提出"替代率过渡系数"。替代率过渡系数，是以"替代率"的表达方式设定和计算补发"中人"养老金给付中由于转轨形成的缺少个人账户和职业年金所导致的养老金缺失系数。直接用替代率方式表达"过渡系数"，居民对给付替代率60%或80%等比较容易理解，自己也容易计算出给定替代率下的养老金数额，所以用"替代率过渡系数"概念，比如在政策中用过渡系数替代率20%或40%，居民容易听得懂，看得懂，容易理解，所以具有居民知晓其原理的认知基础。有了居民便于认知的基础，也就进一步具有便于理解、配合和操作的基础。

同时，在具体表述和测算养老保险"并轨""替代率过渡系数"时，测定出过渡系数水平是第一步，进一步测算出过渡系数的适度水平又是另一个更完善的步骤。从管理学原理上说，在测定了过渡系数之后，应该对其进行适度性检验；当检验结果显示过渡系数超出或达不到适度水平区间时，就应该调整现有的过渡系数，或者按照过渡系数适度水平区间调整或设计出适度的替代率过渡系数，完善养老保险"并轨"过渡系数理论和操作路径。在此，我们提出"替代率过渡系数"概念，又提出其适度区间，这样我们可以在理论上和模型上设计出过渡系数适度水平基本原理和定量分析指标。因为替代率概念和指标已经很成熟，我们又在替代率概念基础上引入了养老人口结构均衡分配原理，进一步提出养老保险"并轨"过渡系数原理和适度水平测定数理模型。这样，我们就可以按照适度水平区间及其优化设计适度的养老保险过渡系数，完善养老保险"并轨"制度。

三、养老保险"并轨"动态过渡系数选择

养老保险"并轨"过渡系数适度水平，依据机关事业单位养老保险"并轨"的"二元对接"特征，分为与企业和与原制度适度水平对接两个维度。养老保险"并轨"过渡系数适度水平，依据养老保险"并轨"综合替代率适度水平，选择测算减除法获得（见表7-10）。参数选择方面，根据2014年下发文件，机关事业单位养老保险选择2015年25岁职工为"新人"，缴费35年到60岁退休，基础养老保险替代率系数为0.35。60岁职工退休为"老人"，59岁为最接近"老人"的"中人"。在此选择59岁视同缴费年限35年的"中人"作为分析过渡系数适度水平的起点。

表 7-10　养老保险"并轨"替代率过渡系数适度水平选择

年龄	视同缴费年限	过渡系数替代率	合计综合替代率	过渡系数适度水平
59	35	$0.35 \times 1.1 = 0.38$	0.73	GR_o 适度上限
		$0.35 \times 1.2 = 0.42$	0.77	
		$0.35 \times 1.4 = 0.49$	0.84	
		$0.35 \times 1.5 = 0.52$	0.87	
		$0.35 \times 1.6 = 0.56$	0.91	GR_j 适度上限
		$0.35 \times 1.7 = 0.59$	0.95	
	40	$0.40 \times 1.1 = 0.44$	0.84	
		$0.40 \times 1.2 = 0.48$	0.88	
		$0.40 \times 1.3 = 0.52$	0.92	GR_j 适度上限
		$0.40 \times 1.4 = 0.56$	0.96	

初步测算分析表明：选择视同缴费 35 年，按照原有过渡系数的测算方法，选择过渡系数 1.1，给付替代率过渡系数为 0.38，对照综合替代率适度水平区间，属于与企业养老保险对接 GR_o 适度上限；依次提高过渡系数水平，当过渡系数提高到 1.6，给付替代率过渡系数为 0.56，对照综合替代率适度水平区间，属于与原有制度对接 GR_j 适度上限。从养老保险"并轨"过渡系数动态趋势上看，原有过渡系数从 1.6 逐渐梯度对接到 1.1，替代率过渡系数从 0.56 逐渐梯度对接到 0.38，可以实现机关事业单位养老保险的平稳过渡和梯度"并轨"，具有渐进完善的制度优化功能。

现实的机关事业单位养老保险"并轨"增加了个人账户和职业年金缴费和给付，这部分的缴费和收益水平是与养老保险"并轨"过渡系数水平相对应的制度设计。也就是说，养老保险过渡系数的作用正是补偿"中人"没有个人账户和职业年金的缺失给付。在现实的个人账户和职业年金的投资收益过程中，其收益率高低直接关系着个人账户和职业年金给付替代率水平，而收益率受到经济增长和投资回报率的影响。

依据现有的社会保障基金回报率在 8% 左右，我们选择其为收益率上限，选择当今大额存款利率 5% 为下限，分阶段对其收益率进行测算，并将其转换为相应的养老保险"并轨"替代率过渡系数，见表 7-11。

表 7-11　基于收益率的"并轨"替代率过渡系数测算及其适度水平对接

年龄	机关事业单位对接"替代率过渡系数"适度水平	企业对接"替代率过渡系数"适度水平	企业对接现行政策适度过渡系数	机关事业单位对接现行政策适度过渡系数
25	0.26	0.09	0.25	0.73
30	0.29	0.12	0.33	0.82
35	0.30	0.13	0.37	0.85
40	0.34	0.17	0.49	0.97
45	0.36	0.19	0.53	1.02
50	0.42	0.25	0.73	1.21
51	0.44	0.27	0.77	1.26
52	0.45	0.28	0.81	1.29
53	0.47	0.30	0.85	1.33
54	0.48	0.31	0.88	1.37
55	0.46	0.29	0.83	1.31
56	0.48	0.31	0.88	1.37
57	0.50	0.33	0.94	1.42
58	0.52	0.35	0.99	1.47
59	0.53	0.36	1.04	1.52

2015 年养老保险"并轨"后，25 岁年龄段职工到 60 岁退休，缴费 35 年。收益率选择 5%~8%，59 岁"中人"个人账户收益率折合替代率系数为 0.15，职业年金收益率折合替代率系数为 0.22，合计替代率系数为 0.37；接近与企业对接过渡适度水平系数 0.38 的对接。与企业对接，替代率过渡系数为 0.36，现行过渡系数为 1.04，见表 7-11。

从动态过渡系数对接上看，从 25 岁到 59 岁的个人账户和职业年金的收益率，随着缴费年限的增长和相应的收益率的累积增长，也呈现为逐渐上升的趋势；与此相对应，养老保险过渡系数水平逐渐呈现梯度下降的趋势：从 59 岁"中人"的替代率过渡系数 0.36，接近与企业对接过渡系数适度水平上限 0.38，逐渐梯度下降到 25 岁的替代率过渡系数 0.09，接近与企业对接的替代率过渡系数适度水平下限 0.10。相应的现行过渡系数从 1.04 梯度下降到 0.25。这样，机关事业单位养老保险"并轨"中的过渡系数，从与原有退休金水平适度对接，到与企业养老金水平适度对接，实现了养老保险"并轨"的平稳过渡和梯度对接。

从收益率参数选择预测的结果，可以对应性看出，机关事业单位养老保险"并轨"过程中，个人账户和职业年金的收益率保持在近期的 8% 和远期的 5% 左右，才有可能实现"新人"养老保险与企业养老金水平对接的个人账户和职业年金的给付替代率回报适度水平。

四、养老保险替代率过渡系数实证检验

在原制度向企业"并轨"过程当中，替代率过渡系数是重要的平衡调节机制。如果按照原有固定过渡系数测算，机关事业单位养老保险无法实现与原制度及企业养老保险制度的双向对接。如果按照动态替代率过渡系数测算，可以较好地实现与原制度及企业养老保险制度的双向对接。在此，我们以机关事业单位养老保险"并轨"的双向对接为依据，对养老保险过渡系数进行实证检验。实证检验依据《中国人力资源和社会保障年鉴》《中国统计年鉴》相关数据，结合表7-5、表7-7进行对比性检验，具体检验结果见图7-3。

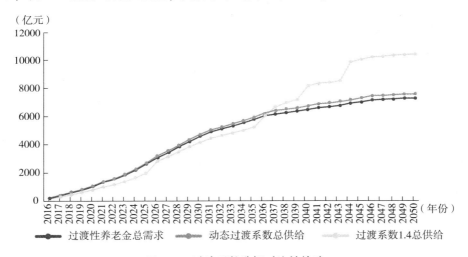

图7-3 过渡系数选择对比性检验

图中分别依据现行政策下大部分地区选择的过渡系数 1.4 以及动态过渡系数两种方法对过渡性养老金总供给进行测算，对比表7-5、表7-7测算的过渡性养老金需求可以看出，在采用动态过渡系数的情况下，过渡性养老金整体呈现供需平衡的态势；在选用 1.4 作为过渡系数时，过渡性养老金呈现"前少后多"的态

势，"并轨"前期过渡性养老金无法满足需求，后期过渡性养老金超出了适度水平。因此可以看出，采用动态过渡系数能够更平稳地实现养老保险替代率同原有制度的平稳对接。

"保障适度"是党的十九大报告中提出的社会保障制度改革发展的重要方针。在机关事业单位养老保险制度"并轨"顶层优化设计中，落实"保障适度"思想与提出具体衡量指标和适度水平系数标准具有制度优化效应。

第一，优化养老保险过渡系数框架和理论。机关事业单位养老保险"并轨"是社会保障制度建设中的一项影响很大的举措，备受社会关注。在诸多关注点中，人们关注更多的是至今还没有落实的过渡性养老金领取问题。从养老保险"并轨"的过渡系数适度水平切入，分析说明机关事业单位养老保险"并轨"过渡的养老金水平的适度与否，有利于落实国家"保障适度"的建设方针，也有利于破解人们关注的"并轨"焦点。同时，从养老保险缴费与给付的投入产出均衡理论出发设计养老保险"并轨"过渡系数水平，从现实人口结构和未来人口老龄化高峰人口结构理论出发设计养老保险"并轨"过渡系数适度水平数理模型及其适度上下限，都具有合理的理论依据，进而增加人们理解"并轨"制度设计的合理性及其制度优化的合理性，这些都有利于完善养老保险过渡系数理论框架和优化过渡性养老金制度依据。

第二，优化养老保险"并轨"政策的可操作性。养老保险制度"并轨"优化设计，不但要有合理的政策方向设计，还要有可操作性的实施依据和方案。机关事业单位养老保险制度"并轨"实施以来，"中人"的过渡性养老金很长时间没有发放，就是制度对接的可操作性还在论证过程中，这也说明养老保险制度"并轨"的可操作性问题是比较复杂和需谨慎解决的问题。从养老保险"并轨"过渡系数适度水平入手，思考分析养老保险"并轨"制度的可操作性优化方案，是一个比较有使用价值的思路和操作路径。

第三，优化地区养老保险过渡性养老金政策的统一规范。机关事业单位养老保险"并轨"以来，在全国范围内过渡性养老金发放一直滞后，没有统一的实施规范。

养老保险过渡系数适度水平是测度机关事业单位养老保险"并轨"过渡性养老金发放合理性与否的重要尺度标准。有了过渡系数适度水平标准，就使机关事业单位养老保险"并轨"中过渡性养老金发放有了具体落实的标准依据，它会产生养老保险"并轨"的制度优化效应。

本章小结

本章依据人口养老结构设计养老保险缴费数理模型,研究机关事业单位养老保险资金供需平衡。首先,依据人口结构数据测算机关事业单位综合替代率适度水平模型,研究机关事业单位"并轨"替代率对接过程,以此为依据,确定养老保险"并轨"资金需求适度水平。结合前面章节对于养老保险"并轨"适度缴费水平的研究,建立养老保险资金供需模型。在建立养老保险资金供需模型的过程中,主要依据是前面所研究的养老保险适度缴费率与替代率。所有模型最基础的依据是人口养老结构,因此,在建立模型过程中充分考虑未来影响人口结构的因素,并结合前面章节关于机关事业单位养老保险本质"并轨"与形式"并轨"的不同条件,对养老保险资金供需模型进行了细化。根据前面的研究发现,机关事业单位养老保险"并轨"主要涉及基础养老保险、个人账户、职业年金、财政补贴和个人储蓄五个部分,因此,机关事业单位养老保险资金供需平衡研究需要在区分本质"并轨"和形式"并轨"两种情况下,分别预测基础养老保险、个人账户、职业年金、财政补贴和个人储蓄五个部分的资金供需。在研究的过程中,我们发现个人账户和职业年金因为其完全积累的性质,存在一种表面上的供需平衡,但实际上由于"中人"积累年份的缺失,在实际发放过程中需要通过过渡性养老金进行补充,因此,这两部分养老保险的资金需求等同于用于补充这两部分积累缺失的过渡性养老金的需求。这就涉及关于过渡性养老金过渡系数的选择。由于之前的研究都是基于动态系数的选择,因此,在过渡系数的选择上,我们也创新性地提出了"动态过渡系数"及其计算方法,这样的过渡系数能够更清楚地反映过渡性养老金的补充作用,也更加契合前面部分关于缴费率和替代率适度水平的研究。在分别研究了养老保险五个部分在两种情况下的资金结构之后,我们发现"并轨"后基础养老保险、个人账户、职业年金的综合替代率低于适度水平,采用动态过渡系数的过渡性养老金补充之后,可以达到适度水平,同时也出现了资金供需缺口,这一缺口需要依靠财政补贴以及个人储蓄来弥补,从而实现资金供需平衡。机关事业单位养老保险"并轨",国家机关和省市县都承担着机关事业单位职工养老保险财政补贴的责任。中央财政养老保险补贴的原则,可以选择补贴财政收入状况比较差的市县的养老保险财政缺口,实行兜底差额补贴原则,以保证全国机关事业单位职工养老保险给付按时按量发放;地方养老保险财政补贴资金的管理，应该进入地方财政预算，按照财政养老保险补贴适度水平实施地方财政养老保险资金预算和管理。财政收入状况较差的省市县，可以向中央财政申请养老保障财政转移支付，保障老年人生活水平不降低，实现社会和谐发展。在研究过程中也发现，未来养老保险资金供需主要将受到全面二孩、延迟退休、全国统筹等政策因素的影响，因此未来研究减小资金供需缺口的主要途径也要从这几个方面入手。

第八章 机关事业单位养老保险全国统筹收入再分配效应

机关事业单位"并轨"后面临的主要问题是资金供求平衡，而资金供求平衡的重要机制是基础养老金的全国统筹。继2015年1月14日按照党的十八大和十八届三中、四中全会精神，根据《中华人民共和国社会保险法》等相关文件法规的规定，为建立更加公平、可持续的养老保险制度，国务院正式发布《关于机关事业单位工作人员养老保险制度改革的决定》（国发〔2015〕2号）文件，决定实行机关事业单位养老保险"并轨"改革后，全国养老保险基金结构上的两个矛盾逐渐凸显：一是横向上，统筹层次低，基金规模小，养老基金的地区分布不平衡，地区之间不调剂，虽然总体结余，但始终存在部分地区出现当期支付的缺口；二是纵向上，人口老龄化加剧，老年抚养比攀升，未来养老保险基金面临支付压力。

研究认为，为顺利推进机关事业单位"并轨"改革，保障资金供求平衡，同时提高养老保险基金的抗风险能力，减轻中国人口老龄化带来的支付压力，养老保险全国统筹势在必行。但是养老保险全国统筹改革不能一蹴而就，必须分步骤、分阶段地进行，由于机关事业单位仍处于"并轨"改革进程中，全国统筹也在探索尝试，与企业相比，机关事业单位具备较好的经济基础和较小的工资差异障碍。机关事业单位工资具有较大的稳定性和统一性，工资的级别和增长具有相同的政策依据，如果利用机关事业单位养老金缴费覆盖面大、遵缴率高、便于管理的特点，以机关事业单位为先导接近实现全国统筹的目标，在全国范围内率先实现统筹，更能提高机关事业单位缴费管理的操作性和管理效率，同时减少"并轨"阻力。

第一节　机关事业单位养老保险全国统筹的
必要性及制度优势

一、全国统筹的必要性

养老保险统筹是由社会保险管理机构在一定范围内（统筹层次上）统一征集和给付养老保险基金，统一调剂使用养老基金的生活管理制度。养老保险统筹层次是统一征缴养老基金，统一调剂使用基金，并确保基金的收支平衡的养老保险管理范围和层次。养老保险统筹层次的高低，是社会管理机制和水平成熟与否的标志，也是基本养老保险社会化水平高低的重要体现。养老保险统筹层次依照行政区划来界定，按照统筹层次的高低可以划分为全国统筹、省级统筹、县市级统筹及企业统筹，全国统筹是养老保险基金统筹的最高层次。中国养老保险基金的目标是全国统筹。我们也是在全国统筹层次上研究机关事业单位养老保险全国统筹收入再分配原理和理论。

2017年10月18日，习近平同志在党的十九大报告中指出，加强社会保障体系建设。全面建成覆盖全民、城乡统筹、权责清晰、保障适度、可持续的多层次社会保障体系。全面实施全民参保计划。完善城镇职工基本养老保险和城乡居民基本养老保险制度，尽快实现养老保险全国统筹。中华人民共和国成立以来，养老保险统筹层次经历了计划经济体制下的全国统筹、体制改革初期的县市级统筹、体制改革转型期的省级统筹、改革目标全国统筹四个阶段，并将在2020年实现全面省级统筹。与省级统筹相比，全国统筹涉及的阻力和问题更为复杂，实施难度更加艰巨。我国养老保险统筹层次走的是由县市级到全国的自下而上不断提升的道路，中央与地方政府责任界定不清，财政分离，同时基础养老保险省际差异过大，导致不同省份福利水平流入与流出的问题成为焦点。

目前，基础养老保险仅仅是即将实现真正意义上的省级统筹，统筹层次仍然偏低，结果便是中央与地方未能形成利益共同体，31个省份各自形成分散的资金池，在各自区域内调剂余缺，各省城镇职工养老基金结余出现"贫富不均"的局面（见表8-1）。中央和地方政府责任划分不清，基金结余地区不需要上交基金，全部留存地方，而存在养老金缺口的地区需要中央财政补贴，这样部分地区养老保险基金无限累积的同时养老基金亏空地区在靠中央财政"兜底"，形成对中央财政的依赖，这种局面开始并长期形成会加剧区域的不平衡现象。

表 8-1　2013~2017 年中国 31 个省份职工养老金结余情况

单位：亿元

省份	2013 年	2014 年	2015 年	2016 年	2017 年
全国	28269.20	31800.00	35344.80	38580.00	43884.60
北京	1671.26	2160.82	2796.57	3566.23	4394.88
天津	318.89	361.67	396.42	397.73	463.16
河北	813.11	818.82	755.80	707.63	735.16
山西	1124.79	1232.78	1264.40	1305.55	1457.71
内蒙古	456.00	471.57	474.18	458.88	605.20
辽宁	1226.60	1283.84	1170.79	916.62	572.78
吉林	421.64	423.92	383.14	342.83	340.00
黑龙江	429.49	323.34	130.91	-196.09	-486.21
上海	1077.00	1260.00	1450.97	1872.50	2068.75
江苏	2516.07	2854.49	3163.71	3402.65	3730.79
浙江	2296.96	2695.55	3070.39	3293.47	3709.85
安徽	745.42	882.02	1042.39	1185.23	1393.90
福建	415.90	490.26	576.24	701.14	820.00
江西	384.95	430.45	498.93	526.69	638.13
山东	1857.89	1972.98	2233.39	2385.68	2315.68
河南	840.00	931.29	997.50	1050.48	1104.00
湖北	817.07	821.60	850.44	822.31	751.58
湖南	797.48	878.58	939.27	1006.98	1104.12
广东	4673.13	5444.17	6532.75	7652.56	9245.10
广西	446.64	448.04	456.54	460.38	556.66
海南	101.43	103.68	114.18	134.35	173.50
重庆	557.31	661.97	755.42	834.81	897.11
四川	1749.68	2013.28	2166.36	2226.31	3245.76
贵州	355.16	407.20	480.42	527.83	619.24

续表

省份	2013 年	2014 年	2015 年	2016 年	2017 年
云南	503.06	573.05	650.51	813.67	950.79
西藏	32.03	40.41	49.77	77.53	123.63
陕西	414.86	445.56	453.33	474.48	566.13
甘肃	321.58	361.17	365.79	375.99	403.74
青海	82.03	84.31	76.41	63.03	55.79
宁夏	166.29	165.35	172.20	196.07	217.69
新疆	644.79	744.74	861.36	979.45	1074.01

资料来源:《中国统计年鉴》《中国劳动统计年鉴》。

2005~2010 年，中央财政对地方政府养老基金的补贴额增速明显（见表 8-2）。中央财政补贴比例虽然略有下降，但补贴的绝对数值直线上升。2011 年后虽然缺少中央和地方财政补贴的具体数值，但依据各级财政补贴的数据，我们可以推算出中央财政补贴的数值处于快速上升的状态。低层次的统筹模式无法消除省际养老保险基金结余量的差距，在中国面临人口老龄化问题的情况下，养老保险基金供给又会出现资金缺口，使基金支出递增的区域性、结构性矛盾突出。

表 8-2　2005~2017 年中国养老保险中央、地方及各级财政补贴

单位：亿元,%

年份	中央财政补贴	地方财政补贴	各级财政补贴	中央财政占比
2005	554.0	107.0	651.0	83.6
2006	774.0	197.0	971.0	79.7
2007	918.0	239.0	1157.0	79.3
2008	1127.4	309.6	1437.0	78.5
2009	1326.3	390.5	1646.0	80.6
2010	1561.0	487.0	1954.0	79.9
2011	—	—	2272.0	—
2012	—	—	2648.0	—
2013	—	—	3019.0	—
2014	—	—	3548.0	—
2015	—	—	4716.0	—

续表

年份	中央财政补贴	地方财政补贴	各级财政补贴	中央财政占比
2016	—	—	6511.0	—
2017	—	—	8004.0	—

资料来源：《人力资源和社会保障事业发展统计公报》（2005~2017）。

如果养老保险基金实现在全国范围内的调剂，地方政府负责养老基金的征缴，所有的省份都要将征缴的基础养老金按照一定比例或全部上交中央，由中央负责发放，就能在一定程度上促进地区发展均衡，削减中央财政开支，发挥社会保险分散风险的作用。因此，提高社会统筹的层次，进而在更大的范围内实现基金统筹，才能够最大限度地发挥养老保险基金的调剂功能。

低层次的养老保险统筹，使经济不发达省份的养老保险基金发展困难重重。各地区间初次收入分配的差距越来越大，不利于实现养老保险基本的社会公平目标，养老保险的再分配功能无法得到有效发挥（见表8-3）。

表8-3 2020~2050年中国省际机关事业单位在岗职工工资水平预测   单位：元

年份	全国	北京	天津	河北	山西	内蒙古	辽宁	吉林
2020	89862	155372	133446	72795	70824	81803	70919	76816
2025	117446	203065	174409	95140	92564	106914	92688	100395
2030	153497	265398	227945	124344	120977	139732	121140	131212
2035	189462	327581	281353	153478	149322	172471	149523	161956
2040	233853	404335	347275	189438	184309	212882	184557	199903
2045	277744	480223	412454	224993	218901	252837	219196	237421
2050	329873	570354	489866	267221	259986	300291	260336	281982
年份	黑龙江	上海	江苏	浙江	安徽	福建	江西	山东
2020	65468	140446	110530	135111	82023	95385	80369	95269
2025	85564	183557	144459	176585	107200	124664	105039	124513
2030	111829	239901	188802	230789	140106	162931	137281	162734
2035	138031	296111	233039	284864	172934	201106	169447	200863
2040	170372	365490	287640	351608	213452	248225	209149	247925
2045	202348	434088	341626	417600	253515	294814	248403	294457
2050	240326	515560	405745	495978	301096	350146	295025	349723

续表

年份	河南	湖北	湖南	广东	广西	海南	重庆	四川
2020	70129	82255	79760	106736	78976	84051	98567	90409
2025	91655	107505	104244	139500	103219	109851	128823	118162
2030	119790	140504	136242	182320	134903	143570	168367	154432
2035	147857	173425	168164	225038	166511	177209	207816	190616
2040	182500	214059	207566	277765	205525	218730	256507	235278
2045	216753	254234	246523	329898	244099	259783	304650	279436
2050	257434	301951	292792	391816	289913	308540	361829	331883

年份	贵州	云南	陕西	甘肃	青海	宁夏	新疆
2020	89489	92369	75257	79198	91637	86256	78428
2025	116959	120723	98358	103509	119766	112733	102502
2030	152860	157780	128550	135282	156529	147337	133966
2035	188676	194748	158670	166979	193205	181859	165354
2040	232883	240378	195847	206102	238473	224468	204097
2045	276592	285494	232605	244785	283231	266598	242403
2050	328504	339077	276261	290727	336390	316635	287899

资料来源：根据历年《中国劳动统计年鉴》有关数据预测得到。

二、机关事业单位养老保险全国统筹制度优势

在 2014 年 12 月通过机关事业单位与企业养老金双轨制"并轨"方案之前，国家机关、事业单位的养老金和企业人员的养老金并不是处在一个相同的轨道上。机关、事业单位和企业的养老金执行不同制度、不同标准，机关事业单位人员在岗时不需要缴纳养老金，退休后的养老金是由政府财政直接负担，几乎与在职工资一致；而企业部门的养老金则是由社会统筹，退休时领取的养老金由在职时缴纳的养老金基数所决定，不到在职工资的 50%。退休金缴纳和给付差距悬殊，明显侵犯了养老公平权，引起了城镇企业工作人员的不满。对于企业而言，现收现付制的基本养老金制度造成代际的不公平现象，养老金的给付依赖于在职一代的缴费，随着老龄化的加重，为了确保退休一代的待遇水平不下降，在职一代需要负担更多的缴费，需要用不断提高的缴费基数适应越来越高的制度抚养比。

机关事业单位处于推进"并轨"改革进程中，全国统筹也在探索尝试，机

关事业单位基础养老保险与企业职工基础养老保险相比，有其客观优势。首先，机关事业单位有全国统一的工资标准；其次，机关事业单位有全国统一的任职录用和辞退制度；再次，机关事业单位有全国统一的退休制度；最后，机关事业单位养老保险资金全部来源于财政。如果以机关事业单位为先导接近实现全国统筹的目标，利用机关事业单位养老金缴费覆盖面大、遵缴率高、便于管理的特点，在全国范围内率先实现统筹，更能提高机关事业单位缴费管理的操作性和管理效率，同时减少"并轨"阻力，为企业和城乡居民养老保险全国统筹提供经验。

国家机关、事业单位和企业的养老金制度的不一致意味着各自拥有独立的资金蓄水池，养老保险的基金收入、支出和结余不平衡。由于机关事业单位和企业制度存在差异，覆盖率、遵缴率及支付能力不同，2000~2014年基金收入、支出、结余均连续上涨，但企业在基金支出、收入、结余方面均大于机关事业单位，并由于制度原因存在诸多不稳定因素（见表8-4）。

表8-4　历年全国基本养老保险基金收支及累计结余　　　单位：亿元

年份	基金收入		基金支出		基金结余	
	企业	机关、事业	企业	机关、事业	企业	机关、事业
2000	2088.3	189.8	1970.0	145.4	761.0	186.1
2001	2235.1	253.0	2116.5	204.4	818.6	233.2
2002	2783.6	387.8	2502.8	340.1	1243.5	364.5
2003	3209.4	470.6	2716.2	405.9	1764.8	441.7
2004	3728.5	529.9	3031.2	470.9	2499.3	475.7
2005	4491.7	601.6	3495.3	545.0	3506.7	534.3
2006	5632.5	677.2	4287.3	609.4	4869.1	619.8
2007	7010.6	823.6	5153.6	811.3	6758.2	633.2
2008	8800.1	940.1	6507.6	882.0	9241.0	690.0
2009	10420.6	1070.2	7886.6	1007.8	11774.8	751.8
2010	12218.4	1201.1	9409.9	1145.0	14547.2	818.1
2011	15484.8	1409.9	11425.7	1339.1	18608.1	888.5
2012	18363.0	1638.0	14008.5	1023.8	22968.0	973.3
2013	20848.7	1831.7	16741.5	1729.0	27192.3	1076.9
2014	23305.4	2004.2	19847.2	1907.4	30626.3	1173.7

资料来源：根据《中国劳动统计年鉴》有关数据计算整理。

自 2000 年以来，企业在基金收入、支出、结余各项均值高于机关事业单位，基金结余的企业极值比达到 40.24，显示出极大的基金结余的不稳定特征。机关事业单位在各项基金的标准差及变异系数相对企业较小，机关事业单位基金收支和结余相对企业具有稳定收敛的优势（见表 8-5）。

表 8-5　历年全国基本养老保险基金收支及累计结余　　单位：亿元

指标	基金收入		基金支出		基金结余	
	企业	机关、事业	企业	机关、事业	企业	机关、事业
均值	9374.713	935.2533	7406.66	837.78	10478.56	657.3867
最大值	23305.4	2004.2	19847.2	1907.4	30626.3	1173.7
最小值	2088.3	189.8	1970	145.4	761	186.1
极值比	11.16	10.56	10.07	13.12	40.24	6.31
标准差	6900.17	556.53	5534.96	512.36	9776.38	284.73
变异系数	0.74	0.60	0.75	0.61	0.93	0.43

资料来源：根据《中国劳动统计年鉴》有关数据计算整理。

第二节　机关事业单位养老保险全国统筹阶段性方案设计

一、养老保险全国统筹类型

目前，我国大部分地区都实现了养老保险的省级统筹，职工基本养老保险正向全国统筹迈进。城镇职工基本养老保险全国统筹是指在全国范围内实现基本养老保险制度的六个"统一"，即统一基本养老保险制度和政策、统一缴费基数和比例、统一养老金计发办法和项目、统一管理和调度使用基金、统一编制和实施基金预算，以及统一经办业务规程和计算机信息系统。

我国地区间的经济发展水平、历史债务、养老发展水平存在显著差异，成为统筹层次提升的影响因素，依据基础养老金计发办法中的合理参数设定，综合养老保险全国统筹提升的计发影响因素以养老保险分类型四序列模型为基础，将省级统筹逻辑推演为分层平均统筹类型，再进一步将分层平均统筹四方案中的全国平均工资、省平均工资和个人工资的方案3变形，得到分比例统筹模式的两方案，见表8-6。

表8-6　机关事业单位基础养老金全国统筹各方案

方案序号	各方案基础养老金计发办法	全国统筹类型划分
方案1	$h\% \times \dfrac{1}{2} W^{国}_{e-1} \left[1 + \sum\limits_{n=x}^{e-1} \left(\dfrac{W^{国}_n}{W_n}\right) / (e-x)\right]$	分层平均统筹类型
方案2	$h\% \times \dfrac{1}{2} W^{国}_{e-1} \left[1 + \sum\limits_{n=x}^{e-1} \left(\dfrac{W_n}{W^{国}_n}\right) / (e-x)\right]$	分层平均统筹类型
方案3	$h\% \times \dfrac{1}{3} W^{国}_{e-1} \left[1 + \dfrac{\sum\limits_{n=x}^{e-1} \left(\dfrac{w_n}{W^{国}_n}\right)}{(e-x)} + \dfrac{\sum\limits_{n=x}^{e-1} \left(\dfrac{W^{省}_n}{W^{国}_n}\right)}{(e-x)}\right]$	分层平均统筹类型
方案4	$h\% \times \left\{\dfrac{1}{2} W^{国}_{e-1} + \dfrac{1}{2} \times \dfrac{1}{2} W^{省}_{e-1}\left[1 + \sum\limits_{n=x}^{e-1} \left(\dfrac{w_n}{W^{省}_n}\right)/(e-x)\right]\right\}$	分比例统筹类型
方案5	$h\% \times \left\{\dfrac{1}{3} W^{国}_{e-1} + \dfrac{2}{3} \times \dfrac{1}{2} W^{省}_{e-1}\left[1 + \sum\limits_{n=x}^{e-1} \left(\dfrac{w_n}{W^{省}_n}\right)/(e-x)\right]\right\}$	分比例统筹类型
方案6	$h\% \times \dfrac{1}{2} w^{e-1} \left[1 + \sum\limits_{n=x}^{e-1} \left(\dfrac{w_n}{w_n}\right) / (e-x)\right]$	分层平均统筹类型

注：h表示缴费年限；e表示退休年龄；x表示参保年龄；W_n表示n岁时的社会平均工资；w_n表示职工n岁时缴费工资。

分层平均统筹类型是省级统筹向全国统筹逐步过渡的模式，从劳动公平实现生存公平。分层平均统筹类型综合考虑了全国平均工资、省平均工资和个人工资不同参数的设置，以个人、省和全国机关事业单位工资逐级分层削减的模式进一步削弱了个体差异的影响，分层平均统筹类型的具体内涵是有利于实现退休人员之间更高层次的收入再分配，实现劳动公平基础上的生存公平。另外，分层平均统筹类型对中央财政有很大的依赖性，中央财政负担较重。地方由于不用负担养老金缺口，又会加剧养老金支付风险，产生瞒报工资、征缴力度弱化、违规提前退休等一系列问题，进一步加重了财政负担。

分比例统筹类型是一种由中央调剂金制度衍生而来的养老保险统筹类型，主要规则是按一定的比例分配养老金给付水平，一部分拿到中央统收统支，另一部分留在地方实行省级统筹模式。而养老金缺口一部分依靠中央财政支出解决，中央统筹的部分通过统收统支余缺调剂保证困难地区基本养老金的支付，另一部分则主要依靠省级财政支出解决。全国统筹部分削弱了地区之间的收入差距，省级统筹部分又照顾了地区间的收入差距，分比例统筹模式将全国统筹与省级统筹相结合，兼顾了生存公平与劳动公平，侧重于考虑地区间工资水平基数差异的影响，减少了地方利益的损失，削弱了全国统筹实施的阻力，可以作为一种省级统筹向全国统筹平稳而有序的过渡，一方面减轻了中央财政的压力，提高了地方政府对养老金支付风险的警惕性，另一方面将省级统筹与中央调剂金制度融合，避免碎片化管理，提高了养老保险基金的抗风险能力。

从表8-6可以看出，方案1对应全国平均工资统筹，以全国职工平均工资为基数发放，发放比例按累计工作年限计算，这种养老金给付水平只与劳动者的工作年限有关，与地区经济发展水平无关，各地养老金待遇水平无差异；方案2〔（全国平均工资+个人指数化工资）/2〕是以全国职工平均工资和个人相对于全国指数化月平均缴费工资的均值为基数发放，养老金给付水平取决于全国平均工资和个人相对于全国指数化月平均缴费工资水平，两者的权重相同（各为1/2）；方案3〔（全国平均工资+省平均工资+个人指数化工资）/3〕是以全国职工平均工资、省平均工资和个人相对于全国指数化月平均缴费工资的均值为基数发放，三者对养老金给付水平的影响水平相同（各为1/3）；方案3进一步变形为分比例统筹类型，即按一定比例中央统收统支（1/2或1/3），确保生存公平，另一部分留在地方实行省级统筹模式，确保劳动公平，两个变形分别为方案4、方案5；方案6为个人工资统筹，是沿用计划经济时期工资趋同条件下的养老金计发办法，以个人工资为基数的养老金计发方案，不具有明显的收入再分配效应。为了与其他全国统筹方案比较，在模拟方案6养老金时暂时消除省内工资差异，以省际工资差异作为全国统筹收入再分配起点方案，并转化成省平均工资统筹模式，成为测算全国统筹给付及再分配效果的参照标准。方案1、方案2、方案3、方案6定义为分层平均统筹类型，方案4和方案5定义为分比例统筹类型。全国统筹各方案逐级分层削弱了个体差异的影响，综合全国、省和个人工资统一征收和发放养老金，扩大了个体和地区差异的影响，减少了地方利益的损失，化解了全国统筹的阻力。这六套方案在养老金给付上实现了不同程度的收入再分配，缩小地区间初次分配差距的功能。

二、机关事业单位基础养老金全国统筹给付和计发方案

全国统筹是中国养老保险最高层次的社会统筹，省级统筹作为中级层次的统筹，为全国统筹的推进奠定了重要的基础。由省级统筹逐步过渡到全国统筹，在

机关事业单位与企业养老金"并轨"中实现机关事业单位养老金的全国统筹，一方面，顺应改革潮流，机关事业单位作为全国统筹的一个有利切入点及时解决目前基金凸显的矛盾。另一方面，全国统筹与省级统筹相比，削弱了个体差异的影响，有利于实现退休人员之间更高层次的收入再分配，更加符合生存公平原则，同时这种模式又是由省级统筹推演而成，便于实现与省级统筹的合理对接；与完全统筹模式相比，扩大了个体和地区差异的影响，不会引起大幅度的地区收入再分配，减少了地方利益损失，化解了全国统筹的阻力。

依据表 8-6 中六种全国统筹基础养老金测算方案，由基础养老金收入再分配系数原理推演出基础养老金全国统筹下收入再分配系数公式：

$$SR = \frac{w_0 - w_1}{w_0} = 1 - \frac{w_1}{w_0}, \quad -1 < SR < 1 \tag{8-1}$$

其中，SR 表示基础养老金收入再分配系数；w_0 表示 0 期的初始值，w_1 表示 1 期的分配结果。如果 SR 值为正，即为收入再分配贡献系数，表示 0 期初始值大于 1 期分配结果，为收入再分配做出贡献；如果 SR 值为负，即为收入再分配获得系数，表示 0 期初始值小于 1 期分配结果，获得了高收入群体（或地区）的福利转移。收入再分配必然带来高低收入群体之间的福利转移，因此 $-1 < SR < 1$。

由于各省份内部各职工的工资水平存在差异，为了表达一个普遍的平均水平，选用各省份平均工资反映职工个体的工资情况。假设各地区内参保人群是同质的，则该地区的在职职工平均工资是参保人群的统一缴费工资。根据式（8-1），结合表 8-6 中基础养老金的计发方案，得到两大类型四种模式六种方案对应的六种养老金全国统筹收入再分配系数模型，见表 8-7。

表 8-7　机关事业单位基础养老金全国统筹各方案计发办法

模式序号	统筹模式	收入再分配系数模型	收入再分配原理
I	$\overline{W}_{全国}$	$1 - \dfrac{\frac{1}{2}W^{国}_{e-1}\left[1 - \sum\limits_{n=x}^{e-1}\left(\dfrac{W^{国}_n}{W^{国}_n}\right)/(e-x)\right]}{W_{e-1}}$	生存公平最大化
II	$\dfrac{\overline{W}_{全国} + W_{个人}}{2}$	$1 - \dfrac{\frac{1}{2}W^{国}_{e-1}\left[1 - \sum\limits_{n=x}^{e-1}\left(\dfrac{W_n}{W^{国}_n}\right)/(e-x)\right]}{W_{e-1}}$	生存公平兼顾劳动公平

模式序号	统筹模式	收入再分配系数模型	收入再分配原理
	$\dfrac{\overline{W_{全国}}+\overline{W_{省}}+W_{个人}}{3}$	$1-\dfrac{\frac{1}{3}W_{e-1}^{国}\left[1+\dfrac{\sum\limits_{n=x}^{e-1}\left(\frac{W_n}{W_n^{国}}\right)}{(e-x)}+\dfrac{\sum\limits_{n=x}^{e-1}\left(\frac{W_n^{省}}{W_n^{国}}\right)}{(e-x)}\right]}{W_{e-1}}$	劳动公平兼顾生存公平
III	$\frac{1}{2}\overline{W_{全国}}+\frac{1}{2}\dfrac{\overline{W_{省}}+W_{个人}}{2}$	$1-\dfrac{\frac{1}{2}W_{e-1}^{国}+\frac{1}{2}\times\frac{1}{2}W_{e-1}^{省}\left[1+\sum\limits_{n=x}^{e-1}\left(\frac{W_n}{W_n^{省}}\right)/(e-x)\right]}{W_{e-1}}$	生存公平兼顾劳动公平
	$\frac{1}{3}\overline{W_{全国}}+\frac{2}{3}\dfrac{\overline{W_{省}}+W_{个人}}{2}$	$1-\dfrac{\frac{1}{3}W_{e-1}^{国}+\frac{2}{3}\times\frac{1}{2}W_{e-1}^{省}\left[1+\sum\limits_{n=x}^{e-1}\left(\frac{W_n}{W_n^{省}}\right)/(e-x)\right]}{W_{e-1}}$	劳动公平兼顾生存公平
IV	$W_{个人}$	$1-\dfrac{W^{e-1}}{W^{e-1}}=0$	劳动公平最大化

方案 1 中，w_0 取值为退休前一年个人工资，w_1 取值为模式 I 假设下基础养老金计发基数。这是所有个体按照全国平均水平计发基础养老金，这时收入再分配程度最大化。SR 可以简化为 $1-W_{e-1}^n/w_{e-1}^n$，这时无论劳动者个人缴费工资多少，所有劳动者均按照全国平均工资计发养老金，充分考虑了劳动者退休之后养老生存权利的公平性，是生存公平的极大化。

方案 2 中，w_0 取值为退休前一年个人工资，w_1 取值为模式 II 假设下基础养老金计发基数。个体的基础养老金既要考虑到全国平均工资水平，又要考虑个体缴费贡献，与省级统筹相比，个人工资水平对养老金给付的影响程度下降到 1/2。该方案既考虑了劳动者退休之后养老生存权利的公平性，又兼顾了缴费工资对养老给付的影响，实现了兼顾生存公平与劳动公平。

方案 3 中，w_0 取值为退休前一年个人工资，w_1 取值为模式 III 假设下基础养老金计发基数。个体的基础养老金在方案 2 的基础上加入了省平均工资水平，个人工资水平对养老金给付的影响程度由 1/2 下降到 1/3。该方案既考虑了缴费工资对养老金给付的影响，又兼顾劳动者退休后养老生存权利的公平性，是在地区间劳动生存基础上兼顾生存公平。

方案 4 中，w_0 取值为退休前一年个人工资，w_1 取值为模式 III 变形 1 假设下基础养老金计发基数。按照一定比例分配养老金，一部分拿到中央统收统支（替代率15%），确保生存公平；另一部分留在地方实行省级统筹模式，确保劳动公平。该方案既考虑了缴费工资对养老金给付的影响，又兼顾劳动者退休后养老生存权利的公平性，是在地区间劳动生存基础上兼顾生存公平。

方案5中，w_0取值为退休前一年个人工资，w_1取值为模式Ⅲ变形2假设下基础养老金计发基数。按照一定比例分配养老金，一部分拿到中央统收统支（替代率10%），另一部分留在地方实行省级统筹模式。该方案既考虑了缴费工资对养老金给付的影响，又兼顾劳动者退休后养老生存权利的公平性，是在地区间劳动生存基础上兼顾生存公平。

方案6中，w_0取值为退休前一年个人工资，w_1取值为模式Ⅳ假设下基础养老金计发基数。社会平均工资的取值按照个体值，即基础养老金给付完全按照个人缴费情况计发，这时不存在收入再分配。此模式充分考虑了劳动者缴费工资对养老金给付的影响，是劳动公平的最大化。

随着统筹层次的提升，资金蓄水池不断扩大，将能在更大的范围内实现资金调剂功能。对于中国养老保险制度而言，全国统筹是养老保险统筹层次的最高层次，收入再分配功能的实现也是在最高层次上实现的代内收入再分配功能。因此，全国统筹的收入再分配研究必然涉及全国范围内的高低收入者在基础养老金发放上的收入再分配，体现现收现付性质下的基础养老金同代劳动者再分配功能。从省级统筹到全国统筹，基础养老金的配置发生改变进而影响收入再分配系数。如果w_0取值为省级统筹水平，w_1取值为全国统筹水平，则从六种基础养老金计发方案设定中可以分析出全国统筹前后的福利分配差异，进而分析出全国统筹条件下福利流入与流出的改变及缩小收入差距的程度。不同的全国统筹方案对应着不同的全国统筹收入再分配系数，表现着不同的收入再分配效果及对生存公平和劳动公平的测度，为机关事业单位的全国统筹探索可行路径，进而为后续城镇职工基础养老保险走向全国统筹提供先行示范。

三、机关事业单位养老保险统筹层次收入再分配系数测算及地区差异

结合实际数据进行收入再分配系数测算，假设实现全国统筹的条件如下：

由于无法确切得知个体工资水平，因此W_0取值以其所在地社会平均工资代替，如分析31个省份全国统筹的收入再分配系数时，W_0取值为31个省份的社会平均工资，W_1取值为全国统筹模式计发工资基数。

统筹层次提升对于新增退休人员来说意味着计发办法、计发基数及调整办法

的改变；而对于已经退休人员来说意味着调整方法的改变。由于目前无法从离退休人员中分离出新增退休人员和已退休人员，且统筹层次提升主要影响的是新增退休人员，因此用离退休人数代替新增人数进行测算。

2017 年中国基本养老保险实现省级统筹，且机关事业单位与企业养老保险初步实现"并轨"。而全国统筹尚未有一个确切的时间点，在进行测算时，假设在某一年实现全国统筹的时间点，如测算 2017 年全国统筹收入再分配系数时，即假设 2017 年实现了全国统筹条件下的收入再分配系数。

若 31 个省份 SR 值表现为 SR=0，则表示无收入再分配效应。将 SR=0 作为参照值，对于各方案高于 SR 大于 0 的地区为收入再分配贡献地区；低于 SR 小于 0 的地区为收入再分配获得地区。全国 31 个省份对应的 5 个方案收入再分配系数均存在上下波动，SR1 波动幅度最大，收入再分配效果最明显，见表 8-8。

表 8-8　2017 年 31 个省份在全国统筹各方案下 SR 值

省份	SR1	SR2	SR3	SR4	SR5
北京	0.40	0.31	0.24	0.20	0.13
天津	0.60	0.45	0.36	0.30	0.20
河北	-0.21	-0.28	-0.31	-0.10	-0.07
山西	-0.64	-0.56	-0.53	-0.32	-0.21
内蒙古	-0.17	0.15	0.14	-0.09	-0.06
辽宁	0.08	0.09	0.09	0.04	0.03
吉林	-0.34	-0.07	0.02	-0.22	-0.15
黑龙江	-0.24	-0.30	-0.32	-0.12	-0.08
上海	0.61	0.49	0.41	0.30	0.20
江苏	0.37	0.43	0.45	0.18	0.12
浙江	0.51	0.39	0.21	0.26	0.17
安徽	-0.33	0.43	0.46	-0.17	-0.11
福建	0.14	0.15	0.16	0.07	0.05
江西	-0.30	-0.48	-0.44	-0.15	-0.10
山东	-0.20	-0.20	-0.20	-0.10	-0.07
河南	-0.56	-0.35	-0.22	-0.28	-0.19
湖北	0.14	0.10	0.09	0.07	0.05
湖南	-0.53	-0.40	-0.32	-0.27	-0.18

省份	SR1	SR2	SR3	SR4	SR5
广东	0.10	-0.21	-0.24	0.05	0.03
广西	-0.28	-0.35	-0.37	-0.14	-0.09
海南	-0.19	-0.18	-0.18	-0.10	-0.06
重庆	0.13	0.05	0.03	0.06	0.04
四川	-0.01	0.03	0.04	-0.01	0.00
贵州	-0.02	-0.13	-0.17	-0.01	-0.01
云南	-0.03	-0.01	-0.01	-0.02	-0.01
西藏	0.08	0.24	0.30	0.04	0.03
陕西	0.24	0.21	0.20	0.12	0.08
甘肃	-0.22	-0.26	-0.27	-0.11	-0.07
青海	0.12	-0.21	-0.23	0.06	0.04
宁夏	-0.15	-0.17	-0.18	-0.08	-0.05
新疆	-0.36	-0.34	-0.33	-0.18	-0.12

注：根据式（8-1）计算得到。

资料来源：《中国劳动统计年鉴》（2018）。

根据表8-7，计算并整理得出在全国统筹收入再分配各方案下的 SR 值，从表8-8来看，全国统筹前后不同地区基础养老金待遇存在着贡献与获得关系，统筹层次提升带来的基础养老金待遇变动是由于新老统筹范围内的地区社会平均工资及增长率的差异造成的。其中，高于 SR 大于 0 的地区为收入再分配贡献地区，低于 SR 小于 0 的地区为收入再分配获得地区。方案1、方案4和方案5的设定未加入工资增长率差异的影响，因此，三个方案的全国统筹前后养老金待遇的变动仅受初次分配社会平均工资的影响，高于全国平均工资水平的地区就是收入再分配贡献地区；方案2和方案3收入再分配加入了工资增长率因素，意味着工资增长率相对较高的地区能成为收入再分配贡献地区；由于方案6依据劳动公平最大化原理，收入再分配系数始终为0，在此剔除方案6，将方案1至方案5的 SR 值进行对比（见图8-1）。

根据表8-8，整理出机关事业单位全国统筹收入再分配各方案下，高于 SR = 0 的地区为收入再分配贡献地区，如表8-9所示。方案1、方案4和方案5收入再分配贡献地区为该地区社会平均工资水平高于全国平均水平；方案2和方案3

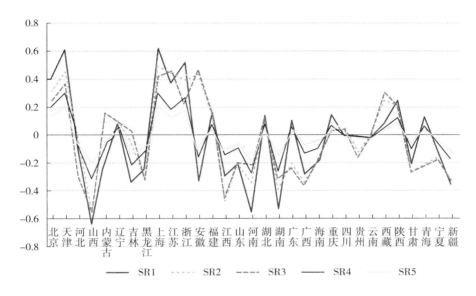

图 8-1　2017 年 31 个省份在全国统筹各方案下 SR 值

资料来源:《中国劳动统计年鉴》(2018)。

下收入再分配进一步考虑了工资增长率,如内蒙古、安徽并非在高工资收入地区,也成为收入再分配贡献地区。

表 8-9　养老金全国统筹各方案下收入再分配贡献地区

全国收入再分配贡献地区					初次分配工资大于全国平均水平地区
方案 1	方案 2	方案 3	方案 4	方案 5	
北京	北京	北京	北京	北京	北京+
天津	天津	天津	天津	天津	天津+
辽宁	内蒙古	内蒙古	辽宁	辽宁	辽宁+
上海	辽宁	辽宁	上海	上海	上海+
江苏	上海	吉林	江苏	江苏	江苏+
浙江	江苏	上海	浙江	浙江	浙江+
福建	浙江	江苏	福建	福建	福建+
湖北	安徽	浙江	湖北	湖北	湖北+
广东	福建	安徽	广东	广东	广东+
重庆	湖北	福建	重庆	重庆	重庆+
西藏	重庆	湖北	西藏	西藏	西藏+

续表

全国收入再分配贡献地区					初次分配工资大于全国平均水平地区
方案1	方案2	方案3	方案4	方案5	
陕西	四川	重庆	陕西	陕西	陕西+
青海	西藏	四川	青海	青海	青海+
	陕西	西藏			
		陕西			

资料来源：根据表8-8和图8-1数据得到。

因此，在全国统筹各方案下，低于 SR=0 的地区为收入再分配获得地区，见表8-10。同样地，收入再分配获得地区中有低于平均工资的省份，也有高于平均工资的省份。

表 8-10　2017 年养老金全国统筹各方案下收入再分配获得地区

全国收入再分配获得地区					初次分配工资大于全国平均水平地区
方案1	方案2	方案3	方案4	方案5	
河北	河北	河北	河北	河北	河北-
山西	山西	山西	山西	山西	山西-
内蒙古	吉林	黑龙江	内蒙古	内蒙古	内蒙古-
吉林	黑龙江	江西	吉林	吉林	吉林-
黑龙江	江西	山东	黑龙江	黑龙江	黑龙江-
安徽	山东	河南	安徽	安徽	安徽-
江西	河南	湖南	江西	江西	江西-
山东	湖南	广东	山东	山东	山东-
河南	广东	广西	河南	河南	河南-
湖南	广西	海南	湖南	湖南	湖南-
广西	海南	贵州	广西	广西	广西-
海南	贵州	云南	海南	海南	海南-
四川	云南	甘肃	四川	四川	四川-
贵州	甘肃	青海	贵州	贵州	贵州-
云南	青海	宁夏	云南	云南	云南-
甘肃	宁夏	新疆	甘肃	甘肃	甘肃-
宁夏	新疆		宁夏	宁夏	宁夏-

全国收入再分配获得地区					初次分配工资大于全国平均水平地区
方案 1	方案 2	方案 3	方案 4	方案 5	
新疆			新疆	新疆	新疆-

资料来源：根据表 8-8 和图 8-1 数据得到。

　　统筹范围在岗职工上年社会平均工资与工资相对增速都影响着收入再分配的效果。简言之，高工资收入地区流向低工资收入地区，高速发展地区流向低速发展地区，两者共同作用影响了全国统筹后的收入再分配效果。养老保险全国统筹既平衡了省际工资差异，也减轻了初次分配增速差异影响。表 8-11 所示为各统筹方案下收入再分配贡献和获得地区权。

表 8-11　各统筹方案下收入再分配贡献和获得地区数

	SR1	SR2	SR3	SR4	SR5
收入再分配贡献省份数	13	14	15	13	13
收入再分配获得省份数	18	17	16	18	18

资料来源：根据表 8-8 和图 8-1 数据得到。

　　全国统筹前后不同地区基础养老金待遇存在着贡献与获得关系，统筹层次提升带来的基础养老金变动是由于新老统筹范围内地区社会平均工资水平及增长率差异造成的。根据表 8-9、表 8-10，方案 1、方案 4 和方案 5 统筹范围内不考虑地区工资增长率差异的影响，比如北京、天津、江苏等均高于社会平均工资，故为收入再分配贡献地区。

　　方案 2、方案 3 统筹方案是在之前的基础上加入了工资增长率的影响，设定不同的差异系数，且工资增长率的差异影响程度大于平均工资水平的高低。方案 2 对新老统筹范围工资差异及工资增长率差异的设定系数分别为 1/2，两个影响参数的共同作用影响了养老金数额的最终值。这可以解释广东的社会平均工资高于全国平均工资，但其社会平均工资的相对增速低于全国平均工资，而且其工资增长率的影响程度高于全国平均工资增长率，因此全国统筹方案 2 反而带来其养老金数额上升。

　　方案 3 的设定对新老统筹范围工资差异及工资增长率差异的设定系数分别是 1/3 和 2/3，两个影响参数的共同作用影响了养老金数额的最终值。这可以解释安徽、四川等社会平均工资低于全国社会平均工资，但社会平均工资的相对增速高于全国平均工资相对增速，且影响程度高于前者，因此，全国统筹方案 3 反而使这些地区养老金数额下降。

四、机关事业单位养老保险全国统筹收入再分配系数平均离差测算

在人口老龄化的大趋势下，人口流动规模越来越大，全国各省份人口规模、制度抚养比呈现越来越显著的差异，受经济发展程度不同的影响，历史债务差距不断拉大，因此，提高养老金统筹层次、加快实现从省级统筹到全国统筹是缩小地区间差异的有效途径。通过对 1982～2017 年全国各省份社会平均工资水平变化及工资增长率进行分析发现，机关事业单位适合走出养老金全国统筹的第一步，进行先行示范，带动并对企业产生类似于示范效应的效果，实施横向上的"两步走"战略，最终实现机关事业单位和企业的全国统筹，充分发挥社会保险制度的互助共济功能和养老保险基金在全国范围内调剂余缺功能，历史债务悬殊的地区间通过有效的调节，实现养老保险基金在全国范围内的供给效率和平衡。

对于个体而言，SR 数值的正负反映着福利的流出和流入、贡献与获得；SR 数值的绝对值体现着基础养老金对缩小收入差距所起的作用。为了更清楚地表现出福利流入和流出的情况，依据 SR＝0 作为中心，个体的收入再分配系数到中心的距离来判断收入再分配的实现程度，并可以根据收入再分配系数和平均离差系数来反映个体间收入再分配的平均实现程度。

$$\overline{|SR|} = average \left| 1 - \frac{W_{e-1}}{w_{e-1}} \right|, \quad e-x \geq 15 \tag{8-2}$$

可见，|SR|值越大，说明收入再分配效果越强，|SR|＝0 时是没有收入再分配的状态，地区或个体间不存在收入再分配，统筹工资基数均是个体缴费工资，因而收入再分配系数绝对值的平均数为 0。

根据公式计算得出 2010～2017 年全国统筹各方案下收入再分配平均离差系数。在五种方案下，$\overline{|SR1''|} > \overline{|SR2''|} > \overline{|SR3''|} > \overline{|SR4''|}$，对应的收入再分配程度也依次降低。

从表 8-12 来看，各方案均不同程度地实现正向的收入再分配功能，体现出不同地区贡献与获得之间的关系，是地区间初次收入分配的矫正，不同程度地实现了更公平的分配。2018～2025 年初次分配工资平均离差系数在 0.2769～0.4077，而且呈现逐渐缩小的趋势，这也是该初次分配差距下的最大程度的收入再分配。2018～2025 年，各地区工资分配差距逐渐缩小，对应着全国统筹各方案替代率的平均离差系数也随之缩小。可见，随着省际工资分配差距的缩小，养老

金全国统筹给付差异将逐渐收敛；省际工资分配差距扩大，养老金全国统筹给付平均差异系数也会相应提高。从纵向分配来看，2018年方案1的收入再分配平均离差系数为0.2634，相比其他五种方案数值最大，说明方案1收入再分配功能最强，实现了最公平的分配。其次是方案2，收入再分配平均离差系数为0.2584，在一定程度上也矫正了初次收入分配的不公正，但其收入再分配效果仅次于方案1。方案3、方案4收入再分配平均离差系数逐渐缩小，直至方案5，平均离差系数为0.0855，收入再分配功能最弱。

表8-12　2018~2025年全国统筹各方案收入再分配平均离差系数预测

年份 方案	2018	2019	2020	2021	2022	2023	2024	2025
工资分配差距	0.2634	0.2573	0.2513	0.2453	0.2391	0.2331	0.2269	0.2204
方案1	0.2634	0.2573	0.2513	0.2453	0.2391	0.2331	0.2269	0.2204
方案2	0.2584	0.2489	0.2394	0.2298	0.2191	0.2090	0.1991	0.1880
方案3	0.2478	0.2368	0.2257	0.2146	0.2029	0.1916	0.1802	0.1727
方案4	0.1367	0.1337	0.1307	0.1276	0.1246	0.1216	0.1185	0.1152
方案5	0.0855	0.0833	0.0811	0.0789	0.0766	0.0744	0.0723	0.0701

资料来源：根据《中国劳动统计年鉴》预测得到2019~2025年机关事业单位省际平均工资，由预测结果计算整理。

由此，可以计算出全国统筹各方案的收入再分配程度，见表8-13。

2018~2025年，方案1收入再分配程度达到了100%，即所有方案中的最大值；方案2在87.73%~99.11%；方案3在79.41%~93.47%；方案4在50.00%~52.20%；方案5在31.86%~33.33%。从全国统筹这五种方案收入再分配比较来看，方案1为一个极端值，即方案1实现100%的收入再分配效果，体现了生存公平最大化。其他方案侧重于生存公平的比重各有不同，方案2在93%左右，方案3在86%左右，方案4在51%左右，方案5在32%左右。

表8-13　2018~2025年全国统筹五种方案收入再分配程度比较　　单位：%

年份 方案	2018	2019	2020	2021	2022	2023	2024	2025
方案1	100.00	100.00	100.00	100.00	100.00	100.00	100.00	100.00
方案2	99.11	98.09	96.72	95.25	93.68	91.60	89.67	87.73

续表

年份 方案	2018	2019	2020	2021	2022	2023	2024	2025
方案3	93.47	94.06	92.01	89.82	87.50	84.86	82.19	79.41
方案4	50.00	51.90	51.94	51.99	52.04	52.09	52.14	52.20
方案5	33.33	32.47	32.37	32.28	32.17	32.04	31.91	31.86

资料来源：由表8-12计算整理。

第三节 机关事业单位养老保险全国统筹收入再分配效率检验

一、帕累托检验法

基于福利经济学的序数效用论，意大利经济学家帕累托提出了判断社会福利变化的标准：如果某种社会福利变化使某些人（或一个人）福利状况改善，而无其他任何人的福利状况恶化，则就认为整个社会福利状况改进，即帕累托改进。任何体系中的经济分配是非帕累托效率的，就有帕累托改进的潜力。如果对于某种既定的资源配置状态，任意改变都不可能使至少有一个人的状态变好而又不使其他任何人的状况变坏，则称这种资源配置状态为帕累托最优状态。"帕累托法则"可以用来考察养老保险全国统筹对参保者的福利影响，如果在没有任何人处境变坏的情况下一部分人福利状况改善，则实现了"帕累托改进"。

假设一个社会中只存在高收入水平和低收入水平两类人，分别用1、2表示，他们的效用函数分别是U_1、U_2，这两类人的效用水平共同构成社会福利函数。这两类人占有的资源、追求的目标和所处环境的不同决定了效用水平的不同。假定两者权重相同，社会福利函数形式为：

$$W = W(U_1, U_2) = U_1 + U_2 \tag{8-3}$$

其中，P_i表示i类人所获得的基础养老金，$U_i(P_i)$表示i类人的基础养老金效用水平，U_P表示社会养老金总效用水平，则可以构建基础养老金的社会福利函数：

$$SW_P = W(U_P) = W[U_1(P_1), U_2(P_2)] = U_1(P_1) + U_2(P_2) \tag{8-4}$$

机关事业单位基础养老金率先实施全国统筹后，两类人的基础养老金会由原来省级统筹 P_i 变为全国统筹后的 P_i'，全国统筹后的养老金社会福利函数为：

$$SW_{P'} = W\ [\ U_1\ (P_1'),\ U_2\ (P_2')\ ]\ = U_1\ (P_1')\ + U_2\ (P_2') \tag{8-5}$$

全国统筹后低收入群体的基础养老金和省级统筹相比会有所提高，即 $P_2' \geqslant P_2$，如果 $P_1' \geqslant P_1$，则社会福利水平增加，$U_1\ (P_1') \geqslant U_1\ (P_1)$，$U_2\ (P_2') \geqslant U_2\ (P_2)$，实现了帕累托改进。

二、卡尔多-希克斯检验法

在现有的政策中，一部分人利益增加很大程度上是建立在另外一部分人的利益损失之上，帕累托改进很难实现。卡尔多（1939）提出了一种检验社会状况变动的"有人变好，有人变坏"标准：假设受益者在充分补偿损失者后，其状况仍有所改善，代表社会福利的改进。后来，希克斯又提出一个类似的标准：如果受损者不能从受益者以反对社会状况变化中获利就是社会福利改进。除此之外，希克斯还提出另一个社会福利的补偿标准——"长期自然的补偿法则"：从长期来看，如果政府的一项政策能够提高全社会的生产效率，尽管在短期内某些人会受损，但经过较长的时间后，所有人的情况都会由于社会生产率的提高而自然而然获得补偿，这一标准即为卡尔多-希克斯社会福利补偿标准，也作为养老金计发再分配的基础理论依据。

卡尔多-希克斯有效性检验标准不同于帕累托标准，后者强调的是假定固有的一群人和可分配的资源，从一种分配状态到另一种状态的变化中，在没有使任何人境况变坏的前提下，使至少一个人变得更好，帕累托最优状态就是不可能再有更多的帕累托改进的余地。因此，在帕累托检验下只要有一个人利益受损，则整个社会变革就不可行。而前者适用条件更宽泛，卡尔多-希克斯有效性检验是以社会总财富的最大化为标准，只要使社会收益最大，变革仍可进行，社会变革使一类人群的情况变好的同时弥补另外变坏的一群人的损失后还有剩余，结果是所有人群的总体福利增加，总效益得到了改进。

通过社会福利函数可以分析卡尔多-希克斯的补偿标准的条件，设 $SW: R^m \rightarrow R$ 为社会福利函数，$U = SW\ (u_1,\ u_2,\ \cdots,\ u_m)$ 为社会效用函数。

假设个人效用发生了变化 $d_u = (d_{u1},\ d_{u2},\ \cdots,\ d_{um})$，社会福利变为 $dU = \sum_{i=1}^{m} SW_i'du_i$。当 $dU > 0$ 时，社会在用增加的福利补偿了一部分福利减少的人并且还有剩余，说明社会福利增加了；而当 $dU < 0$，增加的社会福利不足以

补偿一部分人减少的福利,因此社会总体福利将减少;当 dU=0,说明一部分人福利获益增加的效用恰好弥补另一部分人福利受损减少的效用,社会福利维持原状。因此,社会福利的补偿标准由 dU 来确定。

假设社会中只存在高收入群体和低收入群体两类人,社会福利函数为 SW_h、SW_1,$U_h=SW_h$(u_1,u_2,…,u_m)和 $U_1=SW_1$(u_1,u_2,…,u_m)为相应的效用水平函数。实施全国统筹后,低收入人群的福利收益势必会以牺牲高收入人群的福利为代价。若不存在国家财政补贴,高收入人群的损失与低收入人群的损失相等$-P_h=P_1$,没有实现总福利的改进,则两地社会函数分别变为:

$$SW_h{}'=SW_h-P_h \tag{8-6}$$

$$SW_1{}'=SW_1+P_1 \tag{8-7}$$

如果对福利损失实施财政补贴 G,则高收入群体的福利损失额度减小为:

$$-P_h{}'=-P_h+G \tag{8-8}$$

只要国家财政补贴 G 大于 0,低收入群体的福利收益大于低收入群体的福利损失,福利损失低于补偿标准,社会总福利便会增加。

从图 8-2 看出,如果将机关事业单位从省级统筹过渡到全国统筹,社会福利水平从 1 点移动到 2 点,低收入人群 B 的收益远远大于高收入人群 A 的损失,B 弥补 A 之后仍然有福利剩余,总体福利的变动结果是增加的,这种变动符合卡尔多-希克斯的检验标准。

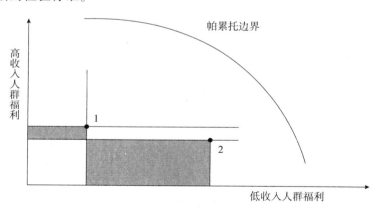

图 8-2　卡尔多-希克斯补偿标准

三、机关事业单位养老保险全国统筹先行示范

依据养老保险统筹层次提升的逻辑演进关系,设计了分层统筹类型和分比例

统筹类型的养老保险全国统筹方案，养老保险统筹层次收入再分配四序列模型设计为：全国平均工资模式、（全国平均工资+个人指数化缴费工资）/2 模式、（全国平均工资+省平均工资+个人指数化缴费工资）/3 模式、个人指数化缴费工资模式。再进一步将分系数模型Ⅲ变形，按照一定比例分配全国、省、个人缴费指数养老金给付水平，一部分拿到中央统收统支（1/2、1/3），确保生存公平，另一部分留在地方实行省级统筹模式，确保劳动公平。这两种模型与四序列模型演化为六种全国统筹方案，根据六种全国统筹方案测算不同程度劳动公平与生存公平下的收入再分配系数。总体框架如图 8-3 所示，以收入再分配系数为标准对各方案的收入再分配程度进行理论和实证分析，并通过对各统筹方案收入再分配系数的检验，确定最优的养老保险全国统筹起点方案。

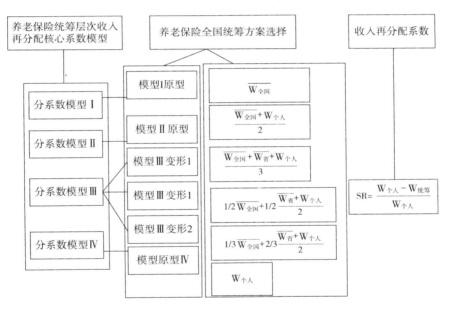

图 8-3　养老保险全国统筹收入再分配系数模型及方案选择

依据养老保险全国统筹收入再分配适度性原则，收入再分配系数不能过高或者过低，收入再分配系数是判定养老保险全国统筹合理性的核心标准，为了选择一个适度的机关事业单位养老保险统筹收入再分配方案，需要对机关事业单位全国统筹各方案的收入再分配系数进行合理性检验。

首先，根据生存公平与劳动公平理论及现实政策，选择了卡尔多-希克斯检验法，在已有统筹方案中选择符合希克斯改进的有关方案；其次，在符合希克斯检验的方案中再进行生存公平检验，生存公平检验是对统筹对象能否实现基本生存获得水平检验；再次，对符合生存公平标准的方案进行劳动公平检验，劳动公平检验是对统筹对象能否实现与劳动贡献相对应的给付水平检验；最后，选定一个合理适度的方案。这三种检验方案体现了希克斯福利改进的基本原则，提出在希克斯检验后进行生存公平检验和劳动公平检验，进一步发展和丰富了希克斯改进检验。

养老保险全国统筹的卡尔多–希克斯改进表现在：①统筹层次提升导致的经济福利增加地区数量大于经济福利受损地区数量；②在满足第一点的基础上，养老金收入再分配贡献地区越少，获得地区越多，越符合卡尔多–希克斯检验标准。其中，方案1、方案4、方案5的养老保险全国统筹福利增加地区数量超过福利损失地区数量，且福利损失地区数量最少，这三个方案均通过卡尔多–希克斯检验。假设 ">" 符号代表 "优于" 关系，"=" 符号代表 "等于" 关系，得出结论：方案1=方案4=方案5>方案2=方案3。

对通过卡尔多–希克斯检验的方案1、方案4、方案5进行生存公平检验。养老保险生存公平检验是对统筹方案养老金是否达到恩格尔系数水平进行的判断，养老金达到恩格尔水平即通过检验。根据前期研究成果，养老保险全国统筹方案1、方案4、方案5养老金均能达到恩格尔系数水平，通过了生存公平检验。得出结论：方案1=方案4=方案5=方案2=方案3。

对通过卡尔多–希克斯检验和生存公平检验的方案1、方案4、方案5进行劳动公平检验，检验标准是养老保险统筹收入再分配系数越小，在中国现实收入差距条件下越能够更好地体现劳动贡献与获得的对等关系，具有劳动公平激励作用，根据表8–11，方案1、方案4和方案5的收入再分配力度较小，更好地体现了养老保险全国统筹的劳动公平标准。检验结果：方案5>方案3>方案4>方案2>方案1。

综合以上三种养老保险全国统筹收入再分配检验结果，养老保险全国统筹方案5是现阶段机关事业单位实施全国统筹比较合理并且可行的方案。即将养老金替代率10%进行全国统筹，替代率20%进行省级统筹，这一方案满足了三个检验且转制成本较低。在机关事业单位与企业 "并轨" 的现实条件下，率先实现机关事业单位的全国统筹，将基础养老保险从多元化向一元化调整，这个过程既要注重效率，又要兼顾公平，实现省级统筹到全国统筹的平稳过渡。再分阶段、分步骤地将企业划归至全国统筹资金池内，最终实现养老保险全国范围内的统筹。

本章小结

　　为应对中国人口老龄化带来的基金支付压力，提高养老保险基金的抗风险能力，本章提出以机关事业单位"并轨"改革为契机，率先实现机关事业单位基础养老金的全国统筹，再推进企业单位的基础养老保险全国统筹改革，从而实现总体的全国统筹。

　　以机关事业为先导进行基础养老保险全国统筹改革，以机关事业单位养老保险全国统筹收入再分配效应为研究重点。首先，阐述了机关事业单位养老保险全国统筹的必要性及制度优势，目前我国养老保险制度存在各地区基金结余不平衡、中央财政补贴占比失调、各省工资水平差距等问题，需要全国统筹改革来解决。在全国统筹改革对象上，2000年以来，企业显示出极大的基金结余的不稳定特征，机关事业单位在基金各项的标准差及变异系数相对企业较小，基金收支和结余具有稳定收敛的优势，显示出了机关事业单位的制度优势。其次，介绍机关事业单位养老保险全国统筹阶段性方案设计，提出养老保险统筹层次收入再分配论四序列模型：全国平均工资模式、（全国平均工资+个人指数化缴费工资）/2模式、（全国平均工资+省平均工资+个人指数化缴费工资）/3模式、个人指数化缴费工资模式。再进一步将分系数模型Ⅲ发展变形，按照一定比例分配全国、省、个人缴费指数养老金给付水平，一部分拿到中央统收统支（1/2、1/3），另一部分留在地方实行升级统筹模式。这两种变形叫作分比例统筹模式，与四序列模型构成两类型四模式六方案，根据六种全国统筹方案测算不同程度劳动公平与生存公平的收入再分配系数（SR）。计算并整理得出在全国统筹收入再分配各方案下2017年各省的SR值，分析全国统筹前后不同地区基础养老金待遇存在着贡献与获得关系，统筹层次提升带来的基础养老金待遇变动是由于新老统筹范围内的地区社会平均工资及增长率的差异造成的。测算2018~2025年收入再分配平均离差系数在横向上呈现各地区工资分配差距逐渐缩小的趋势，从纵向分配来看，方案1实现100%的收入再分配效果，体现了生存公平最大化。其他方案生存公平兼顾劳动公平，方案2在93%左右，方案3在86%左右，方案4在51%左右，方案5在32%左右。最后，进行机关事业单位养老保险全国统筹收入再分配效率检验，选择了卡尔多-希克斯检验法、生存公平检验和劳动公平检验三种方法检验，方案1、方案4和方案5均通过检验，在劳动公平检验中方案5更优于其他,因此养老保险全国统筹方案 5 是现阶段机关事业单位实施全国统筹比较合理并且可行的方案,这一方案满足了三个检验且转制成本较低。在机关事业单位与企业"并轨"的现实条件下,率先实现机关事业单位的全国统筹,以方案 5 为起点方案,分阶段、分步骤地调整缴费贡献,实现省级统筹到全国统筹的平稳过渡。再将企业划归至全国统筹资金池内,最终实现养老保险全国范围内的统筹。

第九章　机关事业单位养老保险"并轨"联动效应

机关事业单位养老保险"并轨"缴费适度水平的目标是实现养老保险体系运行的公平性，增强可持续性。实现这一目标除了涉及资金供需总平衡和全国统筹，还受诸多因素的制约，只有与这些因素协调联动才能顺利实现机关事业单位养老保险制度"并轨"后的公平性和可持续性。在多种制约因素中，我们选择企业养老保险给付水平、老年人口比重和恩格尔系数等微观因素；选择国内生产总值（GDP）和劳动生产要素分配系数等宏观因素，来研究机关事业单位养老保险"并轨"的联动效应。"并轨"联动效应实质是"并轨"制约因素围绕社会养老保险缴费与给付适度水平的协调联动。不管是机关事业单位养老保险缴费与给付，还是企业单位养老保险缴费与给付，或是养老保险全国统筹及有赖于宏观经济条件的养老保险收入再分配，都会在养老保险缴费与给付的适度水平点上聚焦，都会以缴费与给付适度水平点作为协调的尺度。养老保险缴费与给付的适度水平是各种养老保险缴费与给付的汇集点，也是机关事业单位养老保险"并轨"目标的聚焦点。

第一节　机关事业单位养老保险与企业养老保险适度水平联动

机关事业单位养老保险适度水平的联动，主要是本质"并轨"情况下的联动。企业与机关事业单位养老金给付差距是制约养老保险"并轨"的重要因素。鉴于此，如何在缴费适度基础上缩小两者的给付差距，就成了研究机关事业单位养老保险"并轨"必须关注的问题。破解的关键在于确定双方统一的给付适度水平，这一适度水平也就是机关事业单位养老保险本质"并轨"给付适度水平。

实现机关事业单位和企业退休者养老金给付公平，并不是简单地降低或提高其中一方的养老金水平，而是双方都要向本质"并轨"的给付适度水平趋近。

一、与企业养老保险适度水平之间的联动关系

根据第一章对本质"并轨"的理论分析，第三章对机关事业单位养老保险"并轨"缴费适度水平所要达到的公平性目标分析，机关事业单位养老保险本质"并轨"要解决的核心问题：一是通过机关事业单位与企业职工养老保险缴费模式及缴费水平的统一，最终实现机关事业单位和企业给付水平的统一。这里的给付水平统一，主要是基础养老保险给付水平的统一。基础养老保险代表社会代际转移收入再分配，基础养老保险给付水平的统一是养老保险"并轨"公平性的集中体现。个人账户和职/企业年金属于个人生命周期转移财富再分配，代表着养老保险制度的激励和效率，存在一定的差异也是合理的，这种同一性与差异性的结合，实质是公平与效率的结合、保障和激励的结合。二是确定制度"并轨"的适度标准，即机关事业单位和企业职工养老保险缴费率和给付替代率在什么样的适度水平上实现统一。因此，养老保险本质"并轨"适度水平是指机关事业单位和企业共同的养老保险缴费给付适度水平，也是机关事业单位养老保险"并轨"目标的聚焦点。本质"并轨"缴费适度水平在前面的章节已经做了深入的分析和测算，在这里我们将主要研究本质"并轨"给付适度水平。

与本质"并轨"缴费适度水平相对应，机关事业单位本质"并轨"给付适度水平将按照"国民财富养老人口结构长期均衡收入分配"理论，通过整个城镇职工群体的劳动人口比重和老年人口比重来确定，在这里我们将机关事业单位职工、城镇企业职工和城镇灵活就业人员看作一个整体，统称为城镇职工。根据第四章"养老保险缴费给付供需平衡新模型与原模型的转换"部分的说明，在新模型中基本养老保险给付替代率为劳动人口比重。其中，基础养老保险是现收现付代际转移财富再分配，体现社会劳动人口对老年人口的养老责任，因此基础养老保险给付适度水平理论模型为：劳动人口比重×劳动人口比重。个人账户属于个人生命周期转移再分配，体现老年人口自己的养老责任，因此个人账户养老保险给付适度水平理论模型为：劳动人口比重×老年人口比重。职业年金也属于个人生命周期转移再分配，其本质"并轨"给付适度水平是根据"教育成本职业年金生命周期补偿理论"和"国民财富养老人口结构均衡分配理论"来确定的，具体来说，就是将城镇职工受教育年限根据预期寿命折合成人口比重，再与"给付替代率"也就是"劳动人口比重"相乘。

机关事业单位养老保险本质"并轨"适度水平与企业养老保险适度水平联动，机关事业单位和企业养老保险缴费给付适度水平都朝本质"并轨"的方向看齐。缴费公平是养老保险制度"并轨"的起点，给付公平是养老保险制度"并轨"的终点。本质"并轨"缴费适度水平的确立是机关事业单位养老保险"并轨"的起点，也是制度保证，与之相对应的给付适度水平就是机关事业单位与企业养老保险"并轨"的终点，也是缴费适度水平确立的公平性目标所在，没有最终的给付公平，"并轨"就永远在路上。这里所说的给付公平主要是从生存公平的角度讲，公平性的关键集中在基础养老保险的内核里。而个人账户、职/企业年金等制度设计主要体现的是劳动公平的原则，即多劳多得的机会公平，进一步来说是个人生命周期缴费与给付的纵向公平，所以个人账户、职/企业年金的给付因个人能力和劳动分工的不同存在一定的差异也是合理的。

二、与企业"并轨"给付适度水平模型及实证测算

适度给付替代率模型与适度缴费率模型相对应，同样是根据"国民财富养老人口结构均衡分配理论"及"教育成本职业年金生命周期补偿理论"，按照"养老保险缴费和供需平衡新模型"的逻辑，在考虑全面二孩和延迟退休等现实因素的基础上建立的。

（一）机关事业单位与企业"并轨"养老保险给付水平模型构建

机关事业单位与企业"并轨"养老保险给付水平模型共分为三个部分：①基础养老保险给付适度水平模型；②个人账户给付适度水平模型；③职业年金给付适度水平模型。考虑到二孩政策已经实施及延迟退休政策实施的可能性，每个模型又分为"二孩"及"二孩+延退"两种情况。在此要说明的是，与本质"并轨"缴费率适度水平不同，本质"并轨"给付替代率水平不受膨胀系数的影响，可以因为"操作缺口"和"制度缺口"造成缴费率高于适度缴费水平，但由于福利刚性的原因，给付替代率适度水平不可能因此而降低。

1. 基础养老保险给付水平模型

基础养老保险是劳动力人口与老年退休人口之间的代际转移收入再分配，是劳动人口的养老责任，所以在这里把劳动人口比重系数作为构建基础养老保险缴费率与给付替代率适度水平模型的核心元素。

$$\sigma_{j,i}^{C} = \begin{cases} \dfrac{N_{L,i}^{C}}{N_{T,i}^{C}} \times \dfrac{N_{L,i}^{C}}{N_{L,i}^{C}} & (2015 \leqslant i \leqslant 2022, \ i \in N_{+}) \\[3mm] \dfrac{N_{L,i}^{C} - \beta_{i}}{N_{T,i}^{C} + \beta_{i}} \times \dfrac{N_{L,i}^{C} + \beta_{i}}{N_{T,i}^{C} + \beta_{i}} & (2023 \leqslant i \leqslant 2036, \ i \in N_{+}) \\[3mm] \dfrac{N_{L,i}^{C} + \beta_{i} + \lambda_{i}}{N_{T,i}^{C} + \beta_{i} + \lambda_{i}} \times \dfrac{N_{L,i}^{C} + \beta_{i} + \lambda_{i}}{N_{T,i}^{C} + \beta_{i} + \lambda_{i}} & (2037 \leqslant i \leqslant 2050, \ i \in N_{+}) \end{cases} \tag{9-1}$$

其中，$\sigma_{j,i}^{C}$ 表示第 i 年基础养老保险本质 "并轨" 现实适度给付替代率水平，$N_{T,i}^{C}$ 和 $N_{L,i}^{C}$ 分别表示第 i 年城镇职工总人口数和劳动人口数，β_{i} 和 λ_{i} 分别表示第 i 年因延迟退休政策和全面二孩政策实施而增加的劳动人口数。延迟退休政策根据人社部最新消息最早将于 2022 年实施。根据测算，2036 年之后全面二孩政策开始对给付适度水平产生影响。

2. 个人账户给付水平模型

个人账户是个人生命周期转移再分配，属于老年人自己的养老责任，因此老年人口比重系数是个人养老的核心指标。在这里将老年人口比重系数和劳动人口比重系数作为个人账户养老保险替代率模型构建的核心元素。

$$\sigma_{g,i}^{C} = \begin{cases} \dfrac{N_{O,i}^{C}}{N_{T,i}^{C}} \times \dfrac{N_{L,i}^{C}}{N_{T,i}^{C}} & (2015 \leqslant i \leqslant 2022, \ i \in N_{+}) \\[3mm] \dfrac{N_{O,i}^{C} - \beta_{i}}{N_{T,i}^{C}} \times \dfrac{N_{L,i}^{C} + \beta_{i}}{N_{T,i}^{C}} & (2023 \leqslant i \leqslant 2036, \ i \in N_{+}) \\[3mm] \dfrac{N_{O,i}^{C} - \beta_{i} + \lambda_{i}}{N_{T,i}^{C} + \lambda_{i}} \times \dfrac{N_{L,i}^{C} + \beta_{i} + \lambda_{i}}{N_{T,i}^{C} + \lambda_{i}} & (2037 \leqslant i \leqslant 2050, \ i \in N_{+}) \end{cases} \tag{9-2}$$

其中，$\sigma_{g,i}^{C}$ 表示第 i 年个人账户本质 "并轨" 现实适度给付替代率水平，$N_{O,i}^{C}$ 表示第 i 年的城镇职工老年人口数。

3. 职业年金给付水平模型

根据 "教育成本职业年金生命周期补偿理论"，职业年金是个人受教育成本生命周期补偿养老保险。个人青少年期受教育成本是对未来劳动期的人力资本投资，其效益体现在劳动期的产出成效中，从生命周期交叠收入再分配角度看，由用人单位补偿本单位劳动者教育年限人口生命周期养老保障给付替代，具有收入再分配的合理性。因此，我们在职业年金养老保险给付替代率模型构建中，把受教育年限折合成人口比重系数并作为模型构建的主要元素。

$$\sigma_{z,i}^{C} = \begin{cases} \dfrac{T_{edu,i}^{C}}{T_{pre-life,i}} \times \dfrac{N_{L,i}^{C}}{N_{T,i}^{C}} & (2015 \leqslant i \leqslant 2022,\ i \in N_{+}) \\[2mm] \dfrac{T_{edu,i}^{C}}{T_{pre-life,i}} \times \dfrac{N_{L,i}^{C}+\beta_{i}}{N_{T,i}^{C}} & (2023 \leqslant i \leqslant 2036,\ i \in N_{+}) \\[2mm] \dfrac{T_{edu,i}^{C}}{T_{pre-life,i}} \times \dfrac{N_{L,i}^{C}+\beta_{i}+\lambda_{i}}{N_{T,i}^{C}+\lambda_{i}} & (2037 \leqslant i \leqslant 2050,\ i \in N_{+}) \end{cases} \tag{9-3}$$

其中，$\sigma_{z,i}^{C}$ 表示第 i 年职业年金的适度替代率，$T_{edu,i}^{C}$ 表示第 i 年机关事业单位职工的受教育年限，$T_{pre-life,i}$ 表示人口的预期寿命，$N_{L,i}^{C}$ 表示第 i 年城镇职工劳动人口数（包含机关事业单位），$N_{T,i}^{C}$ 表示第 i 年城镇职工总人口数。$N_{L,i}^{C}/N_{T,i}^{C}$ 表示劳动人口比重系数转换成养老金替代率（与机关事业单位原有养老保险制度对接时选择 80%~85%）；$T_{edu,i}^{C}/T_{pre-life,i}$ 表示受教育年限转换成的人口比重系数。小学到大学约 15 年，折合人口系数 0.18 为下限；到研究生约 20 年，折合人口系数 0.25 为下限。考虑到城镇企业职工学历的现实情况，我们选择受教育年限为 15 年的"本科"学历，按照预期寿命为 80 岁，将受教育年限折合成人口比重 0.18，再用折合成的人口比重乘以劳动人口比重，来计算职业年金的本质"并轨"现实适度给付替代率水平。计算中所涉及的人口预期寿命采用辽宁大学人口研究所的预测数据。

（二）机关事业单位与企业"并轨"养老保险适度给付水平实证测算

本质"并轨"是机关事业单位和城镇企业职工养老保险都朝着适度水平发展，因此本质"并轨"给付问题的研究是将机关事业单位与城镇企业职工作为一个整体来进行。根据本质"并轨"视角下机关事业单位现实给付替代率理论立意，结合当前的现实参数，发现机关事业单位本质"并轨"的最终现实给付替代率会受到延长退休年龄和全面二孩政策因素的影响，但由于福利刚性原则，不受制度覆盖率、遵缴率、提前退休等膨胀因素影响。因此，机关事业单位养老保险本质"并轨"的最终现实给付替代率的计算只考虑全面二孩政策和延迟退休政策因素的影响，不考虑其他因素。全面二孩政策和延迟退休政策的参数设定同第四章中本质"并轨"现实适度缴费率水平测算部分一致。依据机关事业单位本质"并轨"的最终现实给付替代率模型，结合相关参数的现实数据和预测数据，我们测算出 2015~2050 年机关事业单位养老保险本质"并轨"修正后的最终现实动态给付替代率，见表 9-1。

表 9-1　机关事业单位与企业"并轨"养老保险给付替代率适度水平　单位:%

退休年份	全面二孩+延迟退休				全面二孩			
	基础养老金	个人账户	职业年金	综合替代率	基础养老金	个人账户	职业年金	综合替代率
2015	46.97	10.77	13.53	71.27	46.97	10.77	13.53	71.27
2016	45.74	10.93	13.31	69.98	45.44	10.85	13.27	69.57
2017	44.77	11.06	13.14	68.97	44.19	10.92	13.05	68.16
2018	44.10	11.25	13.00	68.36	43.18	11.01	12.87	67.06
2019	43.43	11.47	12.87	67.77	42.15	11.13	12.68	65.96
2020	42.67	11.73	12.72	67.13	41.04	11.29	12.48	64.81
2021	41.99	12.00	12.59	66.57	40.02	11.44	12.29	63.75
2022	41.14	12.31	12.43	65.88	38.89	11.64	12.09	62.62
2023	40.17	12.68	12.25	65.10	37.62	11.88	11.86	61.35
2024	39.18	13.10	12.07	64.35	36.34	12.15	11.62	60.12
2025	39.39	12.94	12.07	64.39	35.10	12.44	11.39	58.94
2026	39.07	13.28	11.99	64.34	34.43	12.63	11.26	58.32
2027	40.05	13.01	12.11	65.18	33.86	12.84	11.13	57.83
2028	39.53	13.24	12.00	64.76	33.35	13.05	11.02	57.42
2029	40.23	12.80	12.07	65.10	32.93	13.26	10.92	57.12
2030	39.81	12.97	11.98	64.76	32.57	13.46	10.84	56.86
2031	40.65	12.42	12.08	65.15	32.30	13.60	10.76	56.66
2032	40.23	12.54	11.98	64.75	31.99	13.74	10.68	56.41
2033	40.95	11.98	12.06	64.99	31.64	13.88	10.60	56.12
2034	40.43	12.09	11.95	64.47	31.29	14.01	10.51	55.81
2035	39.86	12.21	11.84	63.92	30.95	14.13	10.43	55.51
2036	39.43	12.24	11.74	63.41	30.78	14.15	10.38	55.31
2037	38.96	12.24	11.65	62.85	30.63	14.14	10.33	55.10
2038	38.45	12.48	11.54	62.47	30.26	14.21	10.24	54.71
2039	37.89	12.70	11.43	62.02	29.85	14.26	10.14	54.26
2040	37.31	12.89	11.31	61.52	29.41	14.30	10.04	53.76
2041	36.85	13.00	11.21	61.06	29.03	14.29	9.95	53.27
2042	36.36	13.08	11.11	60.55	28.58	14.28	9.85	52.71
2043	35.79	13.16	11.00	59.95	28.05	14.27	9.74	52.06

续表

退休年份	全面二孩+延迟退休				全面二孩			
	基础养老金	个人账户	职业年金	综合替代率	基础养老金	个人账户	职业年金	综合替代率
2044	35.14	13.25	10.87	59.25	27.41	14.28	9.60	51.29
2045	34.40	13.34	10.73	58.47	26.66	14.31	9.44	50.42
2046	33.83	13.34	10.61	57.78	25.99	14.30	9.30	49.59
2047	33.20	13.35	10.49	57.03	25.24	14.30	9.15	48.68
2048	32.58	13.33	10.37	56.28	24.45	14.30	8.98	47.74
2049	32.02	13.31	10.25	55.58	23.71	14.30	8.82	46.84
2050	31.49	13.29	10.14	54.92	23.07	14.28	8.68	46.03
均值	39.00	12.55	11.79	63.34	33.04	13.17	10.83	57.04

注：①考虑延迟退休和全面二孩政策的原因是，延迟退休和全面二孩政策减缩因素实际上触动了养老保险人口结构的核心要素，劳动人口和老年人口发生了变化；②替代率＝劳动人口比重×劳动人口比重，这里的劳动人口比重是膨胀因素作用前的劳动人口比重，由于福利刚性，替代率的测算不考虑膨胀因素。

资料来源：《人力资源和社会保障事业发展统计公报》（2008~2015年）、《中国养老金发展报告2012年》、《中国社会保险发展年度报告》（2014年、2015年）、《中国人力资源和社会保障统计年鉴（2014年）》、历年《中国统计年鉴》和辽宁大学人口研究所的人口预测数据。

从长期来看，基础养老保险本质"并轨"现实适度给付替代率变化趋势从近期到远期不断下降，从2015年的45%以上下降到35%以下。这是由老龄化背景下，老年人口比重不断增加、劳动人口比重不断下降导致的。但在测算表中我们可以明显地看到，在全面二孩和延迟退休政策都施行的情况下，下降速度明显小于只施行全面二孩的情况。在"全面二孩+延迟退休"情况下，2045年替代率适度水平才下降到35%以下；在只施行全面二孩情况下，2026年就下降到了35%以下，中间相差近20年时间。另外我们还看到，在"全面二孩+延迟退休"情况下的适度替代率均值水平也高于只施行全面二孩的情况。这就说明，在老龄化背景下，延迟退休政策对提高机关事业单位养老保险本质"并轨"现实适度给付替代率是有效的。

代表个人生命周期转移再分配的个人账户，其本质"并轨"适度给付替代率不断增加。这一趋势在一定程度上弥补了基础养老保险适度替代率水平的下降，缓解了社会统筹养老金的支出压力，有利于养老金资金供需总平衡的实现和社会统筹养老金制度的可持续发展。同时也说明，在老龄化不断加剧的背景下，在养老责任分担中，个人自身的养老责任不断增加，这既符合社会保障制度发展的现实需要，又符合保障与激励相结合的基本原则。只施行全面二孩政策条件下的适度替代率上升幅度和均值都高于"全面二孩+延迟退休"政策下的情况，这是因为个人账户替代率的计算涉及老年人口比重，而延迟退休政策降低了老年人口比重。"全面二孩+延迟退休"政策下的基础养老保险适度给付替代率水平高于只有二孩政策的情况，正好可以弥补个人账户适度替代率水平的损失。

职业年金是个人受教育成本生命周期补偿养老保障。从测算结果来看，职业年金本质"并轨"适度给付替代率水平呈现不断下降的趋势。这主要是由以下两个因素导致的，这两个影响因素从职业年金适度水平计算公式中就可以看出：一是老龄化使劳动人口比重不断下降；二是人口预期寿命的不断增长使职业年金积累额要在更长的时间内供养老人，替代率则被"稀释"。"全面二孩+延迟退休"情况下的下降幅度小于只施行全面二孩政策的情况，这是因为，延退政策提高了劳动人口比重，同时也相对缩短了领取职业年金的时间，相对提高了职业年金的替代率，但延退政策也不能从根本上解决劳动人口比重下降的问题，这是"新模型"所确定的给付替代率下降的根本原因。

总合适度给付替代率水平长期来看也是下降的，从表面来看，基础养老金和职业年金适度替代率水平都在下降，只有个人账户适度替代率水平的上升无法弥补两者下降造成的综合替代率下降。深层原因还是老年人口比重的不断上升和劳动人口比重的不断下降。由于福利刚性原则，给付替代率适度水平不可能每年都变，表9-1的测算只是为了更好地看清本质"并轨"现实适度给付替代率水平的变化趋势。从本质"并轨"长期来考虑，我们取2015~2050年"全面二孩+延迟退休"和只施行全面二孩两种情况下的均值60%，作为最终的本质"并轨"现实适度给付替代率水平（见图9-1）。

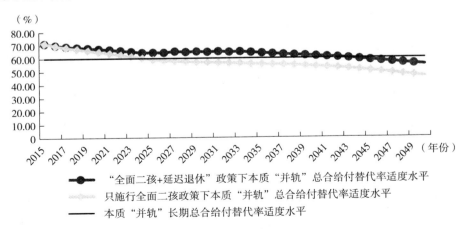

图9-1 机关事业单位与企业"并轨"养老保险总合给付替代率适度水平

三、现行制度下企业养老保险给付水平实证测算

按照国民财富养老人口结构均衡分配原理，以全社会老年人口比重系数和劳动人口比重系数测算养老保险缴费和给付适度水平的计量模型，我们称之为"新模型"。测算得出的养老保险缴费率和给付替代率适度水平，我们称之为机关事业单位养老保险"并轨"的缴费和给付适度水平。基于人口数据的稳定性和深度关联性，这里的"并轨"适度水平既是现阶段与企业"并轨"的适度水平，也是未来全社会养老保险"并轨"的适度水平，当与全社会养老保险"并轨"时，有些参数将重新选择。本节内容我们将首先对现行制度下机关事业单位和企业养老保险的缴费率、税前扣除情况和基金收益情况做总结和分析；接着对机关事业单位与企业基本养老保险替代率公平性进行测算，并与"并轨"适度水平进行对接比较；最后对职业年金和企业年金的替代率公平性进行实证分析，并与适度水平进行对接比较。

（一）养老保险各部分缴费率、税收优惠及基金收益率

根据现有文献所呈现的测算方法和经验，养老保险各部分的缴费率和收益率对养老金替代率水平有很大的影响（李珍，2013）。同时对于机关事业单位和企业养老金替代率水平来说，政策上对于这部分的规定本身就是替代率均衡的前提条件。因此，在这里需要结合现有政策对机关事业单位和企业各部分的缴费率、税收优惠及记账利率或收益率做一个说明。

就缴费率来说，机关事业单位与企业"并轨"后，基本养老保险缴费率包括基础养老保险缴费率和个人账户缴费率，目前已基本实现制度上的统一，基础养老保险缴费率为职工工资总额的16%，个人账户缴费率为个人缴费工资的8%。职业年金作为机关事业单位的补充养老保险制度，缴费率为单位职工工资总额的8%，个人缴纳缴费工资的4%。与职业年金相比，企业年金非强制性规定，没有缴费基数，只有缴费上限。2018年2月1日起施行的《企业年金办法》下调了企业年金缴费上限，将企业缴费上限由原来的本企业上年度工资总额的1/12（8.33%）下调为8%，将企业和职工缴费之和的上限由原来的1/6（16.7%）调整为12%，企业年金的缴费率上限同职业年金一致。因此，可以说在制度层面，机关事业单位和企业养老保险缴费率已基本统一。

就税收优惠情况来看，关于基础养老保险的税收优惠，根据财政部、国家税务总局《关于补充养老保险费补充医疗保险费有关企业所得税政策问题的通知》

（财税〔2009〕27号），企业为职工缴纳的基本养老保险费准予税前扣除。也就是说，单位缴费16%的基础养老保险企业和机关事业单位一致，都免税。关于年金当中职工个人缴费部分的税收优惠，根据财政部、人社部、国家税务总局《关于企业年金、职业年金个人所得税有关问题的通知》（财税〔2013〕103号）规定，企业年金和职业年金当中，个人缴费不超过缴费工资4%的部分准予税前扣除。也就是说，个人缴税部分的税收优惠，企业年金和职业年金都是一致的，都是暂时予以税前扣除，待退休后领取养老金时再扣税。单位缴费部分的税收优惠就不一致了，职业年金单位缴费部分暂时不用纳税，直接并入个人账户，待职工领取时再扣税。关于企业年金单位缴费部分税收优惠，根据财税〔2009〕27号，企业为全体员工支付的补充养老保险费不超过职工工资总额5%的部分，可税前扣除。也就是说，如果企业年金企业缴费率为8%，只有5%可暂时税前扣除，剩下的3%还是要作为企业纳税基数缴税。此外，企业年金单位缴费部分也不是立即归入个人账户，要看企业与员工之间的约定，最长归入时间不超过8年。此举是将企业年金作为一项留住人才、激励员工的福利措施。

就收益率来说，截至2018年底，基础养老保险社保基金投资收益率为7.82%。个人账户记账利率2016年之前各省份不同，平均为2%~3%，我们取3%，2016~2018年，国家统一公布记账利率，分别为8.31%、7.21%、8.29%，由于福利刚性及个人账户记账利率都参保积极性的影响作用，我们选择近三年较高的记账利率取平均值8%为个人账户记账利率。年金部分的收益率，企业年金不同年份波动比较大，职业年金相对稳定。官方已公布的职业年金记账利率，2014年10月1日到2017年12月31日为5%。根据人社部公布的分年度《全国企业年金基金业务数据摘要》，2012~2018年的企业年金加权平均收益率分别为5.68%、3.67%、9.30%、9.88%、3.03%、5%、3.01%，各年收益率均值为5.2%，与职业年金基本持平（见表9-2）。

表9-2 养老保险各部分缴费率、税前扣除及收益率

	基础养老金	个人账户	职业年金	企业年金
缴费率	16%	8%	单位8%，个人4%	（最高）单位8%，个人4%
税前扣除	16%	8%	单位8%，个人4%	（最高）单位5%，个人4%
收益率	7.82%	8%	5%	5.2%

资料来源：人力资源与社会保障部官网。

（二）现行制度下机关事业单位与企业养老保险给付水平实证测算

机关事业单位与企业养老保险替代率水平均衡对接是实现本质"并轨"的关键点。"并轨"后的机关事业单位与企业养老金替代率水平是否实现了公平，一直以来都是社会关注的焦点。在这里我们将通过测算机关事业单位和企业的养老金替代率，对"并轨"后机关事业单位和企业养老保障水平进行对比分析。具体地，将2015年作为截面，按"并轨"后新政下的养老金计算方式，分别计算机关事业单位和企业25~59岁的在职人员退休第一年的养老金替代率。

1. 给付替代率测算模型

2015年国家发布机关事业单位养老保险"并轨"方案，提出了养老保险给付水平的计算方法，见表9-3。在此基础上，我们整理出养老保险给付替代率仿真测度模型。

表9-3　现行制度下养老保险计发办法

	养老金月给付标准
基础养老金	（当地上年度在岗职工月均工资+本人指数化月均缴费工资）／2×缴费年限 n
个人账户	个人账户储蓄额／（人口平均寿命–退休年龄）× 12
职业年金	职业年金个人账户储蓄额／（人口平均寿命–退休年龄）× 12
企业年金	由企业年金方案自主决定
过渡性养老金	指数化平均缴费工资× 视同缴费年限×过渡系数（1.4%）

注：根据2018年最新的《企业年金办法》，企业年金待遇计发和支付方式由企业年金方案自主决定，没有统一的计发方式，为了方便比较，下文假设企业年金计发方式与职业年金相同。过渡性养老金的计发企业"中人"为1997年之前参加工作的职工，机关事业单位"中人"为2015年之前参加工作的职工。

"并轨"后养老保险计发办法的最新规定，用公式表示为：

（1）基础养老金：$P_j = \dfrac{(1+k) \times \overline{w}_{ij}}{2} \times (1+g)^N \times N\%$

（2）个人账户养老金：$P_g = \dfrac{12 \times \overline{w}_{ij} \times 8\% \times \left[(1+r_g)^N - (1+g)^N\right]}{M(r-g)}$

（3）职／企业年金：$P_z = \dfrac{12 \times \overline{w}_{ij} \times \alpha \times \left[(1+r_z)^N - (1+g)^N\right]}{M(r-g)} - tax$

（4）过渡性养老金：$P_{gd} = k \times \overline{w}_{ij} \times n \times R_{gd}$

（5）综合替代率：$\sigma_{new} = \dfrac{P_j}{\overline{w}_{is}} + \dfrac{P_g}{\overline{w}_{is}} + \dfrac{P_z}{\overline{w}_{is}}$

其中，P_j 表示基础养老金，P_g 表示个人账户养老金，P_z 表示职业年金（P_q 为企业年金），P_{gd} 表示过渡性养老金。σ_{new} 表示"新人"的总合养老金替代率，σ_{mid} 表示"中人"的总合养老金替代率。k 为平均缴费工资指数，$\overline{w}_{is}$ 表示第 i 年的社会平均工资，α_z 表示职业年金缴费率，α_q 表示企业年金缴费率，g 表示社平工资增长率，r_g 表示个人账户记账利率，r_z 表示职业年金收益率，N 表示实际缴费年限，n 表示视同缴费年限，M 表示计发月数，R_{gd} 表示过渡系数，tax 表示领取年金时需要缴纳的个人所得税。

2. 参数选择与实证测算

年龄选择及"中人"的划分。本次测算选择 2015 年 25 岁（入职第一年）至 59 岁（在职最后一年）机关事业单位和企业单位的在职职工，测算其退休第一年的养老金替代率。机关事业单位 2015 年 25 岁新入职者为"新人"，2015 年之前入职者为"中人"。以《国务院关于建立统一的企业职工基本养老保险制度的决定》（国发〔1997〕26 号文件）为依据，为简化测算将企业"中人"定义为 1997 年之前入职者，即 2015 年年龄为 44 岁，在 1996 年入职者为第一批企业"中人"。2004 年 12 月 30 日《企业年金试行办法》开始施行，计算中企业年金从 2005 年开始积累。

平均工资（$\overline{w}_i$）选择。考虑到个体工资的差异化，本次测算所涉及的工资均选择平均工资。在机关事业单位个人账户和职业年金积累过程的计算中，选择机关事业单位的平均工资（$\overline{w}_{ij}$）。具体数据来源于 2017 年《中国人力资源与社会保障统计年鉴（工作卷）》，以机关和事业单位的人口数为权重，取加权平均值得出。企业年金和个人账户积累额计算过程中企业平均工资（$\overline{w}_{iq}$）采用城镇非私营单位就业人员平均工资。在计算替代率的过程中选择职工退休当年的社会平均工资（$\overline{w}_{is}$）。考虑到工资增长与经济增长之间的密切关系，选择未来工资增长率（g）为 4%。

缴费年限（N）和计发月数（M）。本次测算以缴费 35 年为标准计发养老金，视同缴费年限（n），个人账户和基金积累都以 35 年为标准，不考虑其他缴费年限情况。计发月数，在计算近期 2016~2020 年计算退休者退休金的过程中，采用政策规定的 139 个月。随着时间推移人口平均预期寿命的增加，计发月数也要相应增加。根据辽宁大学人口研究所的预测数据，2021~2025 年人口预期寿命采用 78 岁，计发月数为 216；2026~2030 年预期寿命采用 79 岁，计发月数为 228；2031~2035 年预期寿命为 80 岁，计发月数为 240；2036~2040 年预期寿命为 81 岁，计发月数为 252；2041~2045 年预期寿命为 82 岁，计发月数为 264；2046~2050 年预期寿命为 83 岁，计发月数为 276。

个人账户记账利率（r_g）采用8%，职业年金记账利率（r_z）为5%，企业年金收益率（r_q）选择多年的平均加权投资收益率5.2%，前文已经说明。为了便于同机关事业单位进行比较，假设企业年金缴费率（α_q）等于职业年金缴费率（α_z），为12%。过渡系数（R_{gd}）选在目前大多数省份采用的1.4%，年金领取时的个人所得税 tax 暂不列入计算。

目标替代率和相对替代率。目标替代率＝本人退休第一年领取的养老金/本人退休前一年的工资水平，反映了参保者退休前后收入和生活的变化。相对替代率＝本人退休第一年领取的养老金/本人退休前一年的社会平均工资，反映了个人退休金相对于社会平均工资的高低（余桔云，2015）。由于本书采用平均工资来计算替代率，因此目标替代率和相对替代率合二为一。这也便于我们将现行制度下的替代率水平同前面用人口结构测得的"并轨"目标替代率适度水平做比较。

根据上文设定机关事业单位和企业养老金替代率测算模型及相关参数，我们测算出了2015年机关事业单位和企业25～59岁的在岗职工退休第一年的养老金替代率，见表9-4，他们的退休年份为2016～2050年。总体来看，机关事业单位和企业的养老金替代率都呈现"两头大，中间小"的趋势，机关事业单位各年份的养老金替代率普遍大于企业，到2050年25岁的"新人"在职者退休时，机关事业单位养老金替代率为84.10%，企业养老金替代率为83.6%，两者基本持平。这就说明，养老保险"新政"至少在理论上实现了机关事业单位与企业养老金替代率之间的公平。根据测算同时也发现，机关事业单位和企业"中人"养老金替代率还存在着不同程度的差距，这是因为"并轨"对于"中人"还涉及个人账户积累、年金积累和过渡性养老金，这些最终都会影响他们的养老金替代率水平及其公平性。

表9-4　现行制度下养老保险给付替代率水平　　　　　单位:%

退休年份	机关事业单位养老金替代率					企业养老金替代率				
	基础养老保险	个人账户	职业年金	过渡性养老金	总合	基础养老保险	个人账户	企业年金	过渡性养老金	总合
2016	35.00	0.70	1.00	47.60	84.30	35.00	3.00	1.90	22.40	62.30
2017	35.00	1.30	2.00	46.20	84.50	35.00	3.90	1.90	21.00	61.80
2018	35.00	2.00	2.90	44.80	84.80	35.00	4.20	2.00	19.60	60.80
2019	35.00	2.70	3.90	43.40	85.00	35.00	4.40	2.20	18.20	59.80

续表

退休年份	机关事业单位养老金替代率					企业养老金替代率				
	基础养老保险	个人账户	职业年金	过渡性养老金	总合	基础养老保险	个人账户	企业年金	过渡性养老金	总合
2020	35.00	3.40	4.90	42.00	85.30	35.00	4.70	2.30	16.80	58.80
2021	35.00	2.70	3.70	40.60	82.00	35.00	3.20	1.60	15.40	55.20
2022	35.00	3.10	4.20	39.20	81.40	35.00	3.30	1.60	14.00	53.90
2023	35.00	3.60	4.80	37.80	81.20	35.00	3.50	1.70	12.60	52.80
2024	35.00	3.90	5.20	36.40	80.50	35.00	3.50	1.80	11.20	51.50
2025	35.00	4.40	5.80	35.00	80.30	35.00	3.70	1.90	9.80	50.40
2026	35.00	4.50	5.90	33.60	79.00	35.00	3.60	1.80	8.40	48.80
2027	35.00	5.00	6.40	32.20	78.60	35.00	3.80	1.90	7.00	47.70
2028	35.00	5.40	6.80	30.80	78.00	35.00	3.90	1.90	5.60	46.40
2029	35.00	6.00	7.40	29.40	77.80	35.00	4.20	2.00	4.20	45.40
2030	35.00	6.40	7.80	28.00	77.30	35.00	4.30	2.10	2.80	44.20
2031	35.00	6.70	8.10	26.60	76.40	35.00	4.30	2.10	1.40	42.80
2032	35.00	7.40	8.70	25.20	76.30	35.00	4.60	2.20	0.00	41.80
2033	35.00	8.10	9.30	23.80	76.20	35.00	5.20	2.70	0.00	42.90
2034	35.00	8.80	10.00	22.40	76.20	35.00	5.60	3.20	0.00	43.80
2035	35.00	9.50	10.70	21.00	76.30	35.00	6.10	3.80	0.00	44.90
2036	35.00	9.80	10.90	19.60	75.30	35.00	6.60	4.40	0.00	46.00
2037	35.00	10.70	11.70	18.20	75.60	35.00	7.40	5.30	0.00	47.70
2038	35.00	11.70	12.50	16.80	75.90	35.00	8.10	6.30	0.00	49.40
2039	35.00	12.70	13.30	15.40	76.40	35.00	9.10	7.60	0.00	51.70
2040	35.00	13.70	14.20	14.00	76.90	35.00	10.00	9.20	0.00	54.40
2041	35.00	14.20	14.40	12.60	76.20	35.00	10.90	9.80	0.00	55.70
2042	35.00	15.30	15.30	11.20	76.80	35.00	12.60	11.40	0.00	59.00
2043	35.00	16.50	16.20	9.80	77.50	35.00	14.50	13.00	0.00	62.50
2044	35.00	17.80	17.20	8.40	78.40	35.00	15.80	14.20	0.00	65.00
2045	35.00	19.20	18.20	7.00	79.40	35.00	17.50	15.80	0.00	68.30
2046	35.00	19.70	18.40	5.60	78.70	35.00	18.80	16.90	0.00	70.70

退休年份	机关事业单位养老金替代率					企业养老金替代率				
	基础养老保险	个人账户	职业年金	过渡性养老金	总合	基础养老保险	个人账户	企业年金	过渡性养老金	总合
2047	35.00	21.20	19.40	4.20	79.90	35.00	20.60	18.50	0.00	74.10
2048	35.00	22.80	20.50	2.80	81.10	35.00	22.20	19.90	0.00	77.10
2049	35.00	24.50	21.70	1.40	82.50	35.00	23.80	21.40	0.00	80.20
2050	35.00	26.30	22.80	0.00	84.10	35.00	25.60	23.00	0.00	83.60

资料来源：①人力资源和社会保障部中国人力资源和社会保障统计年鉴（工作卷）（2017）［M］．北京：中国劳动社会保障出版社，2017；②人力资源与社会保障部官网；③国家统计局官网。

（三）现行制度下机关事业单位与企业养老保险给付替代率差距分析

机关事业单位与企业养老保险"并轨"制度的公平性和收入再分配，集中体现在基础养老保险制度内核里。基础养老保险是社会统筹现收现付的养老保险制度，实质是全社会劳动人口和老年人口之间的代际收入再分配。按照测算结果（见表9-4），机关事业单位和企业2015年25～59岁的在职者退休第一年，2016～2050年的基础养老金替代率均为35%，处在机关事业单位与企业养老保险"并轨"替代率适度水平上限41.3%和下限25%之间。这说明，"并轨"新政实施之后，机关事业单位与企业在社会统筹现收现付基础养老保险这一体现养老保险制度公平性的核心制度上，实现了机关事业单位与企业的保障公平。

企业与机关事业单位的总体替代率差距主要体现在个人账户、职业年金和企业年金及过渡性养老金上。个人账户和年金积累都属于养老保险制度当中"激励"和"效率"的体现，鼓励人们多劳多得、多缴多得。这部分差距只要建立在此原则基础上且在合理范围内均属正常。个人账户替代率差距绝对值最大为3.6%，未超出个人账户"并轨"替代率适度水平上限16.5%和下限11.5%的差值5%，属于合理范围。年金替代率差距（企业年金缴费率按12%计算）绝对值最大为6.9%，与年金"并轨"替代率适度水平上限16%和下限9%的差值7%基本持平，属于合理范围（见图9-2）。

对总体替代率差距贡献最大的是过渡性养老金替代率差距（过渡系数按1.4%计算）。通过测算我们发现，这并不是由制度设计造成的，而是机关事业单位和企业改革时间先后错位导致的。企业是在1997年开始建立个人账户制度，进行养老保险制度改革，1997年参加工作者为企业"新人"。也就是说，1997年

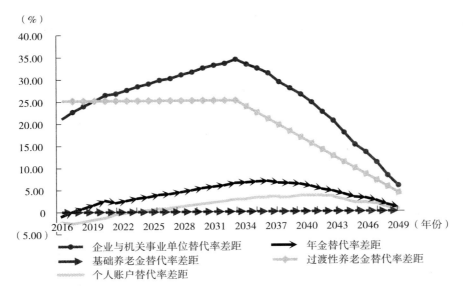

图 9-2 企业与机关事业单位替代率差距

及之后参加工作，2032 年及之后退休者，没有过渡性养老金。而 1981～1996 年参加工作者，是测算时间段内的企业"中人"，他们的视同缴费年限是 16 年 - 1 年。而机关事业单位"并轨"改革是从 2014 年 10 月开始的（为方便计算，我们选择 2015 年），也就是说，2015 年之前参加工作者，均为测算时间段内的机关事业单位"中人"，他们对应的参加工作时间为 1981～2014 年，退休时间为 2016～2049 年，视同缴费年限为 34 年 - 1 年。而在测算时间段内，企业"中人"和机关事业单位"中人"的重叠部分为 1981～1996 年，在这段时间内机关事业单位"中人"对应的视同缴费年限为 34 年 - 19 年。所以，1981～1996 年参加工作，2016～2031 年退休的企业"中人"和机关事业单位"中人"，视同缴费年限均相差 18 年。这也就可以解释为什么 2016～2032 年过渡性养老金差距一致为 25.2%，而在 2032 年出现拐点，过渡性养老金替代率差距开始下降，见图 9-3。1997～2015 年参加工作 2032～2050 年退休的企业职工，属于企业"新人"，没有过渡性养老金，而在相同时间段的机关事业单位"中人"其视同缴费年限为 18 年 - 0 年，我们可以清晰地看到，2015 年参加工作、2050 年退休的机关事业单位"新人"过渡性养老金为 0（见表 9-5），此时替代率差距也为 0。

由此可见，过渡性养老金替代率差距很大程度上是由视同缴费年限的不同造成，视同缴费年限的差异则是因企业与机关事业单位不同的改革时间导致的"中人"划分时间不一所致。此外，在机关事业单位的综合替代率中，2016～2025 年

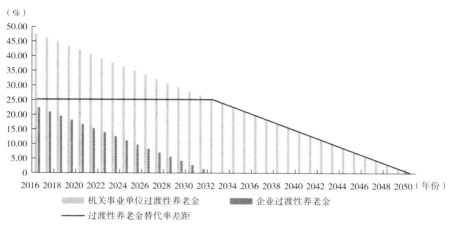

图 9-3　企业与机关事业单位过渡性养老金替代率差距

及 2048~2050 年机关事业单位退休者养老金替代率达到了 80% 以上，与"并轨"改革前机关事业单位 80% 以上的替代率水平适度对接，2026~2047 年退休金替代率水平在 75%~80%，未达到与机关事业单位原有替代率"并轨"的适度下限水平 80%。由此可见，测算时段也就是过渡期内，机关事业单位过渡性养老金替代率水平呈现"两头高，中间低"的情况。鉴于此，政策制定者应当充分考虑过渡期中间段"中人"的养老金替代率水平，"限高保低"，把机关事业单位的过渡性养老金替代率控制在适度水平范围内，同时注重相同年份企业过渡性养老金与机关事业单位过渡性养老金的差距（见图 9-4）。

表 9-5　企业与机关事业单位养老金替代率差距　　　　　单位:%

退休年份	企业与机关事业单位替代率差距	基础养老金替代率差距	个人账户替代率差距	年金替代率差距	过渡性养老金替代率差距	参加工作年份
2016	21.1	0.0	-2.3	-0.9	25.2	1981
2017	22.7	0.0	-2.6	0.1	25.2	1982
2018	24.0	0.0	-2.2	0.9	25.2	1983
2019	25.2	0.0	-1.7	1.7	25.2	1984
2020	26.5	0.0	-1.3	2.6	25.2	1985
2021	26.8	0.0	-0.5	2.1	25.2	1986

续表

退休年份	企业与机关事业单位替代率差距	基础养老金替代率差距	个人账户替代率差距	年金替代率差距	过渡性养老金替代率差距	参加工作年份
2022	27.6	0.0	−0.2	2.6	25.2	1987
2023	28.4	0.0	0.1	3.1	25.2	1988
2024	29.0	0.0	0.4	3.4	25.2	1989
2025	29.8	0.0	0.7	3.9	25.2	1990
2026	30.2	0.0	0.9	4.1	25.2	1991
2027	31.0	0.0	1.2	4.5	25.2	1992
2028	31.6	0.0	1.5	4.9	25.2	1993
2029	32.5	0.0	1.8	5.4	25.2	1994
2030	33.1	0.0	2.1	5.7	25.2	1995
2031	33.5	0.0	2.4	6.0	25.2	1996
2032	34.4	0.0	2.8	6.5	25.2	1997
2033	33.3	0.0	2.9	6.6	23.8	1998
2034	32.4	0.0	3.2	6.8	22.4	1999
2035	31.3	0.0	3.4	6.9	21.0	2000
2036	29.3	0.0	3.2	6.5	19.6	2001
2037	27.9	0.0	3.3	6.4	18.2	2002
2038	26.5	0.0	3.6	6.2	16.8	2003
2039	24.7	0.0	3.6	5.7	15.4	2004
2040	22.5	0.0	3.5	5.0	14.0	2005
2041	20.5	0.0	3.3	4.6	12.6	2006
2042	17.8	0.0	2.7	3.9	11.2	2007
2043	15.1	0.0	2.0	3.2	9.8	2008
2044	13.4	0.0	2.0	3.0	8.4	2009
2045	11.1	0.0	1.7	2.4	7.0	2010
2046	8.1	0.0	0.9	1.5	5.6	2011
2047	5.8	0.0	0.6	0.9	4.2	2012
2048	4.1	0.0	0.6	0.6	2.8	2013

续表

退休年份	企业与机关事业单位替代率差距	基础养老金替代率差距	个人账户替代率差距	年金替代率差距	过渡性养老金替代率差距	参加工作年份
2049	2.4	0.0	0.7	0.3	1.4	2014
2050	0.8	0.0	0.7	-0.2	0.0	2015

资料来源：根据表9-4数据计算得出。

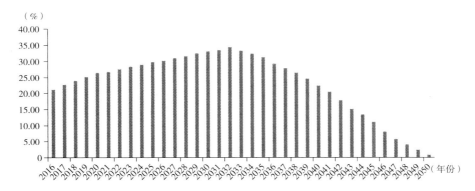

图9-4　企业与机关事业单位替代率总差距

　　综上所述，通过对所测算替代率结果的分析，我们可以得出：理论上现行养老保险制度下企业与机关事业单位基础养老保险替代率已经持平，均为35%，处于适度水平区间内。加上个人账户、年金和过渡性养老金替代率，综合替代率将会在2050年第一批机关事业单位"新人"退休时基本持平。在2016～2049年也就是"并轨"改革的过渡期内，不考虑现实执行因素和各地区差异，造成企业与机关事业单位"中人"养老金差距的原因主要是以下两点：一是企业与机关事业单位个人账户设立时间、企/职业年金设立时间及"中人"划分时间不同，导致个人账户积累年限、年金积累年限和过渡性养老金视同缴费年限在时间上的错位。二是职业年金和企业年金的收益率不同。职业年金自建立至今大多采用记账利率，已公布的记账利率为5%，企业年金已在市场上运营多年，采用运营收益率，自建立至今平均收益率为5.2%。因此，可以说企业和机关事业单位养老金替代率在制度上已经实现公平，在结果上正在趋向公平，这个趋向的终点是2050年前后，第一批机关事业单位"并轨"改革的"新人"退休之时。但这个制度上公平的结果是不是机关事业单位"并轨"改革本质"并轨"的最终结果还需进一步考察。

四、"并轨"给付适度水平与企业给付水平梯度对接

企业各部分养老金与相应的本质"并轨"给付适度水平对接是实现机关事业单位养老保险"并轨"公平性目标的有效途径。考虑到老龄化背景下养老金的收支平衡压力，未来国家可能采取的应对措施，这里我们选择全面二孩和延迟退休政策情形下的本质"并轨"给付替代率适度水平与企业现行给付替代率水平进行比较对接。

（一）基础养老保险给付水平对接

基础养老保险是社会统筹现收现付的养老保险制度，实质是全社会劳动人口和老年人口之间的代际收入再分配。基础养老保险的目标是保证参保老年人基本生存需要。鉴于此，基础养老保险的给付水平的本质"并轨"是整个养老保险"并轨"公平性的集中体现。根据测算结果（见表9-6），现行制度下，缴费35年的企业基础养老保险给付替代率为35%。考虑全面二孩和延迟退休政策情形下的基础养老保险本质"并轨"给付替代率从2016年的45.74%下降到2050年的31.49%，均值为39%。动态替代率的测算能够清晰地呈现因老年人口比重上升和劳动人口比重下降带来的替代率适度水平的下降，但考虑到福利刚性，替代率水平不可能每年都下降，因此我们选择长期均值39%作为与现行政策下企业基础养老金给付替代率对接的依据。

表 9-6　基础养老保险给付替代率水平对接　　　　　　单位：%

年份	本质"并轨"基础养老保险现实适度替代率	现行企业基础养老保险替代率	年份	本质"并轨"基础养老保险现实适度替代率	现行企业基础养老保险替代率
2016	45.74	35	2023	40.17	35
2017	44.77	35	2024	39.18	35
2018	44.10	35	2025	39.39	35
2019	43.43	35	2026	39.07	35
2020	42.67	35	2027	40.05	35
2021	41.99	35	2028	39.53	35
2022	41.14	35	2029	40.23	35

续表

年份	本质"并轨"基础养老保险现实适度替代率	现行企业基础养老保险替代率	年份	本质"并轨"基础养老保险现实适度替代率	现行企业基础养老保险替代率
2030	39.81	35	2041	36.85	35
2031	40.65	35	2042	36.36	35
2032	40.23	35	2043	35.79	35
2033	40.95	35	2044	35.14	35
2034	40.43	35	2045	34.40	35
2035	39.86	35	2046	33.83	35
2036	39.43	35	2047	33.20	35
2037	38.96	35	2048	32.58	35
2038	38.45	35	2049	32.02	35
2039	37.89	35	2050	31.49	35
2040	37.31	35	平均值	39.00	35

资料来源：①人力资源和社会保障部. 中国人力资源和社会保障统计年鉴（工作卷）（2017）［M］. 北京：中国劳动社会保障出版社，2017；②人力资源与社会保障部官网、国家统计局官网；③辽宁大学人口预测数据。

（二）个人账户给付水平对接

个人账户养老金代表的是个人生命周期转移再分配，属于"激励和效率"性质的养老保障。因此，在这一部分的"并轨"对接当中，不应追求绝对公平，个人之间、不同单位群体之间，因劳动分工、贡献大小造成的工资水平差异而存在一定范围的差距也是合理的。根据测算结果（见表9-7），个人账户本质"并轨"适度替代率水平从2016年的10.93%持续上升到2050年的13.29%，均值为12.55%。由于企业是在1997年开始建立个人账户制度，1997年参加工作者为企业"新人"。也就是说，1997年及之前参加工作，2032年及之前退休者，个人账户积累不满35年，最多也只有34年。因此，在这段时间内的退休者个人账户积累较少，替代率水平较低。现行制度下企业个人账户给付替代率的均值为13.37%，略高于本质"并轨"适度水平。

表 9-7　个人账户给付替代率水平对接　　　　　单位:%

年份	本质"并轨"个人账户现实适度替代率	现行企业个人账户替代率	年份	本质"并轨"个人账户现实适度替代率	现行企业个人账户替代率
2016	10.93	3.00	2034	12.09	5.60
2017	11.06	3.90	2035	12.21	6.10
2018	11.25	4.20	2036	12.24	6.60
2019	11.47	4.40	2037	12.24	7.40
2020	11.73	4.70	2038	12.48	8.10
2021	12.00	3.20	2039	12.70	9.10
2022	12.31	3.30	2040	12.89	10.20
2023	12.68	3.50	2041	13.00	10.90
2024	13.10	3.50	2042	13.08	12.60
2025	12.94	3.70	2043	13.16	14.50
2026	13.28	3.60	2044	13.25	15.80
2027	13.01	3.90	2045	13.34	17.50
2028	13.24	3.90	2046	13.34	18.80
2029	12.80	4.20	2047	13.35	20.60
2030	12.97	4.30	2048	13.33	22.20
2031	12.42	4.30	2049	13.31	23.80
2032	12.54	4.60	2050	13.29	25.60
2033	11.98	5.20	平均值	12.55	13.37

注:鉴于 1997 年才建立企业养老保险个人账户制度,所以 2032 年及之前退休者个人账户积累不够 35 年,为便于比较,选择 2033~2050 年(积累满 35 年)的平均值,作为现行企业个人账户替代率均值。

资料来源:①人力资源和社会保障部.中国人力资源和社会保障统计年鉴(工作卷)(2017)[M].北京:中国劳动社会保障出版社,2017;②人力资源与社会保障部官网;③国家统计局官网。

(三)职业年金与企业年金给付水平梯度对接

职业年金和企业年金属于补充养老保险,但两者在覆盖率上的差距将制约本质"并轨"的实现。职业年金与企业年金最大的区别在于职业年金具有强制性,而企业年金的建立是企业的自愿行为。现实情况下,由于企业年金覆盖率过低,很多学者在对职业年金和企业年金给付替代率进行比较时,都将企业年金替代率设为 0（张彦和李春根，2016）。本书在测算现行制度下企业年金给付替代率时，为了方便比较，采用了与职业年金一样的缴费率 12%，但这只是理想状况下。为了同职业年金本质"并轨"适度给付替代率对接，基于企业年金缴费的自主性和税优政策缴费率的影响，本书将企业年金的缴费率由低到高分为三档，分别来看与职业年金适度水平的对接情况。三档分别是：一档单位缴费 4%，个人不缴，总缴费 4%；二档单位缴费 4%，个人缴费 4%，总缴费 8%；三档单位缴费 8%，个人缴费 4%，总缴费 12%（见表 9-8）。根据测算，本质"并轨"职业年金现实适度替代率从 2016 年的 13.31% 持续下降至 2050 年的 10.14%，均值为11.79%。企业年金缴费率为 4% 的情况下，给付替代率均值为 5.08%，缴费率为8% 的情形下，替代率均值为 10.16%，缴费率为 12% 时替代率均值为 15.74%。当缴费率为 12% 时替代率高出了本质"并轨"适度水平，因此，在第三档单位缴费 8%、个人缴费 4% 的选择当中，将 4% 的个人缴费设为自愿选项。

表 9-8 职业年金与企业年金给付替代率水平梯度对接 单位:%

年份	本质"并轨"职业年金现实适度替代率	缴费率 4% 企业年金给付替代率	缴费率 8% 企业年金给付替代率	缴费率 12% 企业年金给付替代率
2016	13.31	0.53	1.07	1.90
2017	13.14	0.57	1.13	1.90
2018	13.00	0.63	1.26	2.00
2019	12.87	0.69	1.38	2.20
2020	12.72	0.76	1.52	2.30
2021	12.59	0.48	0.97	1.60
2022	12.43	0.50	1.01	1.60
2023	12.25	0.55	1.09	1.70
2024	12.07	0.57	1.13	1.80
2025	12.07	0.61	1.22	1.90
2026	11.99	0.59	1.17	1.80
2027	12.11	0.62	1.24	1.90
2028	12.00	0.63	1.26	1.90
2029	12.07	0.67	1.34	2.00
2030	11.98	0.69	1.37	2.10
2031	12.08	0.69	1.38	2.10
2032	11.98	0.73	1.45	2.20

年份	本质"并轨"职业年金现实适度替代率	缴费率4%企业年金给付替代率	缴费率8%企业年金给付替代率	缴费率12%企业年金给付替代率
2033	12.06	0.88	1.77	2.70
2034	11.95	1.04	2.07	3.20
2035	11.84	1.22	2.45	3.80
2036	11.74	1.42	2.84	4.40
2037	11.65	1.71	3.42	5.30
2038	11.54	2.04	4.07	6.30
2039	11.43	2.45	4.90	7.60
2040	11.31	2.95	5.89	9.20
2041	11.21	3.16	6.31	9.80
2042	11.11	3.66	7.32	11.40
2043	11.00	4.19	8.37	13.00
2044	10.87	4.57	9.15	14.20
2045	10.73	5.07	10.15	15.80
2046	10.61	5.43	10.87	16.90
2047	10.49	5.96	11.91	18.50
2048	10.37	6.42	12.84	19.90
2049	10.25	6.88	13.77	21.40
2050	10.14	7.61	15.22	23.00
均值	11.79	5.08	10.16	15.74

注：鉴于2004年底颁布文件，2005年正式建立企业年金，所以2039年及之前退休者企业年金积累不够35年，为便于比较，将缴费率分别为4%、8%、12%的"企业年金给付替代率均值"都选择2040~2050年（积累满35年）的平均值。

资料来源：①人力资源和社会保障部.中国人力资源和社会保障统计年鉴（工作卷）（2017）[M].北京：中国劳动社会保障出版社，2017；②人力资源与社会保障部官网；③国家统计局官网。

综上所述，在机关事业单位养老保险本质"并轨"给付适度水平与现行企业给付水平对接当中，按照缴费35年计算，现行制度下企业基础养老保险和个人账户给付水平都已接近本质"并轨"适度替代率，制约企业与机关事业单位养老保险本质"并轨"的关键还在于企业年金。现阶段企业年金单位覆盖率和职工覆盖率都很低的情况下，为鼓励中小企业建立企业年金并保证与职业年金适度对接，可以选择企业缴费4%、个人缴费4%的方案，这样既可以减轻企业负担让更多的企业有能力建立职业年金，又可以保证不会因为企业年金替代率过高而造成新的不公平。当然，有实力的企业也可选择单位缴费8%，将个人缴费4%设为自愿选择项。同职业年金一样，个人缴费的部分所产生的替代率属于纵向的个人生命周期收入再分配，不涉及横向的公平性对接。批评者可能认为这样的差异化会造成新的不公，其实不然。职业年金和企业年金本就是补充养老保险，除少数国家财政全额拨款的机关事业单位外，大多数部分拨款的机关事业单位和企业都是由单位和个人承担缴费责任，同时，所有的单位都是独立账户进行委托运营，并非像基本养老保险一样进行全国统筹。因此，年金部分的养老保险承担有限的全社会收入再分配公平的责任，在符合"并轨"的公平性前提，以对接的适度缴费率水平和替代率水平为标准的情况下，企业年金单位和个人的缴费比例应视具体情况而定，就这一点来说，当前政策只规定企业年金缴费上限，具体缴费方案由单位和职工决定是合理的。但考虑到保障水平的适度对接，应该对最低缴费率也有合理限制。另外，职业年金的高覆盖率也会倒逼企业年金的完善。随着人才竞争日益激烈，企业为吸引人才，会在企业年金等方面给予职工更好的待遇。国家也会逐步出台相关政策，鼓励企业为职工缴纳企业年金，当多数企业建立企业年金后，企业职工养老金替代率也会向机关事业单位本质"并轨"适度给付水平看齐。

第二节　机关事业单位养老保险与劳动生产要素分配系数联动

机关事业单位"并轨"缴费给付适度水平下的养老保险体系还会受到国内生产总值（GDP）、劳动生产要素分配系数等宏观经济发展指标的影响。现行养老保障制度下的养老金主要来源于国民收入当中劳动要素报酬，因此在缴费或给付水平相同的情况下，劳动要素报酬总额直接关系到养老金收入或支出总额，劳动要素报酬总额的多少通常用收入法核算GDP中的劳动报酬占GDP的比重来衡量，这一衡量指标我们称为劳动生产要素分配系数，即劳动报酬份额。

一、劳动生产要素分配系数的变动趋势

由于美国有较长时间序列的劳动报酬和GDP的统计数据，因此能够更好地

判断劳动生产要素分配系数的变动趋势,我们首先来看美国 1929~1970 年和 1970~2014 年两阶段的变动情况。1929~1970 年正好是美国经济由大萧条到繁荣复苏的阶段,在这一阶段美国劳动报酬占 GDP 的比重呈现波动上升的趋势,1929 年这一比重为 49.3%,1970 年上升到 58.3%,提高约 9 个百分点。1970~2014 年这一比重总体呈现波动下降的趋势,从 1970 年的 58.3%下降到 2014 年的 51.7%,下降了 6.6 个百分点[1]。这就表明,劳动生产要素分配系数呈现出经济发展的阶段性特征,当经济发展进入现代阶段后,技术与资本要素对经济发展的贡献增强,在收入分配当中的议价能力也更强,劳动要素对经济发展的贡献相对减弱,再加上其在收入分配当中议价能力相对较低,劳动报酬占 GDP 的比重自然就会下降。

学者们也用不同的方法对中国劳动报酬占 GDP 的比重做了测算,并对发展趋势做出了判断,普遍认为近年来中国的劳动生产要素分配系数呈现下降趋势,这些学者大部分是从收入分配公平性的角度测算劳动报酬份额。其中,李军(2018)将劳动报酬份额与养老金结合起来进行研究,根据《中国统计年鉴》中各年份的资金流量表(实物交易)数据计算出劳动者报酬与增加值合计(GDP)的比率,发现 1999~2014 年这一比率在总体上呈现波动下降的趋势,1999 年该比率为 59.7%,2011 年下降至最低点 47%,2014 年为 51%,比 1999 年下降了约 9 个百分点。

本书采用"投入产出表"[2] 计算劳动生产要素分配系数。根据中国统计局官网近 20 年的全国劳动报酬和 GDP 数据,我们测算出全国劳动生产要素分配系数。从现有数据测算结果来看,2000~2015 年劳动生产要素分配系数从 2000 年的 49.78%持续下降到 2007 年的最低点 40.74%,之后开始回升到 2015 年达到 51.62%(见表 9-9)。

表 9-9　2000~2015 年劳动报酬占 GDP 的比重

年份	劳动者报酬（亿元）	GDP（亿元）	全国劳动生产要素分配系数（%）
2015	354109.99	685992.90	51.62
2012	264134.09	538580.00	49.04
2010	191008.93	412119.30	46.35

① 李军. 现行养老金制度系统性缺陷需纠偏——建立基于全要素贡献的养老金来源机制 [J]. 探索与争鸣, 2018, 1（3）: 28-36.

② 章上峰, 许冰. 初次分配中劳动报酬比重测算方法研究 [J]. 统计研究, 2010, 27（8）: 74-78.

续表

年份	劳动者报酬（亿元）	GDP（亿元）	全国劳动生产要素 分配系数（%）
2007	110047.30	270092.30	40.74
2005	77731.60	187318.90	41.50
2002	58950.50	121717.40	48.43
2000	49919.59	100280.10	49.78

注：本书选择用"投入产出表"计算劳动生产要素分配系数（劳动报酬份额），国家统计局官网近20年的劳动报酬数据只有以上所列年份，为保证统计口径一致，缺失年份数据将不再通过其他方法计算。

资料来源：国家统计局官网，http://data.stats.gov.cn。

二、养老保险缴费给付水平与劳动生产要素系数联动实证测算

从"投入产出"法测算的数据来看，劳动生产要素分配系数呈现波动上升的趋势，这与党的十九大报告提出的"坚持在经济增长的同时实现居民收入同步增长、在劳动生产率提高的同时实现劳动报酬同步提高"的方针相一致。但据美国近百年的序列数据及多数学者对我国未来形势的判断，我国的劳动报酬份额是呈现下降趋势的。鉴于此，本书选择谨慎的态度，分别测算劳动生产要素分配系数上升和下降两种趋势下的养老金缴费和给付情况，其中上升趋势选择从现阶段的51.62%平滑上升到合意的60%[①]，下降趋势选择从现阶段的51.62%平滑下降到近年来的最低点40.74%（见表9-10）。

表 9-10　劳动生产要素分配系数不同趋势下年人均缴费、给付额

年份	人均 GDP （元）	上升趋势 下劳动生 产要素分 配系数（%）	下降趋势 下劳动生 产要素分 配系数（%）	总合 缴费率 （%）	上升趋势 下人均年 缴费额 （元）	下降趋势 下人均年 缴费额 （元）	总合 替代率 （%）	上升趋势 下人均年 给付额 （元）	下降趋势 下人均年 给付额 （元）
2016	53957.05	51.86	51.29	25.04	7006.64	6929.44	69.98	19581.67	19365.91
2017	59432.00	52.10	50.96	24.90	7709.88	7540.76	68.97	21355.43	20886.99

① 根据现有数据测算的劳动生产要素分配系数，其增长速度为0.11%，按此速率到2050年，劳动生产要素分配系数不会超过55%，本书选择60%的劳动生产要素分配系数是从现实情况及未来经济发展可能性两方面考虑。

续表

年份	人均GDP（元）	上升趋势下劳动生产要素分配系数（%）	下降趋势下劳动生产要素分配系数（%）	总合缴费率（%）	上升趋势下人均年缴费额（元）	下降趋势下人均年缴费额（元）	总合替代率（%）	上升趋势下人均年给付额（元）	下降趋势下人均年给付额（元）
2018	64754.50	52.34	50.62	24.86	8425.39	8149.44	68.36	23168.12	22409.31
2019	64210.21	52.58	50.29	24.94	8419.79	8053.77	67.77	22879.28	21884.69
2020	67899.70	52.82	49.96	25.13	9012.27	8524.77	67.13	24074.55	22772.30
2021	71583.41	53.06	49.63	25.33	9620.23	8998.59	66.57	25283.01	23649.27
2022	75374.60	53.30	49.30	25.69	10320.06	9545.55	65.88	26464.98	24478.81
2023	79276.37	53.54	48.96	26.54	11263.78	10302.00	65.10	27628.94	25269.79
2024	83290.32	53.77	48.63	27.28	12218.45	11049.97	64.35	28821.75	26065.45
2025	87417.03	54.01	48.30	26.45	12489.01	11167.83	64.39	30403.31	27187.02
2026	92129.20	54.25	47.97	26.93	13460.48	11901.05	64.34	32159.21	28433.48
2027	97070.64	54.49	47.64	25.76	13626.14	11911.57	65.18	34477.95	30139.60
2028	102266.50	54.73	47.30	26.02	14564.10	12587.47	64.76	36247.92	31328.39
2029	107755.27	54.97	46.97	24.58	14559.91	12441.12	65.10	38561.85	32950.24
2030	113604.27	55.21	46.64	24.75	15523.71	13113.79	64.76	40618.80	34313.11
2031	118719.83	55.45	46.31	23.12	15220.04	12710.63	65.15	42888.65	35817.37
2032	123966.09	55.69	45.98	23.18	16002.65	13211.36	64.75	44701.11	36904.03
2033	129332.18	55.93	45.64	21.65	15660.41	12780.51	64.99	47010.16	38365.14
2034	134806.56	56.17	45.31	21.76	16476.44	13291.78	64.47	48816.01	39380.56
2035	140378.23	56.41	44.98	21.94	17373.09	13853.38	63.92	50614.77	40360.45
2036	146708.59	56.65	44.65	22.14	18399.80	14502.24	63.41	52697.90	41535.10
2037	153221.36	56.89	44.32	22.32	19454.72	15155.63	62.85	54781.78	42676.14
2038	159927.92	57.13	43.98	22.83	20857.66	16059.24	62.47	57073.06	43943.08
2039	166840.46	57.37	43.65	23.33	22328.92	16991.05	62.02	59358.74	45168.67
2040	173972.04	57.61	43.32	23.76	23811.46	17906.65	61.52	61653.25	46364.36
2041	180561.15	57.84	42.99	23.98	25045.79	18613.19	61.06	63773.82	47394.54
2042	187209.22	58.08	42.66	24.16	26271.16	19293.20	60.55	65841.00	48352.79
2043	193925.88	58.32	42.32	24.36	27552.08	19994.00	59.95	67805.72	49205.28
2044	200724.93	58.56	41.99	24.60	28917.24	20734.95	59.25	69648.22	49940.88
2045	207627.15	58.80	41.66	24.86	30351.30	21503.27	58.47	71385.39	50575.07
2046	215567.86	59.04	41.33	24.89	31678.57	22174.47	57.78	73539.08	51476.14

年份	人均GDP（元）	上升趋势下劳动生产要素分配系数（%）	下降趋势下劳动生产要素分配系数（%）	总合缴费率（%）	上升趋势下人均年缴费额（元）	下降趋势下人均年缴费额（元）	总合替代率（%）	上升趋势下人均年给付额（元）	下降趋势下人均年给付额（元）
2047	223640.07	59.28	41.00	24.95	33077.62	22875.03	57.03	75607.88	52287.09
2048	231860.16	59.52	40.66	24.96	34445.71	23533.19	56.28	77668.44	53062.82
2049	240250.72	59.76	40.33	24.93	35792.72	24156.65	55.58	79797.80	53855.86
2050	248843.62	60.00	40.00	24.91	37191.55	24794.78	54.92	81997.58	54665.97

　　注：缴费率及替代率是指本质"并轨"情况下受全面二孩和延迟退休政策影响下的适度总合缴费率及适度综合替代率，其中包括基础养老保险、个人账户和职业年金的缴费率和给付替代率。职业年金缴费率和替代率的计算选择"硕士"学历的受教育年限折合成的人口比重。

　　劳动生产要素分配系数不同趋势下，养老金年人均缴费额测算结果如图9-5所示，2016~2050年，养老保险（基础+个账+职业年金）总合缴费率在2016~2024年处在25%~27%的较高区间，随后开始波动下降，到2034年前后达到最低点21%左右，紧接着开始平稳而缓慢回升，到2050年达到24.9%，接近2016年的水平，这说明如果按照与人口结构联系更为紧密的"新模型"来确定适度缴费率，则全面二孩政策及延迟退休政策在稳定养老保险缴费率方面将发挥重要作用。从图中我们可以看出，无论缴费率如何变化，缴费金额始终处于不断增长的趋势，尤其是在2034年之后这种趋势更为明显，这就说明经济发展水平对养老金缴费额的影响是根本性的。上升趋势下的劳动生产要素分配系数从51.29%平滑上升到60%，下降趋势下的劳动生产要素分配系数从51%平滑下降到40%，两种情况下所得的养老保险年人均缴费金额差距随年份的增加越来越大，2034年之后劳动生产要素分配系数上升趋势下所得的养老金缴费额比下降趋势下多出1/3。这说明，在养老金缴费率基本不变的情况下，劳动生产要素分配系数的提升有利于养老金缴费额的积累和增加，从而有利于老龄化背景下养老金资金的供需平衡。

　　劳动生产要素分配系数不同趋势下，养老金年人均给付额测算结果如图9-6所示，2016~2050年，养老保险（基础+个账+职业年金）综合替代率在测算区间内总体处于不断下降的状态，从2016年接近70%的综合替代率水平下降到2050年的55%左右，下滑接近15%。这说明，随着人口老龄化的不断深入，单靠国家和工作单位的养老给付已不足以维持未来老年人较高的生活水平，需要个人养老储蓄的加入。从图中我们可以看出，虽然给付替代率在持续下降，但养老

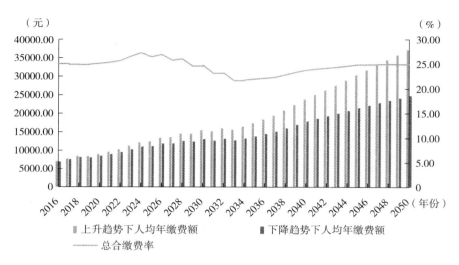

图 9-5　劳动生产要素分配系数不同趋势下养老保险年人均缴费额

保险给付金额始终在不断增长，劳动生产要素分配系数上升和下降情况下所得的养老保险给付金差额随年份的增加而增大，2035 年之后两种趋势下所得的给付金差额几乎占到下降趋势下给付金额的 1/3。这说明，在养老金给付替代率不断下滑的情况下，劳动生产要素分配系数的提升有利于增加养老金给付金额，减缓养老金替代率的下滑，从而有利于减轻个人和社会的养老压力，维持社会的和谐稳定。

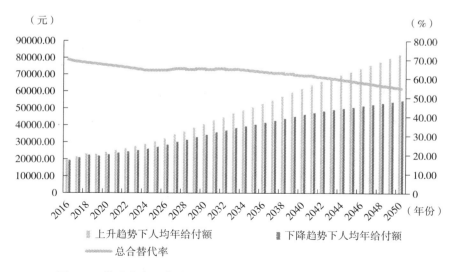

图 9-6　劳动生产要素分配系数不同趋势下养老保险年人均给付额

三、养老保险缴费给付水平与劳动生产要素分配系数联动效应

机关事业单位养老保险"并轨",养老保险缴费给付水平受社会经济发展水平的影响,其中具体主要有 GDP 和劳动生产要素分配系数。同等养老保险缴费率和给付替代率,GDP 水平和劳动生产要素分配系数不一样,缴费水平和给付水平就会不一样。所以,机关事业单位养老保险"并轨"后的缴费给付水平的均衡与 GDP 水平和劳动生产要素分配系数联动,机关事业单位养老保险缴费给付水平要与 GDP 和劳动生产要素联动,并实施相关的政策。这个联动政策的核心是在 GDP 和劳动生产要素分配系数呈现为不同增长率的条件下,要相应调整养老保险给付水平系数。在 GDP 发展较快的时期,要提高养老保险给付调整系数;在劳动生产要素分配系数水平上升时期,要提高养老保险给付调整指数。这种指数调整是为了实现退休职工享受到经济发展的成果,实现流动人口和老年人口代际转移的合理收入再分配。

第三节　机关事业单位养老保险与老年人口比重及恩格尔系数联动

养老保险缴费适度水平应当是一个区间概念,按照养老保险缴费与给付供需平衡"新模型",养老保险缴费率水平与城镇职工老年人口比重系数的联动就确定了机关事业单位"并轨"养老保险适度缴费率的上限。那么,与恩格尔系数的联动将确定养老保险适度缴费率的下限水平。

一、基础养老保险缴费与老年人口比重系数联动

社会养老保险制度具有全社会收入再分配的性质,以覆盖全民为宗旨,以非营利为基本原则。这些特征,就决定了社会养老保险的基本精算依据不是一定范围的就业人数和退休人数之间的抚养比,而是全社会的劳动人口供养全社会的老年人口,实现全社会的养老保险缴费和给付及其供需均衡。机关事业单位的养老保险制度"并轨",也就是将机关事业单位的退休人员纳入全社会养老保险供养人口的总框架内,进行养老保险社会化的制度设计和整体协同发展规划。

随着老龄化程度的不断加深，老年抚养比将会越来越高，以养老保险缴费率与老年抚养比联动的"老模型"就面临着是否合理的问题。所以我们提出，以老年人口比重系数代替老年抚养比与养老保险缴费联动的"新模型"。在以"国民财富养老人口结构均衡分配"为依据的养老保险缴费新模型中，养老金的给付额可以先在财富工资总额中按劳动人口比重分出来，再按老年人口比重分给老年人口。这里的"劳动人口比重系数"是养老保险适度综合替代率，"劳动人口比重×劳动人口比重"就是代际转移现收现付基础养老保险适度替代率；"老年人口比重系数"是养老保险适度综合缴费率，"劳动人口比重×老年人口比重"是基础养老保险的适度缴费率（见图9-7）。需要强调的是，这里的适度替代率和适度缴费率都是适度上限。

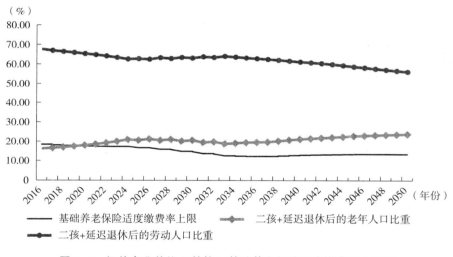

图9-7　机关事业单位"并轨"基础养老保险适度缴费率上下限

二、基础养老保险缴费率与恩格尔系数联动

机关事业单位"并轨"后的养老保险缴费包括基础养老保险缴费、职业年金缴费和补充养老保险缴费，其中养老保险缴费属于兜底性质。基础养老保险缴费的最低下限就是满足老年人口的基本生活水平，满足恩格尔系数相对应的生活消费水平。机关事业单位养老保险缴费与恩格尔系数之间的联动关系就是指基础养老保险缴费与恩格尔系数之间的下限依据关系。基础养老保险的功能定位是保障老年人的基本生存需要，因此，这里的适度缴费率下限是将"新模型"中的

基础养老保险替代率确定为恩格尔系数之后反推出的缴费率。

(一) 机关事业单位"并轨"养老保险缴费与恩格尔系数联动的模型构建

根据"工资总额"新模型［式（4-4）］和"劳动人口平均工资"新模型［式（4-8）］来构建机关事业单位"并轨"养老保险缴费率与恩格尔系数联动模型：

$$\frac{N_O}{N_T} \times \frac{N_L}{N_T} \times W_T = \frac{N_L}{N_T} \times \frac{N_O}{N_T} \times W_T \tag{9-4}$$

其中，N_O 表示老年人口数，N_L 表示劳动人口数，N_T 表示总人口数，W_T 表示工资总额。

将式（4-8）即工资总额模型，两边同时乘以（劳动人口数/劳动人口数），模型就转换为劳动人口平均工资平衡模型：

$$N_O \times \left(\frac{N_L}{N_T} \times \frac{N_L}{N_T} \right) \times \overline{W} = N_O \times \left(\frac{N_L}{N_T} \times \frac{N_O}{N_T} \right) \times \overline{W} \tag{9-5}$$

其中，$\overline{W}$ 表示总人口平均工资，劳动人口比重与劳动人口比重的乘积就等于基础养老保险适度替代率，劳动人口比重与老年人口比重的乘积等于基础养老保险缴费率。

当式（9-5）中的适度替代率为恩格尔系数时，与之相对的适度缴费率就是机关事业单位"并轨"养老保险缴费率，用模型表示为：

$$\begin{cases} N_{O,i}^C \times \sigma_{L,i}^C \times \overline{W}_i = N_{L,i}^C \times \theta_{L,i}^C \times \overline{W}_i \\ \sigma_{L,i}^C = EC_i^C \end{cases} \tag{9-6}$$

其中，$N_{O,i}^C$ 和 $N_{L,i}^C$ 分别表示第 i 年的城镇职工老年人口数和劳动人口数，$\sigma_{L,i}^C$ 和 $\theta_{L,i}^C$ 分别表示基础养老保险本质"并轨"现实适度替代率和缴费率下限，EC_i^C 表示第 i 年的城镇居民恩格尔系数。

根据式（9-6）推导出基础养老保险本质"并轨"现实适度缴费率与恩格尔系数联动的动态数理模型：

$$\theta_{L,i}^C = \frac{N_{O,i}^C}{N_{L,i}^C} \times EC_i^C \tag{9-7}$$

机关事业单位本质"并轨"基础养老保险现实缴费适度水平的下限由社会基本生活水平决定，具体的理论标准和定量参数是社会恩格尔系数和与其相关联的人口赡养比。

(二) 机关事业单位"并轨"基础养老保险缴费与恩格尔系数联动实证测算

恩格尔系数。根据国际恩格尔系数数据，中等偏上收入国家恩格尔系数绝大多数降低至20%以下,如波兰、匈牙利、墨西哥等。改革开放以来,我国居民收入水平显著提高,城镇居民恩格尔系数由1978年的57.5%下降至2016年的29.3%,本书设定城镇恩格尔系数由2016年的29.3%按平均变动率平滑下降至2050年的20.12%,这既符合恩格尔系数普遍发展规律,同时也与我国城镇恩格尔系数发展趋势相一致。考虑到数据的可获得性,本书用城镇居民恩格尔系数代替城镇职工恩格尔系数。

膨胀效应后的人口赡养比。因为延迟退休和全面二孩政策的减缩因素,将会触动养老保险人口结构的核心要素,使劳动人口和老年人口发生变化,我们在城镇职工劳动人口比重和老年人口比重的预测过程中考虑了上述两因素。在此基础上还考虑了膨胀因素对人口赡养比的影响,因为延迟退休政策和全面二孩政策增加的劳动人口可能并没有按照制度要求进行缴费。

将本质"并轨"根据表9-6的测算结果,与恩格尔系数联动下的本质"并轨"基础养老保险缴费率下限从2016年的11.79%下降到2050年的8.49%,均值为9.36%,与本质"并轨"上限适度水平均值14.62%总体相差约5%(见表9-11)。

表9-11 机关事业单位基础养老保险缴费率下限与恩格尔系数联动

年份	膨胀效应后的人口赡养比(%)	城镇居民恩格尔系数(%)	基础养老保险缴费下限(%)
2016	40.25	29.30	11.79
2017	40.31	29.03	11.70
2018	40.31	28.76	11.59
2019	40.47	28.49	11.53
2020	40.88	28.22	11.54
2021	41.22	27.95	11.52
2022	41.94	27.68	11.61
2023	42.99	27.41	11.78
2024	44.24	27.14	12.01
2025	42.28	26.87	11.36
2026	42.56	26.60	11.32
2027	39.61	26.33	10.43
2028	39.75	26.06	10.36
2029	36.79	25.79	9.49

续表

年份	膨胀效应后的人口赡养比（%）	城镇居民恩格尔系数（%）	基础养老保险缴费下限（%）
2030	36.73	25.52	9.37
2031	33.58	25.25	8.48
2032	33.42	24.98	8.35
2033	30.60	24.71	7.56
2034	30.55	24.44	7.47
2035	30.64	24.17	7.41
2036	31.03	23.90	7.42
2037	31.42	23.63	7.42
2038	32.45	23.36	7.58
2039	33.52	23.09	7.74
2040	34.55	22.82	7.88
2041	35.26	22.55	7.95
2042	35.98	22.28	8.02
2043	36.78	22.01	8.09
2044	37.71	21.74	8.20
2045	38.76	21.47	8.32
2046	39.44	21.20	8.36
2047	40.20	20.93	8.41
2048	40.92	20.66	8.45
2049	41.56	20.39	8.47
2050	42.22	20.12	8.49
均值	37.74	24.71	9.36

注：①缴费膨胀效应是在减缩效应的基础上进行的，因为延迟退休和全面二孩政策减缩因素实际上触动了养老保险人口结构的核心要素，劳动人口和老年人口发生了变化，而膨胀因素应该在减缩因素的基础之上，因为延迟退休政策和全面二孩政策增加的劳动人口可能并没有按照制度要求进行缴费。

资料来源：2008~2015年《人力资源和社会保障事业发展统计公报》、2012年《中国养老金发展报告》、《中国社会保险发展年度报告》、2014年《中国人力资源和社会保障统计年鉴》、历年《中国统计年鉴》和辽宁大学人口研究所的人口预测数据。

三、基础养老保险缴费率与老年人口比重及恩格尔系数联动效应

按照"国民财富养老人口结构分配理论",机关事业单位养老保险缴费适度水平的上限系数不能超过机关事业单位老年人口比重系数。养老保险缴费与老年人口比重系数联动是养老保险缴费的上限标准,也可以看作养老保险缴费的"封顶"的具体措施。现在养老保险企业缴费负担重,国家提出降低养老保险缴费率的要求,将基础养老保险企业缴费部分由原来的20%降到了16%。这就说明养老保险缴费不能越涨越高,超出缴费群体的承受能力,也就是说,养老保险缴费有一个上限"封顶",老年人口比重系数就是测算养老保险缴费"封顶"水平的参数指标。机关事业单位养老保险缴费适度水平的下限由社会基本生活水平也就是恩格尔系数决定。"兜底"和"封顶"是统一的,是适度养老保险缴费水平的政策取向表达(见图9-8)。

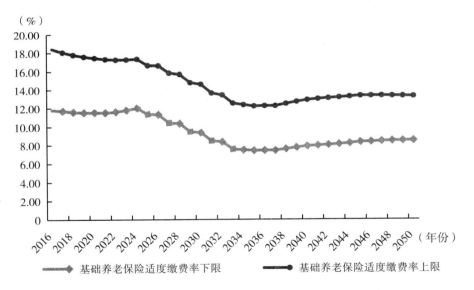

图9-8 机关事业单位"并轨"基础养老保险适度缴费率上下限

注:基础养老保险现实适度缴费率上限=适度缴费率+缴费膨胀减缩系数,具体计算结果见表4-7。

本章小结

本章从机关事业单位养老保险"并轨"缴费适度水平下养老金给付公平性和可持续性的制约因素出发，围绕"三个联动"构建了机关事业单位养老保险本质"并轨"现实适度给付替代率模型、现行制度下机关事业单位与企业养老金给付替代率仿真测度模型、劳动生产要素同本质"并轨"缴费给付适度水平联动模型、老年人口比重与恩格尔系数同本质"并轨"现实适度缴费率联动模型，确立了机关事业单位养老保险本质"并轨"的联动机制。具体包括：

（1）机关事业单位养老保险本质"并轨"适度水平与企业养老保险适度水平联动。机关事业单位与企业养老金给付水平差距是制约养老保险本质"并轨"适度缴费水平公平性目标的关键因素。本书提出，机关事业单位与企业养老保险在缴费适度水平下的给付公平是指两者都向本质"并轨"给付适度水平"并轨"，且养老保险"并轨"的公平性集中体现在基础养老保险的内核当中。通过测算发现，基础养老保险本质"并轨"长期均衡现实适度给付替代率为 39%，现行制度下的机关事业单位和企业基础养老保险替代率水平均为 35%，略低于适度水平。个人账户本质"并轨"长期均衡现实适度给付替代率为 12.55%，现行制度下缴费 35 年的企业个人账户替代率长期均值为 13.37%，略高于适度水平。制约企业与机关事业单位养老保险本质"并轨"的关键还在于企业年金，本书提出，为鼓励企业缴费，可将企业年金缴费率分为三档。

（2）机关事业单位"并轨"养老保险缴费适度水平与 GDP 及劳动生产要素分配系数联动。在适度缴费率和给付替代率不变的情况下，养老保险的缴费和给付绝对水平受到 GDP 总量和劳动生产要素分配系数的制约。在经济新常态下，缴费率和给付替代率取长期均衡适度水平，当劳动生产要素分配系数达到一定值时，养老金的缴费和给付额达到由恩格尔系数确定的"警戒线"。

（3）机关事业单位本质"并轨"基础养老保险缴费适度水平与老年人口比重系数及恩格尔系数联动。在养老保险缴费给付总平衡"新模型"中，"老年人口比重"是养老保险综合缴费率适度水平上限，"老年人口比重×老年人口比重"基础养老保险缴费率适度水平上限，经测算，长期均衡的适度上限水平为 15%。基础养老保险适度缴费水平下限是当给付替代率为恩格尔系数时的缴费适度水平，经测算，长期均衡值为 9.36%。

（4）本章主要围绕"三个联动"构建了机关事业单位养老保险本质"并轨"现实适度给付替代率模型、现行制度下机关事业单位与企业养老金给付替代率仿真测度模型、GDP 与劳动生产要素同本质"并轨"缴费给付适度水平联动模型、老年人口比重与恩格尔系数同本质"并轨"现实适度缴费率联动模型。

第十章 机关事业单位缴费适度水平及资金总供需平衡的对策建议

第一节 机关事业单位养老保险"并轨"方案和对策思路

机关事业单位养老保险"并轨"方案和对策思路主要是立足于国家机关事业单位养老保险"并轨"方案内容及其尚待进一步解决的问题。2015年机关事业单位养老保险"并轨"方案公布实施，养老保险"并轨"实施后存在着尚待继续研究解决的问题，尚待研究提出解决问题的思路和对策。

一、"并轨"养老保险制度执行过程中的问题

国务院和各省的机关事业单位养老保险"并轨"方案实施过程中，面对具体的操作性问题，机关事业单位养老保险"并轨"政策需要在改革中不断完善。这些问题主要表现在以下几个方面：

（1）机关事业单位过渡性养老金的厘定和发放问题。2015年机关事业单位养老保险"并轨"以来，机关事业单位退休人员的过渡性养老金一直没有发放，该问题还有待进一步科学论证和解决。

（2）机关事业单位"并轨"养老保险财政补贴的水平和资金来源问题。机关事业单位职工退休金在"并轨"前完全由财政支付。养老保险"并轨"后机关事业单位和职工开始缴费，但"老人"和"中人"的养老金及过渡性养老金仍然需要财政支付。这就需要研究确定机关事业单位"并轨"养老保险财政补贴的水平和资金来源。

（3）机关事业单位"并轨"养老保险地区间差别及平衡问题。机关事业单位养老保险"并轨"过程中，养老保险缴费和给付的主管行政单位以地方政府为主，由于地区经济差异，养老保险缴费与给付也存在着地区间差别，这种地区间的差异需要逐渐平衡解决。

（4）机关事业单位养老保险"并轨"期间的"老人""中人"和"新人"替代率对接问题。机关事业单位养老保险"并轨"，退休职工"老人""中人"和"新人"之间的给付替代率会出现差异，这个差异如何对接需要研究论证解决。

（5）机关事业单位"并轨"基础养老保险、个人账户、职业年金、储蓄养老保险之间的互补和整体构建问题。机关事业单位养老保险"并轨"是均衡机关事业单位和企业单位养老保险差距的重要举措。机关事业单位养老保险"并轨"，实现机关事业单位与企业单位养老保险中的基础养老保险缴费路径和缴费率的统一，实现公平缴费与给付，这是机关事业单位养老保险"并轨"的核心内容。机关事业单位养老保险"并轨"前后退休职工的养老金给付差距由机关事业单位和职工自己缴费解决，这就是机关事业单位职工养老保险中的个人账户、职业年金和个人储蓄养老保险，是对基础养老保险水平的补充，这种补充是机关事业单位养老保险制度的整体构建。这种机关事业单位养老保险制度的整体构建，需要对养老保险组成部分之间的互补水平和整体构建机制进行研究。

（6）机关事业单位与企业养老保险"并轨"后的本质对接问题。机关事业单位养老保险"并轨"不是对企业养老保险制度机械的模仿，而是共同沿着合理的养老保险缴费给付适度水平健康发展，实现机关事业单位养老保险的形式"并轨"和本质"并轨"的统一。如何实现机关事业单位养老保险的形式"并轨"和本质"并轨"的统一，涉及养老保险本质"并轨"的条件选择、适度水平的论证、实施步骤等问题，需要研究解决。

（7）机关事业单位养老保险"并轨"后的资金总平衡问题。机关事业单位"并轨"资金的来源和平衡是一个重点问题，政府、单位和个人都承担了养老保险缴费和给付的责任，变革了原来的政府独家承担缴费给付责任。这种养老保险缴费给付资金来源的变革，涉及机关事业单位养老保险缴费给付各组成部分之间的协调和平衡问题，也涉及机关事业单位养老保险资金平衡与企业及社会养老保险资金的总平衡问题，从国家养老保险制度整体联动角度看，都需要研究和科学解决。

（8）机关事业单位养老保险"并轨"后的配套改革问题。机关事业单位养老保险"并轨"是全社会关注的问题，涉及机关事业单位的职工收入水平、全社会的收入分配公平、机关事业单位职工素质和工作效率等问题。所以，机关事业单位养老保险"并轨"涉及配套改革问题。这种配套改革包括养老保险制度、工资制度、用人制度、收入分配制度等多种制度相互协调、配套实施。

（9）机关事业单位"并轨"养老保险调整指数问题。机关事业单位养老保险的给付水平，伴随着经济发展和工资水平、物价水平的提高，要进行养老保险调整指数的研究和确定，这种养老保险调整指数的变动会与养老保险缴费产生联动关系，两者的联动问题需要研究解决。

（10）机关事业单位"并轨"养老保险全国统筹对接问题。养老保险全国统筹是社会保障制度完善的重要组成部分，机关事业单位养老保险"并轨"后也涉及养老保险全国统筹问题。机关事业单位养老保险全国统筹实施的条件、步骤、统筹系数等问题都需要具体研究解决。

机关事业单位养老保险"并轨"在社会上引起了广泛关注，这些问题也是社会关注和关心的焦点。所以，这些问题的调查研究和解决对策是关系到机关事业单位养老保险"并轨"顺利实施的条件。

二、"并轨"养老保险中问题解决对策的基本思路

机关事业单位养老保险"并轨"中遇到的困难和问题需要科学论证和稳妥解决。党的十九大报告中指出，"按照兜底线、密织网、建机制的要求，全面建成覆盖全民、城乡统筹、权责清晰、保障适度、可持续的多层次社会保障体系"。依据社会保障体系建设基本方针，解决机关事业单位养老保险"并轨"中实际问题的基本思路，我们的对策建议如下：

一是保障适度。机关事业单位养老保险"并轨"涉及问题较多，有横向比较和公平问题，也有纵向比较和公平问题。解决这些横向和纵向比较和公平问题的核心之一是保障适度基本原则和基本思路。机关事业单位养老保险"并轨"的缴费适度水平是机关事业单位养老保障适度水平的起点，它的适度水平直接与机关事业单位养老保险的给付水平和财政补贴水平等联动。我们研究机关事业单位养老保险"并轨"缴费适度水平，立足于为机关事业单位养老保险"并轨"的顺利进行提供保障适度的理论依据。

二是权责明确。机关事业单位养老保险"并轨"，变革原来的退休金全部由财政负担为单位、个人为主体和政府财政补贴为辅的养老保险缴费新模式。这种新模式，变原来的政府责任为政府、单位、个人的三方责任。在这种三方责任中，政府、单位、个人的责任与权利对应、责权清晰，是解决养老保险"并轨"中实际问题的基本原则和思路。基础养老保险由单位缴费具有普惠性和收入再分配性质，重点体现公平；个人账户和职业年金由个人缴费为主，体现多缴多得，

重点体现效率。政府财政兜底，补齐机关事业单位职工抚养比高造成的养老金缺口，体现政府兜底责任，政府财政责任由原来的全部责任变为部分责任。机关事业单位养老保险"并轨"，政府、单位和个人的养老保险责任发生了结构性变化，原来的政府财政全部责任变成了三方责任，"并轨"后的养老保险责任变得复杂，所以合理处理政府、单位和个人的责任和权利显得尤其重要。

三是资金平衡和量力而行。机关事业单位养老保险"并轨"，社会上很关注机关事业单位职工养老保险支出可能会挤占企业职工养老保险资金，国家制度规定机关事业单位养老保险保值资金平衡，不能挤占或挪用企业职工养老保险资金，保持相对独立性。这就应该坚持机关事业单位养老保险的资金供需平衡，并且量力而行。机关事业单位养老保险的供需平衡既包括机关事业单位养老保险的内部供需平衡，也包括机关事业单位养老保险的外部平衡。这种系统内部平衡和系统外部平衡的结合是保持机关事业单位养老保险缴费和给付的社会协调性和社会稳定性的重要条件。

四是统筹管理和可持续发展。机关事业单位养老保险"并轨"过程中的诸多问题需要政府的全国统筹管理。这种统筹管理包括机关事业单位养老保险行政管理责任的统筹、机关事业单位养老保险资金供需水平的统筹，也包括机关事业单位养老保险层次提高的统筹。机关事业单位养老保险的统筹管理是机关事业单位养老保险实现资源共享、资金共济、可持续发展的重要机制。

第二节　机关事业单位养老保险缴费阶段化实施对策

机关事业单位养老保险"并轨"缴费逐渐向缴费适度水平趋近，这个趋近过程可以分阶段实施。实施的阶段化可以保证机关事业单位养老保险"并轨"的平稳进行，既保证机关事业单位新老制度的合理对接，也保证机关事业单位与企业养老保险制度的合理对接。

一、"并轨"养老保险缴费水平向适度水平趋近

机关事业单位养老保险"并轨"起始阶段基础养老保险缴费率为20%，个人账户缴费率为8%。基础养老保险长期缴费适度水平初步测算为15%，从20%的缴费率向15%趋近，可以分为几个阶段逐渐实现。

近期初始阶段解决机关事业单位养老保险"中人"与"老人"的对接，转轨过渡期（2015~2025 年）。我们选择国务院发布的 2015 年 2 号文件为标志，把机关事业单位养老保险"并轨"的近期过渡期选择在 2015~2025 年，这 10 年是国务院 2015 年 2 号文件规定的养老保险新老制度过渡期，这个时期"中人"养老金的领取参照原有"老人"的标准比照实施，保证"中人"的养老金给付不降低。养老保险缴费率与企业养老保险缴费率一致，基础养老保险单位缴费工资总额的 20%，个人账户养老金由个人缴费工资的 8%。

中期机关事业单位养老保险"新人"与"中人"的对接，转轨趋近适度水平期（2025~2035 年）。机关事业单位养老保险"并轨"10 年过渡期后，"老人"与"中人"的对接参照给付阶段结束机关事业单位退休职工的养老金，按着新制度规定的水平领取，进入了"中人"与"新人"养老金的对接。这种"中人"与"新人"对接实际是机关事业单位养老保险"并轨"从形式"并轨"向本质"并轨"的过渡和趋近，是机关事业单位基础养老保险缴费率从 20% 向15% 本质适度水平区间过渡和趋近。

远期养老保险缴费给付一元化发展期（2035~2050 年）。机关事业单位基础养老保险"中人"与"新人"对接，基础养老保险缴费率进入适度水平区间后，机关事业单位养老保险与企业养老保险制度实现本质"并轨"，开始了养老保险缴费一元化的发展时期。这个时期，机关事业单位、企业、灵活就业者、城乡居民等养老保险实现一元化缴费，一元化给付，养老保险制度进入统筹管理时期。

二、近期新老养老保险制度对接过渡期

机关事业单位养老保险"并轨"，首先遇到的问题是机关事业单位退休的职工"并轨"前后的利益均衡问题，尤其是以 2015 年为分水岭前后的退休职工退休金的利益均衡问题。

这个时期，国务院 2015 年 2 号文件已经对缴费与给付政策有了相关规定，文件指出，"改革前与改革后待遇水平相衔接。立足增量改革，实现平稳过渡。对改革前已退休人员，保持现有待遇并参加今后的待遇调整；对改革后参加工作的人员，通过建立新机制，实现待遇的合理衔接；对改革前参加工作、改革后退休的人员，通过实行过渡性措施，保持待遇水平不降低"[①]。

2015 年 2 号文件下发后，国家人社部和财政部下发具体落实 2 号文件的具体

---

① 国务院《关于机关事业单位工作人员养老保险制度改革的决定》（国发〔2015〕2 号）。

规定中指出：关于"中人"的过渡，全国实行统一的过渡办法。对于 2014 年 10 月 1 日前（简称改革前，下同）参加工作、改革后退休的"中人"设立 10 年过渡期，过渡期内实行新老待遇计发办法对比，保低限高。即新办法（含职业年金待遇）计发待遇低于老办法待遇标准的，按老办法待遇标准发放，保持待遇不降低；高于老办法待遇标准的，超出的部分，第一年退休的人员（2014 年 10 月 1 日至 2015 年 12 月 31 日）发放超出部分的 10%，第二年退休的人员（2016 年 1 月 1 日至 2016 年 12 月 31 日）发放 20%，依次类推，到过渡期末年退休的人员（2024 年 1 月 1 日至 2024 年 9 月 30 日）发放超出部分的 100%。过渡期结束后退休的人员执行新办法。①

国务院和有关部门的文件已经规定了 10 年过渡期和相关的养老金发放办法，我们把这 10 年称为机关事业单位养老保险"并轨"的初始过渡期。这个时期的实质是解决"老人"和"中人"的养老金待遇对接问题，保证养老金"并轨"后的利益均衡过渡，保证"并轨"的平稳进行。

三、中期趋近本质适度水平期

机关事业单位养老保险"并轨"解决了"老人"和"中人"待遇对接问题之后，接着解决"中人"和"新人"待遇对接问题，这就是机关事业单位养老保险"并轨"的中期阶段，也是机关事业单位养老保险从形式"并轨"向本质"并轨"转化，即向缴费适度区间趋近的阶段。

我们选择机关事业单位养老保险"中人"的一半退休时间点，作为养老保险缴费水平向适度区间趋近的时点"老人"的全额养老金、"中人"的过渡养老金都有个人账户视同缴费的资金包含其中，也是养老保险制度的转轨成本，所以在"中人"中的一半退休之后，养老金的给付转轨成本接近尾声，养老保险的缴费向适度趋近就具有了有利条件。同时，这个时点也是"中人"与"新人"对接的最佳时间点。这个时间点，我们选择在 2035 年，把 2025～2035 年暂定为机关事业单位养老保险"并轨"的中期，也是机关事业单位养老保险由形式"并轨"向本质"并轨"的转化期。

在这个时期，机关事业单位养老保险缴费率开始从 20% 向 15% 趋近。在这 10 年期间，可以每年降低缴费率 0.5 个百分点，10 年降低 5 个百分点，缴费率经过 10 年降到 15%，进入适度缴费区间。

---

① 《人力资源社会保障部　财政部　关于贯彻落实〈国务院关于机关事业单位工作人员养老保险制度改革的决定〉的通知》（人社部发〔2015〕28 号）。

这个时期，机关事业单位养老保险"并轨"过程中"中人"和"新人"逐渐开始对接，注意解决这两个群体待遇的利益均衡，主要是解决"中人"的过渡养老金系数与"新人"的合理对接理论和方法。

机关事业单位养老保险缴费率降到15%左右后，企业单位养老保险缴费也趋于适度水平15%，这就实现了在适度水平基础上的机关事业单位养老保险本质"并轨"，也可以说开始进入养老保险缴费一元化发展的新时期。

四、远期一元化统筹发展期

机关事业单位养老保险"并轨"缴费进入适度区间后，全国养老保险缴费可以考虑全部向适度区间趋近，实现养老保险缴费的一元化缴费率，选择"一元化三基数"的缴费模式，这样有利于养老保险的全国统筹，有利于养老保险的全国均衡和可持续发展。

这个时期是国家社会养老保障制度成熟期和全面发展时期。这个时期2035年前后养老人口结构有以下几个特点：一是人口老龄化进入高峰阶段，进入平稳发展时期；二是社会养老保险制度进入"新人"退休时期，养老保险转轨成本基本结束，养老保险制度进入平稳发展时期；三是中国经济发展进入全面实现小康建设和向中等发达国家趋近的时期。

这三个时代特征为机关事业单位养老保险的健康发展和社会养老保险一元化缴费管理提供了有利条件和保障。这个时期的机关事业单位养老保险缴费水平，为多层次的养老保险制度建设提供了有利条件，除了基础养老保险、个人账户养老保险制度完善外，职业年金和个人储蓄养老保险的养老保险支柱逐步完善，从而形成一个多层次的可持续的养老保险制度。

第三节　机关事业单位职业年金优化的对策建议

一、优化职业年金的二元对接

职业年金是机关事业单位养老保险"并轨"中的重要元素，也是机关事业单位养老保险制度创新。本书研究表明，职业年金较高的缴费率，尤其个人缴费的增加是实现机关事业单位养老保险与原有退休金水平对接的重要路径。因此，在机关事业单位养老保险"并轨"过程中，既要重视职业年金水平与原有制度的对接，同时又要重视与企业年金水平的对接，这是保证机关事业单位养老保险制度顺利"并轨"的重要政策保障。

二、优化职业年金的适度水平

党的十九大报告中指出，社会保障建设要实现"保障适度"。职业年金制度设计的优化，其策略之一是优化适度水平。本书提出的机关事业单位"并轨"中职业年金缴费率和替代率适度水平的原理和测量模型等是一个有益的尝试，可以作为机关事业单位职业年金制度优化设计的理论参考，进而推进养老保险"并轨"制度的完善，增加职业年金制度设计合理性、可信性和可操作性。

三、优化职业年金个人缴费水平

机关事业单位职业年金个人缴费率4%，在过渡期后，可以采取个人自愿选择缴费政策。本书研究表明，职业年金12%总体缴费率及其相对应的替代率略高于适度水平上限，减去个人缴费率4%，缴费率和替代率均进入适度水平区间。依据此研究判断，可以把职工缴费率4%作为职工选择项，让职工按照自己的收入水平高低进行不同选择。还可以把这4%的个人缴费转化为个人储蓄养老保险，这样就可以实现职业年金与企业年金水平的适度对接。

四、优化职业年金的激励政策

职业年金是养老保险的第二支柱，机关事业单位职业年金制度的实施具有完善养老保险第二支柱的示范作用。机关事业单位职工受教育年限较长、工资水平稳定等特点有利于职业年金制度的实施。职业年金缴费和给付对称制度属于多缴多得的激励制度。这种制度是保障与激励相结合的体现，是养老保险制度体现收入再分配的同时体现激励缴费的合理性制度安排。在养老保险制度"并轨"过程中，这种制度安排有利于优化养老保险激励制度和激励缴费政策。

第四节　机关事业单位养老保险缴费
供需平衡对策建议

依据近期资金平衡和远期资金平衡相统一原则，同时依据机关事业单位养老保险缴费内部平衡和外部平衡原理，研究提出机关事业单位养老保险"老人""中人"和"新人"缴费与给付均衡及政策衔接的具体方案。

一、机关事业单位养老保险替代率对接政策建议

机关事业单位养老保险替代率存在二元结构对接，与原有退休金替代率对接适度水平上限为 0.90、下限为 0.68；与企业养老保险替代率对接适度水平上限为 0.73、下限为 0.45；替代率适度水平的有序对接，实现机关事业单位养老保险制度合理"并轨"。机关事业单位养老保险"并轨"的本质部分是基础养老保险替代率水平的对接，与原有退休金替代率对接适度水平上限为 0.52、下限为 0.40；与企业基础养老保险替代率对接适度水平上限为 0.42、下限为 0.25；基础养老保险替代率实现有序"并轨"。现行养老保险"并轨"制度运行的初步测算和预测，养老保险"并轨"综合替代率水平略高出适度水平上限，减去个人增加缴费部分的对应给付替代率水平处于适度水平区间，其中基础养老保险替代率水平略低于适度水平下限，如果缴费 40 年对应给付替代率就会进入适度水平区间。养老保险"并轨"替代率适度水平分析具有制度优化的合理性和可信性效应、制度优化的尺度标准效应和制度优化可操作性效应。机关事业单位"并轨"养老保险过渡系数存在着二元结构对接，与原有退休金对接替代率过渡系数适度水平上限为 0.55、下限为 0.33；与企业养老保险对接替代率过渡系数适度水平上限为 0.38、下限为 0.10。现行机关事业单位"并轨"养老保险过渡系数 1.1，可以实现与企业养老金给付水平上限对接；过渡系数 1.6，可以实现与原有机关事业单位退休金水平对接。个人账户和职业年金投资收益率在 5% 左右，可以实现与企业养老金水平上限对接；收益率在 8% 左右，可以实现与原有退休金水平对接。养老保险"并轨"过渡系数适度水平的设计和实现具有制度优化的现实价值和操作意义。

机关事业单位养老保险制度"并轨"，要优化给付替代率适度水平的对接。

机关事业单位养老保险"并轨",不仅要重视缴费率的优化,还要重视给付替代率的优化。优化缴费率,其策略之一是优化适度缴费率;优化给付替代率,其策略之一是优化适度替代率,其中包括基础养老保险替代率和综合替代率。本书提出的养老保险"并轨"替代率适度水平的原理和测量模型等是一个有益的尝试,可以作为机关事业单位养老保险"并轨"制度优化设计过程中的理论参考,推进养老保险"并轨"制度的完善,增加养老保险制度"并轨"的合理性、标准性、可信性及可操作性。

机关事业单位养老保险制度"并轨",要优化两个对接及其平稳过渡。两个对接:一是与原有退休金替代率水平对接;二是与企业养老保险替代率对接。这两个对接的制度合理设计和优化,关系着养老保险"并轨"制度涉及的人群的思想的稳定性和工作的积极性。与原有制度对接不合理,"并轨"制度实施后的机关事业单位在职职工在思想上不理解,觉得不公平,会影响他们的职业选择和工作积极性。与企业养老保险制度对接不合理,企业职工在思想上不理解,觉得不公平,会影响他们对政策的信任度和工作积极性。所以,在具体政策实施过程中,出于对社会稳定和促进人们工作积极性的考虑,要重视养老保险制度"并轨"过程中的两个方向替代率适度水平的对接。

机关事业单位养老保险制度"并轨",要重视基础养老保险替代率适度水平的优化。在养老保险"并轨"中,基础养老保险是代际转移的现收现付性质的养老保险,它具有公共养老保险的性质,社会收入再分配功能较强。机关事业单位养老保险"并轨",基础养老保险"并轨"是核心要素,可比性强,政策实施的敏感性大,公众关注度高。因此,养老保险"并轨"替代率的制度优化,重点是基础养老保险替代率制度设计和优化。

机关事业单位养老保险制度"并轨",要同时优化全社会的养老保险激励政策。机关事业单位职工平均受教育年限高、工资稳定和养老保险缴费的持续性强,这些因素都会使统一制度框架下机关事业单位职工未来的养老金替代率要高出社会平均数,这是多缴多得的投入产出对称性的结果,在社会其他行业或企业中也会有一部分群体属于这种多缴多得的状态。这种现象是养老保险制度保障与激励相结合的体现,是养老保险制度体现收入再分配的同时体现激励缴费的合理性制度安排。在养老保险制度"并轨"过程中,这种制度安排有利于优化养老保险激励制度和激励缴费政策。

机关事业单位养老保险制度"并轨",在结束与原有制度"老人"给付水平对接后,同时优化养老保险缴费与给付承受力均衡政策。初步研究表明,机关事业单位养老保险综合替代率适度水平,减去个人缴纳职业年金费率4%,也不影响养老金给付替代率水平进入适度区间，所以对于一些在职期间工资水平较低和生活压力较大的年轻人等，可以采取选择缴纳政策，多缴多得、少缴少得，但都不影响其未来养老金水平达到适度水平。

养老保险"并轨"过渡系数的研究和确定，有利于"中人"养老保险过渡性养老金的按时发放，有利于养老保障"并轨"政策的落实。2014 年机关事业单位养老保险"并轨"政策实施以来，过渡性养老金一直难以发放，其原因之一是养老保险过渡系数难以确定。我们依据机关事业单位养老保险"并轨"的"二元对接"特征，研究提出了养老保险"并轨"替代率过渡系数及其适度水平，这种初步研究为过渡性养老金的发放提供了参考依据。在养老保险过渡性养老金政策设计中，可以参考这种适度水平思维路径，完善养老保险"并轨"过渡系数理论研究和政策设计。简化过渡系数数量表达方式，将现行的过渡系数简化成"替代率过渡系数"。为了便于居民理解，可以把现有比较复杂的过渡系数计算方法简单化，直接计算"替代率过渡系数"，并且引入适度水平测定标准和原理，测定养老保险"并轨"替代率过渡系数适度水平，并将其应用于过渡性养老金的测算和转化为过渡性养老金发放的具体政策。机关事业单位养老保险"并轨"过渡系数为了与原有退休金水平对接，年龄较大的"中人"的养老金过渡系数可以选择 1.6，实现与原有退休金替代率系数上限水平 0.90 左右对接；可以选择养老金过渡系数 1.4，与原有退休金替代率系数水平 0.85 左右对接。实现机关事业单位养老保险"并轨"的合理对接。机关事业单位养老保险"并轨"过渡系数为了与企业养老金替代率水平对接，年龄较小的"中人"的养老金过渡系数可以选择 1.1，实现与原有退休金替代率系数上限水平 0.73 左右对接；随着时间的推移和"中人"的逐渐退休，养老保险过渡系数逐渐降低直至取消，实现机关事业单位养老保险与企业养老保险给付水平的最后"并轨"。

二、机关事业单位养老保险缴费给付近期均衡

机关事业单位养老保险"并轨"初期或近期，资金供需均衡是很重要的政策选择。这种供需均衡包括缴费均衡和财政补贴均衡。

机关事业单位养老保险"并轨"初期或近期，退休职工的养老金替代率由原来的同一替代率分解为基础养老保险替代率、个人账户养老金替代率、职业年金替代率三部分，与此相对应，养老金的缴费也由原来的财政全部支付，分解为基础养老保险缴费、个人账户缴费、职业年金缴费。这一养老保险缴费结构和给付结构的变革，着眼于机关事业单位"新人"养老金与企业养老保险缴费给付

的对接，但是在"并轨"的初期和近期，新老养老金替代率的转轨和过渡，缴费与给付并不能实现资金来源均衡，因为"老人"和"中人"没有个人账户和职业年金的缴费，所以机关事业单位退休的"老人"和"中人"的等同缴费的养老金给付资金来源应该由原来的退休金给付资金来源渠道的政府财政承担，实现财政补贴式的养老保险"并轨"初期或近期的资金供需平衡。

机关事业单位养老保险"并轨"的重要变化是增建了个人账户和职业年金养老金，但是初期或近期个人账户和职业年金刚刚起步，没有资金积累，因此怎么规划涉及机关事业单位养老保险缴费给付的资金均衡。机关事业单位养老保险"并轨"方案中的缴费与给付均衡，着眼于未来彻底"并轨"后"新人"养老保险缴费与给付要实现资金供需均衡。养老保险"并轨"过程中的"老人"和"中人"的养老金靠缴费实现供需均衡是不可能的，"老人"和"中人"的养老金的供需均衡，除了缴费外，还需要政府财政补贴解决个人账户职业年金的等同缴费的养老金给付资金问题。这里除了缴费外，养老保险缴费也有解决"老人"和"新人"养老金等同缴费资金功能，因为按着"新人"的养老保险代际转移抚养比，养老保险缴费中基础养老保险缴费率20%还是比较高的，适度的缴费水平在15%左右，这里高出的5个百分点主要用于解决"老人"和"中人"的等同缴费的资金需求。所以养老保险"并轨"初期或近期的缴费和政府财政补贴相互协调互补，共同解决养老保险"并轨"初期或近期养老保险供需的资金均衡。

机关事业单位养老保险"并轨"，与基础养老保险、个人账户和职业年金之间的协调均衡相对应，解决的就是"并轨"中"老人""中人""新人"之间的养老保险缴费与给付的资金均衡问题。这里，机关事业单位养老保险"并轨"后的"新人"的基础养老保险缴费与给付资金均衡缴费率在14.04%左右，"老人""中人"的基础养老保险缴费与给付资金均衡由现行的16%缴费率和财政补贴来解决资金均衡，将来随着"新人"比重的增长，缴费率应该逐渐降低，向本质适度区间趋近。其实，现行的机关事业单位养老保险缴费合计为36%，基础养老保险单位缴费率16%，个人账户缴费率8%，职业年金缴费率12%，这个费率较高，随着转轨成本的结束，这个缴费率会在供需均衡下逐渐下降到本质适度区间。同时，人口老龄化持续上升到高峰后平稳发展，也为未来养老保险缴费率平稳进入本质适度区间提供了有利的人口条件。

三、机关事业单位养老保险缴费给付中远期均衡

机关事业单位养老保险"并轨"，中远期的资金供需均衡，重点政策取向是

外部均衡和多层次养老保险均衡政策。

机关事业单位养老保险缴费给付的中长期资金均衡，重点是建立和完善多层次养老保险供需资金均衡发展。基础养老保险、个人账户养老金、企业年金、个人储蓄养老保险四个层次或称三支柱，目前第一层次和第二层次已不断完善发展，第三次层次在实验阶段，第四层次正在试点起步。从养老保障功能上说，第一层次的缴费给付水平是解决生存问题，第二层次的缴费给付水平是达到社会平均工资水平，第三层次的缴费给付水平是接近原来制度退休金水平，第四层次的缴费给付水平是自己储蓄缴费提高退休后的生活水平，保持退休前后的生活水平基本持平。所以，机关事业单位养老保险制度设计中的多层次养老保险缴费给付水平是一个多层次阶梯性逐渐提高的养老保障水平。这个阶梯性逐渐提高缴费给付水平的多层次养老保险资金均衡制度是一个在每个层次上近期均衡和多层次上中长期均衡的不断完善的制度。近期看，先实现前几个层次的养老保险缴费给付的均衡，由单位、个人缴费和政府财政补贴实现其均衡发展。从中远期看，养老保险缴费给付的资金均衡发展的趋势是不断扩大个人缴费水平，减少政府财政支付水平，加入单位缴费元素，逐渐替代原来的全部由政府财政支出承担，所以中长期养老保险资金均衡是一个资金来源变化前提下的资金均衡，是一个政府、单位、个人三方责任下的资金均衡。

四、机关事业单位养老保险缴费给付内部均衡

机关事业单位养老保险"并轨"内部的资金供需均衡，重点政策取向是机关事业单位养老保险体系内部的"老人""中人""新人"养老金给付水平均衡，基础养老保险、个人账户、职业年金及个人储蓄养老保险之间的养老保险均衡政策。

机关事业单位养老保险实现"老人""中人""新人"养老金给付水平的均衡。机关事业单位养老保险的内部均衡主要是解决"老人""中人""新人"给付水平的均衡问题。在这个给付水平的均衡，主要是视同缴费的过渡养老金和对比"并轨"前的退休金水平比较就高政策。这个政策中，"视同缴费"即视同个人账户和职业年金缴费的过渡养老金，可以保证机关事业单位养老保险中的"老人"和"中人"在保持给付水平的均衡；对比"并轨"前退休金水平比较就高原则，可以保证"老人"和"中人"之间在10年之内保持给付水平的均衡。在资金来源可持续条件下，"视同缴费"原则可以保证"中人"和"新人"的给付水平的对接和均衡。不过，"视同缴费"涉及过渡养老金水平的确定，这个养老金水平的确定既需要考虑到与"老人"给付水平的均衡，又要考虑到与"新人"

给付水平的均衡。养老保险"并轨"10年过渡期及其以后一定时期内，这个前后均衡问题都值得持续研究解决。

机关事业单位基础养老保险以公平为主线的供需均衡政策，机关事业单位养老保险基础养老保险、个人账户、职业年金之间的互补性养老保险资金均衡政策。机关事业单位养老保险制度中的公平和收入再分配元素集中体现在基础养老保险制度内核里，所以机关事业单位养老保险"并轨"中的基础养老保险是养老保险公平原则和收入再分配功能的集中体现。在基础养老保险缴费给付中，收入高的群体要向收入低的群体转移收入，较之原有的退休金制度实现了较大的收入再分配。在基础养老保险基础上，个人账户养老金、职业年金和储蓄养老金是以个人缴费为主的养老保险制度设计，这种制度设计主题是解决个人生命周期的收入再分配，机关事业单位青年人为使自己退休后的生活水平不降低，实施年轻时缴费退休后领取。所以，机关事业单位养老保险"并轨"后，政策取向是以基础养老保险公平为主线的多层次的养老保险之间互补性养老保险资金均衡政策。

人口老龄化变现为老年人口比重系数的提高和高龄老人比重系数的提高。机关事业单位养老保险中个人储蓄养老保险政策，除了保证机关事业单位退休职工的生活水平不降低之外，还是解决人口高龄化养老保障问题的一个重要政策。在退休人群中，一部分人的寿命会达到高龄老人，他们的养老保障和生命健康支出会增加，他们的个人账户和职业年金按人均寿命给付年限已经超过，不再发放。所以，个人储蓄养老保险可以针对人口高龄化的人群设计相应的高龄老人养老储蓄计划，解决高龄老人的养老保险水平不降低问题。

五、实现"并轨"养老保险适度水平的联动效应

（一）本质"并轨"养老保险给付适度水平与企业养老保险给付适度水平联动

机关事业单位与企业养老金给付水平差距受到广泛关注，此次"并轨"改革的目标之一就是实现两者养老金给付的公平。机关事业单位与企业养老保险"并轨"的公平性集中体现在基础养老保险的内核当中。基础养老保险是社会统筹现收现付的养老保险制度，实质是全社会劳动年龄人口和老年人口之间的代际收入再分配。基础养老保险的目标是保证参保老年人基本生存需要。鉴于此，基础养老保险的给付水平的本质"并轨"是整个养老保险"并轨"公平性的集中

体现。通过测算发现，现行制度下，缴费 35 年的机关事业单位与企业基础养老保险给付替代率水平均为 35%，与二孩+延退政策下本质"并轨"基础养老保险长期均衡给付适度水平 39%仅相差 4 个百分点。也就是说，在现行制度下，机关事业单位与企业单位缴费 35 年的职工，其基础养老金替代率水平已基本实现给付公平。但随着老龄化的不断加深，在"并轨"改革的过程中，机关事业单位和企业基础养老保险给付替代率的调整都应以本质"并轨"动态替代率适度水平为依据。

个人账户和职业年金属于养老保障制度当中体现"激励与效率"的部分。在这部分养老金的给付当中，机关事业单位和企业可以存在适当的差距。但现阶段企业年金过低的覆盖率直接导致企业与机关事业单位养老金差距过大。本书提出，结合税收优惠，将企业年金缴费率分为三档，让企业和企业职工根据自身情况做出选择，保证效益好的企业缴费，争取让效益不好的企业也能够在低档缴费。

（二）本质"并轨"基础养老保险缴费给付水平与劳动生产要素分配系数联动

机关事业单位养老保险"并轨"，养老保险缴费给付水平受社会经济发展水平的影响，其中具体主要有 GDP 和劳动生产要素分配系数。同等养老保险缴费率和给付替代率、GDP 水平和劳动生产要素分配系数不一样，缴费水平和给付水平就会不一样。所以，机关事业单位养老保险"并轨"后的缴费给付水平的均衡，与 GDP 水平和劳动生产要素分配系数联动，机关事业单位养老保险缴费给付水平要有与 GDP 和劳动生产要素联动的政策。这个联动政策的核心是在 GDP 和劳动生产要素分配系数呈现为不同增长率的条件下，要相应调整养老保险给付水平系数。在 GDP 发展较快的时期，要提高养老保险给付调整系数；在劳动生产要素分配系数水平上升时期，要提高养老保险给付调整指数。这种指数调整是为了实现退休职工享受到经济发展的成果，实现流动人口和老年人口代际转移的合理收入再分配。

（三）本质"并轨"基础养老保险缴费给付水平与老年人口比重和恩格尔系数联动

按照"国民财富养老人口结构分配理论"，机关事业单位养老保险缴费适度水平的上限系数不能超过机关事业单位老年人口比重系数。养老保险缴费与老年人口比重系数联动是养老保险缴费的上限标准，也可以看作养老保险缴费的"封

顶"的具体措施。现在养老保险企业缴费负担重,国家提出降低养老保险缴费率
的要求,将基础养老保险企业缴费部分由原来的20%降到了16%。这就说明,养
老保险缴费不能越涨越高,超出缴费群体的承受能力,也就是说,养老保险缴费
有一个上限"封顶",老年人口比重系数就是测算养老保险缴费"封顶"水平的
参数指标。机关事业单位养老保险缴费适度水平的下限由社会基本生活水平也就
是恩格尔系数决定。"兜底"和"封顶"是统一的,是适度养老保险缴费水平的
政策取向表达。经测算,与恩格尔系数联动下的本质"并轨"基础养老保险缴
费率下限从2016年的11.79%下降到2050年的8.49%,均值为9.36%。与本质
"并轨"上限适度水平均值14.62%(见表9-7)总体相差约5%。

第五节　机关事业单位养老保险财政补贴对策

本节依据财政养老保险"替代率剩余"理论,研究提出机关事业单位养老
保险缴费财政补贴水平、财政承受能力、中央与地方财政分担结构等相关政策
建议。

一、机关事业单位养老保险缴费财政补贴适度水平政策

机关事业单位养老保险"并轨",财政养老相对减少了支出,但财政养老支
出减少到什么水平才是适度水平,这是养老保险财政支出要解决的核心问题。

机关事业单位财政养老保险"替代率剩余"的财政政策价值。机关事业单
位养老保险"并轨"后,财政养老补贴性支出是选择兜底原则,还是选择财政
养老补贴适度水平原则,这是比较难的一个政策选择,因为很难确定一个财政养
老补贴适度水平。经过多年的研究,我们找到了一个探索财政养老支出适度水平
的方法和途径,即运用国民财富养老人口结构理论分析财政养老替代率剩余,依
据养老替代率剩余分析与老年人口结构相对应的财政养老支出适度水平。这个财
政养老支出适度水平的研究,立足于国民财富养老人口结构理论,由于人口结构
是多年形成的客观现实,不会随时改变,具有相对的稳定性和客观性,所以以此
为依据和参数测算养老人口结构财政支出适度水平具有相对客观性和科学性。在
此基础上制定的财政养老支出适度水平公共政策也具有相对的可行性和可操作
性,这就是研究机关事业单位财政养老保险"替代率剩余"的财政政策价值。

机关事业单位财政养老保险"替代率剩余"与养老保险缴费财政补贴适度水平政策。在机关事业单位财政养老保险"替代率剩余"基础上，我们建立数理模型并进行实证分析，测定出机关事业单位财政养老保险补贴的适度水平。定量分析结果，可以为政府制定养老保险财政政策提供理论参考。

二、缴费财政补贴下降趋势与财政补贴供需均衡政策

机关事业单位养老保险"并轨"改变了原来的机关事业单位退休职工退休金全部由财政支出的政策，改由政府财政、单位和个人三方承担资金供给，这就减轻了政府财政养老保险支出的压力，机关事业单位养老保险财政补贴水平逐渐呈现为相对下降趋势。在这种下降趋势下，财政养老保险补贴的政策取向应该是在财政养老保险补贴适度水平的大框架下实现机关事业单位养老保险财政补贴的贡献均衡。

机关事业单位养老保险"并轨"缴费财政补贴下降趋势。机关事业单位养老保险"并轨"相对减轻了政府财政养老支出总量，这为财政养老保障支出进入适度水平区间提供了客观条件，也为财政养老保障可行性预算提供了客观基础。我们依据现实的制度安排的政策指标，初步测算机关事业单位养老保险"并轨"前后财政养老保险支出水平，这种财政养老保障支出水平的下降是政府、单位、个人三方责任分担人口老龄化趋势下养老保险责任的必然趋势，也是财政养老支出进入适度水平区间的客观趋势。

机关事业单位养老保险"并轨"缴费财政补贴供需均衡。机关事业单位养老保险"并轨"减轻了人口老龄化背景下的财政养老负担和压力，但并不是财政养老支出越少越好，财政养老支出有客观的适度水平趋势，但是这个适度水平趋势是逐渐在"并轨"过程中实现的。所以，在机关事业单位养老保险"并轨"近期和中期，财政养老保险支出要承担"并轨"过渡期的除了养老保险现收现付缴费外的养老保险资金需求缺口部分，实现逐步地退出财政养老全部责任为部分责任，这就会使财政养老保险补贴呈现为在财政养老补贴供需平衡下逐渐降低并向适度区间趋近。我们依据客观参数测算的结果可以为政府制定养老保险财政政策提供理论参考。

三、缴费财政补贴的中央与地方财政分担结构政策

机关事业单位养老保险"并轨"，国家机关和省市县都承担着机关事业单位

职工养老保险财政补贴的责任。中央和地方的养老保险财政补贴分担结构政策值得研究。

机关事业单位养老保险"并轨"缴费中央财政补贴原则。全国各市县的财政收入状况不尽相同，有的财政收入状况好一些，有的财政收入状况差一些。中央财政养老保险补贴的原则可以选择补贴财政收入状况比较差的市县的养老保险财政缺口，实行兜底差额补贴原则，以保证全国机关事业单位职工养老保险给付按时按量发放。

机关事业单位养老保险"并轨"地方财政补贴政策。机关事业单位养老保险"并轨"，地方财政承担着主要的政府补贴任务。省市县主要负责管辖的单位养老保险的管理和财政补贴责任。地方养老保险财政补贴资金的管理应该进入地方财政预算，按照财政养老保险补贴适度水平实施地方财政养老保险资金预算和管理。财政收入状况较差的市县可以向中央财政申请养老保障财政转移支付，保障老年人生活水平不降低，实现社会和谐发展。

第六节　机关事业单位养老保险缴费全国统筹实施对策

养老保险全国统筹是未来发展的趋势和目标，为了顺利实施全国统筹，研究提出机关事业单位养老保险缴费给付全国统筹对接的具体方案。

一、机关事业单位养老保险全国统筹方案设计

养老保险全国统筹是养老保险制度完善和可持续发展的重要内容。机关事业单位养老保险实现全国统筹具有较好的基础，具有更大的可行性和示范性。

养老保险全国统筹的最大困难是地区收入差异大，劳动力数量优势不同，形成了不同的养老保险缴费率和给付水平。在这方面，机关事业单位养老保险具有比企业更好的全国统筹条件：一是机关事业单位全国有统一的工资标准，包括基础工资和绩效工资等；二是机关事业单位职工全国有统一的人事录用和辞退制度；三是机关事业单位有统一的退休制度。这些制度全国统一是机关事业单位养老保险全国统筹的客观条件。机关事业单位养老保险全国统筹，由于具有客观的有利条件，可以较之企业单位提前实施养老保险全国统筹试点，总结经验，为企

业和城乡居民养老保险统筹提供借鉴的实施方案。

养老保险全国统筹方案的设计，核心理论问题是养老保险全国统筹的收入再分配问题。在全国地区收入差距较大的情况下，可以实行渐进式梯度对接模式的养老保险全国统筹方案。我们在国家自然科学基金项目"养老保险统筹层次收入再分配系数研究"的结题报告和相关研究论文中曾提出了养老保险全国统筹的渐进式梯度对接模式，其中初期可以先按照替代率中的 10% 起步全国统筹，而后在按替代率中的 15% 全国统筹，随着全国地区收入差距的逐渐缩小和收入再分配力度的逐渐加大，养老保险全国统筹的份额逐渐提高，最后实现与收入再分配政策联动的和谐的养老保险全国统筹。[①] 课题研究报告和相关论文还详细分析了养老保险全国统筹不同方案的财政补贴水平和收入再分配收敛效应，为我们研究养老保险全国统筹提供了理论参考。[②]

机关事业单位养老保险全国统筹方案，依据"养老保险统筹层次收入再分配系数研究"成果和结论，我们建议选择梯度对接模式渐进实施养老保险全国统筹。这种以替代率为核心概念的养老保险全国统筹梯度对接模式，其特征和核心点是：

一是按照养老金替代率总系数中的结构，梯度设计对接养老保险全国统筹的系数。较之按调剂金制度全国统筹，这种模式具有更容易直观理解和便于操作的优点，同时有利于与全国统筹进一步提升的对接。如基础养老金替代率为 30%，先以 10% 替代率全国统筹，随着地区差距的缩小，进一步以 15% 替代率全国统筹，最后实现 30% 替代率的全国统筹。这种全国统筹模式人们容易理解，也容易展望未来的统筹目标，也符合养老保险理论结构中的核心概念元素和学术语言对接。

二是按照养老保险替代率梯度对接中的收入再分配系数及其收敛趋势，设计养老保险全国统筹层次的提高系数和时间步骤。养老保险全国统筹的最大难点是全国各地的收入水平不一样，养老保险缴费人数和领取养老金的人数也不一样，所以养老保险全国统筹既要考虑全国统筹的必要性，又要考虑全国统筹的可行性，包括人们的可接受性等。为了全面思考的科学决策，可以按照收入再分配系数和收入差距系数之间的协调度，设计养老保险全国统筹资金数量的增加和时间安排。机关事业单位养老保险，由于全国公务员和事业单位职工的基本工资标准

---

① 穆怀中，宋丽敏等. 养老保险全国统筹收入再分配系数及全国统筹方案路径研究 [J]. 数量经济与技术经济，2015（3）.

② 穆怀中等. 国家自然科学基金项目"养老保险统筹层次收入再分配系数研究"（项目批准号：70973048）研究报告，2014 年 12 月结题。

一致，绩效工资差距较大，可以先于企业实施与基本工资相对应的基础养老保险的全国统筹，在统筹方案选择中根据收入再分配程度从小到大排列，从方案5即全国统筹系数替代率10%起步，稳步推进中逐步过渡到方案四的15%，高于企业养老保险全国统筹的系数，为全国其他养老保险统筹提供经验。

二、机关事业单位养老保险全国统筹步骤

机关事业单位养老保险全国统筹实施的时间和步骤，依据养老保险的结构和性质，以及客观条件，选择协同的统筹步骤。

在养老保险内部结构层次上，基础养老保险具有较强的社会收入再分配性质，可以选择首先统筹，统筹选择渐进梯度对接模式。个人账户和职业年金具有个人生命周期收入再分配性质，积累的资金的保值增值关系到个人退休后的所得，可以考虑安全的投资方式，择机逐渐地实施全国统筹管理，保证基金的安全和个人养老金的安全发放。

在养老保险地区统筹层次上，可以先由县级统筹转为省级统筹，然后由省级统筹转化为全国统筹。全国统筹是养老保险统筹的目标。养老保险全国统筹过程中需要相关的配套政策：

一是中央财政调控具有较大的作用，要有相应的财政转移支付政策。由于工资和养老金给付具有刚性，所以养老保险全国统筹后，给付水平高的地区养老金给付水平不能降低，一般选择放缓增长的方式；给付水平低的地区养老金给付水平不能悬崖式提高，一般选择渐进增长方式；经过一段时间，给付水平高低不齐的地区养老金给付水平相对趋于一致。在这个过程中，给付水平高的地区不能直接降低，给付水平低的地区要提高给付水平以求逐渐向给付水平高的地区养老金水平趋近，这里的资金缺口一般由中央财政转移支付解决。

二是人员流动的相关养老金给付政策。机关事业单位养老保险缴费与给付的全国统筹，有利于机关事业单位职工的全国流动和调转。在人员流动和调转中，养老保险缴费和给付就会出现地区间的接续和对接问题。这种接续和对接的方式可以与养老保险替代率梯度对接方案配套实施。

三、机关事业单位养老保险全国统筹收入再分配政策

机关事业单位养老保险全国统筹具有较强的收入再分配的作用。这种收入再分配也有一个适度水平和相关的政策调控问题。根据机关事业单位工资水平差距

与养老保险全国统筹收入再分配功能联动的特点，以养老保险全国统筹的渐进式梯度对接模式为参照，提出机关事业单位养老保险全国统筹收入再分配政策：

机关事业单位工资收入水平差距较大时，养老保险全国统筹的收入再分配功能强，需要注意收入再分配的程度要符合人们的接受程度。在方案 1、方案 4 和方案 5 三个可选方案中，方案 5 收入再分配力度更小，更符合人们的接受程度，在体现养老保险全国统筹的生存公平基础上又更好地兼顾了劳动公平标准。方案 5 作为机关事业单位实施全国统筹比较合理并且可行的起点方案，即将养老金替代率 10% 进行全国统筹，替代率 20% 进行省级统筹，根据工资水平差距分阶段、分步骤地调整缴费贡献，可以更好地发挥养老保险全国统筹收入再分配功能。

机关事业单位工资收入水平差距较小时，养老保险全国统筹的收入再分配功能弱，养老保险全国收入再分配的程度容易符合人们的接受程度。在全国统筹可选方案 1、方案 4 和方案 5 中可优选收入再分配程度更大的方案 1，即所有个体按照全国平均水平计发基础养老金，可达到收入再分配程度最大化。

参 考 文 献

［1］财政部财政科学研究所课题组．我国事业单位养老保险制度改革研究［J］．经济研究参考，2012（52）：3-25．

［2］曹园．机关事业单位养老保险新政对财政支出影响的精算分析［J］．保险研究，2015（12）：114-122．

［3］陈星，魏枫．美国高校教师职业年金计划发展动态与启示［J］．中国地质大学学报（社会科学版），2015（4）：131-137．

［4］陈洋，穆怀中．城镇非正规就业群体养老保险缴费负担系数研究［J］．保险研究，2017（11）：44-53．

［5］丛春霞，邵大妞．完善养老金个人账户——瑞典的经验及启示［J］．社会保障研究，2018（5）：104-112．

［6］丛春霞，于洁，曹光源．基础养老金统筹困境及推进全国统筹若干思考［J］．地方财政研究，2016（11）．

［7］戴卫东，陶纪坤．OECD 国家职业年金运行模式及其启示［J］．河南社会科学，2011（5）：80-83．

［8］邓大松，薛惠元．城镇职工基础养老金全国统筹的阻碍因素与对策建议［J］．河北大学学报（哲学社会科学版），2018（4）．

［9］邓悦，汪佳龙．城镇职工基础养老金全国统筹中的央地关系研究——基于博弈论的分析视角［J］．社会保障研究，2018（4）．

［10］董克用，孙博．从多层次到多支柱：养老保障体系改革再思考［J］．公共管理学报，2011（1）：1-9．

［11］封铁英，戴超．公益服务类事业单位养老保险基金收支预测与政策仿真——基于养老保险制度参数的优化设计［J］．中国软科学，2010（10）：73-87．

［12］高和荣，张爱敏．论中国事业单位养老保险制度改革方案的完善［J］．北京师范大学学报（社会科学版），2014（4）：151-158．

［13］郭光芝，曾益．基于需求视角的城乡居民基本养老保险调整机制研究［J］．人口与发展，2018（2）：22-30.

［14］郭剑平，黄健元，缪俊花．职业年金倒逼企业年金发展效应分析［J］．河海大学学报（哲学社会科学版），2016，18（5）：32-39.

［15］韩艳，朱火云．事业单位养老保险政策改革及其启示——基于1978～2015年国家层面政策文本的研究［J］．学术探索，2015（10）：60-65.

［16］黄健元，刘彧美，王欢．公平视域下机关事业单位养老保险新政的功效分析［J］．社会保障研究，2016（2）：19-27.

［17］金刚，闫天娃．机关事业单位职业年金替代率研究［J］．北京航空航天大学学报（社会科学版），2018（4）：36-43.

［18］康传坤，楚天舒．人口老龄化与最优养老金缴费率［J］．世界经济，2014（4）：139-160.

［19］林宝．基础养老金全国统筹的待遇确定方法研究［J］．中国人口科学，2016（2）．

［20］林毓铭．体制改革：从养老保险省级统筹到基础养老金全国统筹［J］．经济学家，2013（12）．

［21］刘海英．城乡居民基本养老保险的财政激励机制研究——基于效率与公平双重价值目标的考量［J］．兰州学刊，2016（2）：144-152.

［22］刘钧．社会保险缴费水平的确定：理论与实证分析［J］．财经研究，2004（2）：73-79.

［23］龙玉其．国外职业年金制度比较与启示［J］．中国行政管理，2015（9）：144-148.

［24］卢驰文．机关事业单位养老保险改革的制约因素与策略选择［J］．理论探索，2011（5）：87-90.

［25］穆怀中，陈洋，陈曦．基础养老保险缴费率膨胀系数研究［J］．经济理论与经济管理，2015（12）：44-54.

［26］穆怀中，闫琳琳，张文晓．养老保险统筹层次收入再分配系数及全国统筹类型研究［J］．数量经济技术经济研究，2014（4）：19-34.

［27］穆怀中，闫琳琳．基础养老金全国统筹收入再分配给付水平及适度性检验［J］．人口与发展，2012（6）：2-15.

［28］穆怀中等．养老保险统筹层次收入再分配系数研究［M］．北京：中国劳动社会保障出版社，2013.

［29］彭浩然，陈斌开．鱼和熊掌能否兼得：养老金危机的代际冲突研究

[J]. 世界经济，2012（2）：84-97.

[30] 乔晓春. 实施"普遍二孩"政策后生育水平会达到多高？——兼与翟振武教授商榷 [J]. 人口与发展，2014（6）：2-15.

[31] 沈毅. 机关事业单位养老保险改革：现状、难点及其突破 [J]. 经济体制改革，2016（3）：18-24.

[32] 宋丽敏，王泽宇. 辽宁省农村劳动力流动与产业转型协调性分析 [J]. 辽宁大学学报，2018（2）：53-58.

[33] 孙守纪，房连泉. 美国公务员职业年金债务风险及其借鉴 [J]. 探索，2016（1）：140-144.

[34] 童素娟，郭林. 养老金双轨制的历史渊源与改革取向：浙江证据 [J]. 改革，2015（1）：90-98.

[35] 汪润泉，金昊，杨翠迎. 中国社会保险负担实高还是虚高？——基于企业和职工实际缴费的实证分析 [J]. 江西财经大学学报，2017（6）：53-63.

[36] 王广州. 生育政策调整研究中存在的问题与反思 [J]. 中国人口科学，2015（2）：2-15，126.

[37] 王国辉，黄镜伊，王利军，王小丹. 城镇中低收入家庭养老保险缴费压力研究 [J]. 人口与经济，2011（6）：78-85.

[38] 王雯. 城乡居民基本养老保险财政补贴机制研究 [J]. 社会保障研究，2017（5）：3-13.

[39] 王晓军，乔杨. 公务员养老金制度"并轨"改革的设计思路与精算评估 [J]. 社会保障研究，2013（2）：39-47.

[40] 王延中，龙玉其. 国外公职人员养老保险制度比较分析与改革借鉴 [J]. 国外社会科学，2009（5）：34-37.

[41] 杨燕绥，鹿峰，王梅. 事业单位养老金改革战略意义 [J]. 经济研究参考，2010（6）.

[42] 杨燕绥，鹿峰，王梅. 事业单位养老金制度的帕累托改进条件分析 [J]. 公共管理学报，2011（1）：10-15.

[43] 杨洋. 欧美国家公务员职业年金制度比较研究 [J]. 社会保障研究，2016（3）：79-89.

[44] 游春. 事业单位推行职业年金制度的几个问题 [J]. 保险研究，2012（10）：123-127.

[45] 袁园. 国外公务员养老保险制度对我国机关事业单位养老保险制度改革的启示 [J]. 领导科学论坛，2017（23）：27-29.

［46］张留禄，姜柯戎．职业年金问题研究［J］．上海金融，2016（4）：88-93.

［47］张向达，张声慧．城乡居民养老保险的财务可持续性研究［J］．中国软科学，2019（2）：143-154.

［48］张怡，薛惠元．城乡居民基本养老保险缴费标准的优化——以武汉市为例［J］．税务与经济，2017（2）：7-16.

［49］张祖平．企业职工养老保险对机关事业单位养老保险改革的影响研究［J］．江西财经大学学报，2014（4）：73-78.

［50］赵静．当前我国养老保险制度的问题及相关对策［J］．现代经济探讨，2016（11）：5-9.

［51］赵立航．养老保险统筹单位缴费比例的统一与厘定——以广东为研究样本［J］．学术论坛，2012（10）：182-189.

［52］郑秉文，孙守纪，齐传君．公务员参加养老保险统一改革的思路——"混合型"统账结合制度下的测算［J］．公共管理学报，2009，6（1）：1-12.

［53］郑秉文．机关事业单位养老金"并轨"改革：从"碎片化"到"大一统"［J］．中国人口科学，2015（1）：2-14.

［54］郑秉文．事业单位养老金改革路在何方［J］．河北经贸大学学报，2009（5）：5-9.

［55］郑秉文．养老保险降低缴费率与扩大个人账户——征缴体制改革的"额外收获"［J］．行政管理改革，2018（11）：12-21.

［56］郑功成．关于全面深化养老保险制度改革的理性思考［N］．中国劳动保障报，2012-07-17（003）.

［57］郑功成．实现全国统筹是基本养老保险制度刻不容缓的既定目标［J］．理论前沿，2008（18）：12-15.

［58］朱劲松．机关事业单位养老保险改革的构［J］．北方经贸，2008（1）：16-17.

［59］Andreas W. Pensions as a Portfolio Problem：Fixed Contribution Rates vs. Fixed Replacement Rates Reconsidered［J］. Journal Population Economics，2003（1）：111-134.

［60］Chen Yang，Mu Huaizhong. The Study on the Burden Coefficient of the Urban Informal Employment Groups' Social Pension Insurance Payment［J］. Insurance Studies，2017（11）：44-53.

［61］Eduard P.，Clara，S.，Juan Y. Implicit Debt in Public-sector Pension

Plans: An International Comparison [J]. Social Security Studies, 2012 (4): 10-23.

[62] Isaacs K. P. Federal Employees' Retirement System: Budget and Trust Fund Issues, Analyst in Income Security, CRS Report for Congress, Prepared for Members and Committees of Congress [EB/OL]. Congressional Research Service, 2013 (13): 7-5700.

[63] Juan A. L., Francisco L. Reinforcing the Link between Contributions and Pensions: The Effect of the Population Aging [J]. International Advances in Economic Research, 2006 (4): 530-539.

[64] Novy-Marx. R., Joshua R. The Revenue Demands of Public Employee Pension Promises [J]. American Economic Journal: Economic Policy, 2014 (1): 193-229.

[65] Ponds E. Funding in Public Sector Pension Plans: International Evidence [R]. NBER Working Paper, 2011, No. 17082.

[66] Tomás G., Bernardo P., Davi V., Arturo C. Can Asset Allocation Limits Determine Portfolio Risk - Return Profiles in DC Pension Schemes [J]. Insurance: Mathematics and Economics, 2019 (86): 134-144.

附　录

国家和地方的机关事业单位
养老保险"并轨"文件

国务院关于机关事业单位工作人员养老保险制度改革的决定
国发〔2015〕2号　　　　　　**2015年1月3日**

各省、自治区、直辖市人民政府，国务院各部委、各直属机构：

　　按照党的十八大和十八届三中、四中全会精神，根据《中华人民共和国社会保险法》等相关规定，为统筹城乡社会保障体系建设，建立更加公平、可持续的养老保险制度，国务院决定改革机关事业单位工作人员养老保险制度。

　　一、改革的目标和基本原则。以邓小平理论、"三个代表"重要思想、科学发展观为指导，深入贯彻党的十八大、十八届三中、四中全会精神和党中央、国务院决策部署，坚持全覆盖、保基本、多层次、可持续方针，以增强公平性、适应流动性、保证可持续性为重点，改革现行机关事业单位工作人员退休保障制度，逐步建立独立于机关事业单位之外、资金来源多渠道、保障方式多层次、管理服务社会化的养老保险体系。改革应遵循以下基本原则：

　　（一）公平与效率相结合。既体现国民收入再分配更加注重公平的要求，又体现工作人员之间贡献大小差别，建立待遇与缴费挂钩机制，多缴多得、长缴多得，提高单位和职工参保缴费的积极性。

（二）权利与义务相对应。机关事业单位工作人员要按照国家规定切实履行缴费义务，享受相应的养老保险待遇，形成责任共担、统筹互济的养老保险筹资和分配机制。

（三）保障水平与经济发展水平相适应。立足社会主义初级阶段基本国情，合理确定基本养老保险筹资和待遇水平，切实保障退休人员基本生活，促进基本养老保险制度可持续发展。

（四）改革前与改革后待遇水平相衔接。立足增量改革，实现平稳过渡。对改革前已退休人员，保持现有待遇并参加今后的待遇调整；对改革后参加工作的人员，通过建立新机制，实现待遇的合理衔接；对改革前参加工作、改革后退休的人员，通过实行过渡性措施，保持待遇水平不降低。

（五）解决突出矛盾与保证可持续发展相促进。统筹规划、合理安排、量力而行，准确把握改革的节奏和力度，先行解决目前城镇职工基本养老保险制度不统一的突出矛盾，再结合养老保险顶层设计，坚持精算平衡，逐步完善相关制度和政策。

二、改革的范围。本决定适用于按照公务员法管理的单位、参照公务员法管理的机关（单位）、事业单位及其编制内的工作人员。

三、实行社会统筹与个人账户相结合的基本养老保险制度。基本养老保险费由单位和个人共同负担。单位缴纳基本养老保险费（以下简称单位缴费）的比例为本单位工资总额的20%，个人缴纳基本养老保险费（以下简称个人缴费）的比例为本人缴费工资的8%，由单位代扣。按本人缴费工资8%的数额建立基本养老保险个人账户，全部由个人缴费形成。个人工资超过当地上年度在岗职工平均工资300%以上的部分，不计入个人缴费工资基数；低于当地上年度在岗职工平均工资60%的，按当地在岗职工平均工资的60%计算个人缴费工资基数。

个人账户储存额只用于工作人员养老，不得提前支取，每年按照国家统一公布的记账利率计算利息，免征利息税。参保人员死亡的，个人账户余额可以依法继承。

四、改革基本养老金计发办法。本决定实施后参加工作、个人缴费年限累计满15年的人员，退休后按月发给基本养老金。基本养老金由基础养老金和个人账户养老金组成。退休时的基础养老金月标准以当地上年度在岗职工月平均工资和本人指数化月平均缴费工资的平均值为基数，缴费每满1年发给1%。个人账户养老金月标准为个人账户储存额除以计发月数，计发月数根据本人退休时城镇人口平均预期寿命、本人退休年龄、利息等因素确定（详见附件）。

本决定实施前参加工作、实施后退休且缴费年限（含视同缴费年限，下同）累计满 15 年的人员，按照合理衔接、平稳过渡的原则，在发给基础养老金和个人账户养老金的基础上，再依据视同缴费年限长短发给过渡性养老金。具体办法由人力资源社会保障部会同有关部门制定并指导实施。

本决定实施后达到退休年龄但个人缴费年限累计不满 15 年的人员，其基本养老保险关系处理和基本养老金计发比照《实施〈中华人民共和国社会保险法〉若干规定》（人力资源社会保障部令第 13 号）执行。

本决定实施前已经退休的人员，继续按照国家规定的原待遇标准发放基本养老金，同时执行基本养老金调整办法。机关事业单位离休人员仍按照国家统一规定发给离休费，并调整相关待遇。

五、建立基本养老金正常调整机制。根据职工工资增长和物价变动等情况，统筹安排机关事业单位和企业退休人员的基本养老金调整，逐步建立兼顾各类人员的养老保险待遇正常调整机制，分享经济社会发展成果，保障退休人员基本生活。

六、加强基金管理和监督。建立健全基本养老保险基金省级统筹；暂不具备条件的，可先实行省级基金调剂制度，明确各级人民政府征收、管理和支付的责任。机关事业单位基本养老保险基金单独建账，与企业职工基本养老保险基金分别管理使用。基金实行严格的预算管理，纳入社会保障基金财政专户，实行收支两条线管理，专款专用。依法加强基金监管，确保基金安全。

七、做好养老保险关系转移接续工作。参保人员在同一统筹范围内的机关事业单位之间流动，只转移养老保险关系，不转移基金。参保人员跨统筹范围流动或在机关事业单位与企业之间流动，在转移养老保险关系的同时，基本养老保险个人账户储存额随同转移，并以本人改革后各年度实际缴费工资为基数，按 12% 的总和转移基金，参保缴费不足 1 年的，按实际缴费月数计算转移基金。转移后基本养老保险缴费年限（含视同缴费年限）、个人账户储存额累计计算。

八、建立职业年金制度。机关事业单位在参加基本养老保险的基础上，应当为其工作人员建立职业年金。单位按本单位工资总额的 8% 缴费，个人按本人缴费工资的 4% 缴费。工作人员退休后，按月领取职业年金待遇。职业年金的具体办法由人力资源社会保障部、财政部制定。

九、建立健全确保养老金发放的筹资机制。机关事业单位及其工作人员应按规定及时足额缴纳养老保险费。各级社会保险征缴机构应切实加强基金征缴，做到应收尽收。各级政府应积极调整和优化财政支出结构，加大社会保障资金投入，确保基本养老金按时足额发放，同时为建立职业年金制度提供相应的经费保障，确保机关事业单位养老保险制度改革平稳推进。

十、逐步实行社会化管理服务。提高机关事业单位社会保险社会化管理服务水平，普遍发放全国统一的社会保障卡，实行基本养老金社会化发放。加强街道、社区人力资源社会保障工作平台建设，加快老年服务设施和服务网络建设，为退休人员提供方便快捷的服务。

十一、提高社会保险经办管理水平。各地要根据机关事业单位工作人员养老保险制度改革的实际需要，加强社会保险经办机构能力建设，适当充实工作人员，提供必要的经费和服务设施。人力资源社会保障部负责在京中央国家机关及所属事业单位基本养老保险的管理工作，同时集中受托管理其职业年金基金。中央国家机关所属京外单位的基本养老保险实行属地化管理。社会保险经办机构应做好机关事业单位养老保险参保登记、缴费申报、关系转移、待遇核定和支付等工作。要按照国家统一制定的业务经办流程和信息管理系统建设要求，建立健全管理制度，由省级统一集中管理数据资源，实现规范化、信息化和专业化管理，不断提高工作效率和服务质量。

十二、加强组织领导。改革机关事业单位工作人员养老保险制度，直接关系广大机关事业单位工作人员的切身利益，是一项涉及面广、政策性强的工作。各地区、各部门要充分认识改革工作的重大意义，切实加强领导，精心组织实施，向机关事业单位工作人员和社会各界准确解读改革的目标和政策，正确引导舆论，确保此项改革顺利进行。各地区、各部门要按照本决定制定具体的实施意见和办法，报人力资源社会保障部、财政部备案后实施。人力资源社会保障部要会同有关部门制定贯彻本决定的实施意见，加强对改革工作的协调和指导，及时研究解决改革中遇到的问题，确保本决定的贯彻实施。

本决定自 2014 年 10 月 1 日起实施，已有规定与本决定不一致的，按照本决定执行。

国务院
2015 年 1 月 3 日

人力资源社会保障部 财政部 关于贯彻落实《国务院关于机关事业单位工作人员养老保险制度改革的决定》的通知

人社部发〔2015〕28号

各省、自治区、直辖市人力资源社会保障厅（局）、财政厅（局），新疆生产建设兵团人力资源社会保障局、财务局，党中央各部门，国务院各部委、各直属机构，全国人大常委会办公厅、全国政协办公厅，最高人民法院、最高人民检察院，各民主党派中央，各人民团体人事、财务部门：

为做好《国务院关于机关事业单位工作人员养老保险制度改革的决定》（国发〔2015〕2号，以下简称《决定》）的贯彻落实工作，现将有关事项通知如下：

一、认真学习领会《决定》精神。改革机关事业单位养老保险制度，是贯彻党的十八大和十八届三中、四中全会精神的重要举措，对于建立覆盖全民、更加公平、可持续的社会保障制度具有重要意义。《决定》明确了改革的总体目标、基本原则和政策举措，对组织实施工作提出了要求。各省级人力资源社会保障、财政部门，中央各部门和单位人事管理机构（以下简称各地区、各部门）要高度重视，认真组织学习，深刻领会《决定》精神，进一步提高对改革重要性、必要性和紧迫性的认识，切实把思想和行动统一到党中央、国务院的决策部署上来，采取扎实有效的工作举措，全力推进并确保完成机关事业单位养老保险制度改革任务。

二、抓紧研究制定实施办法。各地区要在党委、政府的领导下，根据《决定》精神和要求，结合本地实际情况，制定本地区机关事业单位养老保险制度改革实施办法，对组织领导、具体任务、政策措施、工作进度、监督检查等做出周密安排。要严格执行国务院有关规定，本省（市、区）政策要规范统一，防止政策多样。各地区原来开展的机关事业单位养老保险制度改革试点政策要按照《决定》进行调整。在京中央国家机关及所属事业单位的养老保险制度改革实施办法由人力资源社会保障部、财政部统一制定并组织实施。各部门要在党组（党委）领导下，制定本部门贯彻《决定》的工作方案，明确工作任务、分工和要求。各地区报经省级人民政府同意后的实施办法、各部门的工作方案，连同各类人员视同缴费指数表（见附表），在2015

年 5 月底前报人力资源社会保障部、财政部备案。

三、准确把握《决定》的有关政策。

（一）关于参保范围。参加机关事业单位养老保险的事业单位是指，根据《中共中央、国务院关于分类推进事业单位改革的指导意见》（中发〔2011〕5 号）有关规定进行分类改革后的公益一类、二类事业单位。对于目前划分为生产经营类，但尚未转企改制到位的事业单位，已参加企业职工基本养老保险的仍继续参加；尚未参加的，暂参加机关事业单位基本养老保险，待其转企改制到位后，按有关规定纳入企业职工基本养老保险范围。

要根据《决定》要求，严格按照机关事业单位编制管理规定确定参保人员范围。编制外人员应依法参加企业职工基本养老保险。对于编制管理不规范的单位，要先按照有关规定进行清理规范，待明确工作人员身份后再纳入相应的养老保险制度。

（二）关于单位和个人缴费基数。根据机关事业单位工资制度特点，《决定》规定的本单位工资总额为参加机关事业单位养老保险工作人员的个人缴费工资基数之和。机关单位（含参公管理的单位）工作人员的个人缴费工资基数包括：本人上年度工资收入中的基本工资、国家统一的津贴补贴（艰苦边远地区津贴、西藏特贴、特区津贴、警衔津贴、海关津贴等国家统一规定纳入原退休费基数的项目）、规范后的津贴补贴（地区附加津贴）、年终一次性奖金；事业单位工作人员的个人缴费工资基数包括：本人上年度工资收入中的基本工资、国家统一的津贴补贴（艰苦边远地区津贴、西藏特贴、特区津贴等国家统一规定纳入原退休费计发基数的项目）、绩效工资。其余项目暂不纳入个人缴费工资基数。

（三）关于个人账户记账利率。国家每年根据上年度职工工资增长等因素，确定并公布基本养老保险个人账户记账利率。

（四）关于"中人"的过渡。全国实行统一过渡办法。对于 2014 年 10 月 1 日前（简称改革前，下同）参加工作、改革后退休的"中人"设立 10 年过渡期，过渡期内实行新老待遇计发办法对比，保底限高。即：新办法（含职业年金待遇）计发待遇低于老办法待遇标准的，按老办法待遇标准发放，保持待遇不降低；高于老办法待遇标准的，超出的部分，第一年退休的人员（2014 年 10 月 1 日至 2015 年 12 月 31 日）发放超出部分的 10%，第二年退休的人员（2016 年 1 月 1 日至 2016 年 12 月 31 日）发放 20%，依此类推，到过渡期末年退休的人员（2024 年 1 月 1 日至 2024 年 9 月 30 日）发放超出部分的 100%。过渡期结束后退休的人员执行新办法。

老办法待遇计发标准＝（A×M+B+C）×$\prod\limits_{n=2015}^{N}(1+G_{n-1})$

A：2014 年 9 月工作人员本人的基本工资标准；

B：2014 年 9 月工作人员本人的职务职级（技术职称）等对应的退休补贴标准；

C：按照国办发〔2015〕3 号文件规定相应增加的退休费标准；

M：工作人员退休时工作年限对应的老办法计发比例；

G_{n-1}：参考第 n−1 年在岗职工工资增长等因素确定的工资增长率，n∈〔2015，N〕，且 $G_{2014}=0$；

N：过渡期内退休人员的退休年度，N∈〔2015，2024〕。2014 年 10 月 1 日至 2014 年 12 月 31 日期间退休的，其退休年度视同为 2015 年。

新办法待遇计发标准＝基本养老金+职业年金，其中，基本养老金＝基础养老金+过渡性养老金+个人账户养老金。具体计算方法如下：

1. 基础养老金＝退休时当地上年度在岗职工月平均工资×（1+本人平均缴费工资指数）÷2×缴费年限（含视同缴费年限，下同）×1%，其中，本人平均缴费工资指数＝（视同缴费指数×视同缴费年限+实际平均缴费指数×实际缴费年限）÷缴费年限。各地根据测算形成与机关事业单位职务职级（技术等级）和工作年限相对应的视同缴费指数（样表详见附件），工作人员退休时，根据本人退休时的职务职级（技术职称）和工作年限等确定本人视同缴费指数。

实际平均缴费指数＝（Xn/Cn−1+ Xn−1/Cn−2+……+ X2016/C2015+ X2015/C2014+ X2014/C2013）/N 实缴；

Xn，Xn−1，…，X2014 为参保人员退休当年至 2014 年相应年度本人各月缴费工资基数之和，Cn−1，Cn−2，…，C2013 为参保人员退休上一年至 2013 年相应年度当地在岗职工年平均工资；

N实缴为参保人员实际缴纳养老保险费年限。

2. 过渡性养老金＝退休时当地上年度在岗职工月平均工资×本人视同缴费指数×视同缴费年限×过渡系数。其中，过渡系数与机关事业单位养老保险统筹地区企业职工基本养老保险过渡系数保持一致。视同缴费指数由各省级地区统一确定。

3. 个人账户养老金＝退休时本人基本养老保险个人账户累计存储额÷计发月数。其中，计发月数按国家统一规定执行。

4. 职业年金计发按照《机关事业单位职业年金办法》有关规定执行。

（五）关于视同缴费年限和视同缴费指数的认定。对于改革前曾参加企业职工基本养老保险、改革后参加机关事业单位基本养老保险的工作人员，其参加企业职工基本养老保险的实际缴费年限应予确认，不认定为视同缴费年限，并与参加机关事业单位基本养老保险的实际缴费年限合并计算。其他情形视同缴费年限的认定，按照国家有关规定执行。在本人退休时，根据其实际缴费年限、视同缴费年限及对应的视同缴费指数等因素计发基本养老金。

（六）关于规范统一政策标准。各地区要按照《决定》要求，积极创造条件实行省级统筹；确实难以一步到位实现省级统筹的，基金可暂不归集到省级，建立省级基金调剂制度，所需资金由省级财政预算安排。全省（市、区）要制定和执行统一的机关事业单位基本养老保险制度和政策，统一基本养老保险缴费比例和缴费基数，统一基本养老金计发办法、统筹项目和标准以及基本养老金调整办法，统一编制和实施基本养老保险基金预算，明确省、地（市）、县各级政府的责任。各地区要按照国家统一制定的业务经办流程和信息管理系统建设要求，统一基本养老保险业务经办规程和管理制度，统一建设信息管理系统，实现省级集中管理数据资源。

四、调整部分工作人员退休时加发退休费的政策。改革后获得省部级以上劳模、有重大贡献的高级专家等荣誉称号的工作人员，在职时给予一次性奖励，退休时不再提高基本退休费计发比例，奖励所需资金不得从养老保险基金中列支。对于改革前已获得此类荣誉称号的工作人员，本人退休时给予一次性退休补贴并支付给本人，资金从原渠道列支。退休补贴标准由各省（区、市）根据平衡衔接的原则予以确定。符合原有加发退休费情况的其他人员，按照上述办法处理。

五、规范各地区试点政策。各地区要妥善处理本地区原有试点政策与《决定》的衔接问题，确保政策统一规范。改革后，对于符合纳入机关事业单位基本养老保险条件的人员，其改革前在机关事业单位的工作年限作为视同缴费年限，退休时按照有关规定计发待遇。改革前个人缴费本息，划转至改革后的本人职业年金个人账户。本人退休时，该部分个人缴费本息不计入新办法标准对比范围，一次性支付给本人。各地区开展试点期间的养老保险结余基金并入机关事业单位基本养老保险基金统一使用，严禁挤占挪用，防止基金资产流失。

六、明确延迟退休人员参保政策。改革后，按照国家有关政策和干部管理权限，经批准可适当延长退休年龄的工作人员，继续参保缴费。其中少数人员年满 70 岁时仍继续工作的，个人可以选择继续缴费，也可以选择不再继续缴费。待正式办理退休手续时，按规定计发养老待遇。

七、广泛开展宣传工作。各地区、各部门要组织各方面力量，宣传好机关事业单位养老保险制度改革的重大意义，准确解读各项政策，针对群众关切问题解疑释惑，正确引导社会舆论，营造有利于改革的良好舆论氛围，动员全社会关心和支持改革工作，保证改革顺利实施。

八、逐级做好培训工作。人力资源社会保障部、财政部将举办机关事业单位养老保险制度改革政策和经办管理培训班，对省级人力资源社会保障部门、财政部门、中央各部门和单位人事管理机构进行培训。各地区、各部门也要结合实际，集中组织开展不同层次的业务培训工作，帮助相关工作机构和工作人员全面、准确掌握政策，提高贯彻《决定》的政策水平和业务能力。

九、切实维护社会稳定。机关事业单位养老保险制度改革，涉及机关事业单位工作人员和广大群众的切身利益，事关改革发展稳定的大局。各地区、各部门要加强组织领导，周密安排部署，切实抓好组织实施。要加强工作指导，及时掌握实施情况，认真分析遇到的情况和问题，研究提出解决的办法，确保各项工作平稳进行。要从本地区、本部门实际出发，认真排查风险点，制定应对预案，把工作做实做细，保持社会稳定。重大情况和问题要及时报告人力资源社会保障部、财政部。

人力资源社会保障部　财政部
2015 年 3 月 17 日